GOLDMANN
ESOTERIK

Die Lebensgeschichte des indianischen Medizinmannes und Lehrers Sun Bear, der bei uns durch seine »Indianische Astrologie der Erde« bekannt wurde. Zugleich die Beschreibung einer spirituellen Suche, die zu einem Weg führt, den auch Weiße gehen können und den Sun Bear mit seinem Buch und seinen Vorträgen als Rückwendung zu tiefer Natur- und Erdverbundenheit lehrt. Sun Bear berichtet, wie er zur Vision des Medizinrades fand, warum er seinen eigenen aus Indianern und Weißen bestehenden Stamm gründete und welchen Nutzen die indianische Vision dem abendländischen Menschen bringen kann.

»Sun Bears Geschichte ist das lebende Beispiel für jeden Menschen, eine neue Form des Wissens und des Seins zu entdecken, die uns nicht nur inspiriert, sondern für das Jahr 2000 unerläßlich sein wird. Ein wichtiges Buch.«

Joan Halifax

»Sun Bear ist ein großer Lehrer und ein guter Freund. Ich bin stolz darauf, zur gleichen Zeit zu leben wie dieser großartige, warmherzige, liebevolle und engagierte Mensch.«

Elisabeth Kübler-Ross

SUN BEAR

Der Pfad der Kraft

Sein Weg, wie er ihn Wabun und Barry Weinstock erzählt hat

Deutsche Erstveröffentlichung

Aus dem Amerikanischen übertragen von Waltraud Götting

GOLDMANN VERLAG

Titel der Originalausgabe: THE PATH OF POWER
Originalverlag: Bear Tribe Publishing, Spokane, Washington

Der Goldmann Verlag
ist ein Unternehmen der Verlagsgruppe Bertelsmann

Made in Germany · 2/89 · 3. Auflage

Umschlaggestaltung: Design Team München
Umschlagillustration: aus dem Originalbuch
Satz: Fotosatz Glücker, Würzburg
Druck: Elsnerdruck, Berlin
Verlagsnummer: 11956
Redaktionelle Bearbeitung: Edna Krumpf
Lektorat: Michael Görden
Herstellung: Sebastian Strohmaier/Voi
ISBN 3-442-11956-1

Dieses Buch
ist all jenen Menschen gewidmet –
ob sie zu Stammesvölkern
gehören oder nicht –,
die nach ihrem eigenen Weg
der Kraft suchen
und ihn finden wollen.

Inhalt

Danksagungen

So viele Menschen haben mich im Laufe der Jahre auf meinem Weg der Kraft unterstützt, daß ich zögere, diese Danksagung niederzuschreiben. Ich habe ein sehr gutes Gedächtnis für Gesichter, aber Namen kann ich mir schlecht merken. Mein erster Dank gilt also Euch allen, die Ihr mir geholfen habt, ob ich nun daran denke, Euren Namen zu nennen oder nicht. Das umfaßt alle jene Freunde, Geliebte, Bekannte, Lehrlinge, Anhänger, Schüler, Lehrer und Kritiker, die dazu beigetragen haben, daß ich mich zu der Persönlichkeit entwickelt habe, die ich heute bin. Ich danke Euch allen für Euren Beitrag, ob er nun groß oder klein war, zu meinem Weg der Kraft.

Als nächstes möchte ich all jenen danken, die mir geholfen haben, meine Visionen zu erfüllen, indem sie den Bear Tribe unterstützt oder mit ihm gelebt haben, indem sie an den Medizinradtreffen teilgenommen oder durch ihre Mitarbeit zu ihrem Gelingen beigetragen haben.

Mein besonderer Dank gilt denjenigen, die in der Vergangenheit Mitglieder des Bear Tribe waren, die es gegenwärtig sind oder in Zukunft zu uns stoßen werden. Jene, die ständig bei uns leben oder aktiv mit unserer Basis in Spokane verbunden sind, verdienen die größtmögliche Anerkennung. Und unser Dank steht auch den Vierbeinern zu, die bei uns leben und uns an unsere Verbundenheit mit dem Tierreich erinnern.

Ich möchte Wabun und Shawnodese für all die Arbeit danken, die sie in die Organisation der ersten Medizinradtreffen investiert haben und Glenn Schiffman für seine Mitwirkung daran. Besonderen Dank spreche ich auch Donna Du Pree

(Singing Pipe Woman) für die großartige Organisation der Treffen aus, die wir seit 1983 veranstaltet haben, und ich danke den vielen Organisatoren vor Ort, die zum Gelingen der Treffen beigetragen haben.

Ich möchte Shawnodese, Wabun, Odayinquae, Cougar, Raven und den anderen Stammesmitgliedern für ihre Mitarbeit an meinem Lehrlingsprogramm danken. Und ich danke all jenen, die meine Lehrlinge geworden sind.

Mein Dank gehört meinen Onkeln für all das Wissen, das sie mir in meiner Jugend vermittelt haben, außerdem allen indianischen Lehrern, von denen ich vieles über mein Volk und seine Kultur und Lebensweise gelernt habe.

Ich hatte das Glück, vielen starken Frauen zu begegnen, die mich unterstützten, mich liebten und von denen ich viel gelernt habe. Besonders danke ich Betty LaDuke, unserer Tochter Winona LaDuke, Morning Star, unserer Tochter Autumn Dawn, Nimimosha, Wabun, Thunderbird Woman, Joy Olson, Miraa Neill, Jaya Huston und meiner Mutter Judith.

Viele Menschen im ganzen Land haben mich in den Jahren meiner Wanderschaft mit Gastfreundschaft und Güte aufgenommen. Ihnen allen möchte ich meinen Dank aussprechen.

Dieses Buch fertigzustellen, hat viele Jahre in Anspruch genommen, und zahlreiche Leute waren daran beteiligt. Wabun kam ursprünglich zum Stamm, um über mich zu schreiben. Das war 1972. Wir besitzen eine ganze Kartei früher Entwürfe und Notizen, die uns beiden zur Verwertung nicht recht geeignet erschienen. Als meine Medizin mir sagte, daß das Buch bald veröffentlicht werden müßte, schlug Wabun vor, Barry Weinstock an der Fertigstellung zu beteiligen. Im Sommer 1982 kamen er, seine Frau Donna und Jessie Lark und Jackie, ihre beiden Kinder, und lebten einige Monate beim Stamm. Während Seminare, Visionssuchen und Lehrlingsprogramme in vollem Gang waren, während Howard, Sue Lamb, Nadja Glassy und andere mit der organisatorischen Entwicklung befaßte Leute den Stamm darin unterstützten, sein rasches Anwachsen zu bewältigen, machte Barry Bandaufnahmen, tippte und verband unsere frühe Stoffsammlung zu einem zusammenhängenden Ganzen. Nach einem weiteren Jahr und mehreren Überarbeitungen waren wir zur Veröffentlichung bereit.

Dieses Buch hat zwei Paten, die uns stets ermutigt haben. Einer von ihnen ist Oscar Collier von Collier Associates in New York. Er war, zu verschiedenen Zeitpunkten, sowohl Agent als auch Verleger für uns. Die andere Person ist die verstorbene Evelyn Eaton, eine große und berühmte Schriftstellerin und die geistige Großmutter des Stammes und vieler anderer Menschen. Sie las das fast vollständige Manuskript in der letzten Woche ihres Lebens und fand sogar noch die Kraft, mit eigener Hand einen Kommentar dazu zu schreiben. Ihre Assistentin Edith Newcomb (Willow Woman) von der Draco Foundation war ebenfalls eine Quelle unermüdlicher Ermutigung für uns.

Ich danke allen Stammesmitgliedern, die das Buch gelesen und mir ihre Meinung dazu gesagt haben, und allen Freunden, die mit ihren Ideen zu seiner Vollendung beigetragen haben.

Wie immer danke ich dem Schöpfer, dem Großen Geist für das Geschenk des Lebens. Ich danke der wunderbaren Mutter Erde dafür, daß sie mein Leben und das aller meiner Freunde erhält.

Sun Bear

Einführung

Der Indianer stand nackt auf einer Anhöhe. Sein dunkles Haar wehte sanft in der aus Südwesten kommenden Brise. Sein Gesicht war angespannt.

Er betete nach alter Sitte.

»Großer Geist« – er blickte gen Himmel – »lenke mich; erneuere meine Vision; wenn ich in die Irre gegangen bin, zeig mir, was ich tun muß. Dieser Mensch hat sich bemüht, Großer Geist. Dieser Mensch hat sich bemüht ...«

Er fiel auf die Knie und legte die Hände aufs Herz. »Zeig mir den Weg, Großer Geist. Sende mir ein Zeichen.«

Er kniete vor dem blauen Himmel; die Sonne stand im Begriff, unterzugehen. Seine Augen schimmerten. Er sah zum Himmel auf, dann wandte sich sein Blick nach rechts, der Bewegung zu, die er spürte.

Langsam näherte sich in weiten Kreisen von Süden her ein Adler. Er überflog den Berggipfel und zog seine Kreise immer tiefer, kam immer dichter heran.

Der Mann hob die Hände und beobachtete den kreisenden Vogel; ihm schien, als wären die Augen des Vogels so nah, daß er in sie hineinschauen konnte, bis in die Seele dieses heiligen Boten.

»Ich danke dir, *Gitche Manitou*. Ich danke dir, daß du Bruder Adler gesandt hast. Was ist dein Wille?«

Der Vogel kam noch näher heran; gleich darauf schienen ihre Augen miteinander zu verschmelzen. Der Adler zog unaufhörlich seine Kreise. Der Indianer betete um Führung. Er sagte Dank für dieses göttliche Zeichen; dann begann sich der Adler zu entfernen. Er schraubte sich höher und höher hinauf, und Schmerz legte sich wieder über die Züge des Mannes.

Der Adler verschwand. Der Mann war dankbar für diesen Boten; doch die Botschaft blieb für ihn noch verborgen. Er wußte, daß der Adler in seine Seele blicken konnte, wie er in die des Vogels geschaut hatte. Er betete erneut um Führung, um ein weiteres Zeichen.

Im Südwesten zog sich eine große Wolke zusammen und bewegte sich auf ihn zu. Der übrige Himmel war vollkommen wolkenlos. Der Indianer beobachtete, wie die Wolke an Umfang und Höhe zunahm und als weißes und dunkles Gebilde über dem Berghang schwebte. Die Wolke zog in nordwestlicher Richtung, und ein kleines Wölkchen löste sich daraus und begann sich zu drehen. Sie wirbelte immer schneller, und während der Indianer sie beobachtete, begann auch sein Geist sich zu drehen, immer weiter zurück bis zum Anfang, zum Beginn der Vision, die ihn in diese Zeit und an diesen Ort geführt hatte.

Wie ein Ertrinkender sah er sein Leben rasend schnell an sich vorüberziehen. Es erforderte Mut, all die Freude, den Schmerz, die Irrtümer und recht getanen Dinge zu betrachten, all die Menschen, die er geliebt, denen er weh getan, die er gefunden oder verloren hatte –, und gleichzeitig zu wissen, daß er, wenn diese rückblickende Vision vollendet war, wieder in die Welt der Gegenwart zurückkehren und sein Leben fortsetzen mußte.

Die kleine Wolke drehte sich immer weiter, so als wäre sie in einem himmlischen Wirbelwind gefangen. Sie drehte sich wie sein Geist noch vor wenigen Minuten; dann teilte sie sich entzwei. Ein Teil löste sich am Himmel auf, der andere vereinigte sich wieder mit der großen Wolke. Der Mann erkannte, daß dies die Antwort war, daß auf diese Weise seine Vision in Erfüllung gehen würde. Sein erster Versuch, einen Stamm von Medizinlehrern zusammenzuschließen, die ihm helfen konnten, der Mutter Erde Gleichgewicht und Harmonie wiederzubringen, schien gescheitert. Doch jetzt wußte er, daß es mit der Zeit gelingen würde.

Der Mann zog seine Jeans und sein Cowboyhemd an, setzte den schwarzen Hut auf und stieg den Hang hinunter zu seinem Wagen, einem ausrangierten Polizeiauto, das er in Los Angeles gekauft hatte. Man schrieb das Jahr 1971. Der Schauplatz war eine Anhöhe über Vacaville, Kalifornien. Der Mann, der den Mut besaß, seine Vision zu erneuern und danach zu leben, war Sun Bear.

Um seines Mutes willen nannte man ihn ›den vielleicht gerissensten Mann von Amerika‹, einen ›Indianer, der allen anderen zehn Jahre voraus ist‹, einen Heiligen und einen Schwindler. Er wurde von namhaften Leuten, die den unterschiedlichsten Rassen und Religionen angehörten, unterstützt und angefeindet. Im Laufe der Jahre waren einige dieser Leute sowohl Förderer als auch Kritiker, entsprechend dem politischen Klima des Augenblicks.

Ich hörte zum erstenmal von Sun Bear, als ich Anfang 1971 in Kalifornien Material für ein Buch sammelte. Aus dem, was mir zu Ohren kam, schloß ich, daß er ein alter indianischer Medizinmann sei, der einen Stamm von Leuten um sich sammelte, die sich für Reinkarnationen indianischer Seelen aus der Vergangenheit hielten. Ich befand mich damals an einem Punkt meines Lebens, an dem ich auf der Suche nach meinem eigenen geistigen Weg war, und seine Vorstellungen erschienen mir nicht seltsamer als das, was ich über hinduistische, tibetanische, russische und sufistische Mystik gehört hatte. Es schien mir jedenfalls eine Geschichte wert. Ich setzte mich mit dem *Bear Tribe* (»Bären-Stamm«) in Verbindung und bot Sun Bear an, während seines Aufenthaltes in New York in meinem Apartment zu wohnen, mit dem Hintergedanken, ihn bei dieser Gelegenheit zu interviewen.

Ich begegnete Sun Bear im Sommer desselben Jahres, als er quer durch die Vereinigten Staaten reiste, um den Menschen von seiner Vision und seinem Stamm zu erzählen. Ich öffnete meine Wohnungstür nicht einem altersschwachen, auf einen Stock gestützten und in eine Decke gehüllten Mann am Arm eines Assistenten, sondern einem gutaussehenden, kraftvollen Einundvierzigjährigen, bekleidet mit einem Cowboyhemd, Jeans und seinem unvermeidlichen schwarzen Hut. Seine große, gebrochene Indianernase (gebrochen, wie ich später erfuhr, von einem Weißen, der keine Indianer mochte) strahlte mehr Charisma aus als die meisten Menschen mit ihrem gesamten Wesen. In seiner Begleitung befand sich Morning Star, eine schlanke, blonde Frau, aus deren Augen die Liebe strahlte ... nicht der kräftige Eingeborene, den ich als Helfer und Leibwächter Sun Bears erwartet hatte.

In diesem ersten Augenblick geriet ich in seinen Bann, obwohl ich es mir lange Zeit nicht eingestehen wollte. Das ist, wie ich ebenfalls später erfuhr, eine sehr verbreitete Reaktion auf die Begegnung mit Sun Bear. Er besitzt eine Ausstrahlung, die viele Menschen bis ins tiefste Innere durchdringt, sie bewegt, herausfordert und aufrüttelt aus ihrer gewohnten Weltsicht. Ich hatte damals noch nicht so viele Menschen mit der Visionsgabe kennengelernt, um zu wissen, was mich da gefesselt hatte. Ich dachte, ich hätte mich in den Mann verliebt. Mir war nicht klar, daß ich den ersten Schritt dazu getan hatte, mich ganz seiner Vision zu verschreiben.

Als gute Reporterin versuchte ich, ihn über seine Vergangenheit, seine Vorstellungen und seine Pläne auszufragen. Als guter spiritueller Lehrer erzählte er mir alles über seine Vision und darüber, wie sie erfüllt werden würde. Er sprach von der Erde wie von einem Lebewesen. Er sprach von den Weissagungen, die Eingeborene über diese Zeit der Reinigung der Erde gemacht hatten, die Zeit, in der die Erde sich selbst von den Krankheiten heilen würde, die die Gifte der Menschen hervorgerufen hatten. Er besaß die Unverfrorenheit, mir zu erklären, wie ich in seine Vision hineinpaßte.

Ich war enttäuscht, weil er sich nicht auf das Interview einließ, und diese ganze *Visions*geschichte verwirrte mich. Ich hatte nie Indianerliteratur gelesen und war noch keinem Menschen mit Visionsgabe begegnet, und ich wußte einfach nicht, wie ich diese Vorstellung in meine Welt einfügen sollte. Sun

Bear störte sich nicht an meiner Verwirrung. Seine Vision zeigte ihm, wo mein Platz war, und ich war gebannt von seiner Vision. Er wußte, daß es nur eine Frage der Zeit war, bis ich es erkannte. Er konnte es sich leisten, mit meinem Geist zu tanzen, bis mein Weg klar vor mir lag. Während dieser geistige Tanz andauerte, bewiesen er und Morning Star mir soviel Liebe, daß ich das Gefühl hatte, mein Herz müßte vor Freude bersten.

Ich schloß mich Sun Bear und dem, was von dem Bear Tribe übrig war, Anfang 1972 an, nachdem ich vier Monate in New York damit zugebracht hatte, meine schriftstellerischen Projekte zu Ende zu führen und mir darüber Gedanken zu machen, ob ich verrückt geworden war. Immerhin schickte ich mich an, mein bequemes Leben, meine vielversprechende Karriere als Schriftstellerin und meine Freunde aufzugeben, um in den Wilden Westen zu ziehen und Teil einer Gegenwartsvision zu werden. Damals war der Gedanke an Sekten noch nicht sonderlich verbreitet, so daß wir, meine Freunde, meine Familie und ich, uns einfach nur fragten, was für eine merkwürdige Gruppe von Menschen das war, mit denen ich mich einlassen wollte. Als ich dann begriff, was Sekten sind und wie sie funktionieren, stellte sich heraus, daß die intellektuell/spirituelle Gruppe, in der ich mich in New York bewegt hatte, dieser Definition viel näher kam, als es der Bear Tribe je sein würde. Es war diese New Yorker Gruppe, die mir vorwarf, ich hätte den wahren Weg der Erleuchtung verlassen, um mich dem Bear Tribe anzuschließen, während weder Sun Bear noch Morning Star jemals den geringsten Druck auf mich ausübten, sondern mich im Gegenteil darin bestärkten, das zu tun, was ich für richtig hielt.

Von 1972 an war ich Sun Bears Schülerin, sein Lehrling, seine Medizinhelferin, seine Mitautorin, seine Vertraute, seine Lehrerin in manchen Bereichen der Welt der Weißen, Herausgeberin seiner Zeitschrift, Leiterin seiner Gemeinschaft und seiner Geschäfte und, gelegentlich, eine würdige Gegnerin für ihn.

Ich kenne Sun Bear als Medizinmann, als Freund, Lehrer,

Schamane, Zauberer, Bruder und Beichtvater, als Geschäftspartner, als geheimnisvollen Menschen und als einen Mann, der ißt, schläft, träumt und rülpst, genau wie jeder andere.

Während der ersten Jahre meiner Zusammenarbeit mit ihm beobachtete ich alles mit dem liebenden Blick des neuen Gläubigen. Er lehrte mich, die Erde als lebendiges Wesen zu betrachten. Er öffnete mir die Augen für den Zauber aller ihrer Geschöpfe – Steine, Pflanzen und Tiere, Wolken und Wasser –, und ich fragte mich, wie ich je hatte leben können ohne diese ganze Schönheit zu erkennen. Ich erfuhr viel über die Kultur der amerikanischen Urbevölkerung, und eine Zeitlang lehnte ich meine eigene Herkunft als weiße, gebildete mittelständische Schriftstellerin völlig ab.

Ich habe gesehen, wie Sun Bear Tausende von Menschen in seinen Bann zog, wie er jeden Hund und jede Katze, die an seinen Jeans schnüffelten, verzauberte. Ich habe gesehen, wie er die Donnergeschöpfe rief und staunte über den Regen, der darauf folgte. Ich sah ihn Menschen von gebrochenem Herzen, gespaltener Seele und krankem Körper heilen. Ich war Zeuge, wie er besessene Menschen von Geistern befreite, die in eine andere Welt gehörten. Und ich wunderte mich über die merkwürdigen Narben auf seinem Rücken, die nur sichtbar wurden, wenn er über eine bestimmte Vision sprach.

Ich war bei ihm, als der erste Versuch, seine Vision zu erfüllen, scheiterte, und ebenso, als er seine zweite, erfolgreiche Bemühung begann, einen Stamm von Lehrern aufzubauen. Er erzählte mir von seiner neuen Vision über die Rückkehr der alten Medizinräder, und gemeinsam schrieben wir diese Vision nieder und riefen die Zusammenkünfte ins Leben, die sie zur Erfüllung bringen. Er erzählte Shawnodese und mir von seiner Vision von den Lichtern, die auf einer verdunkelten Erde aufleuchten, und gemeinsam begannen wir das Lehrlingsprogramm, mit dessen Hilfe es lebendigen Menschen möglich ist, zu diesen Lichtern zu werden.

Nachdem die ersten paar Jahre vergangen waren, fand ich mein Gleichgewicht und meine eigenen Visionen und lernte, das, was Sun Bear mir beibrachte, mit dem zu verbinden, was ich bereits gelernt hatte. Mir wurde allmählich klar, auf welch einem wunderbaren geistigen Weg ich mich befand, wenn ich auch wußte, daß er voller Gefahren war. Ebenso wie Sun Bear war ich zu einer menschlichen Brücke geworden, zu einem, der sich zwischen zwei Kulturen bewegt und nach Bindegliedern ausschaut, die Einigkeit und gegenseitiges Verständnis schaffen.

Von dem Augenblick an, als der erste Europäer den Fuß auf diesen Kontinent, diese Schildkröteninsel, setzte, hat sich die weiße Rasse stets bemüht, die rote Rasse, die sie irrtümlicherweise als Indianer bezeichnete, zu verstehen. Von der Rousseau'schen Vorstellung vom ›Edlen Wilden‹ bis zu Custers Taktik, indianische Frauen und Kinder niederzumetzeln, weil ›aus Nissen Läuse werden‹, liegt ein Schleier der Rätselhaftigkeit und Fremdheit zwischen den amerikanischen Ureinwohnern und ihren oftmals undankbaren europäischen Gästen. Dieser Schleier existiert auch heute noch und wird von einigen Eingeborenen genauso bewahrt wie eh und je und auch von manchem europäischen Amerikaner weiterhin aufrechterhalten. Um diesen Schleier herum gibt und gab es ein großes Maß an Neugier, dem Vorläufer der Verständigung.

Am dichtesten schließt sich der Schleier um das indianische Verständnis von Medizin und Vision. Europäische Philosophien wollen uns glauben machen, daß die Medizin der Eingeborenen nur aus wunderlich aussehenden Zauberern in Federschmuck und Fellen besteht, die mit Rasseln lärmen und aus Schlangenzungen, Froschschenkeln und anderen exotischen Bestandteilen Medikamente herstellen, die den armen, unwissenden Patienten entweder umbringen oder heilen. Wieder andere haben erklärt, die indianische Medizin sei ›Teufelswerk‹: böse, zersetzend und gefährlich für die ganze Zivilisation, die der Weiße geschaffen hat. Medizinmänner wurden als herzlose, zu Menschenopfern bereite Wilde dargestellt oder als unwissende Heiden, die zu Steinen und Bäumen beten. Menschen mit der Gabe der Vision sind oft als Irre bezeichnet worden.

Da viele Europäer entschlossen waren, alle Medizinleute und ihre Bräuche zu vernichten, gingen die Eingeborenen in den Untergrund mit ihrer Medizin. Sie hatten keine andere Wahl. Niemand wollte die Wahrheit darüber hören, was die Medizinleute wußten und taten; sie wurden umgebracht, wenn die europäischen Religionsführer herausfanden, daß sie die Kunst der Medizin überhaupt ausübten.

Heute, da viele Angehörige der herrschenden Gesellschaft wünschten, ihre Vorfahren hätten auf die Medizinleute der Eingeborenen gehört, wollen einige von jenen die Dinge, an die sie sich noch erinnern, oder die Visionen, die sie haben, nicht mitteilen.

Sun Bear ist eine bemerkenswerte Ausnahme.

Er ist der Meinung, daß die indianische Medizin die richtige Philosophie für dieses Land ist, in dem wir leben, und daß niemand außer den Indianern den Pilgern erklären kann, auf welche Weise Sorge für die Schildkröteninsel getragen werden muß. Er kennt die Geister dieses Landes und folgt ihrer Weisung, Wissen mit denen zu teilen, die wahrhaft zu lernen gewillt sind. Auf diese Weise erfüllt er die Hauptaufgabe der eingeborenen Medizinleute: die Aufgabe des spirituellen Lehrers, der mit den mannigfaltigen Bereichen der Wirklichkeit in Beziehung steht und zu ihrem Verständnis verhilft.

Medizinleute (denn in dieser Eigenschaft dienten Männer wie Frauen) waren auch als Heiler für Körper, Geist, Seele und Herz tätig. Sie erfüllten die Aufgaben der Menschen, die wir heute Minister, Priester, Rabbiner, Ärzte, Anwälte, Psychologen, Psychiater, Hebammen, Lehrer, Masseure, Meditationslehrer und Atemtechniker nennen. Sie erfüllten darüber hinaus einige Pflichten, die uns bis vor kurzer Zeit verlorengegangen waren: Sie entwarfen und leiteten Rituale und Feierlichkeiten, die die Veränderungen im Leben der Menschen und des Planeten begleiteten.

Je länger meine Arbeit mit Sun Bear andauerte, um so größer wurde mein Respekt vor dem Mut, mit dem er es wagte, diesen Schleier der Trennung zu zerreißen, zu verkünden, daß wir alle Brüder und Schwestern sind, gleichgültig, welche Hautfarbe wir haben. Er erklärt den Menschen, daß wir lernen müssen, uns in Liebe und gegenseitigem Verständnis zu begegnen, um die Erde von den zahlreichen Krankheiten zu heilen, mit denen wir sie in unseren Zeiten der Trennung und des Hochmutes infiziert haben.

Sein Mut wurde oft auf die Probe gestellt. Ich habe schon erwähnt, daß ihm ein weißer Mann, der die Indianer nicht leiden konnte, einmal die Nase gebrochen hat; einige Jahre, nachdem ich mich ihm angeschlossen hatte, kam er von einem pow wow zurück und sah irgendwie merkwürdig aus. Bei näherem Hinsehen bemerkte ich, daß seine Nase um einiges breiter wirkte. Sie war ihm wieder gebrochen worden – diesmal von einem Indianer, der Sun Bears Zusammenarbeit mit den Weißen ablehnte.

Ungeachtet aller Unterstützungsbeteuerungen und Schmähschriften hielt Sun Bear stets unerschütterlich an seiner ersten Vision fest, die ihm sagte, daß wir alle uns in Liebe und Harmonie auf der Mutter Erde vereinigen müssen. Ich habe nie gehört, daß er Menschen wegen ihres Glaubens oder ihres Wesens kritisiert hätte. Manchmal hatte er Einwände gegen die Handlungen eines Menschen, besonders, wenn diese Handlungen anderen weh taten, aber es gelang ihm dennoch immer, diesem Menschen liebevolles Mitgefühl, wenn nicht gar Achtung entgegenzubringen.

Je länger ich den Mann, den Schamanen kenne, um so deutlicher wird mir bewußt, daß die Kraft, deren er sich bedient und die er lehrt, die Liebe ist; nicht einfach romantische Liebe, auch nicht die ›harte‹ Liebe, die ihre Lehre durch Disziplin vermittelt, auch nicht die kalte Liebe abstrakter Humanität oder die Liebe zum Dienen, die den einzelnen Menschen übersieht, sondern eine Verbindung all dieser Formen der Liebe und noch mehr. Ich habe oftmals vor Zuhörern erklärt, daß Sun Bear der großherzigste Mensch ist, dem ich je begegnet bin. Er ist es.

Manchmal hat ihm diese Großherzigkeit mehr Schmerzen

als Freude eingebracht. Er gehört zu den Leuten, die nicht nur verwundete Hunde, Katzen, Schlangen und Vögel mit nach Hause bringen, sondern auch Menschen, oftmals solche, die ein großes Maß an Heilung brauchen. Seine erste Bemühung um den Aufbau eines Stammes scheiterte an seiner Großzügigkeit. Das verursachte ihm einige Monate der Verzweiflung und lehrte ihn einiges über Diskriminierung, aber dennoch verlor er darüber nie sein großmütiges Herz.

Ich habe gesehen, wie Sun Bear sich mit Gefangenen, mit Priestern, Psychologen, Ärzten, Wissenschaftlern, Straßenkehrern, Fabrikarbeitern, Schauspielern, Tellerwäschern, psychiatrischen Patienten, trauernden Hinterbliebenen, sterbenden Kindern und verwirrten Eltern niedersetzte, um mit ihnen zu reden, und wie sie sich gemeinsam erhoben in dem Gefühl, mit dem einzigen Menschen der Welt gesprochen zu haben, der sie wahrhaftig verstand. Er hat die Gabe, sich ganz auf einen anderen Menschen einzulassen, gleichgültig, was dieser Mensch gerade durchmacht. Diese Gabe ist es unter anderem, die ihn zum Heiler macht.

Ich war Zeuge, wie Sun Bear unbeschadet aus Geschäften hervorging, die so schlecht waren, daß sie jeden anderen ruiniert hätten. Es ist seine Medizin, die ihn beschützt. Diese Medizin befähigt ihn nicht nur zu heilen, sondern sie bestimmt sein Leben, und er ist bereit, die Grundsätze dieser Medizin mit jedem zu teilen, der ernsthaft zu lernen gewillt ist ... ein weiterer Zug der Großherzigkeit, der ihm Schwierigkeiten mit denjenigen einbringt, die glauben, man dürfe diese Grundsätze nur den *richtigen* Leuten vermitteln. Abhängig davon, wer der Kritiker ist, könnte dieses *›richtig‹* durch Hautfarbe, Geschlecht, Herkunft, Intellekt oder Grad des Wohlstandes bestimmt sein.

Sun Bear sagt, daß er von einer Philosophie oder Religion, die *kein Maiskorn sät* – das heißt, sich ihrer Verfechter an jedem Tag ihres Lebens annimmt –, nichts wissen will.

Seine Medizin *sät Mais*. Der Bear Tribe nahm 1969 seinen Anfang mit einer Handvoll Studenten aus der Gemeinde um die Universität von Kalifornien in Davis, wo Sun Bear Kurse über Indianerliteratur und Journalistik gab. Heute ist aus dieser Handvoll eine Flutwelle geworden. Es werden täglich mehr Menschen, die anrufen oder schreiben oder den Bear Tribe besuchen. Ihr Ziel ist es, ein besseres Leben führen zu lernen. Darüber hinaus unternehmen Sun Bear, Shawnodese und andere Stammesmitglieder weltweite Reisen und bieten Seminare, Workshops und Medizinradtreffen an. Wir haben unsere Botschaft nach England, Neuseeland, Deutschland, Österreich, in die Schweiz und in jeden Winkel des nordamerikanischen Kontinents getragen. In diesem Jahr werden wir nach Sun Bears Schätzung annähernd einhunderttausend Meilen zurücklegen. Unter unseren Studenten befinden sich Menschen aller nur erdenklichen Berufe und Überzeugungen.

Was ist an diesem halbblütigen Medizinmann mit abgebrochener Schulausbildung, das Ärzte, Anwälte, Zahnärzte, Armeeoffiziere, Hausfrauen, Hippies und Bankmanager dazu bringt, sich mit seinen Lehren zu befassen?

Sun Bear erklärt das so: »Mir ist die Kraft verliehen worden, zu heilen. Ich bin ein Lehrer. Als einen wichtigen Teil meiner Aufgabe auf der Mutter Erde betrachte ich die Notwendigkeit, jenen, die vielleicht krank im Herzen oder aus dem Gleichgewicht geraten sind, das Wissen zu vermitteln, daß sie in sich selbst die Kraft der Medizin entwickeln und zu Heilern werden können. Sie können selbst einen Mittelpunkt bilden. Sie können aus ihrer eigenen Seele, da sie ein Teil des Großen Geistes ist, das Wissen und die Kraft schöpfen, um sich ihrer Energie auf positive Weise zu bedienen.

Die Medizin, an die ich glaube und die ich durch den Bear Tribe verbreite, ist nicht die Medizin der Sioux von gestern oder der Chippewa von gestern. Es ist eine Medizin von heute und gleichzeitig eine Medizin der Überlieferung. Es ist dies die Art Medizin, die das Gleichgewicht herstellen wird zwischen den Rassen der Mutter Erde.«

Sun Bears Medizin gründet sich auf das Wissen zahlreicher Stämme. Doch sie ist umfassender und allgemeingültiger als jede einzelne Lehre, in der er unterwiesen wurde. Seine Medizin kommt vom Schöpfer und der Mutter Erde durch seine Träume und Visionen zu ihm. Er verpflichtet sich nicht einer besonderen Überlieferung oder einem Ritual, sondern läßt das, was er gelernt hat, in eine Medizin einfließen, die wahrhaft allumfassend ist. Was könnte ein Brückenbauer des Regenbogenpfades besseres tun?

Ein Teil der Medizin besteht in tiefem Vertrauen auf das Land. Vieles von dem, was der Bären-Stamm lehrt, verbindet geistige Arbeit mit guten handfesten Fertigkeiten: Landwirtschaft, Pflanzenkunde, Sammeln, Jagen, Bauen, Bienenzucht, Schlachten, Konservierung und Lagerung von Nahrungsmitteln, Wasserversorgung, Abfallbeseitigung, Kompostherstellung, Tauschhandel und Überlebenspraxis. Die Schüler lernen jedoch nicht nur, wie man ein Huhn züchtet und dann tötet. Sie lernen, wie man es mit Achtung aufzieht und ihm, begleitet von den richtigen Gebeten und Zeremonien, das Leben nimmt. Sie lernen nicht nur, die Pflanzen zu erkennen; sie lernen, mit dem Geist der Pflanze zu sprechen. Ebenso, wie sie lernen, Wasser zu finden, eine Quelle oder einen Brunnen sauber und in Gang zu halten und jedesmal, wenn sie sich die Hände, ihr Geschirr oder ihre Kleider waschen, zu den Wassergeistern zu beten.

Ein weiterer Bestandteil dieser Medizin besteht in der Mitteilung. Sun Bear glaubt an die Prophezeiungen vieler Indianer, in denen von diesem Zeitpunkt der Geschichte als einer Zeit der Reinigung auf der Mutter Erde gesprochen wird: einer Zeit, in der die Erde die schädlichen Formen der Technologie abschütteln wird, ebenso wie die Lebensform, die in den Menschen die Überzeugung nährt, sie seien getrennt vom Rest der Schöpfung.

Auf unseren Reisen erzählen wir den Menschen von diesen Prophezeiungen und über diese Zeit, und wir erklären ihnen, wie sie mithelfen können, den Planeten zu heilen. Da uns bewußt ist, daß wir nicht weit genug und schnell genug reisen können, verbreiten wir diese Botschaft auch über *Many Smokes*

– die Zeitschrift, die Sun Bear 1961 in Los Angeles gegründet hat –, durch Auftritte in den Medien und über unsere Bücher.

Sun Bear ist der Verfasser von AT HOME IN THE WILDERNESS, ein Führer für ein Leben im Einklang mit der Erde, und BUFFALO HEARTS[1]), ein Buch über indianische Philosophie und Biographien. Gemeinsam haben wir das Buch THE MEDICINE WHEEL: EARTH ASTROLOGY[2]) geschrieben – das von der Wiederkehr der Medizinräder und von der Art der Selbsterkenntnis berichtet, die er in seiner Vision gesehen hat – und THE BEAR TRIBE SELFRELIANCE BOOK, mit Nimimosha als Co-Autor, in dem von Selbsthilfe, geistigem Leben und Gemeinschaft die Rede ist.

Seit 1980 fördern wir Medizinrad-Treffen (neun bis Mitte 1983); das sind große Versammlungen, an denen zahlreiche Lehrer und Medizinleute teilnehmen, um die Erde zu feiern und um ihre Heilung zu beten. Jedes dieser Treffen wurde von durchschnittlich neunhundert Personen besucht. Sie finden an verschiedenen Plätzen der Vereinigten Staaten statt, und man hat uns gebeten, sie auch in Europa und Hawaii einzuführen. Wallace Black Elk, der Enkel von Black Elk, dem heiligen Mann der Sioux, dessen Vision in dem Klassiker der Indianerliteratur BLACK ELK SPEAKS[3]) unsterblich geworden ist, hat die Medizinrad-Treffen als ›Geschichte in der Entstehung‹ bezeichnet.

Erblüht aus Sun Bears Vision, ist der Bear Tribe zum Teil eine Verwirklichung vieler indianischer Prophezeiungen geworden. Außerordentlich beeindruckend ist die Übereinstimmung mit den großen Prophezeiungen der Hopi und den Voraussagen in den Medizinrollen der Midewiwin. Beide verkündeten das Herannahen einer Zeit der großen Reinigung, einer Zeit, in der die Erde die Technik abschütteln würde und

[1]) Sun Bear: Büffelherzen, Baden-Baden 1981.
[2]) Sun Bear/Wabun: Das Medizinrad, Neuausgabe München 1987
[3]) Schwarzer Hirsch: Ich rufe mein Volk, Olten 1981.

die Söhne der Weißen die indianischen Häuptlinge bitten würden, sie zu führen.

Darüberhinaus ist der Bear Tribe eine Gemeinschaft, ein lebendiges Beispiel für Menschen, die sich darum bemühen, ins Gleichgewicht mit sich selbst, miteinander, mit der Erde und all ihren Kindern zu kommen. Wir leben in der Nähe von Spokane, Washington, auf einem Berg, der Jahrhunderte, vielleicht sogar Jahrtausende lang zur Visionssuche und zu anderen Medizinübungen gedient hat. Unsere Nachbarn sind heutzutage Menschen, die an unserer Vision teilhaben, und wir beabsichtigen, in naher Zukunft das Vision Mountain-Zentrum aufzubauen, das uns in die Lage versetzen wird, die Anzahl der Menschen, die uns besuchen, von uns lernen und mit uns arbeiten können, zu vergrößern.

Sun Bears Medizin hat ihm eine reiche *Kornernte* beschert, und viele der Samen, die er ausgesät hat, beginnen gerade erst aufzugehen.

Wie viele der Tradition verbundene Menschen auch, ist Sun Bear ein *Mensch der Tat*. Den Grundlinien folgend, die seine Visionen ihm vermittelt haben, streut er seine Saat in vielen Bereichen aus und wartet darauf, welche angehen.

Er gibt lebendiges Zeugnis ab für die Kraft, die daraus entspringt, daß man sich der Vision und der Medizin öffnet und dann dem Weg folgt, den diese Medizin weist. Und er tut das in den achtziger Jahren des zwanzigsten Jahrhunderts, nicht etwa im siebzehnten Jahrhundert. Und was noch wichtiger ist, er sagt mir und Ihnen allen, daß wir die gleiche Kraft haben, Visionen zu empfangen, und daß wir unser Leben von dieser Vision leiten lassen sollen.

Sun Bear ist ein lebender Prophet, Verfechter eines religiösen Herangehens an die Dinge, das aufgeschlossen ist für die Menschen, den Planeten und die Veränderungen, die ein Teil allen Lebens sind. Er entstammt einer Tradition lebender Propheten. Als die Religionen der Indianer auf der Schildkröteninsel noch unbehindert ausgeübt wurden, waren sie immer offen für Veränderungen, die sich aus neuen Träumen, neuen Visionen und neuen Verkündigungen des Schöpfers heraus vollzogen.

Es war keine in Stein gehauene Religion, unveränderlich über Tausende von Jahren hinweg. Es war vielmehr eine Religion ständiger Erneuerung und beständigen Wachstums.

Während meiner Lehrjahre bei Sun Bear ist mir klar geworden, daß viele Menschen aus allen gesellschaftlichen Schichten sich nach einem solchen religiösen Weg sehnen. Sie wollen spüren, daß es einen lebendigen Schöpfer gibt und daß sie mit seiner Kraft in direkte Verbindung treten können. Sun Bear beweist durch seine Worte und sein lebendes Beispiel, daß das möglich ist.

Hätte Sun Bear eine Ausbildung als Psychiater genossen, würde seine Autobiographie wahrscheinlich den Titel haben: DER WEG DER KRAFT: WIE MAN IN ALLEN LEBENSLAGEN SIEGER BLEIBT. Das Buch würde die Medizin in alle ihre Bestandteile zerlegen und dann erklären, wie man sie in seine eigene Lebenssituation einfügen kann. Wieviel Spaß könnte man haben beim Beurteilen, Analysieren, Denken! Aller Voraussicht nach würde der Leser das Buch mit einem völlig neuen logischen Gedankengebäude weglegen, das ihn für weitere Wochen, Monate oder Jahre befähigen würde, keine Gefühle an sich heranzulassen.

Glücklicherweise ist Sun Bear kein Mensch, der auswertet und bestimmt. Glaub mir. Ich habe jahrelang vergeblich versucht, ihn dazu zu bewegen, mir zu erklären, was er tat. Es dauerte zwei Jahre, bis ich zu verstehen begann, was Medizin bedeutet. Erst nach einigen weiteren Jahren und ein paar wirklich starken Erlebnissen, die jeder logischen Erklärung spotteten, erhielt ich einen Schimmer dessen, was Vision bedeutet. Als ich zum erstenmal Indianergesänge ›hörte‹ – allein, niemand in der Nähe, der sang – und in der Überzeugung, ich sei jetzt reif für die Zwangsjacke, zu ihm lief, riet er mir nur, mich zu entspannen und genauer hinzuhören.

Nach allem, was ich seither gelernt habe, vermitteln die traditionellen Lehrer der Indianer ihr Wissen stets durch Anschauung und Beispiele. Sie erklären nicht, was sie unterrichten werden, lehren es dann und wiederholen es schließlich noch einmal. Man beobachtet geduldig, hört schweigend zu und lernt tief und wahrhaftig. Und wenn die Regenwolken dann aufziehen oder die Pflanze auf deine Worte antwortet, und du dich wunderst, ob du ein bißchen verrückt wirst, lächeln sie nur und sagen dir, es ist gut.

Schließlich wußte ich so viel, daß ich zu Sun Bear sagte: Wenn es Felsenzeichnungen von modernen Menschen gäbe, so hätten sie riesige Köpfe, ihre Körper wären kleine Striche und ihre Herzen winzige Punkte, genau wie die Strichmännchen, die unsere Kinder zu zeichnen lernen. Das Bild gefiel ihm, weil er weiß, daß die Menschen heutzutage zu viel denken und zu wenig fühlen.

Sun Bears Bücher spiegeln die Art wider, in der er persönlich sein Wissen vermittelt. Seine Lehren sind voll mit Wissen über das Leben und Anweisungen, wie man sein eigenes Leben verbessern kann, doch er teilt sie sehr häufig durch Geschichten und auf Umwegen mit. Dieser Weg der Umkreisung ist eines der Geheimnisse der Indianer, das man enthüllen kann, wenn man seinem Geist gestattet, frei zu schweben.

Seine Worte und seine Geschichten sind beredt und aussagekräftig, sie stehen in der großen Tradition indianischer Redner, aber sie sind nur selten direkt. Dies ist ein Buch, in dem Sie zwischen den Zeilen lesen müssen.

Ich habe seit jener ersten, schicksalhaften Begegnung im Jahre 1971 an Sun Bears Geschichte gearbeitet. Ich habe fünf Buchentwürfe, zahlreiche kürzere Skizzen und einige Probekapitel fertiggestellt. Als offenkundig wurde, daß die Zeit gekommen war, der Welt Sun Bears Lehren mitzuteilen, wurde mir ebenso deutlich, daß ich sowohl in sein Leben als auch in die Vision des Bear Tribe so sehr verstrickt war, daß ich mich nicht genügend daraus zurückziehen konnte, um das in elf Jahren zusammengetragene Material zu einem Buch von ausreichender Klarheit und vertretbarem Umfang zu ordnen.

Die Vision, die will, daß diese Geschichte erzählt wird, hat mir einen Helfer geschickt. Barry schrieb an den Bear Tribe und bat um Hilfe bei der Stoffsammlung für ein Buch für junge Leute über Medizinmänner. Wir traten in Briefkontakt, und er bot seine Hilfe für alle Projekte an, in denen wir Hilfe benötigten. Zu jener Zeit gab es einen Roman, den der Bear Tribe Verlag herausbringen wollte, und er verbrachte viele Monate damit, ihn zu redigieren. Im Laufe dieser Bearbeitung stellte ich fest, daß sein Schreibstil sowohl mit Sun Bears als auch mit meinem gut zu vereinbaren war. Der Roman wurde nie veröffentlicht, aber wir luden Barry und seine Familie ein, den Sommer 1982 beim Bären-Stamm zu verbringen und an Sun Bears Buch mitzuarbeiten.

Er kam und begann, alle Aufzeichnungen, Kapitel, Entwürfe und Zitate in der richtigen Reihenfolge zu ordnen. Er nahm Gespräche mit Sun Bear, mir und den meisten der Stammesmitglieder auf Tonband auf. In der Zeit, in der wir mit zwei Lehrlingsprüfungen, zahlreichen Seminaren, einer Menge Arbeit mit der organisatorischen Entwicklung, mit Leuten, die uns in der Neuorganisation des Stammes unterstützten, mehreren Vortragsreisen und einer Fülle von Besuchern beschäftigt waren, schrieb er ohne Pause und zog den Stoff zusammen. Dann überreichte er Sun Bear und mir das Manuskript (ein Geschenk, das einem Schriftsteller schwerfällt), damit wir die Änderungen, die wir für notwendig hielten, vornehmen konnten. Barry ist es großartig gelungen, Sun Bears Stimme und Präsenz das ganze Buch hindurch lebendig zu vermitteln.

Wir übergeben Dir das Buch nun als unser Geschenk, geleitet von dem Bewußtsein, daß man nur, indem man sich durch das Geschenk leert, Platz schafft für neues Wissen, neue Kraft und neue Medizin in der Zukunft.

Wabun (Marlise James), Juli 1983

ERSTES BUCH

MEIN LEBEN

ERSTES KAPITEL

Frühe Visionen

1932, In der Nähe von Fosston, Minnesota:

Der Vollmond überzog die Kiefern mit seinen Lichtstreifen; der Lichtschein drang zu einem kleinen Blockhaus auf einer Lichtung hin. Darin saßen eine Frau und zwei Männer entspannt um einen Holzofen.

»A ya ya, a ya ya ya!« Ein Kriegsschrei ertönte.

»Tu etwas, Louis«, sagte die Frau, »dein Sohn träumt schon wieder.«

Die Schreie wurden lauter.

Louis LaDuke trat in einen Winkel der Hütte, wo sein dreijähriger Sohn schlief. Der Junge, Vincent, saß mit geschlossenen Augen und weit aufgerissenem Mund kerzengerade auf seinem Lager. Im Mondschein wirkte das Gesicht des Kindes uralt und erschöpft, während er mit immer höherer Stimme sang. Es war ein fiebriges Gesicht, das eines erzürnten Kriegshäuptlings.

»Ich war noch so klein, daß mir nur wenig im Gedächtnis geblieben ist«, sagt Sun Bear. »Ich erinnere mich undeutlich daran, daß ich sang und daß mein Vater wie versteinert vor mir stand.

Als nächstes erinnere ich mich, daß jemand meinen Gesang erwiderte, mit so leiser Stimme, daß sie von meinem eigenen Kriegsgeheul übertönt wurde. Allmählich, so wurde mir gesagt, schwoll der Gesang der anderen Person an und meiner wurde leiser, erstarb.«

Eine plötzliche Stille trat ein.

»Der Raum war vom süßen Duft von Zedernrauch erfüllt; in jenen Tagen hatten wir kein Süßgras. Jemand füllte den Raum mit Qualm. Er blies Rauch über mich und sprach in der Sprache der Ojibway:

›Noch nicht, kleiner Bär. Dein Kampf wird kommen, später.‹

Das alles ist inzwischen sehr verschwommen. Ich war damals erst drei.«

1934, White Earth Reservat, Minnesota:

Das Mädchen sah ihren kleinen Bruder auf dem Boden liegen. Es kniete neben der ausgestreckten Gestalt nieder und berührte das Gesicht des Jungen; er glühte vor Fieber.

Sie rannte in die Hütte, um ihre Mutter zu holen. Die Frau trug den Jungen hinein, zog ihn nackt aus und tauchte ihn in eine Wanne mit eiskaltem Wasser. Sie machte sich Sorgen, denn sie wußte, daß die Diphtherie umging.

»Ich befand mich an einem anderen Ort«, sagt Sun Bear. »Ich spürte das Wasser nicht. Da, wo ich mich befand, war alles blau. Der Himmel war strahlend blau, die Erde hatte die Farbe der Großen Seen an einem wolkenlosen Tag ... blau, mit schwarzen Kräuseln.

Ich fühlte mich wohl an diesem blauen Ort, geborgen und glücklich.

Am Horizont sah ich etwas, das aussah wie ein riesiger roter Ball, so rot, daß es fast schwerfiel, hinzuschauen.

Der Ball rollte auf mich zu, und ich faßte danach und wollte damit spielen. Er rollte an mir vorüber, und ich war betrübt. Dann kam ein Ball von hellerem Rot auf mich zu, und ich streckte die Hand danach aus. Er rollte vorüber, gefolgt von einem orangefarbenen, einem gelben, einem grünen, einem dunkelblauen und einem violetten Ball.

Ich konnte keinen einzigen der Bälle erhaschen. Sie rollten alle vorbei, und ich war traurig; dann blickte ich hinter mich. Die Bälle waren in einer Linie aufgereiht.

Ich streckte die Hand aus und berührte den violetten Ball, und die anderen begannen, um mich herumzurollen. Sie rollten immer schneller, bis sie schließlich miteinander verschmolzen und eine regenbogenfarbene Kugel um mich bildeten. Es war so schön, daß ich mich nicht bewegen wollte.

Außerhalb der Kugel sah ich ein strahlendes Licht, heller als Vater Sonne. Durch das Licht kam ein Tier auf mich zugeschritten; es wirkte sehr groß und so strahlend wie das heilige Licht. Als das Tier näher kam, erkannte ich, daß es ein Bär war, ein großer schwarzer Bär, umgeben von dem farbigen Regenbogen.

Der Bär ging einmal um die Kugel herum, dann hielt er im Westen inne, setzte sich nieder und blickte mich an. Ich erwiderte den Blick des Bären, und nach einer Weile richtete er sich auf die Hinterläufe auf, streckte seine Tatze durch die Kugel und berührte sacht meine Hand.

Darauf erwachte ich. Ich sah meine Mutter, die sich mit sorgenvoller Miene über mich beugte.

›Es ist gut, Mutter‹, sagte ich zu ihr. ›Ich kann jetzt zurückkommen. Ich bleibe bei euch.‹

Es war ein gewaltiges Erlebnis, diese Vision, wenn ich es auch damals noch nicht wußte. Ich war vier Jahre alt. Ich hatte tatsächlich Diphtherie. Ich hatte Krämpfe bekommen, und der Große Geist ließ mich am Leben.

Von Zeit zu Zeit kann ich heute an den Kraftort dieser Vision zurückkehren.«

ZWEITES KAPITEL
Das Reservat

So viele Dinge im Leben sind für mich gut und heilig. Wenn du Getreide anpflanzt, ist das gut. Wenn du deinen Garten jätest, ist das gut. Wenn du das Holz für den Winter aufschichtest, wenn du einem anderen Menschen hilfst, wenn du liebst … das alles ist sehr gut.

Alles ist Teil des Lebenskreislaufs; alles ist ein Teil von dem Gesang des Großen Geistes. So sehe ich die Dinge; wahrscheinlich besteht darin der größte Unterschied zwischen der Philosophie der Indianer und der nichtindianischen Philosophie, die Gedanken und Handlungen in kleine Schachteln steckt und die einige Dinge, einige Tage als heilig ansieht, andere dagegen nicht.

Bei den Indianern ist es anders. Indem ich die Erfahrungen meines Lebens mit Dir teile, möchte ich, daß Du verstehst, warum ich die Dinge tue, die ich tue, und warum ich so fühle, wie ich fühle. Du mußt begreifen, daß ich das Göttliche in allem sehe, in den dramatischen Ereignissen ebenso wie im täglichen Einerlei. Das ist ein Teil meiner Vision, meines Traumes.

Darum schöpfe ich Kraft aus allen Dingen, und ich kann diese Kraft annehmen und in meiner Medizin mit jedem Tag wachsen. Der Begriff *Medizin*, so wie ich ihn gebrauche, hat viele Bedeutungen. Es ist die Kraft, mit Kräutern zu heilen, mit Hilfe geistiger Kräfte zu heilen, mit der Schwitzhütte und anderen Zeremonien zu arbeiten, Regengebete zu sprechen, die Ernte zu segnen, Kraft und Wissen mit anderen Menschen zu teilen und vieles mehr. Mit Hilfe des Schöpfers kann ich durch meine Medizin in die Lebenskraft eindringen und sie für viele Formen des Heilens kanalisieren. Meine Medizin ist, wie die der anderen auch, nicht dazu da, daß ich sie allein für mich behalte. Es gibt einen guten Weg, seine Kraft weiterzugeben; wenn man einen starken Punkt in seiner Medizin erreicht hat, kann man sie an andere Menschen weitergeben, indem man sie unterrichtet. Man kann ihnen helfen zu erkennen, daß sie in sich selbst ebenfalls eine starke Medizin haben. Das ist einer der Gründe, warum dieses Buch entstanden ist.

Ich spreche nicht im Namen aller Indianer von der Medizin; das kann ich nicht, und ich werde auch nicht für einen bestimmten Stamm sprechen. Ich kann nur über das Wissen sprechen, das meine Vision mir gegeben hat.

Andere indianische Medizinmänner haben natürlich ihre eigenen Träume und Visionen, und darum bestehen von Gegend zu Gegend so viele kleine Unterschiede in den indianischen Ritualen. Aber Du wirst auch bemerken, daß viele Ähnlichkeiten zwischen ihnen bestehen, denn alle Visionen fließen diesen Menschen aus derselben Quelle zu, nämlich vom Großen Geist.

Alles, was für einen traditionsbewußten indianischen Menschen von Bedeutung ist, jedes Ritual und jedes Gebet, ist das Ergebnis der Vision eines Menschen: Es kann sich um das Wissen handeln, wie man eine Schwitzhütte baut und warum sie wie eine Schildkröte geformt und nach Osten hin ausgerichtet wird; wie man eine Pfeifenzeremonie abhält oder den heiligen Sonnentanz oder die Peyote-Medizin. Keines dieser heiligen Rituale ist aus der Phantasie entstanden; wir glauben, daß sie bestimmten Menschen durch Visionen eingegeben wurden.

Meine Visionen und meine Arbeit sind für die heutige Zeit bestimmt, für Menschen, die hier und jetzt leben, und darum halte ich nicht an irgendeinem überlieferten Ritual fest, sondern übernehme das, was meine Medizin fordert, von überallher. Mein Standpunkt ist nicht im eigentlichen Sinne traditionell und ist es doch auch wieder. Ich glaube nicht, daß die Technologie etwas Schlechtes ist; wenn ich mit einer großen Zahl von Menschen in Verbindung treten will, nehme ich das Telefon oder bediene mich eines Computers, oder ich teile mich über einen Rundfunk- oder Fernsehsender mit. Die Technologie an sich ist nicht schlecht; schlecht sind die Habgier und die Irrungen ihrer Benutzer. Die Bear Tribe-Medizingesellschaft, wie mein Unterhäuptling Shawnodese sich gern ausdrückt, kehrt nicht in die Steinzeit zurück, sondern schreitet voran in ein neues Zeitalter.

Ich werde Dir also im Laufe dieses Buches meine Vision darüber mitteilen, was gegenwärtig getan werden muß und auf welche Weise man, mit oder ohne Hilfe der Technologie, in der Zukunft überleben kann.

Ich selbst kann das Leben auf beide Arten meistern.

Ich wurde am 31. August 1929 im White Earth Reservat in Nordminnesota geboren. Zwei Monate später brach die Devisenbörse zusammen. Ich habe mich immer gefragt, ob meine

Geburt in irgendeinem Zusammenhang stand mit diesem Ereignis und der Weltwirtschaftskrise, die mich und viele andere lehrte, mit sehr viel weniger auszukommen als dem, was heute den meisten Menschen in den USA zur Verfügung steht.

Mein Vater, Louis, war ein Indianer vom Stamme der Chippewa oder Ojibway mit einem Schuß französischen Blutes, und meine Mutter, Judith, war von deutsch/norwegischer Abstammung. Meine Mutter wurde in einer Grashütte in der Nähe von Gladstone, Norddakota, geboren; *Grasbaracke* nannten sie ihre Behausung. Sie wuchs umgeben von Indianern auf – daher nehme ich an, daß sie den Anblick großer, dunkler, gutaussehender Männer, wie mein Vater es war, gewohnt war. Damals war es nicht so bemerkenswert, wie die Leute glauben, daß Indianer und Nichtindianer sich verbanden. Es geschah ziemlich häufig. In der Nachbarschaft der Familie meiner Mutter lebte eine Familie, deren Mitglieder mit Sitting Bull befreundet waren; meine Mutter erzählte oft, wie diese Leute eines Winters keine Nahrungsmittel mehr hatten und Sitting Bull vorbeiritt und einen Hirsch auf ihre Türschwelle fallen ließ. Er befolgte einfach den Brauch der Indianer, sich um diejenigen zu kümmern, die Nahrung oder Hilfe benötigten, doch nehme ich an, daß die Weißen sich damals nicht ebenso verhielten und daß darum Sitting Bulls Handlungsweise meine Mutter derartig beeindruckte, daß sie sich später oft daran erinnerte.

Meine indianische Großmutter beschäftigte sich viel mit Kräutern. Als ich ein Kind war, nahm sie mich manchmal mit, wenn sie Medizin suchte. Das war die indianische Art, Wissen zu vermitteln, still und durch praktische Anschauung. Es gab eine Pflanze, die sie pflückte und dann an einen warmen, schattigen Platz an einem Bach legte, bis sie mit grünem Schimmel überzogen war, der, ähnlich dem Penicillin heute, benutzt wurde, um schwere Krankheiten zu heilen. Sie schnürte ihre Mokassins in der überlieferten Art mit Sumpfgras und bediente sich so weit wie möglich natürlicher Hilfsmittel. Sie sprach mit mir ausschließlich in ›den Sprachen des Volkes‹, wie sie es nannte, das heißt in Ojibway oder Französisch. Die Franzosen hatten sich immer ziemlich stark mit den Indianern vermischt. Anders als einige spätere Einwanderer, versuchten sie nicht, unsere Lebensweise vollkommen umzukrempeln.

Mein Großvater war ein *engagee* oder *voyageur* der Hudson Bay Company. Er war einer von den verwegenen Burschen, die riesige Kanus durch die Wildnis paddelten – manchmal zwanzig Mann in einem Boot – und dabei Lieder sangen, Felle aufschichteten und neun Pfund Fleisch am Tag verschlangen.

Ich hatte insgesamt zehn Brüder und Schwestern, aber nur eine, nämlich LaVonne, war meine Vollschwester. Im Gebiet des White Earth Reservates, in dem wir beheimatet waren, lebten indianische und nichtindianische Familien bunt durcheinandergewürfelt. Das Land war den Indianern ursprünglich von der Regierung zugeteilt worden, doch viele verkauften ihren Besitz an Weiße oder tauschten ihn gegen Autos und Farmgerät. Mein Vater behielt jedoch seine Parzelle und vergrößerte sie später, indem er umliegende Grundstücke kaufte. Am Ende besaßen wir 30 Hektar Land.

Ich erinnere mich noch sehr gut an die Weltwirtschaftskrise. Die Winter waren bitterkalt, manchmal fünfunddreißig Grad unter Null. Die Sommer brachten Staubstürme mit sich, deren Staubhosen alles durchdrangen und in den Augen brannten. Männer kamen in die Reservate und boten an, gegen eine Mahlzeit Holz zu hacken. Ich zog mit meinen Brüdern und Onkeln – meist als blinde Passagiere in Güterzügen – nach Osten auf der Suche nach Arbeit.

Wir hörten von den Suppenküchen in den Großstädten und von den vielen Menschen, die Selbstmord begingen, weil sie ihr ganzes Vermögen verloren hatten. Aber wir schlugen uns durch. Im Gegensatz zu den Männern, die auf der Suche nach einer Mahlzeit vorbeikamen, hatte ich nicht das Gefühl, daß die Dinge sehr viel anders waren als vorher. Nachrichten darüber, wie schlecht die Dinge anderswo standen, erreichten uns durch Erzählungen, gelegentlich durch eine Zeitung oder das Radiogerät, dem meine Onkel manchmal mit Kopfhörern lauschten.

Als ich sieben war, las mir meine Mutter ein Buch vor, das den Titel trug LOST IN FUR COUNTRY, und es weckte tatsächlich meine Lust auf Abenteuer unter freiem Himmel. Während meiner Jugendzeit vermittelten mir meine Onkel und Brüder natürlich viele Kenntnisse über das Leben in der Wildnis. Welch ein Genuß war es im Winter, zum Eishaus hinauszugehen und mit meinen Onkeln zu fischen. Wir konnten durch das Loch im Eis schauen und die Fische sehen.

Wir hatten einen großen Garten und hielten Kühe, Schafe und Hühner. Von meinem siebenten Lebensjahr an übernahm ich bestimmte Aufgaben wie Holzhacken und Wasserholen. Darüber hinaus legte ich über eine Strecke von fünf Meilen eine Reihe von Fallen aus und fing Wiesel, Bisamratten und Waschbären. Mein Bruder Howard brachte mir das Fallenstellen bei. Das erste Tier, das ich fing, war ein Wiesel, und das Fell wurde, zusammen mit ein paar anderen, nach Sears-Roebuck verschifft. Ich glaube, ich bekam 35 Cents dafür. Obwohl es damals ein aufregendes Ereignis war, halte ich heute nichts mehr vom Fallenstellen. Vierbeiner sind zu selten geworden. Damals jedoch gehörte das Fallenstellen zu den Lebensnotwendigkeiten meiner Familie, und ich verschwendete nie den geringsten Teil eines Tieres, das ich gefangen hatte.

Ungefähr mit neun Jahren bekam ich ein 22er Gewehr in die Hand und versorgte die Familie mit einer Menge Fleisch. Ich lernte frühzeitig, daß ein Gewehr kein Spielzeug, sondern ein Nutzgegenstand ist. Ich erlegte viele graue Eichhörnchen und Waldhühner. Außerdem jagte ich mit der Schleuder und erlegte auf diese Weise eine Menge Wildkaninchen. Im Herbst bekamen die Kaninchen – insbesondere die Schneehasen – ein weißes Fell, bevor der erste Schnee fiel, und dann glaubten sie, sie seien im Schnee gut getarnt. In Wirklichkeit hoben sich die leuchtend weißen Hasen natürlich deutlich vom dunklen Boden ab.

Mein Vater arbeitete mit einigen Holzfällern zusammen und transportierte das Holz mit dem Lastwagen in die umliegenden Städte, um es zu verkaufen. Er fuhr achtzig Meilen, um Armour und Company, eine große Fleischfabrik, mit Holz zu beliefern. Manchmal tauschte er Holz gegen Honig, manchmal gegen Äpfel oder Kohl ein. Im Winter war das Holzgeschäft beschwerlich. Der alte Lastwagen fror immer wieder ein. Dann mußten wir Feuer machen und mit Kohlen gefüllte Schalen unter den Motorblock stellen, damit der Motor ansprang und das Holz in die Städte transportiert werden konnte.

Das liebste an White Earth war mir das Land. Die sanft geschwungenen Hügel waren im Sommer sehr grün und im Winter schneebedeckt. Liebend gern saß ich unter den Bäumen und beobachtete die Schneeflocken, die aus den Wolken herunterwirbelten. Der Herbst war wunderschön mit seinen roten Eichen, und wenn wir durch den Wald liefen und die Blätter mit den Füßen aufwühlten, dann sahen wir die grauen Eichhörnchen in die Zweige hinaufhuschen. Ich erinnere mich noch, wie ich an einem Tag im Frühherbst die Maisfelder betrachtete, die geschnittenen Pflanzen in Garben wie Tipis aufgereiht, Kürbis und Kürbisfett überall, und hoch über mir zog ein großer Schwarm Amseln.

Für mich ist das der wahre Reichtum ... auf der Mutter Erde zu sitzen ... und ihre ganze Frische zu sehen, zu riechen und zu schmecken.

Damals, in so jungen Jahren, wurde mir zum erstenmal klar, was Natur eigentlich bedeutet. Ich begriff, daß die Mutter Erde ein lebendiger Organismus ist ..., der sich ständig verändert, ständig wächst. Irgendwo im Innern wußte ich damals, daß ich eines Tages wie die Mutter Erde gute Medizin haben und daß diese Medizin ebenfalls nicht statisch sein würde. Sie würde organisch sein und wachsen, sich verändern und wie ein Fluß in das Meer fließen, das der Schöpfer aller Dinge ist. Schon zu dieser Zeit erreichte mich meine Vision stückweise, und als die Zeit verging, wurde die Vision immer stärker und klarer.

Zu einem späteren Zeitpunkt während der Weltwirtschaftskrise, zogen wir immer wieder um, während mein Vater sich nach einer anderen Arbeit umsah. Wir verließen das Reservat und gingen nach Idaho, später nach Clarkston, Washington. Monatelang herrschten Staub und Trockenheit; ich weiß noch, wie wohltuend ein Regenschauer war. Mir gefiel alles am Herumziehen. Ich fand es aufregend, neue Orte zu sehen, andere Menschen, Weiße wie Indianer, kennenzulernen. Ich erfuhr ein wenig über die Kultur der Indianer in anderen Teilen des Landes, obwohl es damals für mich noch keinen großen Unterschied zwischen den verschiedenen Bräuchen gab. Ich sah die Menschen einfach als Menschen, so, wie ich es heute noch tue.

1937 kehrten wir nach Minnesota zurück. Der Rückweg quer durch das Land ist mir in trauriger Erinnerung geblieben; überall starb das Vieh, die Brunnen waren am Austrocknen. Die Bauern fuhren Russische Disteln, eine Art wildwachsendes Futter – wirklich ein Unkraut – ein, um das Vieh damit zu füttern. In ganz Montana, Nord- und Süddakota bot sich das gleiche Bild. Es machte mich traurig, das Land in dieser Verfassung zu sehen. Wenn ich später im Leben das Wort ›Wilde‹ hörte, mußte ich immer an jene Bauern denken: die Wilden, die das Land vergewaltigten und in eine Staubwüste verwandelten.

Damals begann ich meine Schulausbildung in der LaDuke School (die nach meinem Vater benannt war). Ich ging zu Fuß zur Schule, und der Schulweg machte mir wesentlich mehr Spaß als der Unterricht. Ich traf mich, entweder vor oder nach dem Unterricht, mit den Nachbarskindern draußen unter einem Baum, und wir teilten unsere Pausenbrote unter den Zweigen, betrachteten die Schneeflocken im Winter oder freuten uns einfach daran, wie wohl wir uns dort fühlten.

Zwei meiner Onkel in White Earth waren führende Medizinmänner. Der eine war *Bo Doge*, das ist Chippewa und bedeutet *Wie der Wind*. Onkel Bo Doge gab mir den Namen *Gheezis Mokwa* (Sun Bear), aber ich gebrauchte ihn erst, als ich erwachsen war. Onkel Bo Doge war ein kleiner Mann, ungefähr ein Meter siebzig, und er lebte weit abgelegen im Reservat. Von Zeit zu Zeit besuchte ich ihn zusammen mit meinem Vater.

Sein Wissensgebiet waren die Pflanzen, und er war ein sehr guter Heiler. Ich glaube, ich hatte schon als kleiner Junge ein grundlegendes Verständnis der Dinge, die er tat, und seine Medizin begeisterte mich. Mit der Zeit brachte er mir einiges bei; unter anderem lernte ich einige der Lieder und Gesänge, die er benutzte.

Mein anderer Onkel, der Halbbruder meines Vaters, war ein sehr mächtiger Medizinmann namens Bill Burnett. Die Leute hatten große Achtung vor ihm; sie wußten, daß er mit seiner Medizin viele Dinge tun konnte. Er arbeitete vorwiegend mit den Naturgewalten. Er war weniger ein Heiler als ein Schamane, der Gegenstände erscheinen und Dinge geschehen lassen konnte.

Wenn Onkel Bill und andere Medizinmänner im Reservat in ihre Hütten gingen und ihre Gesänge anstimmten, dann begannen die Hütten zu zittern und zu schwanken. Es ist eine uralte Erscheinung bei den Ojibway – das Zeltbeben –, und einige der ersten Forschungsreisenden und Missionare waren sehr verwundert darüber. Manchmal banden sie den Schamanen sogar, bevor er das Zelt betrat, um ihn daran zu hindern, daß er an den Zeltstangen rüttelte (sie waren ohnehin viel zu schwer, als daß ein einzelner Mann sie hätte bewegen können), und dennoch begannen die Zelte, wenn der Medizinmann sang, zu zittern und zu schwanken, als befänden sie sich im Zentrum eines Erdbebens.

Häufig suchten Waldhüter die Hütten von Onkel Bill und anderen Medizinmännern auf. Sie waren auf der Suche nach Menschen, die vermißt wurden, vielleicht verletzt waren, und der Medizinmann nannte ihnen die genaue Stelle, an der sie sie finden würden.

Onkel Bill konnte auch sagen, wo man Wild finden würde, wenn man auf die Jagd ging. Er jagte niemals selbst, sondern sagte dann zu einem seiner Söhne: »Also, du gehst eine halbe Meile südwestlich, dort findest du einen Hirschbock, der sich hinter einem Reisighaufen sonnt. Geh hin und hol ihn. Er ist unser heutiges Mahl.« Unweigerlich befand sich der Hirschbock an der angegebenen Stelle.

Diese Fähigkeit beruhte darauf, daß Onkel Bill darum betete und seine Geistführer ihm sagten, wo sich das Wild befand.

Die Medizin der *Midewiwin*, der Großen Medizingesellschaft der Ojibway, tritt in unterschiedlichen Stufen zutage. Einige Midewiwin-Vertreter arbeiten nur mit Heilpflanzen; andere arbeiten mit der Kenntnis der Schwitzhütte, wieder andere mit dem Wissen vom Geistreich. Es sind außerordentlich mächtige Heiler und Lehrer, und es ist nicht ratsam, ihnen in die Quere zu kommen.

Einmal kam ein Mann in das Cass Lake Reservat, als sie dort gerade Zeremonien abhielten. Der Mann war Nicht-Indianer, und er begann, sich über das, was vorging, das Maul zu zerreißen. Er war betrunken und sagte: »Ihr seid ein Schwindlerpack!«

Die Medizinmänner sahen ihn scharf an. Sie zeigten mit dem Medizinbeutel auf ihn – das nennt man ›mit der Medizin schießen‹ –, und er fiel, am ganzen Körper gelähmt, zu Boden.

Man brachte ihn nach Rochester und an andere Orte, damit er dort geheilt würde, aber niemand konnte ihm helfen. Als die Ärzte schließlich seinen Fall für hoffnungslos erklärten, brachte ihn seine Familie zu den Midewiwin-Männern zurück. Er entschuldigte sich, sie nahmen die Medizin von ihm, und er war geheilt.

Die Medizin meines Volkes hat große Ähnlichkeit mit der Medizin der *Kahuna* in Hawaii und mit der der australischen Ureinwohner, den Aborigines. Sie kann sehr mächtig sein.

Es gibt verschiedene Wege, wie wir in den Besitz unserer Medizin gelangen: durch Visionen, durch die Übung mit einem anderen Medizinmann oder eine Verbindung von beidem. Ich habe große Achtung vor der Midewiwin-Medizin, und ich arbeite damit, wenn ich muß. Obwohl ich nicht uneingeschränkt darin verwurzelt bin, betrachte ich mich als Midewiwin-Vertreter. Ich arbeite mit jeder Art von Medizin, die mir mitgeteilt wird, folge allerdings in der Hauptsache meiner eigenen Vision. Ich habe die Medizin der Schwitzhütte gelernt;

ich habe mich bei den Peyote-Leuten aufgehalten, und sie haben mich gelehrt und mir das Recht verliehen, ihre Medizin auszuüben. Ich glaube, man müßte mich einen *allgemeinen Medizinmann nennen;* ich erhebe keinen Anspruch auf ein besonderes Etikett, außer dem meiner eigenen Vision und meiner Träume. Die meisten davon kreisen um die Heilung der Erde und die Herstellung eines Gleichgewichts zwischen der menschlichen Rasse und dem Rest der Schöpfung.

Wir sind heutzutage einige, die nicht einfach nur den Visionen von 1880 folgen. Wir leben 1980, und einer der großen Unterschiede zwischen den indianischen Religionen und anderen besteht in unserem Wissen, daß der Schöpfer immer lebendig ist und uns heute Visionen gibt, die ebenso groß und gültig sind wie diejenigen, die vor langer Zeit empfangen wurden.

Ein anderer Unterschied zwischen dem früheren Leben der Indianer und der heutigen Lebensweise ist, daß es damals eine ganze Menge Alte gab, die einfach immer dabei waren. Ich erinnere mich, daß es, als ich ein Kind war, einige Medizinmänner gab, die die Hundert weit überschritten hatten. In meinem Stamm gab es einen alten Mann namens John Smith. Er wurde von den meisten Leuten ›Chief Wrinkle Meat‹ genannt, weil seine Haut ledern und runzelig war. Er war mindestens 137 Jahre alt, als er starb. Er hatte im Laufe seines Lebens siebzehnmal geheiratet, und wenn man ihn fragte, wo seine Frauen alle geblieben waren, dann pflegte er zu sagen: »Einige sind gestorben, glaube ich, und andere haben sich einfach davongemacht.«

Er war ein fröhlicher alter Bursche, Chief Wrinkle Meat; die Eisenbahngesellschaften gaben ihm einen Freifahrtausweis, weil er so alt war, und er fuhr mit dem Zug in der Weltgeschichte herum. Er starb, als er nach einer Hüftverletzung durch einen Sturz in das öffentliche Krankenhaus des Reservats eingeliefert wurde und dort eine Lungenentzündung bekam. Andernfalls wäre er vielleicht immer noch bei uns.

DRITTES KAPITEL

Unterwegs

In Nordminnesota bestand ein beliebter Zeitvertreib darin, zu den Tanzveranstaltungen am Wochenende zu gehen, die entweder im Schulgebäude oder im Gasthaus Flowing Well stattfanden. Diese freudigen Ereignisse endeten gewöhnlich mit einer wüsten Schlägerei. Einmal erwarb mein Vater einigen Ruhm, als er es mit sieben Mann gleichzeitig aufnahm, sechs davon Brüder, die es sich in den Kopf gesetzt hatten, Onkel Charles anzufallen.

Mein Vater war kein besonders kräftiger Mann, er wog 185 Pfund; aber er hatte als Holzfäller gearbeitet und war ein einziges Muskelpaket. Er hatte eine Methode, einen Mann mit der Linken am Hemd zu packen und zu sich heranzuziehen. Gleichzeitig ließ er die rechte Faust vorschießen. Das Ergebnis war ein Zusammenprall von Knöcheln und Gesicht, nach dem sich nicht allzu viele Gegner aufrechten Ganges entfernten.

Mein Vater nahm es also mit sieben Männern auf und schickte sie zu Boden. Danach war er immer noch in der Stimmung, weiterzumachen, aber er konnte keine Gegner mehr finden.

Fünfundzwanzig Jahre nach dieser Prügelei in der LaDuke Schule kaufte ich gerade wilden Reis ein, als mir ein Mann begegnete.

»Ich kenne Sie«, sagte er zu mir. »Ihr Vater hat meinen Vater und meine fünf Onkel nach Strich und Faden verprügelt!«

Als ich mit etwas mehr als zehn Jahren meinen Vater bat, mir das Kämpfen beizubringen, weigerte er sich.

Er sagte: »Sohn, dein Kopf ist zu schade dafür, als Punchingball benutzt zu werden.«

Mein Vater vertrieb sich die Zeit nicht nur damit, daß er sich prügelte, und als ich neun oder zehn Jahre alt war, trennten sich meine Eltern. Wir nannten das ›die Decke zerreißen‹.

Ich lebte zusammen mit meiner Schwester LaVonne bei

meiner Mutter. Wir bepflanzten jedes Jahr einen großen Garten; ich weiß noch, wieviel Freude es mir machte, mich in die Saatkataloge zu vertiefen und an den Frühling zu denken.

Einer der schönsten Frühjahrsgerüche war für mich der Duft von frischer, vom Winterschnee befreiter Erde. Der Duft vermischte sich mit dem Geruch der Kiefern und dem weichen Aroma der Holzfeuer.

Ich ging gern bei Nacht an den Bächen spazieren; man konnte die Fische fast hören. Ich war mit einem Fallensteller namens Skunk Martin befreundet; er zeigte mir, wie man eine Kiefernfackel herstellte, indem man Kiefernknospen in einen Drahtkorb legte. Man befestigte den Korb an der Spitze einer langen Stange, und wenn man ihn in der Dunkelheit über das Wasser hielt, konnte man die Fische dicht unter der Wasseroberfläche liegen sehen. Wir machten uns Speere aus alten Heugabeln und füllten unsere Körbe mühelos mit Fischen. Meistens fingen wir Neunaugen, weil die nicht an den Angelhaken anbissen. Wir brachten sie dann nach Hause und räucherten sie oder brieten sie, in Maismehl gewälzt.

Wir hatten meistens eine gute Zeit damals. Weiße und Indianer kamen in der Regel gut miteinander aus, aber man konnte den Vorurteilen nicht gänzlich aus dem Weg gehen. Als ich acht war, gab es einen Jungen in der Nachbarschaft, der gerade aus dem Süden heraufgezogen war. Er haßte die Schwarzen, und ich nehme an, daß er den Haß auf die Indianer übertrug. Er war siebzehn oder achtzehn.

Eines Tages warf er mich zu Boden und pinkelte mir ins Gesicht. »Merk es dir«, sagte er zu mir, »genau das macht der weiße Mann mit den Indianern und wird es immer machen. Ins Gesicht pinkeln!«

Ich war furchtbar wütend über meine eigene Wehrlosigkeit, aber ich habe nie jemandem von dem Zwischenfall erzählt; wahrscheinlich fühlte ich mich zu sehr gedemütigt. Allerdings habe ich mich später auf meine Weise an dem Burschen gerächt.

Als ich älter war, hatte ich ein zahmes Stinktier. Ich nannte es James, nach ihm.

Als ich fünfzehn war, ging ich zu einer Ratsversammlung des Stammes und versuchte, den Ratsmitgliedern zu erklären, auf welche Weise sie die Mittel des Stammes besser nutzen konnten. Sie besaßen eine Ranch von beinahe 10 000 Hektar Land, die sie für 3000 Dollar im Jahr an einen Bankier verpachtet hatten. Ich wußte, daß es mehr Geld einbringen und einigen meiner Stammesangehörigen Arbeit geben würde, wenn sie das Land selbst verwalten würden.

In einigen der Visionen, die ich nach meinem Ringen mit der Diphtherie in der Kindheit empfangen hatte, hatte ich die Zeit gesehen, in der die indianischen Stämme ihr Leben viel autarker würden führen müssen, und ich versuchte, das dem Rat mitzuteilen.

Sie erklärten, ich sei zu jung, um diese Dinge zu verstehen.

Fünfundzwanzig Jahre später bezahlten mich mein eigener und einundzwanzig andere Stämme der Chippewa und Winnebago, damit ich ihnen dasselbe erzählte. Denn nun wurde ich als Fachmann für ökonomische Entwicklung betrachtet, und man hörte auf mich.

Beim ersten Mal, mit fünfzehn, kam ich zu dem Entschluß, daß, wenn der Prophet im eigenen Reservat schon nichts galt, es an der Zeit war, meine Flügel auszuprobieren. Ich sagte dem White Earth Reservat vorläufig Lebewohl und brach mit einigen Jungen aus der Nachbarschaft zu meiner Jugendodyssee auf. Während der warmen Monate zogen wir kreuz und quer über die ganze Landkarte und kehrten im Herbst gewöhnlich nach White Earth zurück, um zu jagen, Fallen zu stellen und Holz zu hauen.

Es war die Zeit des Heranwachsens, und wir arbeiteten uns die Hände wund. Als erstes gingen wir nach Devil's Lake, Norddakota, wo wir auf dem Feld arbeiteten und Weizen, Gerste und Hafer umschichteten. In jenen Tagen wurde das Getreide von einer Maschine geschnitten, die die Halme gleichzeitig zu Garben band. Anschließend mußten die Garben mit den Ähren nach oben gebündelt werden. Wir bekamen 85 Cents die Stunde. Wir aßen gut, schliefen bei den Arbeitspferden im Stall und standen jeden Morgen um vier Uhr früh auf.

Nachdem das Getreide gedroschen war in jenem ersten Jahr meiner Wanderschaft, kehrte ich nach Minnesota zurück, und in diesem Winter schlugen mein Bruder Howard und meine Schwester Mercedes sechzig Klafter Feuerholz. Wir legten alle Hand an beim Einbringen, warfen unsere Mäntel bei Temperaturen unter dem Gefrierpunkt ab, zerkleinerten das Holz mit Bogensäge und Axt und spalteten es per Hand mit dem Spalthammer.

Der Sommer kam und ging; es war die Zeit der Heuernte. Im folgenden Herbst gingen wir nach Grand Forks, Norddakota, zur Kartoffellese. Es regnete sehr viel in jenem Herbst; die Kartoffelernte ging nur langsam voran, und unsere Bäuche waren leer.

Ich begegnete einem Landstreicher, einem Sioux, der mir ein paar Überlebenskunststücke beibrachte. Er trug einen weiten Mantel, dessen Innenseite mit Taschen gesäumt war, ähnlich demjenigen, den Harpo Marx in den meisten seiner Filme zu tragen pflegte. Er ging damit in einen Laden und kam mit leeren Händen wieder heraus, doch sein Mantel war bis zum Rand gefüllt mit Köstlichkeiten ... Fleisch, Brot, sogar Butter. Von da an gingen wir dann zum Lagerhaus und sammelten auf, was von den Lieferwagen heruntergefallen war. Wir aßen köstliche *Landstreichereintöpfe*. Ich habe zwar nie diesen Manteltrick ausprobiert, habe aber häufig in den Abfalltonnen von Lagerhäusern und Lebensmittelgeschäften nach Waren gesucht, die weggeworfen worden waren. Einiges davon war sehr wohlschmeckend.

In diesem Winter kehrte ich wieder nach White Earth zurück; wir hatten außergewöhnlich viel Schnee. Schneestürme tobten, und der Wind trieb die Schneewehen bis hoch in die Berge. Die Hälfte meiner Zeit brachte ich damit zu, mein Pferd zu satteln und auf Vorratssuche hinauszureiten; und oft mußte ich, das Pferd bis zum Bauch durch den hohen Schnee pflügend, umkehren. Es war so kalt, so klar; ich erinnere mich, daß der Schnee einmal so hoch lag, daß ich über eine Eisenbahnbrücke ritt, ohne es überhaupt zu bemerken. Der Wasserlauf, den sie überquerte, war so gut wie verschwunden. Während der nächsten paar Jahre war ich ständig unterwegs und arbeitete. Ich hatte Jobs auf einem Friedhof in Grand Forks, in einer Bäckerei in Moorhead, Minnesota, und als Koch in einer Aushilfskolonne der Great Northern Railroad.

Als nächstes besuchte ich Freunde in Los Angeles; dann fuhren wir zu einigen anderen Orten in Kalifornien. Wir besuchten den Yellowstone-Park und brachten unseren eigenen Old Faithful-Geysir mit. Es war der Kühler unseres Ford Modell ›A‹. Ich glaube, wir schütteten mehr Wasser hinein, wenn wir bergauf fuhren, als wir Nahrung zu uns nahmen.

Los Angeles war ganz schön, aber der Lärm der Sirenen vertrieb mich von dort. Indianern fällt es schwer, sich an lärmende Geräusche zu gewöhnen. Wir glauben, daß es, um im Gleichgewicht auf der Erde zu leben, dazugehört, leise zu wandern. Früher konnten die Jäger so leise gehen, daß sie sich bis auf greifbare Entfernung an ein Tier heranschleichen konnten. Nach Los Angeles beschloß ich, eine Zeitlang keine großen Städte mehr zu besuchen. Ich fuhr per Anhalter nach Norden und arbeitete auf einer Ranch in der Nähe von Sprague, Washington. Danach ging es nach Hause zur Familie, dann weiter nach Fargo, North Dakota.

Fargo erwies sich als wichtige Station für mich; dort erlebte ich viele Wendepunkte. Eine Zeitlang arbeitete ich als Grundstücksmakler für die Dakota Realty. Im zarten Alter von neunzehn stand ich bereits im Ruf eines ziemlich erfolgreichen Verkäufers. Ich konnte alles loswerden. »Wenn Sie Ihr Grundstück verkaufen wollen, müssen Sie zu dem Indianerjungen gehen«, hieß es.

Im Spätfrühling verkaufte ich Häuser am Red River; der Ausblick war herrlich, aber sie wurden einmal im Jahr überschwemmt. Also geschah es in jedem Frühjahr, wenn der Fluß anstieg, daß meine Käufer des Vorjahres zu Verkäufern wurden. Die Leute wußten, daß die Häuser überschwemmt werden würden, aber sie kauften sie dennoch. Ich hatte einen Markt, der sich aus eigener Kraft erhielt. Ich hatte dabei kein seltsameres Gefühl, als wenn ich Land im allgemeinen verkaufte. Die Indianer waren immer der Überzeugung, daß man die Mutter Erde nicht besitzen kann. Daraus folgt, daß man sie nicht kaufen und verkaufen kann. Im Herzen fühle ich wie unsere Vorfahren, aber ich weiß auch, daß wir in einer Gesellschaft leben, in der Land gekauft und verkauft wird. Ich glaube, zu diesem Zeitpunkt meines Lebens mußte ich wie die meisten jungen Männer beweisen, daß ich im Getriebe dieser Gesellschaft bestehen konnte. Obwohl es mir seltsam erschien, Land zu verkaufen, war ich darin erfolgreich, und ich war stolz auf diese männliche Fähigkeit, mich zu behaupten und etwas zu schaffen. Und ich war stolz darauf, daß ich mich in der Welt der Weißen ›durchsetzte‹.

In Fargo gab es ein altes Haus, das keinen Käufer fand, weil es auf die Hauptstraße (North Broadway) hinausging und die Steuern darum gewaltig hoch waren. Also ließ ich den Vordereingang verschalen und eine Seitentür zur Sixteenth Street einbauen. Die Steuern senkten sich auf die Hälfte, und das Haus war bald darauf verkauft. Ich verkaufte auch Bauernhöfe und Ferienhäuser, und viele Nächte baute ich unter Vertrag für die Regierung Getreidesilos.

Ungefähr um diese Zeit schloß ich mich einem Indianerverein mit dem Namen White Buffalo Council an. Ich war froh, in Fargo auf Menschen zu stoßen, die ebenfalls daran interessiert waren, mehr über ihr indianisches Erbe zu erfahren.

Ich war damals ein ungestümer und vielbeschäftigter junger Mann, aber nicht zu beschäftigt, um nicht ausgelassen und fröhlich zu sein und mich nach meinem ersten Liebeserlebnis umzusehen. Es begegnete mir während meiner Zeit in Fargo. Ich erinnere mich sehr gut und mit warmen Gefühlen an die Frau. Durch sie lernte ich, daß Liebe süß, aber auch bitter sein kann. Als die Bitterkeit die Oberhand über die Süße gewann, ging ich nach Louisville, Kentucky, wo ich einige Monate lang in der American Tobacco-Firma arbeitete.

Als ich von Fargo nach Hause zurückkam, brach der Koreakrieg aus. Die Armee hatte, wie es schien, feste Vorstellungen davon, wo ich die nächsten paar Jahre verbringen sollte. Die Einberufung schien unvermeidbar, und einige Freunde und Verwandte lagen mir damit in den Ohren, daß alles besser würde, wenn ich mich freiwillig meldete. Also tat ich es. Ich unterschrieb die Einberufungsformulare und fuhr zur Grundausbildung nach Camp Chaffee, Arkansas.

Das Leben dort fiel mir sehr schwer; ich liebte meine Freiheit, und ich lehnte sinnloses Töten ab, und nichts anderes schien die Armee zu tun. Wild zu töten, um Fleisch zum Leben zu haben, ist eine Sache – das konnte man mit den angemessenen Gebeten und Zeremonien tun –, aber einem Menschen das Leben zu nehmen, war etwas ganz anderes. Ich fand, daß einer solchen Tat etwas Schmutziges und Unnatürliches anhaftete. Ich ging zum Einberufungskomitee und erklärte, daß ich aus Gewissensgründen verweigern müßte, doch sie waren nicht sonderlich beeindruckt. Es gab damals (1952) nur wenige legale Möglichkeiten zu beweisen, daß es nicht mit meinen traditionellen indianischen Überzeugungen zu vereinbaren war, für die U.S. Army zu kämpfen. Ich glaube, die Erfahrung war nicht schlecht für mich, denn als es später zum Vietnamkrieg kam, war ich psychologisch bestens darauf vorbereitet, meinen indianischen Brüdern, die nicht kämpfen wollten, zu helfen.

Ich machte meine Grundausbildung in Camp Chaffee und hatte Zeit, mich selbst und meine Überzeugungen eingehend zu prüfen. Schließlich kam ich zu der Erkenntnis, daß ich *nicht* an diesem Ort sein wollte, daß ich *nicht* gegen Menschen in ihrem eigenen Land kämpfen wollte und daß ich es schlicht und einfach nicht tun würde.

Ich hatte gelernt, mit Geschützen umzugehen und mit dem Maschinengewehr zu schießen, und es stieß mich ab. Als Kind hatte ich gelernt, für den Lebensunterhalt zu jagen. Das war etwas anderes. Ich konnte in keiner Weise sehen, wie diese Ausbildung am Gewehr dazu beitragen konnte, den Lebenskreis zu erweitern. Sie würde nur zum Tod führen.

Ich dachte daran, was mein Volk unter einem *Kampf* verstand. Wenn ein junger Mann seine Tapferkeit beweisen wollte, dann stahl er Pferde aus einem anderen Lager. Wenn er wirklich seinen Mut unter Beweis stellen wollte, dann schloß er sich einer Kriegsschar an und ritt aus, um sich mit dem Feind zu messen. Das bedeutete in früheren Tagen nichts anderes, als daß man seinen Feind mit einem Stock berührte.

Geschütze abzuschießen hatte nicht viel mit diesem Vorgang zu tun. Wenn man sich mit einem Feind maß, dann schlug man ihn nicht, man *berührte* ihn lediglich. Man versuchte niemals, ihn zu töten. Das Töten machte einen Krieger unrein; er mußte fasten und in einer Schwitzhütte beten, bevor er in sein Dorf zurückkehren durfte.

Bei der Vorstellung, auf einen Feind zu schießen, den ich nicht einmal sehen konnte, fühlte ich mich schmutzig. Je genauer ich das Militär und seine Auffassung von Leben und Tod kennenlernte, desto klarer wurde mir, daß ich nicht nach Korea gehen und ein bezahlter patriotischer Mörder werden konnte.

Wenn ich gegen diejenigen kämpfen wollte, die mir mein Land genommen hatten, dann konnte ich nicht gegen Koreaner kämpfen.

Ich machte mich auf in die Berge.

Ich brach von Fort Smith, Arkansas, auf und zog westwärts nach Oklahoma und in die Freiheit. Ich war wohl so etwas wie ein ›Neunzig-Tage-Wunder‹, aber in einem anderen als dem üblichen Sinn. Ich absolvierte meine *neunzig Tage*, und für die nächsten vier Jahre *wunderte* sich das FBI, wo ich geblieben war.

VIERTES KAPITEL
Medizinleute

Meine Erfahrung mit der Armee zwang mich, mir darüber Klarheit zu verschaffen, wer ich war. So gesehen, war es gute Medizin.

Während der Wanderschaft kam ich zu dem Schluß, daß es

an der Zeit war, mehr über mein Volk zu erfahren, und so wurden die frühen Fünfziger eine Periode, in der ich lernte, mich entfaltete und die Medizin vieler indianischer Brüder und Schwestern studierte.

Ich zog durch North Dakota, verdiente so viel Geld, daß ich mir ein Auto kaufen konnte und brach dann auf nach Omaha, Nebraska. Als ich dort ankam, war ich völlig abgebrannt und landete schließlich im Puffviertel (16th Street), wo viele andere Indianer auch wohnten. Endlich bekam ich einen Job in einem Großhandelsmarkt, und dort lernte ich einige Winnebago-Brüder kennen. Nach ein paar Tagen luden sie mich zu einer Peyote-Zeremonie ein. Ich hatte viel von der indianischen Kirche, der Peyote-Religion, gehört, hatte aber noch nie eigene Erfahrung damit gemacht.

An dem Abend, an dem ich zum erstenmal hingehen sollte, war ich nicht dazu in der Lage. Sie hielten mir dennoch einen Platz auf dem Boden frei und trommelten die ganze Nacht hindurch zu dem leeren Platz hin. In der darauffolgenden Woche wurde ich erneut eingeladen, und diesmal ging ich hin.

Die Zusammenkünfte fanden in Ballantine Parkers Haus statt, einem Indianer aus Omaha, der das dortige Oberhaupt der Peyote-Kirche war. Ich brachte ihm eine Brieftasche als Geschenk mit.

Es waren Indianer von Winnebago und Omaha anwesend. Die Zeremonie begann gegen neun Uhr abends und dauerte bis zum Morgengrauen.

Der Raum war völlig kahl; die Möbel waren hinausgestellt worden. Wir saßen alle auf dem Boden. Es war eine Frau im Zimmer, und Ballantine Parker stellte sie vor.

»Diese Schwester ist sehr krank«, erklärte er uns, »und sie bittet uns, für sie zu beten.«

Ein junger Mann, der als der ›Diener des Peyote‹ bezeichnet wurde, brachte eine Schale mit heißen Kohlen herein und stellte sie vor Ballantine, der Zedernholz und Tabak nahm und unter Gebeten auf den Kohlen darbrachte.

Ich spürte, wie die Kraft in den Raum strömte.

Nun kam der Diener mit einem Stoffbeutel herein; der Beutel war gefüllt mit getrockneten grünen Peyoteknöpfen, dem heiligen Symbol der Peyote-Religion. Die Früchte wurden in Sonnenrichtung herumgereicht. Ich nahm zwei und brach sie auf. Im Innern befand sich eine watteartige Substanz, die entfernt werden mußte.

Wir begannen, die Peyoteknöpfe zu kauen; sie schmeckten wie Bitterschokolade, nur strenger. Nachdem wir sie aufgegessen hatten, brachte uns der Diener Peyotetee.

Mein Freund Hawk John begann sich zu wiegen und zu singen; sein Nachbar schlug die Trommel, während Hawk John vier Lieder sang. In den Händen hielt er eine Rassel und einen perlenverzierten Stab, den die Peyote-Anhänger den Stab des Lebens nennen.

Andere fielen in den Gesang ein. Einige sangen, andere beteten nur, und das Meskalin schickte uns auf die Reise. Ich fühlte eine große Ausdehnung, ein Summen und Klopfen in der Mitte der Stirn.

Als Hawk John seine vier Gesänge beendet hatte, reichte er den Stab des Lebens in Sonnenrichtung an den Nächsten weiter. Das war der Verlauf der Zeremonie; jeder nahm einmal die Rassel und den Stab und sang oder betete, und sein Nachbar schlug die Trommel dazu.

Das Meskalin füllte mich aus, gab mir ein Gefühl der Tiefe und Weite, ein Gefühl der Öffnung, des Einsseins mit dem Universum. Alle Dinge, der Perlenschmuck, der Raum selbst, die Gesichter der anderen, wurden intensiver in der Wahrnehmung, jede Einzelheit trat deutlich hervor. Ich wurde ein Adler und schwebte mit dem Gesang über dem klaren, blauen Wasser eines Sees. Meine Adern füllten sich mit Liebe, und die Trommelschläge durchdrangen mich und vereinigten sich mit meinem Pulsschlag.

Der Große Geist war allüberall. Die Zeit war stehengeblieben, und wir waren Wesen aus uralter Zeit und bedurften keiner Sprache.

Nach einer Weile begann Ballantine Parker zu sprechen.

»Meine Frau und ich«, sagte er, »wir sind glücklich, diese Versammlung gemeinsam mit unseren Winnebago-Brüdern zu begehen. Wir verwenden heute Nacht Tabak und Zedernholz, um beiden Bräuchen die Ehre zu erweisen. Und wir heißen unseren Chippewa-Bruder willkommen.« Damit nickte er mir zu.

In jener Nacht machte der Stab dreimal die Runde. Er muß vollständig herumgehen, gleichgültig, wie spät es darüber wird.

Einige Brüder beteten für einen geliebten Menschen, der im Gefängnis saß oder dem Alkohol verfallen war; andere priesen die Kraft der Heilung und Vision des Peyote.

Der Frau, die gekommen war, um Heilung zu finden, schien es schon viel besser zu gehen.

Am Morgen nahmen wir gemeinsam ein zeremonielles Frühstück ein ... als erstes wurde, wieder in Sonnenrichtung, eine Schale Wasser herumgereicht. Jeder der Anwesenden trank einen Schluck und dankte dem Großen Geist für das Geschenk des Lebens durch das Wasser. Als nächstes wurde Mais gereicht, und wir aßen alle aus einer Schüssel, indem wir wieder dem Schöpfer dankten. Der Mais stand als Symbol für alle Getreide der Mutter Erde. Anschließend machten Pfirsiche die Runde, die für alle Früchte und Beeren galten, und als letztes aßen wir Fleisch aus einer Schüssel. Jedes Gericht war stellvertretend für ein bestimmtes Reich der Speisen, mit denen der Große Geist die Mutter Erde für uns bestellt hat.

Nach dem Frühstück plauderten wir einige Stunden miteinander, und am Mittag folgte dann das Peyote-Festmahl. Mit dem Mahl war die Zeremonie beendet.

Die Peyote-Versammlung war eine Versammlung der Herzen; alles war mit Liebe und Demut getan worden. Bei anderen Peyote-Feiern, die ich in Kalifornien miterlebt habe, entzündeten die Brüder eine mit Maisblatt gerollte und mit Tabak gefüllte Zigarette, wenn sie ihr Gebet sprachen. Sie wurde herumgereicht, und jeder betete zuerst in englischer und dann in der Sprache seines Volkes.

Die erste Versammlung mit Ballantine Parker war eine gewaltige Erfahrung. Niemand begeht die Peyote-Zeremonie, nur um sich zu berauschen oder auf einen Trip zu gehen; das Meskalin läßt Kraft und Energie in uns einströmen. Und was dieser Medizin Kraft verleiht, ist das Trommeln, das die ganze Nacht hindurch anhält; man kann es noch drei Wochen später im Kopf hören, sein Dröhnen in der Brust spüren.

Bei der Peyote-Feier wird eine besondere Trommel benutzt; es ist eine kleine Kesseltrommel, die man hochheben und in der Hand halten kann. An der Außenseite des Kessels befinden sich sieben kleine Steine, um die die Wildlederhaut gewickelt ist. Um die Haut zu spannen, ist ein Riemen zuerst im Kreis um die Steine gewickelt und dann kreuzweise über den Kesselboden gezogen. Wenn der Riemen richtig gespannt ist, bildet er auf dem Trommelboden einen siebenzackigen Stern.

Der Kessel ist mit Wasser gefüllt, und wenn ungefähr eine Stunde lang auf der Trommel gespielt worden ist, dann ›öffnet‹ sich das Fell; das heißt, der Klang wird voller. Es entsteht dann ein klopfender Ton wie ein Herzschlag und das Surren und Vibrieren durch die Schwingungen im Wasser. Manchmal, wenn die Feier schon sehr lange andauert, verdunstet das Wasser im Kessel. Wenn das so ist, muß man fest am Lederfell saugen, so daß ein Vakuum im Kessel entsteht; anschließend gießt man Wasser auf das Fell. Es läuft durch und füllt den Kessel wieder auf.

Die Trommel wird ebenso ein Teil von dir wie der Herzschlag; sie trägt dich, immer wieder. Und manchmal verwandeln sich die Menschen in Tiere, zum Beispiel in einen Adler, wie ich. Castaneda trifft es ziemlich genau in den Don Juan-Büchern: man kann sich, mit Peyote oder anderen Pflanzen oder auch ohne sie, in eine Krähe oder einen Koyoten verwandeln.

Der Peyotekaktus besitzt sowohl geistige wie auch physikalische Heilkraft; er hat eine ähnliche Wirkung wie Chinin. Manchmal bereite ich Peyotetee für einen meiner Leute, wenn er sich krank fühlt, und es hat immer geholfen. Es ist gute Medizin, aber auch eine heilige Handlung, die meiner Meinung nach nur unter Anleitung von Leuten vorgenommen werden sollte, die ihren Gebrauch gründlich gelernt haben. Andernfalls kann sie nicht ihre volle Kraft entfalten. Es ist nicht dasselbe, wenn man sie allein nimmt, und ich rate davon ab, leichtfertig damit umzugehen.

In Omaha lernte ich Willard LaMere, einen Winnebago, kennen, und wir zogen zusammen nach Wichita, Kansas, weiter. Für mich war es ein Glück, Willards Bekanntschaft zu machen. Wir hatten beide den Wunsch, mehr über unser Volk zu erfahren, wir reisten beide gern herum, und keiner von uns besaß allzu viel Geld. Ich arbeitete für einen Indianerklub, der sich Wichita Warriors Club nannte. Zweimal im Monat veranstalteten wir indianische Tänze, und ich hatte Gelegenheit, viele Brüder von verschiedenen Stämmen kennenzulernen. Es gab dort viele Indianer aus Oklahoma, alles gute Leute.

Willard und ich taten uns zusammen und fuhren einige Monate später in einer 39er Chevylimousine nach Phoenix, Arizona. Wir hatten einen Anhänger am Wagen und sammelten unterwegs Sodaflaschen ein, um Lebensmittel und Benzin bezahlen zu können.

In Phoenix angekommen, ernährten wir uns von Trauertauben, die wir mit Schleudern erlegten, und von Früchten, die wir von den Bäumen pflückten. Die einzigen Indianer, denen wir im indianischen Zentrum von Phoenix begegneten, waren gläubige Christen, darum blieben wir nur lange genug, um in den Kirchen einige Zufallsmahlzeiten zu uns zu nehmen und Willards Verwandten zu besuchen.

Während er seine Besuche machte, ging ich mit einigen anderen Freunden in das Papago Reservat unweit der mexikanischen Grenze. Wir wurden in eine Auseinandersetzung verwickelt, in der es darum ging, Leuten den Zugang zu verwehren, die harte Drogen in das Reservat brachten und einige der älteren Indianer auf andere Weise ruinierten.

Ich vertrat, gemeinsam mit einigen meiner Freunde, die Forderung, daß diese Leute das Reservat verlassen sollten, sehr nachdrücklich, und eines Tages erwischten sie mich, als ich allein in der Wüste war. Sie brachten mich zu einem kleinen

Gewässer und hängten mich an den Daumen an den Ästen eines Mesquitebaumes auf, um mich, wie sie sagten, ›zu erziehen‹, damit ich mich nicht länger in ihre Geschäfte einmischte.

Es war eine sehr schmerzhafte Erfahrung; meine Zehen berührten kaum den Boden, und ich baumelte dort lange Zeit. Endlich kamen meine Freunde, die mich gesucht hatten und schnitten mich ab. Das war alles andere als eine Sonnentanzerfahrung für mich. Ich hatte keine großen Visionen; es bereitete mir nur Schmerzen, körperlich wie seelisch, zu wissen, daß es Menschen gab, die ein Volk und seine Kultur zerstören wollten, dessen Mitglieder einander und die Erde liebten. Die Narben dieses Erlebnisses sind heute noch sichtbar.

Von dort aus ging es weiter nach Las Vegas, Nevada.

Willard und ich bekamen Arbeit beim Entladen von Güterwaggons, als Friedhofsgärtner und Autowäscher.

Du siehst, daß meine Berufserfahrung eine breite Palette umfaßt.

Wir zogen weiter nach Reno; dort trennten sich unsere Wege. Dennoch blieben wir in Kontakt, und von Zeit zu Zeit begegneten wir uns wieder. Willard befaßte sich, später im Leben, in Chicago sehr aktiv mit den dortigen Indianerangelegenheiten. Darüber hinaus leitete er die Vereinigung Indianischer Geschäftsleute. Ich wandte mich westwärts und pflückte Erdbeeren in Kalifornien. In Sebastopol, Kalifornien, bekam ich einen Job in einer Apfelkonservenfabrik. Ich hatte Äpfel auf Förderbänder zu packen, von wo aus sie zur Weiterverarbeitung in Dosen und als Essig gebracht wurden. Die Arbeit dort war hart; eine meiner Aufgaben war es, die Essigfässer zu reinigen. Dazu mußte ich Gummihosen und Stiefel tragen. Ich betrat die Fässer durch eine Seitentür und mußte die sogenannte ›Essigmutter‹ abwaschen, dicke, schleimige Klumpen, die die ganze Innenseite der Fässer bedeckten. Dieser Belag war nur mit einem Feuerwehrschlauch zu entfernen.

Ich hatte mein Lager in einem Wohnwagenpark aufgeschlagen, wo ich eine Familie von Pomo-Indianern namens James kennenlernte. Die Pomo-Indianer lebten in der Nähe der Küste in Nordkalifornien. Es heißt, daß sie in alten Zeiten die hervorragendsten klimatischen und landschaftlichen Bedingungen hatten. Nahrung war immer reichlich vorhanden, und so hatte das Volk genügend Zeit, um in jeder Hinsicht kreativ zu sein. Die Pomos sind bekannt als ausgezeichnete Tänzer, Sänger und Träumer. Einer der Brüder wurde mein Freund; er war Künstler und recht bewandert in der Medizin der Pomos, an der er mich teilhaben ließ. Wir ließen uns oft in einem Pinienwäldchen nieder und kochten über einem Feuer, während er mir Jagdgeschichten seines Volkes erzählte und Medizinbräuche erklärte. Er erzählte mir von der Bär-Medizin-Gesellschaft. Bär-Medizinmänner liefen, nach bestimmten Gebeten und Zeremonien, bis zu 150 Meilen in einer einzigen Nacht. Zu den Zeremonien vor dem Lauf gehörten, wie er sagte, sexuelle Enthaltsamkeit und der Verzicht auf fettes Fleisch. Ein Bär-Medizinmann trug ein Bärenfell, und eine andere Gruppe von Läufern Gewänder, die aus Wampummuscheln gefertigt waren. Da der Bär meine eigene Medizin ist, hatte ich große Achtung vor diesen Stammesmitgliedern. Ich hörte oft, daß diese Medizinmänner schneller waren als Pferde.

Sie waren Heiler, und der lange Lauf war ein Teil ihrer Medizin, ein Weg zur Visionsfindung. Jeder Mann vertiefte sich auf andere Weise in seine Kraft; sie sangen ihre eigenen Lieder, und die Gesänge waren geheim. Aus diesem Grund kann ich nicht mehr darüber sagen; sie zu beschreiben ist alles, was mir erlaubt ist.

Mein Freund erzählte mir, daß Pomo-Indianer niemals auf die Jagd gingen, wenn ihre Frauen ihre Periode hatten; es hieß, daß es gefährlich sei und Unglück oder den Tod bringen würde.

In früheren Tagen tauchten die Pomos ihre Pfeilspitzen oft in Menstruationsblut und Klapperschlangengift, wenn sie auf Kriegszug gingen. Das galt als tödliche Medizin.

In der Zeit, die ich im Land der Pomos zubrachte, erfuhr mein Liebesleben eine Steigerung. Ich war so viel herumgezogen, daß mein Kontakt zu Frauen sich hauptsächlich in hoffnungsvollen Gedanken erschöpft hatte; jetzt lernte ich ein

Pomo-Mädchen kennen und verbrachte viel Zeit mit ihr. Ihre Mutter war eine sehr rührige Medizinfrau, und ich lernte ein wenig Pomo-Medizin von ihr.

Ich machte auch die Bekanntschaft einiger kalifornischer Traumheiler, Medizinleute, die ihre Heilkraft aus ihren Träumen beziehen, ähnlich wie ich. Es ist eine sehr starke Weise, zu heilen, eine sehr gute.

Damals begegnete ich auch Elsie Parrish, einer außergewöhnlichen indianischen Heilerin. Sie hielt ihre Zeremonien ab, verrichtete ihre Gebete und saugte dann Gift aus dem Körper eines Kranken. Manchmal brachte sie fauliges Gewebe oder Steine zutage; es war eine sehr starke Erfahrung, zu beobachten, wie sie das Gift in den Mund saugte und auf den Boden spuckte. Obwohl ihre Medizin sich von der meinen unterschied, hatte ich große Achtung vor dieser Frau und ihrer Kraft zum Guten.

Im Feather River Land in Kalifornien lernte ich einen Medizinmann namens Calvin Rube kennen, einer der Diener des *Sasquatch*, die wir ›Bigfoot‹-Leute nennen. Er war Häuptling des Wichipek-Stammes, und als wir etwas über den Sasquatch lernen wollten, ging er in die Berge, sprach seine Gebete, und Bigfoot erschien ihm, entweder in körperlicher oder in geistiger Gestalt. Der Bigfoot sprach zu ihm, brachte ihm Wissen. Wir Indianer glauben nämlich, daß der Sasquatch ein übermenschliches Wesen ist, ein Geisthüter, der seine Gestalt verändern oder verschwinden kann. Das Wissen des Bigfoot geht weit über unseres hinaus, und er ist ein Hüter des Waldes. Das Zusammensein mit Calvin vermehrte meine Kenntnisse über die Kraft des Gebets und das Reich des Geistes und meine Hochachtung für beides.

Während ich dort oben weilte, versuchte eine Baugesellschaft, eine Straße durch das Gebiet zu legen; die Bigfoot-Leute drangen in das Lager der Straßenbauer ein. Sie kippten Traktoren und schwere Maschinen um. Sie warfen Ölfässer den Berghang hinunter, auf dem der Bautrupp sein Lager aufgeschlagen hatte. Überall waren Fußspuren, und Craig Carpenter, einer meiner Freunde, fertigte einen Abdruck von einer der Spuren.

Der Bigfoot erschien Calvin Rube; er sagte ihm, daß es zwei große Erdbeben geben würde, weil die Bauleute die Ruhe des Feather River Landes störten ... eines davon an der kalifornischen Küste, eins in Alaska. Beide Erdbeben ereigneten sich kurze Zeit später.

Das Merkwürdige ist, daß heutzutage die Leute um die Bear Tribe-Medizingesellschaft die Legende verbreiten, daß wir den Sasquatch hier, auf dem Visionsberg, in der Nähe von Spokane, nähren.

Ich kehrte Kalifornien den Rücken und ging nach Reno, Nevada. Ich wollte einige Zeit bei den Nevada-Indianern verbringen und etwas über ihre Medizinbräuche in Erfahrung bringen. Als ich in Reno ankam, galt es wie immer als erstes, einen Job zu finden. Für einen Mann namens Fisher erntete ich Kartoffeln und sortierte Zwiebeln in einer Lagerhalle. Ich wohnte bei meinem Vetter Dan, Onkel Bills Sohn, und bekam noch einige andere seltsame Jobs als Gärtner und Maler.

In dieser Zeit begann ich, in einem Selbsthilfeprogramm der Reno Sparks-Indianersiedlung mitzuarbeiten. Die meisten Indianer in der Siedlung gehörten zum Washoe-Stamm, aber es gab auch Paiuten und Shoshonen.

Ich hatte mich immer für indianische Kunst interessiert, und so begann ich, Kurse in der Siedlung zu geben. Ich war der Meinung, daß Kunstverständnis und künstlerischer Ausdruck dazu beitragen konnten, die Moral der indianischen Bevölkerung zu heben. Ein Mann namens Ed McAmoil vom Reno Kiwanis Club half mir bei der Beschaffung von Material, und wir fertigten gutes Kunsthandwerk: Ölbilder, Aquarelle, Leder- und Sandzeichnungen. Ich selbst bin ein miserabler Künstler, aber ich bin groß im Lobspenden und Kaffeekochen.

Unser Kunstkurs war wirklich erfolgreich; nach fünf Monaten organisierten wir sogar eine Ausstellung im Stadtzentrum von Reno. Später folgte eine Ausstellung in der Universität von

Nevada. Es war befriedigend, die überraschten und zustimmenden Blicke der Ansässigen zu beobachten, wenn sie sahen, wie viele Talente die Indianersiedlung beherbergte. Tatsächlich hörte ich ein paar Leute sagen, sie seien der Meinung gewesen, daß ›alle Indianer in Reno Sparks Säufer und Tagediebe wären‹. Man konnte ihnen nicht gerade großes Feingefühl nachsagen.

Ich sollte vielleicht erklären, daß die Reno Sparks-Siedlung tatsächlich ein ziemliches Armutsviertel war; die Indianer, die dort lebten, waren im allgemeinen Gelegenheitsarbeiter, die in den entsprechenden Jahreszeiten Farmarbeiten verrichteten und sonst kaum etwas taten. Sie hatten darin keine große Wahl. Sie waren entwurzelt aus Heimat, Kultur und der Geborgenheit ihrer auseinandergerissenen Familien und fanden sich nun in schäbigen Baracken inmitten einer wachsenden Stadt wieder. Als ich das erste Mal dorthin kam, sah ich 87 kleine Holzbaracken. Es gab weder Wald- noch Farmland, keine annehmbare Möglichkeit, seinen Lebensunterhalt zu bestreiten. Da wenig Aussicht bestand, daß sich die Lage verbessern würde, saßen die Leute einfach herum und warteten. Man schrieb das Jahr 1956, und an vielen Geschäftshäusern hingen noch Schilder mit der Aufschrift *›Kein Zutritt für Indianer.‹* Man durfte nicht in den Gaststätten essen und auch nicht in den Küchen kochen. Das alles trug dazu bei, daß es doppelt wohltuend war, einige Brüder und Schwestern künstlerisch arbeiten zu sehen.

Es gab diskriminierende Situationen; einmal verrichtete ich für eine Frau alle möglichen Arbeiten im Haus, und als es Zeit war zum Mittagessen, gab sie mir einen Teller und schickte mich zum Essen hinaus unter einen Baum. Glücklicherweise gefiel es mir da ohnehin besser.

Ich hatte aber auch viele weiße Freunde; Mrs. Claire Beatty zum Beispiel, von der Historischen Gesellschaft von Nevada. Sie besorgte Material für meine Kurse und verschaffte mir Arbeit beim Verein, als ich ein paar Dollar benötigte.

Während des Winters, als die Lage wirklich angespannt war, traf ich sogar eine Vereinbarung mit der Heilsarmee; sie versorgten mich mit Mahlzeiten, damit ich meine Arbeit an dem

Kunst- und Kunsthandwerksprojekt fortsetzen konnte, denn in jenem Winter war in Reno keine Arbeit zu bekommen.

Ich ging oft auf die Jagd mit meinen Washoe-Brüdern von Reno Sparks und erwarb einige neue Kenntnisse. Wir gingen zu fünft oder sechst auf Hasenjagd, wobei wir die Hasen zu einem ausgetrockneten See hin trieben. Wenn sie erst einmal dort waren, fanden sie keine Deckung mehr, und wir schwärmten aus und erlegten sie mit kleinkalibrigen Gewehren. Ich liebte das dürre Land und spürte, daß die Wüste meine Heimat war. Oft ging ich mit meinem Vetter Dan auf Rotwildjagd. Je länger ich blieb, desto mehr interessierte mich die Geschichte von Nevada und der dortigen Indianer.

Eines Tages besuchte ein Mann die Historische Gesellschaft; er war in der Nähe von Pyramid Lake in der Wüste gewesen und hatte dort unweit einer Höhle einen handgefertigten Jaguarkopf gefunden. Er war aus Jade und hatte dort nichts zu suchen; wir kamen schließlich zu der Überzeugung, daß er höchstwahrscheinlich aztekischen Ursprungs war oder daß er, wenn nicht, zumindest doch aus Lateinamerika stammte.

Mir bot sich die Gelegenheit, gemeinsam mit ein paar Freunden auf eigene Faust Forschungen anzustellen. Wir begaben uns zum Lagamacino Canyon zwischen Virginia City und Reno hinaus, einer Stelle, an der die Felswände über eine Länge von einer halben Meile mit alten indianischen Steinzeichnungen bedeckt sind. Es gab dort viele Begräbnisstätten, und wir fanden einige *Metates*, Werkzeug der alten Eingeborenenstämme zum Mahlen von Getreide.

Dort im Lagamacino Canyon entdeckte ich meine Fähigkeit, Bilderschriften zu lesen; es war nichts, das erlernt werden konnte, es kam einfach aus dem Herzen oder dem Geist. Indem ich die Bilderschriften oder *Petroglyphen* genau studierte, fand ich heraus, daß sie vier unterscheidbare Stammeskulturen darstellten. Es waren einige sehr mächtige Medizinzeichen darunter; es gab das Zeichen der Spirale, die den unaufhörlich fortlaufenden Weg des Lebens symbolisiert, es gab Zeichen, die über die Anzahl der Stammesmitglieder Aufschluß gaben, Abbildungen von Medizinrädern und dem aztekischen Sonnensymbol, und sogar ein Bild, auf dem eine Frau aus dem Altertum zu sehen war, die gerade ein Kind geboren hatte. Das Bild war fesselnd und außerordentlich ergreifend; es zeigte eine Frau und ein Neugeborenes an ihrer Seite ... ihre Hände hielten einen Stock umklammert, den sie gegen die Schultern drückte. Die Felsenzeichnung besagte, daß sie sich gegen den Stock preßte, damit er ihr die Kraft gab, das Kind herauszupressen. Es war ein sehr schönes Bild.

Wenn man sich zu den Felsinschriften begibt, wenn die Kraft stark ist im Innern und man mit den Geisthütern sprechen will, dann werden sie einem die Bedeutung der Felsenzeichnungen erklären. Man spürt ihre Gegenwart so mächtig, daß man manchmal das Gefühl hat, man könnte nicht fortgehen.

Wie in jeder Medizin, kommt die Art und Weise der Auslegung über einen; man kann die Pfeife rauchen oder auch einfach nur dasitzen und lauschen. Genauso ist es, wenn ich eine Zeremonie abhalte oder bete. Der Verlauf jeder Zeremonie hängt davon ab, was die Geister von mir zu tun verlangen.

Ich habe seither viele Felsenzeichnungen gesehen. Einige enthüllen vergangenes Wissen, andere wieder sagen Zukünftiges voraus.

Ich habe die Wintererzählungen der Sioux und anderer Stämme aus den Ebenen studiert, die auf Büffel- und Hirschleder gemalt sind. Ich habe Häute gesehen, auf denen von Schlachten, Jagdzügen und Epidemien berichtet wird. Die Midewiwin-Gesänge sind auf Birkenrinde überliefert.

Einige der Felsenbilder vermitteln mir das Wissen, das ich brauche, um anderen Menschen zu helfen; viele jedoch sind geheim, und ich kann nicht mehr darüber berichten.

FÜNFTES KAPITEL

Meine ersten Filmerfahrungen

In den fünfziger Jahren lernte ich nicht nur Medizinbräuche, ich wurde auch zum Organisator und Schauspieler. Im Frühjahr 1955 verließ ich Reno und ging nach Los Angeles, um dort eine Anstellung zu suchen. Das FBI ebenso wie die Armee waren immer noch auf der Suche nach mir, und ich fand es keine schlechte Idee, den Standort zu wechseln. Das Komische war nur, daß es, mit meinem indianischen Aussehen, in Kalifornien nur einen wirklich guten Job für mich gab: nämlich, mich vor eine Kamera zu stellen und in einigen Fernsehprogrammen mitzuwirken. Ich glaubte mich sicher vor dem FBI, denn für die Weißen, so schien mir, sahen alle Indianer gleich aus.

Außerdem dachte ich, daß ich meinen Brüdern in Reno eine größere Hilfe sein konnte, wenn ich gutes Geld verdiente.

In Los Angeles hing ich mit indianischen Freunden im Indianischen Zentrum herum und machte die Bekanntschaft eines jüdischen Bruders namens Salty, und er stellte mich bald darauf einem Mann vor, der Drehbücher für Fernsehserien schrieb.

Ich hatte gerade eine Kleinanzeige aufgegeben, in der es hieß: ›Gewohnt, Büffel zu jagen, bin ich jetzt auf der Jagd nach einem Job‹, und ich bekam einen in einer Spaghettiküche in Hollywood. Ich wusch Geschirr und verbrachte meine Freizeit damit, etwas über die indianischen Brüder in Erfahrung zu bringen, die, wie ich, aus anderen Teilen des Landes nach Los Angeles gekommen waren. Obwohl fast alle Stämme im Gebiet von L. A. vertreten zu sein schienen, gab es eine große Zahl von Navajos, Lakotas und Blackfeet. Viele von ihnen waren aufgrund von Indianer-Umsiedlungs-Programmen nach Los Angeles gekommen, weil es in den Reservaten keine Arbeit gab. Im Grunde waren die Umsiedlungs-Programme nichts anderes als eine Variante des Landraubes durch die Regierung, indem das Amt für Indianerangelegenheiten arbeitslosen Indianern versprach, sie in Städte umzusiedeln, in denen es genügend freie Arbeitsstellen gäbe. Man hoffte, daß sich die Indianer durch diesen Ortswechsel in die herrschende Kultur einfügen und ihr Geburtsland und ihre Bräuche vergessen würden.

Nach einiger Zeit zahlten sich Saltys Beziehungen aus; ich wurde Wallace Bosco, dem Produktionsassistenten der CBS-Serie ›Brave Eagle‹, vorgestellt. Weißt du, es war schon komisch: Ich war nur zur Hälfte Indianer und das einzige Kind meiner Mutter, das überhaupt ein indianisches Aussehen hatte. Aber ich sah wirklich völlig indianisch aus, und später hatte ich sogar eine Zeitlang Bedenken deswegen, denn ich bekam Jobs beim Fernsehen und Film, die andere nicht bekamen, weil sie nicht *echt* aussahen. Ich hatte fast das Gefühl, daß ich ihnen einen Job wegnahm.

Jedenfalls unterhielt sich Wally Bosco lange mit mir, und er war überrascht und erfreut, als er feststellte, daß ich so viel über die Bräuche der Indianer wußte. Er fragte mich, ob ich Lust hätte, als technischer Leiter für die Serie ›Tapferer Adler, Häuptling der Cheyenne‹ zu arbeiten. Und sie brauchten wirklich einen technischen Direktor. Die erste Testfolge für die Serie hatte den Titel ›Cochise‹ gehabt, und ihre Fertigstellung hatte 75 000 Dollar gekostet. Als der Film der CBS in New York zur Prüfung vorgelegt wurde, war einer der Söhne des Produzenten, ein Pfadfinder, bei der Vorführung anwesend. Am Ende erklärte er dem Produzenten, daß Cochise, ein Apache, niemals einen Kopfputz aus Adlerfedern getragen hätte. Mit dieser Bemerkung war der 75 000 Dollar teure Pilotfilm gestorben, und aus ›Cochise‹ wurde die Serie ›Tapferer Adler‹.

Natürlich ergriff ich freudig die Gelegenheit, technischer Leiter einer Fernsehserie zu werden, die sich mit Indianern befaßte. Ich sah darin eine echte Chance, den Menschen die Bräuche der Indianer unverfälscht näherzubringen. Aber das alles ging nicht so schnell, wie ich gedacht hatte; gerade, als ich den Job bekam, rief die Schauspielergewerkschaft einen Streik aus. Also holte ich erst einmal tief Luft und behielt meine Stellung in der Spaghettiküche. Die Miete bezahlte ich, indem ich für meine Hausbesitzerin am North Poinsettia Drive Malerarbeiten erledigte.

Als der Streik schließlich beendet war, war ich bereit, den Posten als technischer Leiter anzutreten. Ich erklärte meinem Chef in der Spaghettiküche, daß ich für das Fernsehen arbeiten würde, und er antwortete mir, er hätte keine Ahnung gehabt, daß ich Fernseher reparieren konnte. Ich machte ihm klar, daß ich als Schauspieler arbeiten würde, und er glaubte mir natürlich kein Wort, bis ich später ein paar Honorarschecks bei ihm einlöste.

Ich nahm meine Arbeit in den Goldwyn-Studios auf und wohnte zwei Häuserblocks entfernt. Wir fuhren jeden Tag zu Roy Rogers Ranch in der Nähe von Chatsworth im San Fernando-Tal hinaus. Das war der Drehort. Erfreut stellte ich fest, daß die meisten Hauptdarsteller der Serie echte Indianer waren. Keith Larsen, ein Cheyenne-Halbblut, spielte den Tapferen Adler. Anthony Nokema (eine Mischung aus Hopi und Klamath) spielte die Rolle des Keena. Kim Winona, ein anderer Hauptdarsteller der Serie, war ein vollblütiger Sioux, der im Rosebud Reservat aufgewachsen war, und die vierte Hauptrolle wurde von Burt Wheeler gespielt. Er war kein Indianer, aber dafür seit vielen Jahren ein Vollblutkomödiant.

Es war eine interessante Arbeit, Nachforschungen für die Serie zu betreiben, kleinere Nebenrollen zu übernehmen und mit den Größen der Fernsehprominenz auf du und du zu sein. Manchmal bearbeitete ich Drehbücher im Büro, dann wieder arbeitete ich direkt am Szenenaufbau mit.

Ich war dafür verantwortlich, daß die Serie so wahrheitsgetreu wie möglich war, du kannst dir also vorstellen, wieviel ich dabei lernte. Ich mußte die Drehbücher durchsehen und entscheiden, ob die Dialoge mit der Philosophie der Indianer zu vereinbaren waren. Ich begutachtete auch den Szenenaufbau, um sicherzustellen, wie Leslie Lieber in seiner Klatschspalte in der *Los Angeles Times* witzelte, daß die Wigwams und die Zeremonien nach der Art des ›echten McChippewa‹ waren. Solche Spötteleien waren damals in den Klatschspalten an der

Tagesordnung, und ich erzähle gern ein paar, solange ich nicht dafür verantwortlich gemacht werden kann.

Damals schossen die Indianerserien im Fernsehen wie Pilze aus dem Boden, und ein Fernsehbonze machte sich einen Spaß daraus, diesen Arbeitseifer in Anlehnung an Huxleys ›Schöne neue Welt‹ als ›brave's new world‹ zu bezeichnen.

Ich werde nie den Tag vergessen, als ich zum erstenmal zu einem Kulissenaufbau hinauskam, und alles war bereit zum Drehen. Die Tipis waren über und über mit Decken behängt, und in der Mitte des Dorfes stand eine Conga-Trommel. Ich erklärte den Requisiteuren, daß das ganze ein bißchen überladen wirkte, daß es nicht wirklichkeitsgetreu sei, und der verrückte Kram wurde fallengelassen.

Ich spielte immer wieder kleinere Rollen im Laufe der Serie. In einer Episode war ich ein Medizinmann, in anderen stellte ich Dutzende von verschiedenen Kriegern dar. Mir ging es gut damals, und ich lernte viele Brüder kennen, die als Schauspieler oder Statisten arbeiteten.

Ich wußte immer, wann den Drehbuchautoren die Ideen ausgegangen waren; dann kamen sie nämlich zu mir und sagten: »He, Sun Bear, was hältst du davon, heute abend mit mir essen zu gehen?« Mir war klar, daß sie ihre geistigen Angelhaken ausgelegt hatten, und mir machte es Freude, nach dem Köder zu schnappen. Wir gingen zusammen aus, aßen gut und wälzten ein paar Ideen. Die einzelnen Folgen der Serie dauerten eine halbe Stunde, und es gab sechs Drehbuchautoren, ich aß daher sehr gut und hatte Gelegenheit, an der Entwicklung von mindestens einem halben Dutzend der Drehbücher mitzuwirken.

Es machte mir wirklich Spaß, und ich fand es ausgesprochen komisch, da draußen auf dem Pferd zu sitzen und Indianer zu spielen. Ich pflegte zu sagen: »Die meisten von uns spielen Cowboy und Indianer, wenn sie Kinder sind. Ich für meinen Teil hatte damals zu wenig Zeit zum Spielen, aber jetzt, da ich erwachsen bin, spiele ich dasselbe Spiel und werde auch noch dafür bezahlt.« Einmal entdeckte mich einer der Zeitungsleute in einer Telefonzelle, als ich gerade telefonierte. Ich war in Kostüm und Maske, und es muß seine humoristische Seite angeschlagen haben. Er machte ein Bild von mir, das bald darauf im CBS-Studio an der Wand hing.

Während der Dreharbeiten für die ›Brave Eagle‹-Serie hatten wir viele Probleme, von denen die meisten mit der Zivilisation zusammenhingen. Die Umweltverschmutzung bereitete uns ernsthafte Schwierigkeiten; jeden Morgen, bevor wir vom Studio aus zum Drehort aufbrachen, sprachen einige von uns Gebete, damit der Smog sich lichten sollte. Flugzeuggeräusche mußten aus den Filmarbeiten herausgehalten werden, ebenso das Stampfen und Pfeifen der Southern Pacific Railroad-Züge, die schnaufend in den Chatsworth Tunnel einfuhren. Auch Onkel Sam trug seinen Teil zu der Verwirrung bei; die Armee hatte kurz zuvor eine neue Raketenbasis in der Gegend errichtet, und man konnte nicht wissen, wann das Brüllen einer Testrakete zu hören sein würde. Das alles war nicht besonders lustig.

Während die Serie ›Brave Eagle‹ im Fernsehen ausgestrahlt wurde, sahen mehr als vierzig Millionen Zuschauer mein Gesicht. Und ich wurde die ganze Zeit über vom FBI gesucht.

Als die Dreharbeiten für die Serie beendet waren, ging ich nach Reno zurück, um wieder in der Reno Sparks-Siedlung zu arbeiten. Mir waren ein paar gute Ideen gekommen, wie man andere Selbsthilfeprojekte ins Leben rufen konnte. Ich knüpfte Beziehungen zur Eisenbahngesellschaft an und bekam ein paar Eisenbahnschwellen als Baumaterial geschenkt. Außerdem bekam ich das Abfallholz aus einigen zum Abriß freigegebenen Häusern in Sparks, Nevada, dort, wo heute das Sparks Nugget steht.

In den späten Fünfzigern begann ich zu begreifen, daß ich, um Hilfe für mein Volk zu organisieren, den großen Zeh in das kalte Wasser der Politik stecken mußte. Ich fing an, in privaten Vereinen und zu öffentlichen Anlässen zu sprechen. Wenn du dir einen Artikel in der Reno Evening Gazette vom November 1957 anschaust, kannst Du ein Bild von mir sehen, auf dem ich Senator Hubert Humphrey während der Nationalversammlung der Jungen Demokraten einen Kriegsschmuck auf den Kopf setze. Ich versuchte damals, Kanäle zu erschließen, um meinem Volk zu helfen.

Ich kehrte für kurze Zeit nach Los Angeles zurück, und mit Hilfe des Journalisten Paul Coates, der die Spalte ›Vertrauliches‹ für die *Mirror News* schrieb, gelang es mir, die Tatsache bekanntzumachen, daß ich die gesamte Reno Sparks-Indianersiedlung neu streichen wollte.

Die Bekanntmachung zeigte ihre Wirkung.

Die Paramount Farbengesellschaft in Los Angeles stiftete eine gewaltige Menge von Testfarben. Zusammen mit den Spenden übriggebliebener Farben aus den Garagen der Leute und einigen Bargeldspenden brachten wir es auf fünfhundert Gallonen. Das Western Gillette Fuhrunternehmen in Los Angeles transportierte die Farbe umsonst nach Reno, und dieses gute Beispiel vor Augen, schlossen sich auch die Ladenbesitzer des Ortes und die Malergewerkschaft an; sie stifteten Pinsel, Leitern und was immer wir sonst noch brauchten.

Wir veranstalteten eine wahre Streichorgie. Wir begannen am Südende der Reno Sparks-Siedlung und rückten, indem wir alles anstrichen, was nicht das Weite suchte, nach Norden vor.

Alles hat auch seine komische Seite. Ich erinnere mich, wie der Pfarrer der Siedlung zu Beginn der Arbeiten zu mir kam. Er sagte: »Also, Sun Bear, Sie haben doch hoffentlich die Absicht, die Häuser der guten Menschen zuerst zu streichen?«

»Wer sind für Sie die guten Menschen?« fragte ich zurück.

»Diejenigen, die zur Kirche gehen, natürlich«, erwiderte er.

Ich sagte: »Nein, Sir, ich werde mich von Süden nach Norden durcharbeiten. Das ist die beste Methode.«

Später entwickelte sich daraus unter meinen Freunden und mir ein Sprichwort, das lautet: »Die Farbe ergießt sich über die Gerechten und die Ungerechten gleichermaßen.«

So war das damals.

Wir verausgabten unsere Zeit und unsere Kraft; ich verwandte mein ganzes Gespartes dafür, Cola und Sandwiches zu kaufen. Wir stürzten uns in die Arbeit und strichen alle siebenundachtzig Häuser.

Einige der Bewohner waren in der Lage, ihre Häuser selbst zu streichen, andere wiederum waren zu alt oder zu krank dazu, und wir übernahmen es für sie. Ich erinnere mich an eine Familie von Trinkern. Sie hörten nicht auf zu trinken, wollten sich aber dennoch an der Arbeit beteiligen. Sie machten ihre Sache gut; sie malten ihr Haus an und auch sich selbst und ihre Hunde. Und das war in Ordnung.

Nachdem dieses Projekt beendet war, lernte ich, einen Lastwagen zu fahren, den uns die Frau eines Anwalts gestiftet hatte, und wir schafften den Abfall tonnenweise fort. Als die Siedlung dann so viel sauberer wirkte, sahen die Städter längst nicht mehr so abfällig darauf herab; in der *Reno Evening Gazette* erschien ein Artikel, in dem die Wirkung als erstaunlich bezeichnet wurde. Meine indianischen Brüder in Reno Sparks bezogen aus diesem Projekt sehr viel positive Energie. Genau so muß man es machen.

Wir setzten unsere Arbeit fort; einer meiner Freunde, ein Washoe-Indianer namens Willy Astor, stellte uns ein Stück Land zur Verfügung, auf dem wir mit geschenkten Betonsteinen ein Zentrum für Kunst und Kunsthandwerk errichteten. Es war fast fertiggestellt, und ich fühlte mich so wohl wie nie zuvor, als mich das FBI schließlich einholte.

SECHSTES KAPITEL
Das Neunzig-Tage-Wunder

Ich befand mich in Reno, als sie mich schließlich schnappten. Ich hatte einen Job in der Nähe von Sparks, riß gerade alte Schindeln von einem Gebäude herunter und dachte an die letzte Hasenjagd, die ich mit meinen Washoe-Freunden unternommen hatte. Plötzlich wußte ich, wie den Hasen zumute gewesen sein mußte; zwei gutgekleidete Herren kamen von beiden Seiten des Hauses auf mich zu.

»Wir sind FBI-Agenten«, sagte der eine und zog blitzschnell eine Marke hervor.

Ich ergab mich in mein Schicksal.

Meine Medizin hatte mir verraten, daß sie bald kommen würden, daher war ich nicht allzu überrascht. Ich habe nie mit Sicherheit herausgefunden, wie sie mir zu guter Letzt auf die Spur kamen, aber schließlich hatte es eine Menge deutlicher Hinweise für sie gegeben. Da war zum einen meine Arbeit in der ›Brave Eagle‹-Serie, und darüberhinaus war ich in wachsendem Maße politisch aktiv geworden. In den späten Fünfzigern zog politische Betätigung immer eine FBI-Akte nach sich, gleichgültig, ob man vorher erfaßt war oder nicht.

Ich wurde zuerst nach Reno ins Gefängnis gebracht. Als meine indianischen Brüder in den anderen Zellen – Leute, die über meine Arbeit in der Siedlung Bescheid wußten – von meiner Anwesenheit erfuhren, fingen sie alle an zu singen. Das war ihre Art, mir und der Arbeit, die ich geleistet hatte, ihre Unterstützung zuzusichern, und es war wirklich beeindrukkend, das Singen und Trommeln gegen Wände und Gitterstäbe, das durch das ganze Gefängnis dröhnte. Ich glaube, es machte die Wärter ziemlich nervös. Sie wußten nicht genau, wer ich war oder was für ein fauler Zauber da gespielt wurde.

Überflüssig, zu sagen, daß ich ziemlich bald zum Luftwaffenstützpunkt Stead überführt wurde, wo man mich ins Militärgefängnis steckte. Eingesperrt wie ein Tier im Zoo, ging es mir anfangs ziemlich schlecht, doch ich hatte schließlich immer nach meinen Grundsätzen gelebt und das getan, woran ich glaubte. Daher kam ich nach einiger Zeit darauf, daß ich in dem Moment, als sie mich in die erste Gefängniszelle gesteckt und den Schlüssel hinter mir zugedreht hatten, ein freier Mensch gewesen war. Ich war nicht in Korea.

Der befehlshabende Wachtmeister in Stead war kein schlechter Kerl. Er schien mich zu mögen.

»He, Sun Bear«, sagte er eines Tages zu mir, »ich weiß, daß ihr Indianer es haßt, eingeschlossen zu sein. Im hinteren Zaun ist ein Loch; mach einen langen Spaziergang, wenn es sein muß.«

Ich dachte wieder über die Freiheit nach; ich kannte die Berge in der Umgebung von Stead, und ich zweifelte nicht daran, daß ich, einmal dem Gefängnis entkommen, auch draußen bleiben konnte. Aber damit würde das Ganze von vorn beginnen, und ich war es leid, mich in einer Tretmühle zu bewegen.

»Ich bin Ihnen dankbar für Ihr Angebot«, sagte ich daher zu dem Wachtmeister. »Aber ich glaube, ich bleibe lieber hier und bezahle meine Schulden.«

Er zuckte zustimmend die Achseln.

Aus Fort Ord, Kalifornien, kamen zwei Wärter, um mich abzuholen. Sie brachten mich in Handschellen im Zug dorthin; daß man mir die Hände fesselte, machte mich ausgesprochen wütend. Nachdem ich meine Zeit abgesessen hatte, bekam ich wahrhaftig eine Rechnung von der Armee, eine Gebühr für die beiden Wärter, die mich abgeholt hatten. Das brachte mich nun wirklich zum Lachen.

Ich übergab die Rechnung einem befreundeten Anwalt zur Bearbeitung.

»Schreib an die Regierung«, bat ich ihn, »und teile ihnen mit, daß ich meine Überführungsgebühr begleiche, wenn sie für das Land bezahlen, das sie meinem Volk nach 1880 gestohlen haben. Aber mach ihnen klar, daß ich mich nur mit der vollen Entschädigung zufrieden gebe.«

Ich habe nie wieder etwas von der Rechnung gehört.

Ich hatte mich zwar gefühlsmäßig darauf eingestellt, im Gefängnis zu sitzen, aber es fiel mir dennoch schwer, dieses Leben zu akzeptieren. In Reno hatte ich ungefähr vier Stunden im Gefängnis zugebracht und in Stead drei Tage, als sich aber schließlich die Türen des Militärgefängnisses von Fort Ord hinter mir schlossen, sah es so aus, als wäre es für wesentlich längere Zeit.

Als ich dann aber die Wirklichkeit der Stahlgitter und Betonwände begriffen hatte, begann ich meine Lage zu akzeptieren.

Ich beschloß, die ganze Angelegenheit als Möglichkeit zu nutzen, mehr über mich und die Kultur, die mich hinter Gitter gebracht hatte, zu erfahren. Schließlich, so sagte ich mir, durchdringt die Lebenskraft alles, selbst Gefängnismauern.

Einmal beobachtete ich, wie eine Fliege durch die Gitterstäbe hinausflog. In diesem Augenblick wußte ich, daß ich zurechtkommen würde. Ich fühlte mich zu diesem Zeitpunkt meines Lebens in gutem Gleichgewicht in meiner Medizin und spürte, daß ich meine Gedanken und meinen Geist durch die Gitterstäbe würde hinaussenden können, wenn es einmal wirklich schlimm um mich stand.

Während meiner Gefangenschaft war ich von Unruhe erfüllt, aber niemals wirklich verzweifelt. Vielen Menschen fällt die Zeit im Gefängnis sehr schwer; sie sagen sich immer wieder, wie schlimm es ist, und darum leiden sie. Das ist nicht meine Art. Mein Leben war eigentlich nie durch die Last der Verzweiflung niedergedrückt; es gibt zu viele gute Dinge, die es zu lernen gilt.

Dennoch war ich ungeduldig. Ich wußte, daß eine Strafe für die Desertion verhängt werden würde, aber ich wußte nicht, für wie lange. Als ich eingeliefert wurde und die Leute erfuhren, warum ich im Gefängnis saß, runzelten sie bedeutungsvoll die Stirn; sie schätzten zwanzig Jahre! »Großer Gott«, sagten viele von ihnen, »du bist auf der Höhe des Koreakrieges desertiert und warst ein erklärter Gegner der Armee.« Dabei schüttelten sie den Kopf.

Meine Stimmung wurde durch ihre Voraussagen nicht gerade gehoben; kein Mensch ermutigte mich. Ich saß eineinhalb Monate im Militärgefängnis und wartete auf meine Verhandlung vor dem Kriegsgericht.

Ich lauschte auf die leisesten Geräusche; ich konnte den Umlauf der Sonne spüren. An einem Ort, an dem die Zeit so langsam vergeht, wird jede Kleinigkeit, jedes unbedeutende Ereignis wichtig. Ich merkte mir sogar die Nummer meines Gebäudes; es war die 4953, nicht meine Glückszahl.

Zu jener Zeit gab es in Salinas einen Discjockey, den sie den

Rasenden Fred nannten. Sehr oft widmete er die Lieder, die er spielte, Männern im Militärgefängnis. Eines seiner Lieblingsstücke war ›Bitte laß mich frei, laß mich gehn ...‹ Das entlockte uns allen ein bittersüßes Lächeln.

Der Befehlshaber in Fort Ord war ein Major mit dem Vornamen Richard. Ich werde ihn nur bei diesem Namen nennen. Während ich dort war, entkamen so viele meiner Mitgefangenen, daß wir ihm den Spitznamen ›Richard, der Türöffner‹ gaben. Tief im Herzen bin ich davon überzeugt, daß es ihm widerstrebte, uns alle eingesperrt zu sehen; aus diesem Grunde mochte ich ihn. Natürlich konnte er nicht zugeben, daß er jemals derartige Gefühle hegte, daher benahm er sich wie ein ganz harter Bursche, der zackigen Schritts Befehle ausstößt.

So gab er sich auch eines Tages, als ein befehlshabender General eine Inspektionsrunde durch das Militärgefängnis machte. Es war ein schwarzer Tag für Major Richard; sechs meiner Gefährten hatten sich diesen Tag ausgesucht, um zu fliehen. Der Major versuchte, uns anderen zur Schnecke zu machen; er erklärte, wir seien ein verkommener Haufen, daß wir ihn vor dem General so bloßstellten. Er beklagte sich, wie miserabel wir mit ihm umgingen, und versuchte, wütend und gemein zu klingen, aber hinter alldem spürte ich eine tiefe Traurigkeit.

Es war tragikomisch, und doch bewegend. Da stand ein Mann vor uns, der sein Leben der Armee gewidmet hatte; aber es war offenkundig, daß er sich in seiner Stellung nicht wohlfühlte. Er kämpfte im Innern mit sich, und ich fühlte mich frei.

Der Dezember war schon fortgeschritten, und zur Strafe für die Flucht der anderen schränkte er die üblichen Weihnachtsvergünstigungen ein.

Während meiner Zeit in Fort Ord lernte ich viele ›kriminelle Typen‹ kennen; einige dieser Leute waren recht erfinderische Gesellen. Es gab eine Gruppe, die die ›Postbande‹ genannt wurde, und was sie getan hatten, war nicht dumm. Sie waren zusammen in Japan stationiert gewesen, wo sie bei der Heerespost beschäftigt waren. Sie hatten Freunde in den Staaten veranlaßt, ihnen haufenweise abgestempelte Briefmarken zu schicken, die sie dann auf ausgehende Post klebten. Die gültigen Briefmarken oder das Geld, das dafür gezahlt wurde, steckten sie in die eigene Tasche.

Die Postbande bestand aus dreizehn Leuten, und sie hatten etliche Tausend Dollar gescheffelt, bevor sie erwischt und nach Fort Ord geschickt wurden.

Genaugenommen wurden sie nicht *erwischt*, sondern verpfiffen. Einer der dreizehn war der Verräter. Die Vorgesetzten wußten, daß die anderen ihm die Hölle heiß machen würden, aber indem sie nach ihrem gewohnten, abartigen Gerechtigkeitssinn handelten, schickten sie ihn mit den anderen zurück. Es hatte den Anschein, daß sich die verantwortlichen Vertreter der Armee nicht entscheiden konnten, ob sie den Spitzel loben sollten, weil er die anderen ans Messer geliefert hatte, oder ob sie ihn bestrafen sollten, weil er sie im Stich gelassen hatte. Schließlich verlangt es die Heeresmoral von jedem einzelnen, daß er stets zu seinen Kameraden hält. Doch ein anderes Gesetz der Armee lautet, daß man niemals die Regeln überschreiten darf. Es war verwirrend, besonders für den Spitzel, dessen Kameraden die Regeln übertraten.

Der arme Verräter bekam schließlich seine Strafe; eines nachts veranstalteten seine *Freunde* ein Deckenfest für ihn. Das heißt, daß sie eine Decke über ihn warfen und ihn zu Brei schlugen. Die Decke ist eine Vorsichtsmaßnahme, damit das Opfer niemals bezeugen kann, wer es geschlagen hat.

Das war kein Kräftemessen, in dem man dem Feind Auge in Auge gegenübersteht.

Wir hatten einen alten Feldwebel in Fort Ord, der sein Vergehen, nämlich vor dem Zweiten Weltkrieg Heeresbestände gestohlen und weiterverkauft zu haben, wettmachte, indem er länger blieb als ursprünglich vorgesehen.

Er war ein grauhaariger, barscher alter Knabe, den wir Sergeant Satan nannten. Nach außen hin benahm er sich grob, aber im Grunde war er ein ganz guter Kerl. Er pflegte zu sagen: »Wenn ihr Burschen wissen wollt, warum ich Sergeant Satan genannt werde, müßt ihr mich nur einmal reizen. Dann wißt ihr es.«

Sergeant Satan war es, der in das Zellengebäude kam, kurz nachdem der Postspitzel verprügelt worden war; später wurde er während der Kriegsgerichtsverhandlung zu dem Deckenfest befragt, aber er sagte nur: »Ich weiß gar nichts. Ich kam rein und sah ihn auf dem Boden liegen. Ich dachte, er wäre ausgerutscht oder so.«

Er sagte ihnen kein Wort, und so hatte der Zwischenfall keinerlei Folgen. Ich weiß nicht, wer in dem ganzen Durcheinander richtig oder falsch gehandelt hat; nach der Philosophie der Indianer handelte niemand richtig. Aber die Indianer stellten auch keine verwirrenden Regeln auf, die dazu aufforderten, gebrochen zu werden; und die indianischen Kulturen brachten Systeme hervor, in denen das Stehlen nicht notwendig war, und oberflächliche Wünsche gar nicht entstanden.

In unserem Zellenblock gab es noch einige andere rührige Männer. Ich erinnere mich an ein Brüderpaar aus einer wohlhabenden Südstaatenfamilie. Sie waren wohl ziemlich verwöhnt und fanden, daß sie höhere Beträge benötigten als die monatlichen Soldzahlungen; darum knackten sie den Safe der Kompanie. Allerdings stellten sie sich nicht sonderlich geschickt an; sie bearbeiteten den Safe eine Weile, konnten ihn aber nicht öffnen, und so warfen sie ihn schließlich auf eine Schubkarre und machten sich aus dem Staub.

Einige Blocks von der Dienststube ihrer Kompanie entfernt gelang es ihnen endlich, ihn aufzubrechen. Es waren nur tausend Dollar darin, aber in der Verhandlung wurden sie beschuldigt, viel mehr gestohlen zu haben. Offensichtlich hatte ihr Kompaniechef bereits abgesahnt; es muß ein Vergnügen für ihn gewesen sein, daß er das Verbrechen seinen Untergebenen anhängen konnte.

Dann gab es eine Gruppe von Männern im Militärgefängnis, die sich als Lastwagendiebe betätigt hatten. Sie waren in Japan stationiert gewesen. Dort hatten sie sich als Militärpolizisten verkleidet, und wenn ein vollbeladener Konvoi gefahren kam, leiteten sie ihn auf eine Seitenstraße um. Sie forderten die Fahrer auf, die Wagen zu parken und in der nächsten Feldküche Rast zu machen. Und während die Fahrer sich ausruhten, verscherbelten die Wagendiebe den gesamten Konvoi.

Während ihres Aufenthaltes in Fort Ord sahen sie sich jeden Tag den Wagenpark an und leckten sich die Lippen. Eines Tages hatten wir Ordnungsdienst und waren gerade damit beschäftigt, Zigarettenstummel und anderen Abfall aufzusammeln, als ich hörte, wie einer der Wagendiebe zum anderen sagte: »Sieh dir nur diese prächtigen Lastwagen und Jeeps an. Weißt du, Papa-san würde eine Menge Geld für die Dinger zahlen.«

Soviel zum Thema Rehabilitation.

Etwas Gutes läßt sich über Fort Ord sagen, nämlich, daß das Essen im Militärgefängnis gut und reichlich war, und mit vollem Magen bin ich verhältnismäßig zufrieden. Es gab nicht selten Zeiten in meinem Leben, in denen es für mich keine Möglichkeit gab, den Magen voll zu bekommen. Sicher, ich war es nicht gewohnt, hinter Schloß und Riegel gehalten zu werden, und ich konnte nicht wirklich zufrieden sein, solange ich dieses Leben führen mußte, dennoch beschloß ich, mich auf die guten Seiten meiner Lage zu konzentrieren, und so aß ich reichlich.

Ich übernahm alle Arbeiten, die mir zugeteilt wurden, meist Säuberungsarbeiten im Gelände, und ich machte meine Sache wirklich gut. Darüber hinaus las ich viel, arbeitete alle Bücher über indianische Philosophie durch, deren ich habhaft werden konnte, danach andere philosophische und geschichtliche Werke. Es machte mir Freude, mich mit meinen Mitgefangenen zu unterhalten. Sie brachten mir eine Menge über die amerikanische Gesellschaft bei. Ich glaube, oftmals lernt man aus den angenommenen Fehlern einer Gesellschaft ebensoviel wie aus ihren Erfolgen.

Endlich kam der große Tag – der Tag meiner Verhandlung vor dem Kriegsgericht.

Ich begann zu fasten und setzte es während der gesamten Verfahrensdauer fort. Ich vertiefte mich in meine Medizin und betete darum, daß ich, was immer auch geschah, weiterhin in der Lage sein würde, meinem Volk nach besten Kräften zu dienen.

Vor dem Kriegsgericht hielt ich eine kleine Rede; ich erklärte dem Untersuchungsausschuß meine Gefühle in der Angelegenheit. Ich zitierte Crazy Horse und Sitting Bull und versuchte, das Leben und Brauchtum meines Volkes zu erläutern, wie wir über das Land, über den Krieg und das Töten anderer Menschen denken.

Mir wurde wertvoller Beistand vom Großen Geist zuteil; als Verteidiger wurde mir ein Major namens David S. Panitz zugewiesen. Zu Beginn der Verhandlung befand sich kaum eine Menschenseele im Zuschauerraum; am Nachmittag jedoch war der Raum randvoll. Major Panitz hatte aus mir einen *indianischen Robin Hood* gemacht, und das hatte sich herumgesprochen. Er sagte, ich hätte so viel für mein Volk geleistet, daß meine Festnahme und Haft ein Hohn auf die Gerechtigkeit sei. Die Zuschauer standen auf seiner – und auf meiner – Seite, und das tat wirklich gut. Die meisten von ihnen waren Weiße.

Major Panitzs Plädoyer tat mir so wohl, daß ich einen Teil daraus mitteilen möchte; ich war damals sehr erstaunt darüber, daß ein Heeresbeauftragter so viel Verständnis zeigen konnte:

»Bedenken wir doch den Hintergrund dieses Mannes. Er ist Indianer, geboren in einem Reservat. Er ging im Reservat zur Schule und blieb dort, bis er 15 Jahre alt war. Er geriet in eine ihm in Wahrheit vollkommen fremde gesellschaftliche und kulturelle Umgebung. Bis zu diesem Zeitpunkt war er kein Amerikaner, denn das Leben im Reservat leitet einen Menschen nicht dazu an, ein Leben als Staatsbürger zu führen, wie wir es in den Vereinigten Staaten verstehen. Er war ein Indianer, der das Leben seines Stammes führte. Ein Indianerreservat ist wie ... ein fremdes Staatsgebiet in den Vereinigten Staaten ... Er war so weit entfernt von der amerikanischen Kultur, als hätte er auf dem Mond gelebt.

Was tat er während seiner Abwesenheit (von der Armee)? Ging er hin, um Geld zu scheffeln und sich ein geruhsames

Leben zu machen? Nein, das tat er nicht. Er ging hin und befaßte sich eingehend mit der Indianerfrage und eignete sich Wissen über die Denkweise der Indianer an. Bedenken Sie, meine Herren, Sie haben es mit einem Menschen zu tun, der außerordentlich wißbegierig ist ... Er wollte das Gelernte nicht benutzen, um sich zu bereichern oder zu Berühmtheit zu gelangen. Er besuchte Indianerreservate, um sein Volk kennenzulernen ...

Auf seinen Reisen zu den verschiedenen Indianerreservaten kam er auch nach Reno, Nevada. Dort befanden sich die Indianer am absoluten Tiefpunkt, und er sagte sich: ›Dies ist ein Ort, an dem ich Gutes tun kann.‹ Was also tat er? Er besorgte Farbe, damit die Häuser in diesem Gebiet gestrichen werden konnten ... Für uns ist das unbedeutend, aber für einen Indianer ist es wichtig, denn er fand in den beiden Jahren des Lernens und Suchens die Wahrheit. Er begriff, daß es der Selbstachtung bedarf, um sich weiterzuentwickeln. Er erkannte das größte Geheimnis allen Lernens ... und das ist ein großes Kompliment an diesen Mann.

Er begann, sie in ihrer Kultur zu unterweisen. Er wußte, daß die Indianer, wenn sie lernen konnten, ihre Kultur richtig zu nutzen, ihre Selbstachtung zurückgewinnen würden und der Welt entgegentreten könnten ...

Er ist ein Mann, der von sich behauptet, daß er sein Leben seiner Aufgabe gewidmet hat, und diese Aufgabe ist es, seinem Volk zu helfen ... und er hat den Indianern geholfen ... Er weiß, daß er, um seine Arbeit fortsetzen zu können, einen Schritt zurück machen und der Strafe für seine Desertion ins Gesicht sehen muß ... und die Sache damit abschließen und erledigen.

Meine Herren, in Ihren Händen liegt heute eine große Chance ... die Art, wie Sie diesen Fall beurteilen, wird im Bewußtsein vieler Menschen zu der Überlegung führen, ob einem Einzelnen Recht widerfährt oder nicht. Sie müssen ihn vor dem Hintergrund seiner Geschichte, seines Werdeganges, seiner Erfahrungen und seiner Lebensumstände beurteilen.«

Viele Leute, mit denen ich in Reno zusammengearbeitet hatte, verwandten sich in Briefen für mich. Reverend Felix Manley von der Federated Church in Reno hatte geschrieben:

»Ich bin der Meinung, daß Sun Bears Einsatz für die Gemeinde in diesem Prozeß Niederschlag finden sollte. Wenn auch der Gerechtigkeit Genüge getan werden muß, so wäre der Gesellschaft doch viel mehr geholfen, wenn er arbeitet und seinem Volk dient, als wenn er in einer Gefängniszelle dahinvegetiert.«

Briefe trafen ein vom Stammesrat von Reno Sparks, von Brady Johnson, dem Vorsitzenden des Stammesrates von Walker River und von vielen anderen. In einem Brief hieß es sogar, ich habe in wenigen Jahren mehr für das indianische Volk getan als das Amt für Indianerangelegenheiten seit seinem Bestehen.

Ich war tief bewegt von der großen Unterstützung, die mir zuteil wurde; es erfüllte mich mit Demut und Stolz. Ich muß sagen, daß mich die Petition, die die Bevölkerung von Reno Sparks schickte, am meisten ergriff. Ganz oben stand darin zu lesen:

»Uns ist von allen möglichen Leuten und Organisationen Hilfe versprochen worden, aber Sun Bear war der einzige, der uns je wirklich geholfen hat. Es gibt nicht einen Menschen in der ganzen Siedlung, dem nicht in irgendeiner Weise das, was Sun Bear getan hat, zugute gekommen wäre.«

Die Gerichtskommission brauchte nur vierzehn Minuten, um, ungeachtet der Petitionen, die in meiner Sache eingegangen waren, zu der Entscheidung zu kommen, daß ich mich der Desertion schuldig gemacht hatte. Natürlich *stimmte* das. Sie brauchte weitere siebenundzwanzig Minuten, um zu dem Urteil zu gelangen, daß ich wegen schlechter Führung (nicht unehrenhaft) aus der Armee zu entlassen sei, daß mir alle Zahlungen und Zuwendungen zu entziehen seien und daß eine Gefängnisstrafe von einem Jahr bei verschärfter Zwangsarbeit über mich zu verhängen sei.

Ich war traurig, sowohl meinetwegen als auch darum, weil die Kriegsgerichtskommission in diesem Präzedenzfall nicht die Chance genutzt hatte, größere Milde zu zeigen, wie es Major Panitz gefordert hatte. Dennoch war ich auch erleichtert, daß das Warten vorüber war, und im Grunde war meine Strafe *tatsächlich* verhältnismäßig glimpflich ausgefallen. Ich hatte zu jener Zeit von anderen gehört, die für das gleiche Vergehen fünf Jahre bekamen.

Nach dem Prozeß wurde ich zum Absitzen meiner Reststrafe ins Lompoc Gefängnis in Kalifornien überführt. Ich hatte eine eigene Zelle, Nummer 18713, und ich arbeitete im Haus in der Gefängnisküche. Dann sprach ich mit einem jungen Psychiater, der sich mit allen neu eingelieferten Gefangenen unterhielt; wir verstanden uns recht gut, und er richtete es ein, daß ich im Freien, nämlich auf der Musterfarm, arbeiten konnte. Das war großartig. Von diesem Zeitpunkt an war ich als Gärtner bei den Beamtenwohnungen beschäftigt. Auf diese Weise verbrachte ich eine angenehme Zeit im Gefängnis; ich freute mich darüber, daß ich mit meinen Pflanzenfreunden arbeitete, daß ich die Güte der Mutter Erde wieder unter den Händen spürte. Außerdem kam ich in den Genuß einiger Vergünstigungen: die Frauen der Polizeibeamten brachten mir stets Kuchen, Eis und Kaffee, während ich in ihrer Nähe arbeitete. Einige unterhielten sich mit mir, und es tat gut, in direkten Kontakt mit der weiblichen Energie zu treten.

Manchmal hatte ich auch Gelegenheit, mit den Kindern der Beamten zu sprechen und ihnen von der Lebensweise der Indianer zu erzählen. Das machte mir wirklich Spaß; ich habe immer Freude daran, das Bewußtsein von Kindern zu erweitern, sie dazu zu bringen, daß sie den Lauf der Welt hinterfragen. Und diesen Kleinen machte das Lernen ebenfalls Spaß; manchmal zeigten sie deutlich, wie wichtig es ihnen war, zu verstehen. Einmal unterhielt ich mich mit dem Enkel des Militärseelsorgers.

»Wie kommt es«, fragte ich ihn, »daß wir hingehen und so viele Menschen in anderen Teilen der Welt töten?«

Er erklärte mir, das seien schlechte Menschen.

Ich sagte, ich könne nicht verstehen, warum die Deutschen einmal schlechte Menschen und ein anderes Mal wieder gute Menschen seien.

»Wie kommt es«, fragte ich, »daß die schlechten Menschen sich ständig ändern?«

Das konnte er sich auch nicht vorstellen.

Während meines Aufenthaltes in Lompoc begegnete ich wieder ein paar rührigen Gaunern. Einer, an den ich mich besonders deutlich erinnere, war wegen Diebstahls verurteilt worden; er arbeitete mit mir zusammen draußen auf der Gefängnisfarm, und eines Tages telefonierte er mit seinem Schwager. Kurze Zeit später tauchte der Schwager mit einem leeren Pritschenwagen auf, und die beiden Männer machten sich daran, ihn mit einer Viehherde vom Weideland des Gefängnisses zu beladen.

Ich setzte in Lompoc meine Lektüre fort, las zahlreiche Bücher über die Ureinwohner Amerikas und nahm an einem Kurs teil, an dessen Ende ein Diplom stand, das dem High School-Abschluß entsprach.

Ich glaube, für einen Gefangenen machte ich sowohl in Fort Ord als auch in Lompoc einen ziemlich vertrauenerweckenden Eindruck. Ich hatte das Gefühl, daß die Wärter ständig geladene Gewehre in meiner Nähe herumliegen ließen. In der Zeit, als ich in Fort Ord auf meinen Prozeß wartete, gab es einen Wärter, der mich auf allen Gängen bewachte. Er hatte ein Zwölf-Kaliber-Gewehr und war während der Dauer der Verhandlungen mein ständiger Begleiter.

Eines Morgens hatte er einen ziemlichen Kater von einer turbulenten Nacht in der Stadt. Wir gingen zur Latrine, und ich erledigte mein Geschäft und spülte dann mein Gesicht mit Wasser.

»Hier«, sagte der Wärter, indem er mir das Gewehr reichte. »Halt das, bis ich mit Pinkeln fertig bin.«

»Sie sollten ein bißchen vorsichtiger sein«, sagte ich. »Wenn Sie das Gewehr jemandem geben, der eine lange Strafe abzusitzen hat, würde er es vielleicht gegen Sie richten und mit Ihnen zurückmarschieren. Und am Ende müßten Sie an seiner Stelle sitzen.«

Bei meinen Worten war er im Handumdrehen nüchtern und riß mir das Gewehr wieder aus den Händen. Ich möchte wetten, daß er so etwas nie wieder tat. Er hatte Glück, daß ich nicht die Absicht hatte abzuhauen; was ich ihm über das Absitzen der Strafe des anderen gesagt hatte, war eine der Regeln aus den Heeresvorschriften.

In Lompoc war ich einmal damit beschäftigt, zusammen mit einem Mithäftling die Wachttürme zu streichen. An einem der Posten forderten wir den Wächter auf, herunterzukommen, damit wir oben arbeiten konnten. Er tat es und ließ oben seinen Karabiner mit dreißig Patronen darin zurück.

Ich rief ihn zurück und reichte ihm den Karabiner.

»Seien Sie vorsichtig damit«, mahnte ich ihn. »Ich glaube, es ist geladen.«

Er hatte Glück, daß ich ihm nichts weiter tat, als seine Hand mit dem Gewehrkolben zu berühren.

In Lompoc bekam ich später tatsächlich ein 22er Gewehr. Ich sollte Dachse schießen, aber es gelang mir nie, einen zu erwischen. Die Dachse hatten der Armee schon längere Zeit Kopfzerbrechen bereitet, und darum wollte sie sie loswerden. Dachse können ausgesprochen bösartig sein. Wenn man sie in die Enge treibt, sind sie imstande, einem den Fuß abzubeißen. Die Angst der Armee vor diesen Vierbeinern führte dazu, daß ich eine Zeitlang Lompocs einziger bewaffneter Gefangener war.

Im Gefängnis gab es eine Menge Burschen, die eine lange, lange Gefängnisstrafe abzubüßen hatten. Wenn ein Neuer kam, wurde er als erstes nach dem Namen gefragt; die zweite Frage war, wie lange er sitzen mußte. Einmal fragte ich einen Mann nach der Dauer seiner Strafe, und er erklärte, er müsse ungefähr fünfundsechzig Jahre bleiben.

»Was hast du getan?« fragte ich verwundert.

»Ich habe einen Deutschen umgebracht, als die Schonzeit schon begonnen hatte«, erwiderte er mit einem Achselzucken.

Tatsächlich war Lompoc ein Gefängnis für Langzeithäftlinge. Jeder, der wie ich weniger als ein Jahr dort war, wurde als einer bezeichnet, der eine ›Fotorundreise‹ macht.

Ich blieb sechs Monate in Lompoc. In der Zwischenzeit hatte die Heeresleitung so viele Petitionen erhalten, in denen meine Freilassung gefordert wurde ... von den Indianern in Nevada und von wohlgesonnenen Politikern ..., daß sie mir die restlichen sechs Monate auf Ehrenwort erließen. Später erfuhr ich, daß der Kongreßabgeordnete Walter Baring (Nevada) ins Pentagon gegangen war, meine Akte gezogen und sie durchgesehen hatte. Er kam zu dem Schluß, daß ich in Freiheit wahrscheinlich wirklich von größerem Nutzen sein konnte als hinter Gittern. Also zog er, wie ich erfuhr, an einigen Fäden, und schon war ich frei.

Nach meiner Freilassung wurde ich nach Reno zurückgeflogen. Meine indianischen Brüder und Schwestern holten mich vom Flugzeug ab, und wir feierten ein rauschendes Fest. Ein traditionelles Mahl erwartete mich, dazu ein riesiger Kuchen mit der Aufschrift ›Willkommen zu Hause, Sun Bear‹.

Ich kann Dir sagen, nie zuvor hat mir Essen so gut geschmeckt, noch nie waren die Frauen so schön gewesen.

Eingeschlossen und so lange Zeit nur von männlicher Energie umgeben, hatte ich das Gefühl gehabt, mich nicht im Gleichgewicht zu befinden. Wenn männliche und weibliche Energie nicht verschmelzen, kann die Lebenskraft nicht so stark pulsieren. Ich genoß es, mein gewohntes Leben wieder aufnehmen zu können, von den guten weiblichen Schwingungen umgeben zu sein, aber es gab eine Frau, nach der ich mich mehr sehnte als nach allen anderen.

Sobald ich mich von dem Fest losreißen konnte, fuhr ich in die Wüste. Es herrschte Vollmond, und die Luft war sehr klar. Welch eine vollkommene Szenerie für eine Wiedervereinigung, dachte ich bei mir. Ich stieg aus dem Wagen. Ich befand mich in einem abgelegenen Hügelland, der Boden war üppig mit Salbei bewachsen.

Ich zog mich nackt aus, dann brachte ich ein Pfeifenopfer dar und pflückte frischen, stark duftenden Salbei. Ich rieb mich von Kopf bis Fuß damit ein und betete, daß seine reinigende Kraft alle negativen Energien, mit denen das Gefängnis mich erfüllt hatte, von mir nehmen würde. Ich spürte, wie das Schlechte aus mir herausströmte und mein Gleichgewicht wiederhergestellt wurde. Jetzt hatte ich das Gefühl, rein genug zu sein, um dieser besonderen Frau entgegenzutreten.

Ich legte mich auf sie nieder und sog ihren süßen, erdigen Duft in mich ein. Dann nahm ich einige Krumen von ihr und rieb mich damit ein; erst jetzt wußte ich, daß mein Gleichgewicht vollkommen wiederhergestellt war. Ich dankte der Mutter Erde für ihre Schönheit und Herrlichkeit.

Ich blieb bis zum Sonnenaufgang bei ihr in der Wüste. Als Vater Sonne am Morgen über den schönen, gewaltigen, freien Bergen von Nevada aufstieg, schickte ich meine Gebete zum Großen Geist und bat darum, daß ich der Liebe und Unterstützung, die mir die Erde und mein Volk gezeigt hatten, würdig sein möge.

Ich betete, daß mein Pfad, meine Vision, meine Richtung an Kraft gewannen und daß ich einem größer werdenden Kreis von Menschen helfen konnte, auf der guten Straße des Schöpfers, dem Weg der Achtung für die Liebe und Herrlichkeit der Erde, zu wandeln.

Jetzt war ich bereit, meine Arbeit in der Reno Sparks-Indianersiedlung fortzuführen; die Zeit, die ich allein in der Wüste verbracht hatte, hatte alle Bitterkeit von mir genommen. Nach der Wiedervereinigung mit der Erde spürte ich von neuem meine Zugehörigkeit, spürte, daß ich ein Teil aller natürlichen Kräfte war, die mich umgaben.

Inständig hoffend und betend, daß ich in der Lage sein würde, dieses Gefühl des Gleichgewichts und der Harmonie meinem Volk mitzuteilen, kehrte ich in die Siedlung zurück. Es lag eine Menge Arbeit vor uns, vor *mir*; eine Arbeit, die mich meiner Erfüllung, meiner umfassenden Vision, meinem lebenslangen Traum, immer näher brachte.

SIEBENTES KAPITEL

Wir spielen Cowboy und Indianer

Eine Zeitlang blieb ich in Reno; ich hoffte, daß ich dableiben und meinen Brüdern und Schwestern in Reno Sparks helfen könnte. Allerdings besaß ich keinen Pfennig und hatte auch wenig Ahnung, wie man schnell an Geld kommen konnte. Ich hatte an meiner Spielermedizin gearbeitet, sie aber noch nicht soweit entwickelt, daß ich mich darauf verlassen konnte, daher war meine Lage einigermaßen hoffnungslos.

An dieser Stelle möchte ich die Einstellung der Indianer zum Spielen erklären, weil sie sich so grundlegend von derjenigen der Nichtindianer unterscheidet. Ich werde noch mehr von meiner Spielermedizin erzählen und möchte, daß Du verstehst, wovon ich rede.

Die Gelegenheit, bei der heutzutage viel gespielt wird, sind die pow wows, die im ganzen Land, vor allem im Westen und in Kanada, veranstaltet werden. Das sind große Versammlungen, zu denen die Menschen kommen, um zu tanzen, zu trommeln, zu singen und Freunden zu begegnen, zu kaufen, zu verkaufen und zu spielen.

Ein wirklich aufregendes Ereignis auf den indianischen pow wows sind die Handspiele. Das ist eine Form des Spielens, die weit in die Vergangenheit zurückreicht, und in früheren Tagen wetteten die Krieger um Pferde, Waffen, ja sogar um ihre Frauen in den Handspielen. Sacajawea zum Beispiel wurde in einem Handspiel von einem Indianer an einen sehr grausamen Mann namens Charbonneau verwettet. Später begleitete sie ihn auf der Expedition von Lewis und Clark zum Pazifischen Ozean.

Jedenfalls gehen die Handspiele folgendermaßen vonstatten: Es gibt zwei gegnerische Gruppen, und jede Gruppe hat zwei Knochen. Einer der Knochen ist glatt, der andere hat eine Einkerbung. Darüber hinaus verfügt jede Gruppe über sechs Stöckchen, die wahrscheinlich Spielmarken entsprechen. Ein

Mitglied der Gruppe jongliert die Knochen in den Händen; er steckt sie unter seine Decke oder versteckt sie hinter dem Rücken, wobei er sie ständig von einer Hand in die andere wechselt; um ihm ein Stöckchen abzugewinnen, müssen seine Gegenspieler erraten, in welcher Hand sich der Knochen mit der Kerbe befindet, wenn er das Spiel beendet.

Zu jeder Mannschaft gehört eine Gruppe von Sängern und Trommlern, die singen und spielen, um durch diese Medizin die andere Mannschaft zu verwirren. Um das Geld im Topf zu gewinnen, muß eine Mannschaft alle sechs Stöckchen des Gegners an sich bringen. Wenn man die richtige Hand errät, bekommt man ein Stöckchen, wenn man sich irrt, muß man eins abgeben.

Das Interessante an den Handspielen ist, daß sie die drei oder vier Tage, die ein pow wow stattfindet, überdauern können und es oftmals auch tun. Sie beginnen am frühen Nachmittag des ersten Tages und gehen einfach immer weiter. Die Handspiele setzen für mein Volk gute Energien frei, weißt Du; wir haben nicht dasselbe Besitzdenken wie der Weiße Mann, und darum vermittelt es uns, wenn wir unser Geld oder unsere Habseligkeiten auf diese Weise verlieren, fast ein Gefühl der Freiheit.

Diese Einstellung der Indianer zum Spielen ist es, die mich auch heute noch, wenn ich Entspannung brauche, nach Reno zurückführt.

Einige der alten Kumpels aus meiner Zeit in Reno treiben sich noch immer in der Gegend der Casinos herum, besonders am Cal-Neva und dem Comstock. Sie bringen mich dann am Comstock, mitten im Herzen der Innenstadt von Reno unter, so daß ich herumgehen und alles über den Verlauf der Spiele in Erfahrung bringen kann. Es widerspricht meiner Medizin, gegen meine Brüder und Schwestern zu spielen, darum brauche ich die Casinos, um meine Spielkunst – und das Gefühl der Freiheit – zu verfeinern.

Manchmal befinden sich bei einem Handspiel mehrere Tausend Dollar im Topf.

Nicht nur die Spieler beteiligen sich an den Wetten, sondern auch die Sänger und Trommler und sogar die Zuschauer können eine Summe auf eine bestimmte Mannschaft setzen. Auf diese Weise nehmen die Vorgänge den Charakter eines Massenrausches an; es ist wirklich aufregend, zum Klang der Trommeln und der Gesänge dazusitzen, umgeben von einem gewaltigen Energiefluß. Es ist eine sehr starke Erfahrung, und wenn man einen Handspiel-Marathon verläßt, hört man genau wie nach der Peyote-Zeremonie noch wochenlang den Klang der Trommeln und Gesänge.

Nicht selten trifft man in der Runde der Spieler alte Frauen in den Siebzigern und Achtzigern an; sie sitzen auf ihren Rohrstühlen und haben oftmals mehr Ausdauer als die jüngeren Spieler.

Wie ich schon sagte, war jedoch meine Spielermedizin in den Tagen nach meiner Entlassung aus dem Gefängnis noch nicht sonderlich entwickelt, und ich war darauf angewiesen, Geld zu verdienen, nicht es zu verlieren. Nach einiger Zeit kam ich zu dem Entschluß, daß mir nur eines zu tun blieb: ich mußte nach Los Angeles zurückgehen, meine Fernsehkarriere wiederaufnehmen und versuchen, etwas mehr Geld zu verdienen.

Als ich den Job für die Serie ›Brave Eagle‹ annahm, hatte ich keine Ahnung, daß es die erste von vielen Filmarbeiten sein würde, die mich immer wieder nach Hollywood führten. Die folgenden elf Jahre arbeitete ich immer wieder für Film und Fernsehen, und in meiner Freizeit setzte ich mich für die wiedererwachende Indianerbewegung ein. Die Schauspielerei war ein angenehmer Beruf, noch dazu einer, der mir mehr ›lebendige Energie‹ brachte als das Tellerwaschen.

1957 kehrte ich nach Hollywood zurück; ich bekam dasselbe Zimmer, das ich schon zuvor gemietet hatte, den gleichen Komfort. Eine Kochplatte, ein Waschbecken und eine Toilette am Ende des Ganges. Aber jetzt, nach meinem Aufenthalt in Lompoc, kam ich mir vor wie im Ritz.

In bezug auf das Essen war ich wenig erfinderisch; ich aß

vorwiegend Mortadella-Sandwiches und Dosenmahlzeiten. Wenn ich mich nach einem Job reich fühlte, ging ich in eine Kneipe und bestellte mir einen Hamburger oder gebackene Leber mit Zwiebeln, oder ich schaute wieder einmal in der Spaghettiküche vorbei.

Das Filmgewerbe meinte es gut mit mir. Ich konnte meinen Lebensunterhalt gut bestreiten, indem ich zwei oder drei Tage in der Woche arbeitete, so daß mir genügend Zeit blieb, mich mit anderen Dingen zu beschäftigen. Ich arbeitete im Indianerzentrum von Los Angeles und mit Doc Spotted Wolf, einem außerordentlich mächtigen Medizinmann.

1957 bekam ich einen Job in der Serie ›Broken Arrow‹, die von der Twentieth Century Fox mit Michael Ansara in der Hauptrolle gedreht wurde. Die Arbeit machte mir großen Spaß.

Die Schauspielertätigkeit erweiterte meine Ansicht vom Leben und meine Wahrnehmung; ich hatte es mit sehr unterschiedlichen Persönlichkeiten zu tun und lernte viel über die Geschichte aus der Quellenforschung für die Drehbücher. Mit gebannter Neugier beobachtete ich die Schauspieler und die Charaktere, die sie darstellten.

Und ich beobachtete meine Bosse; es war ganz angenehm zu wissen, daß man niemals allzulange unter demselben Chef arbeitete. Es gehörte zum Wesen des Berufs, daß man herumkam, und am Ende hatte ich für alle wichtigen Studios in Hollywood gearbeitet. Nach einiger Zeit war ich einer der ›Männer mit zwei Mitgliedskarten‹. Ich gehörte sowohl der Schauspieler- als auch der Statistengilde an.

Meine Jobs wurden mir durch Besetzungsbüros vermittelt: die Central Casting, Independent Casting und Allied Casting. Ich rief jeden Abend dort an, und wenn eine der Vermittlungen einen Job für mich hatte, hörte ich am Telefon so etwas wie: »Sun Bear, Montag, sieben Uhr früh, Warner Brothers, eine Rolle als Indianer. Make-up und Reiten wird verlangt.« Das war alles.

Wenn keine Jobs frei waren, sagte man mir, ich solle später

noch einmal anrufen, und das tat ich dann auch. Ich rief noch einmal an und noch einmal und noch einmal. Ich rief im Abstand von fünfzehn Minuten an, bis ich endlich irgend etwas bekam.

Ich wurde in den Studios als ›Indianischer Charakter, Westerntyp‹ beschrieben, und ich bekam darum eine Menge Jobs. Ein Regisseur sagte einmal über mich: »Der Kerl sieht so indianisch aus, daß man darauf schwören könnte, er wäre geradewegs aus dem Büffel-Fünfcentstück herausgestiegen.« Ein Kollege namens Foster Hood und ich wurden die ›Goldstaub-Zwillinge‹ genannt, weil es uns immer gelang, eine Anstellung zu ergattern.

Ein Statist ist die Person, die immer, wenn eine Szene gedreht wird, im Hintergrund herumläuft. Wenn eine Massenszene in einem Indianerlager gedreht wird, dann sind die Indianer, die eifrig damit beschäftigt sind, Felle zu gerben und Fleisch in Streifen zu schneiden und zu trocknen, die Statisten. Die Leute, die im Western an der Bar aufgereiht sind, bevor die große Knallerei losgeht, sind ebenfalls Statisten.

Die Aufgabe, die man in einem Film übernimmt, entscheidet über die tägliche Gage. Zu der Zeit, als ich dabei war, erhielt ein Statist 24 Dollars für einen Achtstundentag. Ich habe gehört, daß es inzwischen ungefähr das Vierfache ist. Wenn die Dreharbeiten mehr als acht Stunden dauerten, bekam man mehr Geld. Wenn man in Nahaufnahme mit einem Schauspieler gezeigt wurde, nannte man das eine stumme Nebenrolle, und es bedeutete eine Anhebung des Honorars. Wenn man etwas Besonderes tat, eine Fackel hielt oder einen Pfeil abschoß beispielsweise, dann hieß das ›Sonderaufgabe‹, und man bekam eine Zulage, ein paar Dollar mehr. Es gab auch ›Doppelzulagen‹.

Wie Du siehst, wurde dem Jonglieren mit Honorarschecks viel Raum gelassen. Es war die Aufgabe der Regieassistenten, die Bezahlung zu regeln – dafür zu sorgen, daß das Studio aus einem Statisten so viel wie möglich für das kleinstmögliche Honorar herausholen konnte. Manche Studios waren knauseriger mit dem Geld als andere, und mit den Regieassistenten verhielt es sich ebenso.

Einmal, während der Dreharbeiten an einer Folge von ›Wagon Train‹ für die Universal Studios, hatte ich ein paar Extraeinstellungen vor der Kamera und erwartete daher, daß man mich zumindest als stumme Nebenrolle einstufen würde. Am Ende des Drehtages kam der Regieassistent zu mir, legte mir vertraulich den Arm um die Schulter und sagte: »Weißt du, Sun Bear, du hast heute fast so viele Meter Film bekommen wie Ward Bond. Vielleicht wirst du noch entdeckt.«

»Nett von dir, Charley«, erwiderte ich, »aber ich muß dir sagen, daß es mir viel wichtiger ist, bezahlt als entdeckt zu werden.«

Im selben Jahr arbeitete ich wieder mit ihm zusammen. Wir drehten wieder eine Folge von ›Wagon Train‹. Natürlich kam Charley wieder zu mir, als wir fertig waren.

»Weißt du, Sun Bear ...« begann er, und als er so weit gekommen war, hatte ich *meinen* Arm bereits fest um *seine* Schultern gelegt. Ich wußte, daß ich im Vorteil war, wenn es mir gelang, ihm in der Rolle des Herablassenden zuvorzukommen.

»Charley«, sagte ich also zu ihm, »du weißt, daß Weihnachten furchtbar nah vor der Tür steht, und mein Vermieter fängt an, mich unter Druck zu setzen. Ich brauche wirklich gerade jetzt ein bißchen zusätzliches Geld.«

Ich schaffte es, so viel aus ihm herauszupressen, wie mir meiner Meinung nach zustand.

Mir gefiel die Arbeit beim Film besser als die beim Fernsehen, weil ich mich lieber in größeren Szenenbildern bewegte und weil die Bezahlung wesentlich besser war. Außerdem ritt ich liebend gern und wurde nur dafür, daß ich auf dem Rücken eines Pferdes saß, außerordentlich gut bezahlt. Wenn ich ohne Sattel ritt, scheffelte ich das Geld nur so, aber manchmal war es auch wirklich eine schwere Schufterei.

Ich spielte in einem Film mit Randolph Scott in der Hauptrolle; der Titel war ›Comanche Station‹, und er wurde an einem

Ort in der Nähe von Lone Pine, Kalifornien, gedreht, der ›Alabamafelsen‹ genannt wurde. Es gibt dort gewaltige Gesteinsformationen, riesige Felsvorsprünge, Senken und schroffe Höhen; unweit davon liegen ein paar sehr heilige indianische Stätten.

Wir drehten eine Szene, in der ein Ranchhaus überfallen wurde, und wir griffen den ganzen Tag lang zu Pferde an, von sechs Uhr dreißig morgens bis zum Einbruch der Dunkelheit. Die Pferde waren schließlich so erschöpft, daß sie die Köpfe hängen ließen und zu keinem Galopp mehr zu bewegen waren. Ich ritt täglich mindestens drei Pferde zuschanden. Ich ritt immer ohne Sattel, und da ich nichts als einen Lendenschurz trug, kamen einige sehr wichtige Körperteile zu Schaden. Die Pferde schwitzten, und ich nicht minder; meine Beine waren so wund vom Schweiß, daß sie bluteten.

An dem Tag, als zum erstenmal an dieser Szene gedreht wurde, stürzten zwei Stuntmen von den Pferden und prallten gegen die Felsen, so daß sie ins Krankenhaus gebracht werden mußten. Wir anderen beschlossen, auf den Pferden zu bleiben, was auch geschah; wir klammerten uns während der Angriffe so fest, daß einigen der armen Tiere ganze Haarbüschel aus der Mähne gerissen wurden.

Wir arbeiteten auch samstags, was ziemlich ungewöhnlich war, und mein Honorarscheck für die Samstagsarbeit war der höchste, den ich je für einen einzigen Tag bekommen habe: 750 Dollar. Das war ein Batzen Geld, besonders in jenen Tagen, und ich hatte es für diese Arbeit wirklich verdient.

In einem anderen Film, ›Taurus Bulba‹, mit Tony Curtis und Yul Brynner in den Hauptrollen, verdiente ich 350 am Tag. Und jeder einzelne Penny davon war sauer verdient; Curtis und Brynner spielten Kosakenhäuptlinge. Wir mußten in dem Film gegen die polnische Armee kämpfen, und jedesmal, wenn einer von uns getötet wurde, mußte er einen sechs Meter hohen Abhang hinunterstürzen.

Weißt du, es ist wahr: die Gefahr und die Aufregung, die die Leute auf der Leinwand sehen, ist oft realistischer als sie denken. Einmal wirkte ich in dem Monumentalfilm ›Spartakus‹ mit, in dem ich eine Vielzahl von Rollen zu spielen hatte. Ich war ein Jude mit langem Bart, ich spielte Sklaven, und ich spielte eine Vielzahl von Kriegern. Wir drehten einige wirklich gute und eindrucksvolle Szenen. In einer kämpften wir zwischen brennenden Balken; mehrere Stuntmen in Asbestanzügen befanden sich inmitten der Flammen. Sie sollten unter der Wucht der Balken stürzen und dann von den Balken überrollt werden. Unter den Asbestmasken trugen sie eine Wollschicht, die sie schützen sollte. Doch die Wollmasken fingen unglücklicherweise Feuer, und viele Stuntmen trugen während der Dreharbeiten zu dieser Szene ernsthafte Verletzungen davon. Ich glaube, es wurden achtzehn Leute ins Krankenhaus gebracht. Mich beschützte meine Medizin, und ich kam ungeschoren davon.

In ›Spartakus‹ wirkten einige Studenten von der University of California in Los Angeles (UCLA) als Statisten mit; es wurden mehr Leichen gebraucht, als die Besetzungsbüros besorgen konnten. Diese Jungs brauchten eine Aufbesserung ihres Biergeldes, aber sie wußten nicht, was sie taten, und das machte sie gefährlich.

In einer Szene waren dreihundert Männer in ein Kampfgetümmel verstrickt, als der Regisseur die Anweisung ausgab: »Also, gebt euch Mühe, daß es echt *aussieht*!« Wir kämpften mit Stahlschwertern, die sich nicht leicht biegen lassen, und mit Lanzen, und einer der UCLA-Jungen sagte andauernd: *»Wir sollen uns Mühe geben, daß es echt aussieht!«* Und dabei rammte er einem hawaiianischen Statisten ständig das Schwert in den Bauch.

Die Schwerter sind zwar stumpf, dennoch taten dem Hawaiianer, als der nächste Drehtag begann, alle Knochen weh. Als er den Eiferer von der UCLA entdeckte, rannte er auf ihn zu und schrie: »Also gut! *Wir sorgen dafür, daß es echt aussieht!«* Damit schlug er dem Jungen seine Lanze über den Kopf. Der Schlag war so fest, daß der Griff zerbrach, und die Bewußtlosigkeit des Studenten wirkte ausgesprochen überzeugend.

Nachdem ich gesehen hatte, wie die beiden Burschen miteinander kämpften, war mir klar, daß es für mich nur eine einzige vernünftige Handlungsweise gab. Als der Regisseur rief: »Auf sie!« streckte ich mich auf dem Boden aus, legte mir den Schild sorgfältig über den Kopf und stellte mich tot. Ich hatte genug von den Neulingen abbekommen und sagte mir, besser ein toter Indianer, als ein verwundeter.

In einer anderen Szene sollten wir mit höchster Geschwindigkeit einen Berghang hinuntergaloppieren. Die UCLA-Jungen – darunter einige wirklich starke, athletische Burschen – stiegen auf den Berg, warfen einen Blick auf den Abhang, der alles andere als sanft abfiel, und beschlossen, daß diese Szene nichts für sie war. Dann führten sie ihre Pferde langsam die kameraabgewandte Seite des Berges hinunter.

Am selben Tag brach in einiger Entfernung ein echtes Buschfeuer aus. Der Regisseur schritt ungeduldig auf und ab; er wartete, bis die Flammen und der Rauch eine nahegelegene Bergspitze erreicht hatten. Genau im richtigen Augenblick rief er: »Kameraschwenk! Das ist das brennende Rom!« Und es wurde gefilmt.

›Spartakus‹ war nur einer von vielen aufregenden Filmen, in denen ich mitwirkte. Glaub mir, man kann stärkere Adrenalinstöße bekommen, wenn man einen Film dreht, als wenn man sich einen ansieht. In ›The Story of Ruth‹ führte ich zwei Esel und ritt auf einem Pferd; dabei machte ich die Erfahrung, daß Esel einen ausgeprägten Willen haben, besonders wenn es darum geht, durchs Wasser zu waten.

Ich führte die beiden Esel in schnellem Tempo hinter mir her und sollte durch einen schmalen Bach galoppieren; als wir am Wasser anlangten, warfen sich die Esel in die Bremsen. Um ein Haar wäre mir der Arm aus dem Gelenk gerissen worden. Um diese Esel dazu zu bewegen, den Bach zu überqueren, mußten wir ihnen Seile umbinden. Außerdem mußte ein Mann von der Requisite hinter ihnen her kriechen und ihnen mit einem Stock auf den Hintern schlagen.

Esel sind wahrhaftig stur, aber sie sind bei weitem nicht so schlimm wie Kamele. In einem Fernsehfilm mit dem Titel ›Desert Rats‹, der in der Nähe von Tucson, Arizona, gedreht wurde, spielte ich einen arabischen Kameltreiber. In dem Film ging es um Generalfeldmarschall Rommel, den Heerführer in Nordafrika während des Zweiten Weltkrieges.

Kamele sind kräftige Tiere; darüber hinaus ist es fast unmöglich, sie zu beherrschen. Wenn Kamele und Pferde aufeinandertreffen, gibt es ein Höllenspektakel; die Kamele machen die Pferde so nervös, daß sie wahnsinnig werden. Wenn ich so zurückblicke, muß ich sagen, daß wir ein paar ausgesprochen komische Situationen erlebt haben.

Ich erinnere mich an einen Cowboy, der mit den Kamelen arbeitete und eine sehr gute Art hatte, mit ihnen umzugehen. Immer, wenn er es mit einer neuen Tiergattung zu tun hatte, beobachtete er das Tier zuerst und versuchte, sich vorzustellen, wie der Verstand des Tieres arbeitete. Er studierte die Kamele genau und fand heraus, daß sie ihrem Gegenüber ins Gesicht spuckten, wenn sie übermütig gestimmt waren. Als alter Tabakkauer fiel es ihm nicht schwer, eine Methode zu finden, wie er sie beherrschen konnte. Er lauerte auf einen schalkhaften Ausdruck in den Augen eines Kamels, und dann kam er ihm zuvor; er spuckte dem Kamel seinen Tabaksaft genau ins Auge.

Die Kamele hatten Respekt vor dem Cowboy; ich vermute, daß sie ihn einfach für ein etwas eigenartiges kleines Kamel hielten. Sie arbeiteten für ihn.

Ich hatte es mit einigen störrischen Biestern zu tun, aber oftmals mußte man lediglich ihre Persönlichkeit durchschauen, so wie es der Cowboy mit den Kamelen getan hatte. Während der Dreharbeiten für ›Hawaiian Eye‹ fragte mich der Regisseur, ob ich mit Ochsen umgehen könne. »Klar«, sagte ich, denn wenn man nicht bereitwillig alles tat, bekam man nicht viele Jobs. Ich hatte schon Kühe von der Weide nach Hause gebracht, und ich stellte mir vor, daß es mit Ochsen auch nicht anders war. Aber darin hatte ich mich geirrt.

Ochsen sind nicht eigentlich störrisch, sie sind ausgesprochen blöde. Ich glaube, sie vergessen ständig, was sie tun sollen. Nach einer Weile stellte ich fest, daß man ihnen gelegentlich einen Schlag auf den Kopf versetzen mußte, damit sie einem folgten; wahrscheinlich erinnert sie der Schlag daran, weiterzulaufen. Also schlug ich sie in einem fort, und sie liefen immer weiter.

Während meiner Arbeit als Schauspieler bekam ich meinen Teil an Beinaheverletzungen ab. In einer Folge von ›Rawhide‹ galoppierte ich durch das Gelände. Ein anderer indianischer Reiter hatte sein Pferd verloren und lag auf dem Boden. Als ich ihn sah, mußte ich mein Pferd hart hochreißen, damit es nicht auf den Burschen trampelte. Ich riß an den Zügeln, und das Tier machte einen Salto rückwärts und landete genau auf mir. Ich blieb am Boden liegen, bis die Szene zu Ende gedreht war, und der Regisseur glaubte, ich hätte mir das Rückgrat gebrochen. Dem Großen Geist sei Dank, daß es nicht so war. Doch ich hatte meinen ganzen Organismus durcheinandergerüttelt, soviel steht fest, und noch heute pulsiert gelegentlich meine Wirbelsäule von diesem Sturz. Mein Rücken und meine Beine taten so weh, daß ich drei Tage lang in den Sattel gehoben werden mußte.

Ein anderes Mal ertrank ich fast bei den Dreharbeiten einer Folge von ›Adventures in Paradise‹. Sie ruderten mich in einer Szene im Boot hinaus, und der Regisseur sagte zu mir: »Sun Bear, in dieser Szene sollst du einen Taucher spielen. Glaubst du, daß du es schaffst?«

»Kein Problem«, erklärte ich wie immer bereitwillig und außerdem in Gedanken das Extrahonorar erwägend, das ich dafür bekommen würde.

Wenige Minuten später tauchte ich in das herrlich grüne Wasser ein. Ich trug Gewichte von siebzig Pfund am Körper, die mich unten halten sollten und hatte eine defekte Sauerstoffflasche auf dem Rücken. Mir ging auf, daß ich im Begriff war zu ertrinken.

Hastig entledigte ich mich der Gewichte und tauchte zur Wasseroberfläche hoch.

»Ich glaube, Sie sollten lieber einen Hawaiianer für diese

Szene engagieren«, stieß ich spuckend und keuchend hervor. »Dem Indianer hier vor Ihnen gefällt es besser an der Wasseroberfläche.«

Ich wirkte in einem Film von Blake Edwards mit dem Titel ›What Did You Do During the War, Daddy?‹ mit. Es wimmelte nur so von Kampfszenen, und besonders in einer Szene schrieb das Drehbuch vor, daß sich die eine Seite ergeben sollte, worauf kurze Zeit später ein Streit um eine Frau ausbrechen und die Kampfhandlung wieder aufgenommen werden mußte. In dieser Szene wurde so viel gekämpft, daß wir alle der Meinung waren, daß wir eine Sonderzulage verdient hatten.

Der Regieassistent war jedoch anderer Meinung, mit dem Erfolg, daß keiner mehr aus vollem Herzen bei der Sache war. Wir kämpften zwar, aber es war mehr ein Geplänkel. Wir bewegten uns im Zeitlupentempo. Blake Edwards befand sich in einem Hubschrauber über uns und versuchte, ein paar gute Filmmeter in den Kasten zu bekommen.

»He!« rief er herunter. »Was ist denn los mit euch?«

»Sie wollen mehr Geld, dann kämpfen sie besser!« schrie der Regieassistent zu ihm hinauf.

Blake Edwards brüllte aus dem Hubschrauber zurück: »Es kostet uns ein Vermögen, diese Szene zu filmen! Gib ihnen, was sie wollen!«

Also gut, wir waren bereit. Er erhöhte unsere Tagesgage auf 25 Dollar pro Person, und wir kämpften wie die Teufel.

Es war eine gute praktische Lektion in Sachen Kampfszenen. Eine andere Lektion darin erteilte mir Ward Bond. Wir drehten gerade eine Folge von ›Wagon Train‹, und in einer Szene mußte ich ihn gemeinsam mit einem anderen Indianer gefangennehmen. Ich sollte ihn zum Häuptling bringen und zu Boden schleudern, um ihm klarzumachen, daß wir ihm die Hölle heiß machen würden und daß er sich in furchtbarer Gefahr befand. Nun, er war der Obermacker der Serie, und ich wollte ihm nicht wehtun, also gab ich ihm nur einen sanften Stoß.

Das ärgerte sowohl Bond als auch den Regisseur: »O je, Sun Bear«, sagte Bond, »ich zeige dir, wie das geht.«

Damit stellte er mir ein Bein und warf mich zu Boden, und ich rappelte mich Staub spuckend wieder auf. Bei der nächsten Einstellung machte ich es mit Bond genauso, und der Regisseur war begeistert. Ich weiß nicht, was Bond davon hielt, obwohl er es gelassen hinzunehmen schien.

Ungefähr zur selben Zeit hatte Bond eine Auseinandersetzung mit dem Studio über Prestigefragen. Offensichtlich hatte das Studio Ray Milland gerade eine Einbett-Garderobe gekauft. Bond hatte daraufhin eine Zweibett-Garderobe gefordert, mit der Begründung, daß er mehr Geld einspielte als Milland. Er drohte damit, in den Streik zu treten, wenn er nicht bekam, was er wollte, also bekam er es.

Ich arbeitete bei Film und Fernsehen mit vielen Stars zusammen und war froh, daß ich dabei Gelegenheit hatte, sie so kennenzulernen, wie sie wirklich waren. Ich filmte mit Michael Ansara in ›Broken Arrow‹, mit Glenn Ford, John Lupton, Will Rogers. Wie überall, gab es unter den Berühmtheiten nette Menschen, andere dagegen waren schwierig und unfreundlich.

Beim Filmen mit Barbara Stanwyck stellte ich fest, daß sie eine außergewöhnliche Frau war, mit der zu arbeiten eine Freude war. Sie war ehrlich und offen und so wenig von ihrem Ruhm verdorben, daß sie sogar ihre gefährlichen Szenen selbst drehte. Ich unterhielt mich einen ganzen Nachmittag lang mit ihr über Indianerangelegenheiten, während wir einen Western drehten, und ich hatte den Eindruck, daß sie wirklich Anteil an den Menschen nahm.

Die Arbeit mit Debby Reynolds in einer Folge von ›Wagon Train‹ machte mir großen Spaß. Sie spielte eine junge mexikanische Bandenführerin, und ich war einer ihrer *banditos*. Nach einer wilden Schießerei mußte ich auf die Postkutsche aufspringen, in der sie fuhr. Sie warf einen Blick auf mich, dann noch einen und sagte: »Du gefällst mir.«

Leider war ich damals so jung und unerfahren, daß ich nichts anderes als ein »Danke« hervorbrachte und mich dann verlegen zurückzog.

Ich arbeitete mit Lucille Ball zusammen, die eine wirklich

warmherzige Person war und viel Sinn für Humor hatte. Ich fand, daß etliche ihrer privaten, spontanen Bemerkungen witziger waren als die vor der Kamera.

Einer der Schauspieler, mit denen mir die Zusammenarbeit am meisten Spaß machte, war Clint Walker in der Serie ›Cheyenne‹. Zu jener Zeit war ich gerade mit einem Vorentwurf zu meinem ersten Buch AT HOME IN THE WILDERNESS beschäftigt, und Clint und ich sprachen viel über unsere Erfahrungen mit dem Leben unter freiem Himmel. Er hatte einen umgebauten Eistransporter, den er als Campingwagen nutzte, wenn er mit seinem Motorrad in abgelegene Wüstengebiete fuhr. Er liebte es, da draußen allein mit dem Motorrad oder dem Wagen herumzufahren.

Sein Double Clyde Howdy teilte seine Begeisterung für das Leben in der Wildnis, und manchmal begleitete er Clint auf seinen Fahrten in die Wüste. Ich besitze heute noch ein Geschenk von Clyde, ein Paar perlenbestickter Mokassins, die ich während der Aufnahmen an ihm bewundert hatte. Daß er sie mir auf diese Weise schenkte, war eine sehr indianische Geste, und immer, wenn mein Blick auf diese Mokassins fällt, werde ich von einem Gefühl der Wärme erfüllt.

In ›The Rifleman‹ arbeitete ich mit Chuck Connors zusammen, der mich einen ganzen Nachmittag lang über Geronimo ausfragte. Er war im Begriff, einen Film über den großen Apachenhäuptling zu drehen, und da seine Fragen mir ernsthaft gemeint schienen, erzählte ich ihm alles, was ich wußte.

Ich arbeitete als technischer Leiter für die erste Folge von ›Bonanza‹. Sie handelte vom Kriegszug des Paiute-Stammes und war ein großer Erfolg. Acht oder neun Monate bevor ›Bonanza‹ anlief, war ich zu meinem Freund Wally Bosco, dem Regisseur der Serie ›Brave Eagle‹ gegangen und hatte ihm eine Idee unterbreitet. Es war eine Geschichte, die der Serie von Lorne Greene sehr ähnlich war.

»Sun Bear«, hatte Wally mir geantwortet, »der Markt ist im Augenblick gesättigt mit Western; ich glaube, ein weiterer wäre ein Reinfall.«

Acht Monate später brachte David Dortort ›Bonanza‹ heraus, eine Serie, mit der er Rekordsummen einspielte.

Das ist der Lauf der Dinge.

Nicht immer war die Arbeit beim Film gefährlich oder aufregend. Es gab auch ruhige Momente, und sie waren mir stets willkommen. Sie ermöglichten es mir, meinen Geist zu spüren. Einmal drehten wir für den Film ›The Greatest Story Ever Told‹ bei Nacht. Am Drehort war es bitter kalt, darum hatten die Leute einige kleine Feuer entfacht. Ich wanderte zwischen den Feuerstellen hin und her und begegnete im Dunkel dazwischen immer wieder anderen Menschen, konnte jedoch nicht genau sehen, wer es war. Die ganze Zeit über mußte ich an den Satz denken: »Sie ziehen vorüber wie Schiffe in der Nacht.«

Ich gesellte mich zu den Lagerfeuern und schnappte Fetzen von Unterhaltungen auf, nur um zu sehen, was die Leute dachten und worüber sie sprachen. Ich habe oftmals im Leben Spaß daran gefunden, so zwischen den Menschen herumzuwandern, zuzuhören, und zu beobachten, und ich habe mich dabei wie ein Chronist der Zeit gefühlt. Auf diese Weise habe ich meine Medizin verbessert; es ist eine sehr indianische Art. Das habe ich von meinen Onkeln gelernt.

Eines Abends wurde die Kreuzigungsszene gedreht, und wir sollten auf den Mauern stehen und brüllen: »Kreuzigt ihn! Kreuzigt ihn!«

Ich fühlte mich sehr merkwürdig in dieser Rolle; wir Indianer haben unsere Propheten immer geehrt, nicht aber sie getötet.

Ich war schon immer der Meinung, daß der Zimmermann aus Nazareth das Pech hatte, zur falschen Zeit am falschen Ort geboren worden zu sein. Hätte es ihn nach Nordamerika, der Schildkröteninsel, verschlagen, er wäre ein großer, mächtiger Medizinmann geworden. Mit seiner Güte, seiner Liebe für die ganze Schöpfung, hätte er sich in den Reihen unserer Medizinleute wohl gefühlt.

Ich erlebte einige komische Augenblicke während meiner

Zeit in Hollywood. Einmal ritt ich während der Dreharbeiten für ›Daniel Boone‹ zusammen mit einem Freund – einem Cowboy namens Carol Henry. Wir rasten in gestrecktem Galopp auf dieselbe Stelle zwischen zwei Bäumen zu, ohne zu bemerken, daß sie nur Platz für ein Pferd bot. Ich erreichte die Stelle eine Zehntelsekunde vor Carol, der hoch oben in einer Baumattrappe landete. Er zog sich ein paar Prellungen und Kratzer zu, aber nichts Ernstes.

Ein Freund von mir, ein Cartoonist namens Walt LaRue, wollte sich ausschütten vor Lachen, als er von dem Zwischenfall hörte; er hielt die Geschichte in einem Cartoon fest, auf dem Carol im Baum zu sehen war. Das Bild nannte er ›Als Sun Bear einmal einen Cowboy auf einen Baum trieb‹.

Carol wurde die Geschichte nie wieder los. Jedesmal, wenn wir zusammen zu Pferde auftraten, zogen ihn die Teamleute damit auf. Ich liebte die Späße, die darüber gerissen wurden.

Ich glaube, den Weißen ist überhaupt nicht klar, wie wichtig der Humor für die Indianer ist. Sie scheinen zu glauben, wir seien vollkommen stoisch und ohne Gefühle. Vielleicht stammt diese Überzeugung aus den Tagen, als wir uns so verhalten mußten, um nicht zermalmt zu werden, ich weiß es nicht. Vielleicht sind auch falsche Vorstellungen von Ritualen wie dem Sonnentanz dafür verantwortlich, von dem die Weißen glauben, wir würden darin unempfindlich gegen Schmerzen. Wie dem auch sei, wir sind keine Holzindianer vor einem Zigarrenladen, sondern wir lieben es, zu lachen. Immer, wenn ich einen solchen gefühllosen ›stoischen Indianer‹ darstellen mußte, war ich furchtbar verkrampft.

Einmal wirkte ich in einer Folge von ›Maverick‹ für Warner Brothers mit. In einer Kavallerieszene war ein Bursche, der einen Wettbewerb gewonnen hatte; ein Teil seines Preises bestand darin, daß er in einem Film mitspielen durfte. Er sollte auf die Indianer schießen und dann durch einen Pfeil in die Brust getötet werden. Der Mann war so nervös, daß wir der Versuchung nicht widerstehen konnten, ihn ein bißchen auf den Arm zu nehmen.

Wir erzählten ihm eine erfundene Geschichte von einem Statisten, der einmal einen Pfeil zu kräftig abgeschossen hatte, so daß er den Schutzschild vor der Brust des Schauspielers glatt durchschlug.

Der Mann wurde immer nervöser, und als die Aufnahmen begannen, schoß er seine Pistole so schnell leer, daß den anderen keine Zeit blieb, einen Pfeil auf ihn abzuschießen. Da stand er, abwechselnd von Wellen der Tapferkeit und der Feigheit überwältigt, warf sich in die Brust, wenn er sich mutig fühlte und sank in sich zusammen, wenn er nervös wurde. Im Grunde ist es nicht besonders lustig, jemanden so leiden zu sehen, aber es war wirklich ein komischer Anblick. Er sah aus, als würde er irgendeinen seltsamen Tanz aufführen.

Die Requisiteure mußten die Pistole des Mannes neu laden, und die Szene mußte wieder und wieder gedreht werden. Schließlich kamen sie seinen Schüssen zuvor; sie steckten den Pfeil einfach in seinen Brustschild, und er konnte endlich seine Sterbeszene spielen. Ich bin sicher, daß er glücklich dahin zurückkehrte, woher er gekommen war.

Wahrscheinlich erzählte er noch Jahre später von diesen Filmaufnahmen, und wie er die Schleudern und Pfeile einer wilden Indianerhorde hatte über sich ergehen lassen müssen.

Ein andermal mußte ich zwei indianischen Freunden einen Streich spielen, die mir das Leben schwermachten. Ich arbeitete als technischer Leiter an einer Folge von ›Cheyenne‹ und hatte den beiden die Aufgabe zugeteilt, tot am Boden zu liegen. Kurz vor Beginn der Aufnahmen mußte der Requisiteur sie mit Schokoladensirup übergießen, der das Blut darstellen sollte. Was mir bekannt war, sie dagegen nicht wußten, war die Tatsache, daß es gerade in der Gegend, in der wir arbeiteten, von Ameisen nur so wimmelte. Wir begannen zu drehen.

Es dauerte nicht lange, da fanden die Ameisen die Leckereien, und ich kann Dir sagen, die beiden toten Indianer erwachten blitzartig zum Leben. Diese Szene hätte dem Mythos des stoischen Indianers eigentlich ein Ende bereiten müssen.

Die Arbeit beim Film tat mir gut, es war eine Zeit großer

Erfüllung für mich. Sie bot mir die Gelegenheit, zu lernen, wie ein wichtiger Teil der Welt der Weißen funktionierte, die Welt der Phantasie der Weißen. Ich gewann dabei sehr viele Einblicke.

Ich begriff, daß Film und Fernsehen in hohem Maße die Vorstellung der Menschen darüber, wie das Leben sein sollte, prägen. Die Filme propagieren ›das gute Leben‹, das bestimmt ist von Konkurrenz, materiellem Reichtum und romantischer Liebe und das in schroffem Gegensatz steht zu meiner Vision von Menschen, die aus tiefem Herzen Anteil nehmen für die Mutter Erde. Manchmal mußte ich über dieses Zerrbild des Glückes lachen, meistens aber erfüllte es mich mit einer tiefen Traurigkeit.

Immer, wenn ich eine Requisite sah, die Attrappe eines Baumes oder einer Wolke, dachte ich an die Natur, und ich begann zu begreifen, warum der westliche Mensch glaubt, alles in der Natur ausbeuten zu müssen. Ein echter Baum oder eine echte Wolke waren nicht verläßlich genug, als daß man sie zu jeder Zeit und an jedem Ort hätte filmen können; es mußte ein falscher Baum sein, ein lebloser Gegenstand, der herumgeschoben werden konnte. Auf diese Weise wurden Dinge wie der Blitzschlag oder die Tageszeit vollkommen bestimmbar.

Ich hoffe sehr, daß meine Arbeit als technischer Berater beim Film einigen Menschen geholfen hat, zu verstehen, wie die Welt der Indianer wirklich ist und wie sie ihre eigene verbessern könnten.

Ich war niemals darauf aus, den ›großen Durchbruch‹ zu schaffen. Ich wollte kein Star werden. Ich war lediglich daran interessiert, eine angenehme und spannende Arbeit zu verrichten, die es mir möglich machte, meinen Lebensunterhalt und ein paar Projekte, mit denen ich beschäftigt war, zu bestreiten und meine Familie, die ich später hatte, zu ernähren. Das Filmgeschäft ließ mir Zeit für meine anderen Projekte in Los Angeles, die eine wichtige Rolle in den Anfängen der Indianerbewegung spielten.

Ich wirkte in so vielen Filmen mit, daß mein Gesicht einer

breiten Masse unterschiedlichster Menschen bekannt war. Selbst heute noch glauben manchmal Leute, mich von irgendwoher zu kennen, und manchmal stellt sich heraus, daß es aus einer alten ›Bonanza‹-Folge ist.

In Hollywood trug ich meine Westernkleidung und den schwarzen Cowboyhut auch dann, wenn ich nicht filmte, weil sie bequem waren. Eines Tages fuhr ich nach Los Angeles hinein und wurde von einem Polizisten an die Seite gewinkt.

»Eigentlich habe ich keinen wirklichen Grund, Sie anzuhalten«, erklärte er mir, nachdem er an den Wagen getreten war, »aber Sie kommen mir so bekannt vor, daß es mich nicht in Ruhe läßt. Ich weiß nicht, ob Sie auf der Fahndungsliste sind oder nicht, auf jeden Fall kommen Sie mir bekannt vor.«

Er war mißtrauisch.

Er überprüfte mich, aber ich war sauber; *ich* wußte das. Wir kamen ins Gespräch, und nach einer Weile sagte er plötzlich: »He! Sie spielen doch nicht etwa in ›Wagon Train‹ mit, oder?«

»Doch, das ist richtig«, antwortete ich.

»Das ist es!« rief er aus. »Jetzt weiß ich, warum Sie mir so bekannt vorkommen. Sie haben gestern abend in ›Wagon Train‹ ein Mädchen getötet!«

Zum Glück kommt man für Filmmorde nicht ins Gefängnis. Man kann also auch als Erwachsener noch Cowboy und Indianer spielen, ohne eingesperrt zu werden.

ACHTES KAPITEL
Die Indianerbewegung

Neben meiner Arbeit als Schauspieler unterstützte ich die Indianer im Gebiet von Los Angeles und in Reno Sparks nach besten Kräften. Einen großen Teil dieser Arbeit leistete ich über das Indianerzentrum von Los Angeles, wo ich mit Jeannie und Bob Babcock zusammenarbeitete. Jeannie, die zwar von Geburt keine Indianerin war, wohl aber im Herzen, war die Leiterin des Indianerzentrums. Später führten die Babcocks einen kleinen Kunstgewerbeladen, den sie ›The Old Buzzard's Roost‹ nannten. Wir wohnten im Hinterzimmer, wenn wir nach Los Angeles kamen. In jenen Tagen arbeiteten wir praktisch mit nichts. Heute ist das Indianerzentrum von Los Angeles eines der größten überregionalen Indianerzentren in den Vereinigten Staaten. Es wurde in der Vergangenheit recht großzügig von der Regierung unterstützt.

Die späten fünfziger und die frühen sechziger Jahre waren eine Zeit des Umbruchs; es war die Zeit der Anfänge der Indianerbewegung. Viele Indianer strömten in städtische Gebiete, aber wenn sie erst einmal dort waren, fanden sie keinerlei Unterstützung in der Bemühung, sich ein Gefühl für ihr Erbe zu bewahren. Viele waren aufgrund von Umsiedlungsprogrammen in die Städte gekommen und hatten dann ihre Jobs verloren; andere fanden erst gar keine Arbeit und waren buchstäblich am Verhungern. Das spielte sich während einer Periode in der Amtszeit Eisenhowers ab, die als ›Endphase‹ der amerikanischen Urbevölkerung in die Geschichte eingehen wird. Die Regierung übte Druck aus, um die Indianer aus den Reservaten zu vertreiben, die Stammesstrukturen völlig zu zerstören. Viele von uns fanden, daß das ›Endphasenprogramm‹ sehr viel Ähnlichkeit mit den Ausrottungsprogrammen hatte, mit deren Hilfe die Indianerfrage im neunzehnten Jahrhundert gelöst werden sollte. Der Unterschied bestand darin, daß sie diesmal nicht versuchten, unsere Körper zu vernichten, sondern unsere Herzen und unsere Kultur.

Die Regierung erklärte den Ureinwohnern Amerikas: »Herzlichen Glückwunsch, ihr seid jetzt vollwertige Staatsbürger. Geht hinaus und verwirklicht den amerikanischen Traum.« Aber das war nur ein weiteres geschicktes Manöver in der endlosen Serie von Landraubtaktiken.

Die Regierung Eisenhower förderte die Erschließung von Reservatsland durch die Industrie, und sie wollte das Amt für Indianerangelegenheiten abschaffen. In der Folge konnte die Regierung den Indianern dann erklären: »Ihr seid keine Stammesmitglieder, denn der Stamm existiert nicht mehr.«

Das Endphasenprogramm scheiterte zum größten Teil am Widerstand der Indianer, doch erst, nachdem es erfolgreich eine Anzahl von Stämmen zerstreut hatte. Viele kalifornische Stämme verschwanden fast vollständig, und ich glaube, den größten Erfolg erzielte das Zerstreuungsprogramm beim Volk der Klamath in Oregon. Einige Jahre später sprach ich mit den wenigen verbliebenen Klamath, und ich arbeitete mit Stämmen zusammen, die den Versuch unternahmen, einen Teil ihrer Kultur wiederaufzubauen.

Die Stimmung im Land tendierte damals dazu, die Stammesstrukturen abzuschaffen und aus den Indianern eine weitere arme, unbedeutende städtische Minderheitengruppe zu machen. Eine solche Offensive mußte naturgemäß auf Widerstand stoßen, und ich glaube, daß dieser frühe Widerstand zur Entstehung der Indianerbewegung beitrug und mitverantwortlich war für den anfänglichen Kampfgeist und die spätere Besetzung von Orten wie Alcatraz und Wounded Knee.

Wahrscheinlich kann man behaupten, daß die Indianerpolitik Eisenhowers, wie so viele ungerechte politische Offensiven, ein Schuß war, der nach hinten losging ... aber erst, nachdem es ihr gelungen war, im Namen der Anpassung etliche ausgeprägte Stammesgemeinschaften zu zerstören. Zahlreiche kleinere Stämme in Kalifornien wurden auseinandergerissen, ebenso die Oneidas in Wisconsin und die Klamath in Oregon.

Indianer, die in die Städte kamen, um an dem Traum vom chromblitzenden Leben teilzuhaben, lebten weit unterhalb der Armutsgrenze. Sie kamen aus Reservaten, in denen unbeschreibliche Armut herrschte, in eine Situation, die noch schlimmer war. Sie hatten kein Dach über dem Kopf, nichts zu essen, und es gab in jener Zeit weder eine staatliche Gesundheitspflege, noch ein Lebensmittelmarken-Programm. Die Indianer in Los Angeles, die ein bißchen Kleingeld in der Tasche hatten, hingen in den Bars herum – im Ritz oder im Irish Pub – und gerieten sehr bald aus dem Gleichgewicht. Mein Eindruck war immer, daß die Menschen den Alkohol als Schmerzmittel mißbrauchten, und die Indianer, die umgesiedelt wurden, hatten viele Schmerzen, die sie betäuben mußten.

Mit Hilfe des Indianerzentrums in Los Angeles versuchten wir, Nahrungsmittel für sie zu beschaffen und ihre Moral zu heben. Ich ging zu zahlreichen Hilfsorganisationen hin – den Frauenvereinen beispielsweise – und erzählte dort von den Problemen der Indianer, und es gelang mir, eine große Menge an Lebensmitteln zu organisieren. Das Indianerzentrum sorgte dafür, daß die Leute an Festtagen wie Erntedank und Weihnachten Lebensmittelkörbe geschenkt bekamen. Denn obwohl es keine indianischen Festtage waren, war es doch deprimierend, unter Menschen zu sein, die feierten und guter Dinge waren, und nicht teilzuhaben am Geist der Freude. Ich erinnere mich an ein Jahr, in dem wir zum Erntedankfest in der Nähe von Whittier fast vier Tonnen Lebensmittel in einer Quäkergemeinde einsammelten.

Je häufiger ich vor Hilfsorganisationen sprach, umso intensiver wurde mein politisches Engagement. Ich sah, daß mein Volk mißachtet wurde, und das schürte das Feuer in mir. Ich wurde zum Vizepräsidenten des East Side Democratic Club gewählt und schloß mich anderen Organisationen an.

Der East Side Democratic Club war so eine Art Schmelztiegel; es gab ein paar Mexikaner und Indianer. Der Präsident war zu jener Zeit ein Jude. Wir kamen sehr gut miteinander aus, und gewöhnlich fiel seine Wahl auf mich, wenn es um die Teilnahme an politischen Veranstaltungen ging. Ich nahm an einem Essen der Demokratischen Partei im Hollywood Beverly Hilton teil, ich war im Unterstützungskomittee für John F. Kennedy und in dem für Pat Brown, der zum Gouverneur von Kalifornien gewählt wurde.

Ich erinnere mich noch an den Tag der Veteranen, als Gouverneur Brown im Indianerzentrum von L.A. sprach. Einer nach dem anderen erhob sich, um eine Rede zu Ehren der Veteranen aus dem Ersten und Zweiten Weltkrieg zu halten. Ich wurde aufgefordert, ebenfalls eine Rede zu halten und ich erklärte, daß ich als letzter sprechen wolle.

Als die anderen geendet hatten, trat ich ans Rednerpult.

»Ich bin jetzt bereit, meine Rede zu halten«, begann ich. »Ich freue mich über diesen Feiertag, über den Anlaß, der sich Ihnen allen bietet, Ihre tapferen Soldaten zu ehren. Ich möchte nun ein paar Worte sagen zu den tapferen Soldaten meines Volkes, den indianischen Veteranen der Indianerkriege ... diejenigen, die die Schlachten jener Tage überlebten und die, die im Kampf um ihr Land das Leben ließen.

Ich möchte der tiefen Hochachtung Ausdruck geben, daß ihre Anstrengungen nicht vergeblich waren, daß, obwohl sie die große Schlacht verloren, ihre Nachfahren heute eine größere Chance haben als in der Vergangenheit, in Freiheit zu leben und ihren niedrigen Lebensstandard zu heben.«

Meine kurze Ansprache brachte gemischte Reaktionen hervor. Einen Augenblick war es mucksmäuschenstill, dann wurde Zustimmung laut.

Eine Zeitlang schrieb ich für *La Prenta Libra,* eine englisch/spanische Zeitung im Osten von Los Angeles. Aber es stellte sich heraus, daß das nicht das Richtige für mich war. Als man mich bat, für die Zeitung zu schreiben, hatte ich die Vorstellung, die Indianer mit anderen Minderheitengruppen in Verbindung zu bringen. Doch das Blatt erwies sich als radikal Castro-orientiert, und als der Verleger im Stadtzentrum von Los Angeles erschossen wurde, war mir klar, daß ich nicht bereit war, für die kubanische Sache zu sterben.

Eines Tages kam ich zu der Erkenntnis, daß das Problem der Indianer in Los Angeles nur ein Symptom war, daß die eigentliche Wurzel der Krankheit in den Lebensbedingungen der Reservate zu suchen war. 1958 beschloß ich, nach Washington zu gehen und mich für Wohnungsbaugesetze für die Reservate und andere Indianervorhaben stark zu machen.

Ich fuhr per Anhalter von Los Angeles nach Washington. Mein Bild erschien in der *L.A. Mirror News,* der *Arizona Republik* (Phoenix), der *Washington Post* und der *Times Herald;* man nannte mich den ›indianischen Pressechef‹, nur weil ich mich unterwegs einiger Werbegags bediente. Ich stellte mich mit Federkopfputz an die Autobahn und hielt ein großes Schild hoch, auf dem stand: ›Habe Decke, will reisen‹. Ich hatte mittlerweile gelernt, daß man die Öffentlichkeit wissen lassen mußte, was man tat, wenn man etwas in dieser Gesellschaft verändern wollte.

In Phoenix machte ich eine kurze Zwischenstation und sprach zu einer kleinen Gruppe von Indianern über meine Reise. Sie veranstalteten eine Sammlung und überreichten mir fünfundzwanzig Dollar; davon könne ich unterwegs Bohnen und Brot kaufen, sagten sie. Bevor ich aus Phoenix aufbrach, setzte ich meinen Kopfputz auf. Ein kleiner Apachenjunge hüpfte auf und ab und bohrte seinem Großvater den Finger in die Rippen.

»Schau nur, Opa!« jauchzte er. »Er ist ein Indianer!«

Wahrscheinlich hatte er zuviel ferngesehen; ihm war nicht klar, daß er selbst und *alle* Anwesenden Indianer waren.

In Washington angekommen, fand ich eine Zeitlang in Walter Barings Büro Unterkunft; das war der Kongreßabgeordnete aus Nevada, der sich für meine Freilassung aus dem Gefängnis in Lompoc eingesetzt hatte. Während meines Aufenthaltes bei ihm entwarf ich mit Hilfe seiner Sekretärin einen Gesetzestext zum Wohnungsbau für Indianer; dann zog ich zum Landeskongreß der Indianer im Dupont Circle-Gebäude.

Ich fand in Washington einige Unterstützung, aber bei weitem nicht genug; wie ich schon sagte, war die Regierungsperiode Eisenhowers eine Zeit, in der man nicht auf staatliche Hilfe für die Indianer hoffen konnte. Das Gesetz, das ich entworfen hatte, ging über die Grenzen des Komitees nicht hinaus.

Ich sprach mit Hubert Humphrey; er interessierte sich immer für das, was Indianer taten, und er wußte, daß ich mich in Washington aufhielt. Er verschaffte mir Ausweise für die Senatssitzungen und Sitzungen im Repräsentantenhaus. Ich wollte mich informieren, wie sie arbeiteten, und die Erfahrung war für mich sehr lehrreich.

Es kam oft vor, daß sich nur ein einziger Abgeordneter im Saal befand; er las seinen Text laut vor einem Protokollführer im ansonsten leeren Raum vor. Er brachte seine edlen Ziele und Wünsche vor; der Protokollführer schrieb alles nieder, und später wurde das Schriftstück dann zu den Kongreßakten gelegt. So konnte der Kongreßabgeordnete dann auf diese Unterlagen verweisen, wenn die Zeit der Wahlen heranrückte. Er konnte mit seinen aufgezeichneten Reden beweisen, welche großartigen Vorhaben er in seiner Amtszeit unterstützt hatte.

Überaus aufschlußreich waren auch die Debatten um die Souveränität Alaskas. Die Repräsentanten aus den Südstaaten, Georgia, Louisiana und so weiter, waren gegen eine Souveränität Alaskas, also legten sie es auf eine Verzögerungstaktik an; sie hielten abwechselnd so lange Dauerreden, daß die Befürworter der Souveränität, die Repräsentanten der Nordstaaten, ungeduldig wurden und hinausgingen, um Kaffee zu trinken. Sobald eine beträchtliche Anzahl von Abgeordneten aus den Nordstaaten den Saal verlassen hatte, verlangten die Südstaatler eine namentliche Abstimmung, um den Gesetzesvorschlag zum Ausschuß zurückzuverweisen. Etliche Male hatten sie Erfolg mit dieser Taktik.

Sie schoben die Gesetzesvorlage so lange zwischen dem Kongreß und dem Ausschuß hin und her, bis sich die Repräsentanten aus dem Norden endlich organisierten; sie schickten Suchtrupps in alle Cafés am Ort, mobilisierten ihre Kräfte und brachten das Souveränitätsgesetz durch.

Meine Anwesenheit beunruhigte einige der Kongreßabgeordneten; einige Wochen vor meiner Ankunft in Washington hatten einige Puertoricaner eine Sitzung besucht, das Feuer eröffnet und ein paar Kongreßabgeordnete verwundet. Das hatte wahrscheinlich zur Folge, daß alle dunkelhäutigen Menschen für verdächtig gehalten wurden.

Sie behandelten mich dennoch anständig und sagten, ich sei ihres Wissens der erste Mann, der nach Washington getrampt und, in gewissem Sinne, im Repräsentantenhaus gelandet war.

Wenn auch mein Wohnungsbaugesetz durchfiel, genoß ich meinen Aufenthalt in Washington, und in jenen Tagen ließ ich keine Gelegenheit aus, ein paar Schläge gegen die etablierte

Gesellschaft der Weißen auszuteilen. Schuldgefühle führen dazu, daß man seine Kraft verausgabt; diese Tatsache ist uns Indianern bekannt, doch viele Menschen scheinen es darauf anzulegen, sich schuldig zu fühlen, darum drehte ich diesen Spieß manchmal um.

Die Zeitungsreporter betrachteten mich als eine Art Sonderling; wahrscheinlich trug ich durch mein publikumswirksames Auftreten, mein ›Habe Decke, will reisen‹-Plakat, zu dieser Einschätzung bei. Oft wurde ich aufgefordert, ein paar Worte zu sagen, und dann hielt ich einen Vortrag. Ich erinnere mich an einen Artikel in der *Washington Post*, in dem ich auf eine altbekannte Argumentation gegen die Technologie der westlichen Welt zurückgriff; ich sagte:

»Der Weiße Mann hat die Lektion, die ein alter Indianer ihm vor 337 Jahren beizubringen versuchte, noch immer nicht begriffen. Als Squanto den ersten Siedlern zeigte, wie man Getreide anpflanzt, sagte er ihnen, daß sie den Boden auch mit Fischen nähren müßten. Der Indianer ist der oberste Umweltschützer, der die natürlichen Schätze nur selten verschwendet. Aber seht euch nur an, was der Weiße Mann getan hat. Der Büffel ist ausgestorben, und die oberste Erdschicht ist zum großen Teil fortgeweht.«

Obwohl es schon so oft gesagt wurde, gilt diese Wahrheit noch immer. Ich befand mich zwar in Washington in diplomatischer Mission, dennoch tat es gut, ein bißchen Dampf abzulassen.

Das tat ich stets mit einem Lächeln im Gesicht. Ich versuche immer, nicht wütend zu werden, denn auch durch die Wut verausgabt man seine Kraft. Wenn ich eine Auseinandersetzung wirklich gewinnen möchte, versuche ich, meinen Gegner wütend zu machen, denn auf diese Weise beherrscht man die Diskussion.

Während meiner Reise per Anhalter nach Washington stellte ich fest, daß ich zu beträchtlicher Bekanntheit gelangt war. Überall, wo ich Halt machte, wollten mich die Leute sprechen hören. An manchen Orten sprach ich im regionalen Rundfunksender.

Es war eine gute Reise, und viele, die mich ein Stück mitnahmen, waren interessante Leute. Einmal nahm mich ein Werbeagent für Sonnencreme mit, der gerade den Slogan erfunden hatte: ›Sei kein Bleichgesicht‹. Für diesen Werbespruch hatte er Federkopfputz gekauft.

In New York, auf der Rückreise von Washington, machte ich die Bekanntschaft von Betty Bernstein; sie sollte für die folgenden viereinhalb Jahre meine Frau und Kameradin sein.

In New York wohnte ich in einer Wohnung auf der Bowery beim Freund eines Freundes; es war eine Laune des Schicksals, denn eigentlich hatte ich nicht die Absicht gehabt, mich in New York aufzuhalten. Eines Morgens klingelte dann das Telefon, und Betty war am Apparat.

Sie wollte John sprechen, aber John war nicht da. Dann fragte sie nach Larry ... und hatte auch damit kein Glück.

»Wer bist du überhaupt?« fragte sie. »Larrys Cousin?«

»Nein. Mein Name ist Sun Bear.«

Ich erzählte ihr ein bißchen über mich, daß ich von Kalifornien nach Washington getrampt war, um ein Gesetz im Kongreß durchzubringen, daß ich beim Film arbeitete und daß ich ein Zentrum für Kunst und Kunsthandwerk für Indianer in Reno Sparks unterhalten hatte.

Die Kunst war es, die die Verbindung zwischen uns herstellte; sie war Künstlerin, und wir beschlossen, uns zu treffen. Sie lud mich in ihre Wohnung ein, um mir ihre Werke zu zeigen.

Von ihrer damaligen Wohnung aus hatte man einen schönen Blick auf die Stadt, und als ich zum erstenmal über die Dächer schaute – über die Wäscheleinen, die Fernsehantennen und die Wasserbehälter – war ich erstaunt darüber, daß so viele Menschen auf so engem Raum zusammenleben konnten. Wie viele Geschichten, wie viele Leben, über die man etwas hätte erzählen können? Die Wassertanks waren kegelförmige Holzbehälter, und da, wo sie in Gruppen zusammenstanden, erinnerten sie mich auf abstrakte Art an die Hütten in einem afrikanischen

Dorf. Überall flatterten Tauben herum.

Betty gefiel mir auf den ersten Blick; sie hatte schwarzes Haar und tiefblaue Augen, und ihr Verhalten verriet mir, daß sie eine starke Persönlichkeit war.

Sie ist eine hervorragende Künstlerin, und ihre Bilder sind heutzutage sehr bekannt. Sie malte vorwiegend abstrakt; der Inhalt ihrer Bilder war eindeutig politisch und setzte sich mit den Problemen der Dritten Welt und der Frauen auseinander. Mir hat abstrakte Kunst immer gefallen; anders als der größte Teil der westlichen Kultur, die festgelegt ist, läßt sie der Interpretation freien Raum; sie kann zum Geist sprechen.

Betty und ich führten lange Unterhaltungen über das Leben, über die Vorstellungen, die uns beiden wichtig waren. Oft liefen wir durch die Straßen von New York und betrachteten das geschäftige Treiben der Menschen. Es war interessant, das Leben in einer großen Stadt zu beobachten. Ich erinnere mich noch an einen Mann, der an einer Straßenecke Plastikregenmäntel verkaufte. Wenn der Regen herunterprasselte, verlangte er 2 Dollar pro Stück. Wenn der Regen aber nachließ, und die Sonne hervorzubrechen drohte, fiel der Preis auf 75 Cents.

Das Stadtleben übte eine große Faszination auf mich aus. Eines Morgens hörte ich Hufschlag draußen auf dem Pflaster. Ich konnte es nicht glauben. Ich sprang aus dem Bett und eilte zum Fenster, und tatsächlich sah ich unten einen Trupp Pferde. Es war die berittene Polizei, und die Polizisten sahen aus, als wären sie bereit, in die Schlacht zu ziehen, und das mußten sie wohl auch; sie steckten in Lederkluft und trugen Helme mit Gesichtsvisieren.

Die Pferde taten mir leid; ihre Hufe klapperten auf dem Asphalt, ihre Muskeln waren angespannt und ihre Nüstern gebläht. Später erfuhr ich, daß sie sehr hohen seelischen Belastungen ausgesetzt sind. Sie sind so nervös und müssen so viel Verkehrslärm über sich ergehen lassen, daß sie nach drei oder vier Jahren auf die Weide gebracht werden müssen.

Betty und ich blieben einen Monat zusammen in New York, dann gingen wir auf die Bass Lake Farm in den Catskill Mountains im Norden des Staates New York. Dort arbeiteten wir als Lehrer in einem Sommerferienlager; ich unterrichtete Naturkunde, Betty gab einen Kunsthandwerkskurs.

Wir genossen den Sommer; die Kinder im Ferienlager kamen alle aus New York City. Sie hatten bisher kaum Erfahrungen mit dem Landleben gemacht, und viele von ihnen hatten Angst vor der Natur, weil sie immer davon abgeschnitten gewesen waren. Donner und Blitz erschreckten sie, selbst das Schwanken der Bäume im Wind; sie wollten nicht einmal im Gras sitzen, weil sie fürchteten, von Käfern gebissen zu werden.

Ich gab mir alle Mühe, ihre Ängste zu zerstreuen, ihnen klarzumachen, daß die Erde ihre beste Freundin war. Während unseres Aufenthalts dort fing ich ein Waldmurmeltier. Wir hatten im Lager auch einen Medizinstudenten namens Michael. Mit seiner Hilfe sezierten wir das Waldmurmeltier, um den Kindern zu zeigen, wie sein Inneres beschaffen war. Indem wir jedes Organ benannten, erklärten wir ihnen, daß sich in ihrem Körper genau die gleichen Dinge befanden. Sie drängten sich alle neugierig um das Tier.

Nach dem Sezieren schnitt ich das Fleisch in kleine Stücke. Wir brieten sie über dem Feuer und jeder bekam einen Teil zum Kosten.

Als der Sommer auf der Bass Lake Farm sich dem Ende zuneigte, beschlossen Betty und ich, nach Los Angeles zu gehen. Zuvor lernte ich noch ihre Mutter kennen; sie war eine interessante Frau, deren Herkunft stark jüdisch geprägt war. Sie wußte nicht recht, was sie mit mir anfangen sollte. Als Betty ihr erklärte, daß es ein Indianer war, für den sie sich da interessierte, entgegnete ihre Mutter: »Ein Indianer? Was ist das, ein Indianer? Er ist kein Jidd', er ist kein Goi ... was ist ein Indianer?«

Betty und ich machten uns auf nach Kalifornien. Unterwegs machten wir in Minnesota halt, und es ergab sich, daß wir mit wildem Reis zu handeln begannen. Mein Volk, die Chippewa, haben im Seengebiet des Staates immer Reis angebaut. Wir kauften den frisch geernteten Reis auf, ließen ihn dreschen und verkauften ihn dann zu zwei Dollar das Pfund an die Großhändler.

So zogen wir quer durchs Land und verdienten mit dem Verkauf des wilden Reises ein wenig Extrageld. Wir kamen bis nach Nebraska hinunter, dann hielten wir uns nördlich und kamen nach Sioux Falls, South Dakota, wo wir in einem alten holzverkleideten Laster Unterschlupf fanden.

Ich habe nie etwas dagegen einzuwenden gehabt, auf der Straße getötete Tiere zu essen; wenn man auf der Autobahn ein gerade erst verendetes Tier findet, ist es fast ein Verbrechen, es verrotten zu lassen. Ich habe so viele verschiedene Tiere gefunden und verzehrt, daß ich sie nicht alle aufzählen kann, aber Rotwild und Fasan gehörten zu den köstlichsten darunter.

Ich erinnere mich an die vielen Male, die wir bei einem unglücklichen Verkehrsopfer anhielten. Wenn es sich um ein großes Tier handelte, einen Hirsch oder eine Antilope etwa, standen die Menschen mitleidig um es herum. Wenn das Tier irgendwie im Weg war, berieten sie darüber, was sie damit anfangen sollten. Ich konnte ihnen immer aus ihren Schwierigkeiten heraushelfen und sagte zu ihnen: »Ich schaffe es Ihnen vom Hals.«

Für mich waren derartige Funde natürlich Geschenke des Großen Geistes. Aber wenn man auf der Straße getötete Tiere essen will, sollte man sich immer überzeugen, daß sie noch nicht zu lange tot sind. Sofern sie übel riechen oder aufgeschwemmt wirken, sollte man sie von der Straße fortschaffen und ihnen ein Gebet mit auf den Weg geben.

In South Dakota fanden Betty und ich viele frisch getötete Fasane am Straßenrand. Wir hoben sie auf, säuberten sie, rupften sie und brieten sie in der Pfanne. Oft kamen Leute vorbei und sagten: »Das Hähnchen, das ihr da eßt, sieht aber wirklich gut aus.«

Als wir in Los Angeles ankamen, lebten wir fürs erste in dem holzgetäfelten Lastwagen. Das war im Dezember, und wir betrieben einen Weihnachtsbaumstand zwei Blocks westlich von den MGM-Studios. Beim Film gab es damals nicht viel zu tun, und so wurde der Verkauf der Weihnachtsbäume unsere einzige Erwerbsquelle.

Wir parkten den alten Lastwagen auf dem Verkaufsgelände und waren so in der Lage, die Weihnachtsbäume bei Nacht zu bewachen, und in der Zeit, als wir dort unser Lager aufgeschlagen hatten, wurde meine Tochter Winona gezeugt.

Nach dem Weihnachtsfest begannen wir, uns nach anderen Beschäftigungen umzusehen. Betty entschloß sich, das College zu beenden und ihr Lehrerinnenexamen zu machen, und sie schrieb sich in Los Angeles ein. Wir zogen in den Osten der Stadt in die Nähe der Universität, und ich konnte ein paar Jobs bei Film und Fernsehen an Land ziehen.

Während Betty zur Universität ging und Winona unter dem Herzen trug, hatte ich viel Zeit zu lernen. Da ich bei der Filmindustrie beschäftigt war, verdiente ich so viel, daß ich mir ein wenig Freizeit leisten konnte. Häufig hielt ich mich im Griffith Park oder im Elysian Park auf, freute mich an der Natur, vollzog meine Medizin und meine Gebete und versuchte, meinen geistigen Weg ebenso wie mein Wissen über das traditionelle Leben der Indianer zu stärken. Wenn es meine Zeit erlaubte, besuchte ich Leute in Nevada oder in der Gegend des Lake Isabel nördlich von Los Angeles. Ich genoß das Alleinsein.

In der Nähe von Lancaster, das ebenfalls nördlich von Los Angeles liegt, gab es Stellen in der Wüste, wo ich vollkommen allein sein konnte. Dort spürte ich viele gute Energien.

Zu jener Zeit engagierte ich mich in weiteren Indianergruppen. Eine davon, die im Gebiet von Los Angeles im Entstehen begriffen war, nannte sich Vereinigte Indianische Stämme. Sie setzte sich aus Alkoholgegnern unter den Indianern zusammen, die sich darum bemühten, die traditionelle Lebensweise wiederzuerwecken. Außerdem gründeten wir die sogenannte *Black Elk Kituah*-Gesellschaft, die ihren Namen zu Ehren von Black Elk, dem berühmten heiligen Mann der Sioux, erhielt. An den Wochenenden trafen wir uns im Hause von Doc Spotted Wolf. Er war der Vorsitzende der Vereinigten Indianischen

Stämme und sowohl Medizinmann als auch Arzt. Als Dr. John Jeffries teilte er sein Wissen ebenso mit uns wie als Doc Spotted Wolf. Wir tauschten unsere kulturellen Erfahrungen aus und sangen gemeinsam unsere Lieder und Gesänge. Manchmal fasteten wir das ganze Wochenende über.

Doc Spotted Wolf hatte mitten in der Stadt, im Hinterhof seines Hauses eine Schwitzhütte gebaut. Er verkleidete sie so, daß die Nachbarn sie nicht sehen konnten. Nach dem Fasten begaben wir uns in die Schwitzhütte und vollzogen unsere Zeremonien, und wenn wir geschwitzt und gebetet hatten, wuschen wir uns mit einem Schlauch oder in einer Tonne mit kaltem Wasser. Danach nahmen wir ein gemeinsames Mahl ein. Du siehst also, wenn du wirklich beten und Zeremonien abhalten willst, kannst du das überall tun. Das heißt natürlich nicht, da man auf Umsicht verzichten und die Zeremonien für die Blicke von Menschen zugänglich machen sollte, die nichts über ihr heiliges Wesen wissen. Es heißt, daß man die Zeremonien auch mitten in der Stadt auf richtige Weise abhalten kann, wenn man auf ihre Planung genügend Sorgfalt verwendet.

Doc Spotted Wolf war ein wirklich guter und großzügiger Mensch, von dem ich vieles darüber lernte, wie die indianische Kultur auch in dieser Gesellschaft erblühen kann. Er war für mich Bruder und geistiger Vater zugleich, und ich war und bin ihm überaus dankbar für seine Freundschaft und das Wissen, das er mit mir teilte.

In der Nähe gab es einen Ort, den wir Büffelsuhle nannten. Dort veranstalteten wir unsere pow wow-Tänze und Zeremonien.

Infolge unserer Bemühungen um öffentliche Anerkennung wurde den Indianern zu Beginn der sechziger Jahre allmählich Aufmerksamkeit geschenkt. Einige Programme zur Bekämpfung der Armut waren in Sicht, aber auf Regierungsebene wurde noch immer nichts getan. Also verstärkten wir unsere Bemühungen. Wir riefen zahlreiche Samstagabend-pow wows ins Leben, die ersten rein geselligen Veranstaltungen. Indianerclubs wurden gegründet: der Drum and Feather Club, Many

Trails, die American Indian Dancers. Die Navajos hatten einen Klub, ebenso die Hopi. Zu den Klubversammlungen wurde jeder Mensch indianischer Herkunft willkommen geheißen. Der wachsende Stolz auf das indianische Erbe und die indianische Kultur erfüllte mich mit Freude. Wir brachten Menschen aus verschiedenen Stämmen zusammen, und sie teilten einander ihr Wissen mit. Sie brachten den anderen ihre Tänze, ihre Gesänge und ihre Art, die Trommel zu schlagen, bei. Das alles war ein Teil unserer Bemühungen, den Stolz wieder in den Menschen zu entfachen.

Mir gefällt der Gedanke, daß diese mühsame Kleinarbeit von der Basis her den Weg für spätere, größere Kreuzzüge der Indianerbewegung und für Hilfsprogramme der Regierung, die allmählich entstanden, bereitete.

Es wurden immer mehr Indianerklubs in der Umgebung von Los Angeles; die Leute veranstalteten ihre Tänze und fertigten ihre Perlenarbeiten, doch schon bald begannen sie, sich nach etwas Tiefergehendem umzusehen. Sie kehrten zu ihrer Pfeife, der Trommel und den traditionellen Gebeten zurück, und das war gut so: es waren die Anfänge der Indianerbewegung.

1961 begann ich in Los Angeles, *Many Smokes* herauszugeben. Zu jener Zeit wandte sich das Magazin hauptsächlich an die amerikanische Urbevölkerung; es erschien als hektographiertes Blatt für fünfzehn Cents pro Exemplar. Sein Konzept und seine Veröffentlichung waren wohl stark beeinflußt vom politischen Klima jener frühen Tage; als ich eine indianische Zeitschrift herausbrachte, hatte ich die Erwartung im Sinn, daß die Menschen aus verschiedenen Stämmen, wenn sie zusammenkamen, sich wieder zu Stämmen zusammenschließen würden. Ich hatte die Hoffnung, daß es ihnen gelingen würde, völlig neue Stammesstrukturen zu entwickeln, etwas Allgemeingültiges, das die kulturelle Leere, die ihren Geist tötete, zu füllen imstande war.

Den Namen ›Many Smokes‹ wählte ich, weil ich den Menschen die Rauchsignale, das Kommunikationsmittel vieler verbundener Stämme, in Erinnerung rufen wollte und weil mir daran lag, einen Bezug zum Rauchen der Medizinpfeife herzustellen.

Ursprünglich erschien *Many Smokes* im Rahmen des indianischen Zentrums, war aber nicht das Organ des Zentrums oder irgendeiner anderen Gruppe; ich wollte es frei von derartigen Einflüssen halten, damit es nicht für irgendeinen Stamm oder eine bestimmte Region Partei ergriff. In den ersten Ausgaben gab ich pow wow-Treffen, Hochzeiten, Geburten und andere Ereignisse unter den Indianern bekannt. Es war nichts Großartiges, aber es war immerhin ein Anfang, und die Leute fühlten sich einander ein wenig näher.

Als sich der Umfang der Zeitschrift erweiterte, wurde sie als Werk von Schriftstellern bekannt. Bekannte Journalisten wie Matt Weinstock von der *L.A. Times* und Paul Coates zitierten Stellen aus meinem kleinen Blättchen *Many Smokes.* Einer meiner Leitartikel wurde in *America the Beautiful* nachgedruckt, und ein anderer zog wirklich weite Kreise. Er hatte den Titel *Love or Perish* und wurde sowohl im *Playboy* als auch in *The Catholic Register* abgedruckt. Eine eigenartige Kombination.

Ich begann allmählich, mich mit weitreichenderen, eher politisch orientierten Themen zum Indianerproblem zu befassen, mit Ereignissen von nationaler Bedeutung, und in dem Maße, in dem meine Vision gewachsen ist, ist aus der Zeitschrift ein Erdbewußtseinsjournal geworden, dessen Ziel in der Selbstversorgung, dem harmonischen Leben auf der Mutter Erde und der Gleichheit aller Menschen der Welt liegt. Heute findet *Many Smokes* weltweite Verbreitung; es wird nach Deutschland, England, Neuseeland und in viele andere Gebiete, ebenso wie in den Vereinigten Staaten und Kanada verschickt.

Nachdem ich Los Angeles verlassen hatte, schlief die Herausgabe von *Many Smokes* für zweieinhalb Jahre ein, in denen ich damit beschäftigt war, finanzielle und persönliche Angelegenheiten in Ordnung zu bringen; 1966 nahm ich, immer noch unabhängig, seine Veröffentlichung wieder auf.

Einmal fuhr ich in dieser Zeit mit ein paar Freunden ins Death Valley hinauf, um uns das Shoshonenreservat anzusehen. Dort stellten wir fest, daß kaum jemand dort lebte, daß die Landschaft aber wunderschön war. Die wenigen Brüder und Schwestern, denen wir begegneten, hatten ihr Lager im Freien aufgeschlagen, und sie erzählten uns, daß jemand ihnen hatte Nahrungsmittel bringen sollen, aber nicht gekommen war. Sie waren hungrig, darum ging ich ein Stück mit ihnen und zeigte ihnen Nahrung, die genau vor ihren Augen wuchs.

»Wenn euch die Lebensmittel nicht gebracht werden«, erklärte ich ihnen, »dann könnt ihr die Mesquitebohnen hier essen. Dort drüben«, ich zeigte mit dem Finger in die Richtung, »wachsen wilde Feigen, und hier gibt es einige eßbare Pflanzen.«

Später erfuhr ich, daß ihre Lebensmittel nie eingetroffen waren, und sie sagten mir, daß sie mir dankbar waren für das, was ich ihnen gezeigt hatte, und daß es ihnen geholfen hatte, zu überleben.

Während unseres Aufenthalts im Shoshonenreservat beschlossen meine Freunde und ich, einen Medizinlauf zu veranstalten. Das ist eine Art, unsere Medizin und unsere Kraft zu stärken, genauso wie es die Bären-Medizinleute bei den Pomos taten.

Es war eine helle Mondnacht und ich spürte die Kraft, die von der Mutter Erde aufstieg. Alle natürlichen Kräfte des Schöpfers nährten meinen Körper. Ich hatte das Gefühl, mich in ein Reh verwandelt zu haben. Im Mondschein lief ich ungefähr zwanzig Meilen und war nicht einmal erschöpft danach. Ich lief die halbe Nacht hindurch, und als ich zum Ausgangspunkt zurückkam, schlief ich nur wenige Stunden und fühlte mich vollkommen erfrischt. Es erinnerte mich an meine Zeit bei den Peyote-Brüdern, als ich mich in einen Adler verwandelt hatte.

Der Lauf war eine wirklich kraftvolle Erfahrung, es war, als würde die gute Energie dieser Gegend zu einem Teil von mir werden.

Nachdem Winona im August geboren war, verbrachte ich viel mehr Zeit zu Hause. Betty war mit ihrem Studium beschäftigt, also mußte jemand im Haushalt aushelfen, und das war ich. Das war damals eine schöne Zeit mit meiner kleinen Tochter. Ich badete sie, fütterte sie, wusch die Wäsche, wechselte die Windeln, all das eben, was ein Mann gewöhnlich nicht tut. Winona war ein intelligentes Kind, und ich glaube, je klüger sie sind, umso mehr Arbeit machen sie.

Ich nahm sie mit zu Einstellungsgesprächen; sie kam mit, wenn ich an Filmszenen arbeitete, und einmal, als ich wegen einer Filmrolle ein Gespräch führte, blieb sie geduldig auf Tony Curtis' Schoß sitzen und wartete. Ich nahm sie auch mit zu den Veranstaltungen im indianischen Zentrum und zu den pow wow-Tänzen. Es machte ihr großen Spaß, den Tänzen zuzusehen. Das war eine schöne Zeit in meinem Leben.

Als Betty ihre Examensarbeit beendet hatte, bekam sie eine Anstellung als Kunstlehrerin in einer High School im Osten der Stadt und setzte ihr Studium fort. Sie hatte sich eine Kupferdruckpresse gekauft und lernte auf ihrem Gebiet viel dazu. Sie war meistens sehr beschäftigt.

Um die Zeit herum, als sie ihre Arbeit am College beendete, wurde uns klar, wie sehr wir uns auseinandergelebt hatten. Nach viereinhalb gemeinsamen Jahren dachten wir an Trennung. Wir waren letztendlich zwei sehr verschiedene Menschen, und jeder von uns glaubte sehr stark an seinen eigenen Lebensweg und seine unumstößlichen Ziele.

Betty wollte nach Oregon ziehen, wo man ihr am Southern Oregon State College in Ashland eine Lehrstelle angeboten hatte, und ich hatte ganz andere Pläne. Ich hatte damals gerade ein paar Quäker kennengelernt, die ein Haus in Altadena, Kalifornien, besaßen. Ich hatte dort während meiner Reisen Unterkunft gefunden, und in mir war der Samen zu einer großen Idee gekeimt.

Ich wollte eine Indianergemeinde in Altadena ins Leben rufen, einen Ort, an dem Indianer leben und arbeiten und miteinander teilen konnten. Catherin Howell, die Besitzerin des Hauses, überließ es mir zur freien Verfügung, und so nahm meine Idee allmählich feste Umrisse an. Es war ein Teil meines sich entfaltenden Traumes und meiner Vision.

Betty und ich beschlossen, die Decke zu zerreißen und uns zu trennen. Winona war zu diesem Zeitpunkt vier, und da wir der Meinung waren, daß ein kleines Mädchen seine Mutter braucht, ging sie mit Betty nach Oregon.

Ich erinnere mich noch an Bettys Umzug. Wir hatten damals ein Glas mit zwei Goldfischen darin. Ich trug das Glas zu einem Park in der Nähe der Dritten Straße und ließ die Goldfische in einem großen Teich frei. Ich mußte dabei an Betty und mich denken, die wir im Teich der Welt unsere getrennten Bahnen zogen.

Ich war sehr traurig, aber auf der anderen Seite fühlte ich mich auch gut im Innern. Die Goldfische halfen mir dabei: Sie gingen getrennte Wege, aber sie waren immerhin *frei*. Betty und Winona würden mir fehlen, aber ich konnte sie jederzeit besuchen ... und ich wußte, daß das Wachstum ein Teil meiner Medizin war und daß alles, was ich im Leben lernte, alles, was ich tat, unentbehrlich für dieses Wachstum war.

Betty ist mittlerweile eine bekannte Künstlerin, eine Kunstprofessorin geworden, die in aller Welt Vorträge hält. Ich wünsche ihr nur Gutes; die Zeit mit ihr, unsere vier gemeinsamen Jahre, sind mir als glückliche Zeit, als eine Zeit der guten Gefühle im Gedächtnis geblieben.

Heute studiert Winona in Harvard. Sie ist eine erfolgreiche junge Frau, die sich für die Rechte der Indianer und die Antiatomkraftbewegung einsetzt. Sie engagiert sich im Indian Treaty Council und bei der indianischen Frauenvereinigung Women of All Red Nations, und sie unternimmt Reisen in die ganze Welt, um für das einzutreten, woran sie glaubt. Daneben war sie Leiterin der Circle of Life-Schule, einer alternativen High School für mein Volk im White Earth Reservat.

Ich bin sehr stolz auf Winona. Mir scheint, daß die Wege unserer Herzen immer dicht beieinander geblieben sind, auch wenn wir körperlich weit voneinander entfernt waren. Wir begegnen uns immer wieder, wenn sie Vision Mountain einen Besuch abstattet, oder wenn wir auf der gleichen Bühne auftreten oder feststellen, daß wir am selben Ort arbeiten.

NEUNTES KAPITEL

Wohnwagen und Stammesrat

Nachdem Betty fort war, ging ich nach Altadena hinauf und rief eine kleine Gemeinde ins Leben, die sich zum Rehabilitationszentrum für Indianer entwickelte. Es war eine gute Sache und Teil meiner Medizin.

Diejenigen, die gewillt waren, sich in Altadena aus eigener Kraft von ihren Problemen zu befreien, erzielten sehr gute Erfolge, aber es gab auch einige, die es uns nicht leicht machten. Ursprünglich war das Ganze nur als Wohnheim für eine Gruppe von Indianern gedacht, die zusammen leben und arbeiten wollten. Ich versuchte, im ärmeren Bezirk der Stadt ein indianisches Zentrum aufzubauen, aber ich stellte von Anfang an klar, daß Alkohol dort tabu war. Ich erklärte allen Brüdern und Schwestern, die daran beteiligt waren, daß wir in dieser Frage sehr hart sein müßten, wenn wir wollten, daß die Sache funktionierte; ich war entschlossen, jeden vor die Tür zu setzen, der mit Alkohol erwischt wurde.

Eines Abends besuchte ich das Zentrum mit einem Freund, Michael Wayne, der zu den Missionsindianern gehörte. Ich spürte, daß es Ärger geben würde, und mein Gefühl trog mich nicht. Es waren fünf Burschen dort, die viel getrunken hatten und nun planten, mich zu verprügeln, und mir, zum Zeichen ihrer Verachtung, die Haare abzuschneiden. Ich wußte, daß Mike kein großer Kämpfer war, und ich spürte die dicke Luft, kaum daß wir durch die Tür traten. Also forderte ich Mike nur auf, den Lichtschalter zu betätigen und sich zurückzuziehen. Meine Gegner waren mit Messern bewaffnet, aber meine Medizin war stärker. Es gelang mir, sie zu entwaffnen. Nach einem heftigen Handgemenge jagte ich sie aus dem Haus.

Später wurde Mike gefragt, was sich während der Prügelei eigentlich abgespielt habe, und er antwortete nur mit einem Lächeln: »Nun, Sun Bear hat sie einfach umzingelt.«

Ich konnte einige Leute dazu bewegen, in Altadena einzuziehen, die eher bereit waren, an sich zu arbeiten. Oliver Frank, ein Indianer vom Stamm der Nez Perce, der ein Fachmann auf dem Gebiet der Geschichte und der Legenden seines Volkes ist, stieß zu uns und ebenso einige ältere Leute, mit denen wir wesentlich besser auskamen.

Ich arbeitete immer noch beim Film, um meinen Lebensunterhalt zu verdienen und kümmerte mich nebenher um das Wohnheim; dennoch nahm ich noch einen dritten Job an. Ich übernahm eine Tankstelle in der West Third Street in Los Angeles, in der Nähe des Silver Lake-Bezirks. Für die Zeit, in der ich abwesend war, stellte ich einen indianischen Freund ein und hoffte das Beste, aber die Sache lief nicht besonders gut.

Ich hatte mich zu sehr verzettelt; ich war zu häufig abwesend von der Tankstelle, um nach dem Rechten zu sehen. Einer meiner Angestellten verbrachte den größten Teil seiner Arbeitszeit mit Schlafen. Eines Tages schaute Bob Babcock vom indianischen Zentrum an der Tankstelle vorbei und stellte fest, daß der Tankwart, ein Sandwich in der schlaffen Hand, vor sich hindöste. Bob erzählte mir, der Mann hätte einen sehr zufriedenen Eindruck gemacht.

Ich verlor an dem Tankstellenabenteuer 1500 Dollar, aber ich hatte auch viel zu lachen. Die Leute schienen alle nur erdenklichen Dienstleistungen von uns zu erwarten, nur nicht die, für die wir eigentlich da waren.

Einer meiner merkwürdigsten Kunden kam mit einem Hund zur Tankstelle.

»Würden Sie meinem Hund bitte das Halsband anlegen?« bat er mich.

»Warum machen Sie es nicht selbst?«

»Weil er beißt. Halten Sie mich für verrückt?« entgegnete der Bursche.

»Ich bin eigentlich auch ganz gesund im Kopf«, beschied

ich ihn. »Und das gehört nicht zu unseren Dienstleistungen. Warum gehen Sie nicht mit ihm über die Straße zur Standard Oil-Tankstelle. Der Pächter da drüben kennt sich gut mit Tieren aus.«

Im Wohnheim in Altadena lief alles wie am Schnürchen. Ich lernte dort mehr über das Leben in der Gemeinschaft als je zuvor, und es trug auf diese Weise viel dazu bei, mich auf die spätere Erfüllung meiner Vision vorzubereiten. Meine Tankstelle ging den Bach hinunter. 1964 beschloß ich, daß ich für eine Weile genug hatte von Kalifornien und kehrte nach Reno zurück. Nevada, gutes Salbeiland; ich entschied, daß es an der Zeit war, mich dem Leben stärker zu öffnen, mehr über meine Medizin zu erfahren, mich offen zu halten für das Wachstum.

In Reno arbeitete ich bei Bill Darling; ihm gehörte der Pizza-Imbiß und das Pizza-Restaurant. Eine Zeitlang leitete ich beide Lokale, während er in Kanada irgendwelche Geschäfte tätigte.

Das Pizzageschäft war nicht dazu angetan, den Geist zu beflügeln; mit einigen der Angestellten hatte ich Schwierigkeiten. Auch hier war der Alkohol im Spiel. Im Restaurant gab es einen Koch, der ständig heimlich trank; als ich ihm erklärte, er dürfe während der Arbeit keinen Alkohol trinken, fand er dennoch Mittel und Wege. Einmal bat er mich zum Beispiel um einen Viertelliter Wein für ein bestimmtes Gericht. Ich brachte ihm den Wein, und ich brauche wohl nicht zu erzählen, wohin er wanderte.

Der Name dieses Kochs war Barney; je mehr er trank, desto aufsässiger wurde er. Er stellte meine Geduld auf eine harte Probe. Er hatte die Gewohnheit, die Kellnerinnen, wenn er voll war, zu maßregeln und ihnen mit dem erhobenen Zeigefinger vor dem Gesicht herumzufuchteln. Eines Tages versuchte er dasselbe mit mir. Ich habe in der Schule nie an einem Managerkurs teilgenommen, handelte also instinktiv. Als Barney mir also seinen Finger entgegenstieß, packte ich seine Hand und biß so fest wie möglich in den Finger. Ich glaube, danach war er geheilt.

Ein anderer Koch im Restaurant bekam jedesmal einen Wutanfall, wenn er sich über jemanden ärgerte. Mitten während der Hauptgeschäftszeit, der Gastraum randvoll mit Gästen, die Bestellzettel hoch aufgestapelt, ließ sich dieser Kerl auf den Boden fallen, wälzte sich herum wie ein Wahnsinniger und strampelte mit den Füßen wie ein Kleinkind. Das ist eine gute Methode, Schmerzen loszuwerden; ich selbst lasse meine Schüler oftmals ein Loch in die Erde graben, in das sie dann ihre Wut hineinschreien und sich damit ihrer entledigen können. Aber dieser Koch befreite sich nicht von seinen Qualen, er *war* eine Qual. Er glaubte, er hätte das Zeug zu einem Künstler.

Als Bill aus Kanada zurückkehrte, war ich froh, meinen leitenden Posten wieder abgeben zu können. Ich trieb mich im Pizza-Imbiß herum und lieferte eine Zeitlang Pizzas aus. Außerdem arbeitete ich an meiner Spielermedizin. Ein paarmal hatte ich beim Würfelspiel ziemlich gut abgeschnitten; einmal hielt ich die Würfel fünfunddreißig Minuten. Ich hatte nur eine kleine Summe gesetzt, so daß ich nur ungefähr 450 Dollar mit nach Hause nahm. Aber der Mann, der neben mir stand, schloß leidenschaftlich gern Wetten ab; er hatte so großes Vertrauen in mich gesetzt, daß er 4000 Dollar einstrich.

Oft saß ich im Pizza-Restaurant, und die Leute, die für die Casinos Spiele organisierten, riefen mich dort an.

»He, Sun Bear, drüben im Cal Neva läuft gerade ein großes Spiel«, lautete ihre Botschaft, oder: »Im Palace Club rollen die Würfel.«

Wann immer sie es für richtig hielten, daß ich mein Glück versuchte, ging ich hin, und wenn ich wirklich erfolgreich war, gab ich demjenigen, der mich angerufen hatte, ein Trinkgeld. Einmal setzte ich mich, um in einem Würfelspiel, an dem ich beteiligt war, eine Pause einzulegen, zum Bingo nieder und traf sofort einen Hauptgewinn. Es brachte mir glatte 500 Dollar ein. Während ich an meiner Glücksspielmedizin arbeitete, nahm ich einen Job als Taxifahrer in Reno an. Ich verfiel niemals der Spielleidenschaft, wie so viele Menschen; ich konnte mit den Würfeln spielen oder es auch bleiben lassen.

Es war einfach ein gutes Gefühl, Energie in großen Brocken, einen nach dem anderen, einzubringen. Siehst Du, die Kraft der Medizin ist für alles gut; wenn der Große Geist will, daß ich beim Würfelspiel gewinne, wer bin ich dann, daß ich die Gelegenheit nicht beim Schopf packen würde? Heute machen wir im Bear Tribe natürlich Medizin für geistige Dinge; aber wir machen ebenfalls Medizin für neue Reifen oder Kühlschränke. Wir glauben, daß all das, was wir *brauchen*, um unseren guten Weg beizubehalten, Teil der großen Vision ist.

In der Zeit als Taxifahrer begegnete ich vielen interessanten Menschen. Ich lernte ein paar erfolgreiche Glücksspieler kennen und bekam gute Tips. Aber ich begegnete auch Spielern, die kein Glück hatten, und manchmal war es schwer, das Fahrgeld von ihnen zu bekommen.

Reno ist bekannt für schnelle Hochzeiten und Scheidungen, und ich bekam in meinem Taxi nicht wenige Heiratswillige mit. Eines Tages nahm ich ein Paar mit, beide in ziemlich betrunkenem Zustand. Sie wollten zum Standesamt gefahren werden, denn sie waren im Begriff zu heiraten. »Na gut«, dachte ich bei mir, »aber es wird einen schönen Schreck geben, wenn sie morgen früh aufwachen. Ich glaube, sie kennen sich nicht einmal.«

Die Frau forderte mich auf, auf dem Parkplatz einer Tankstelle anzuhalten; sie mußte auf die Toilette. Als sie in der Damentoilette verschwunden war, kam ich mit ihrem Verlobten ins Gespräch. Ein Wort ergab das andere, und er kam zu dem Schluß, daß er gar nicht sicher war, ob er die Verpflichtung, die einzugehen er im Begriff stand, auf sich nehmen wollte.

Er fragte, was zu tun sei.

»Na ja«, antwortete ich ihm, »ich könnte Sie stattdessen zur Mustang Ranch hinausfahren. Dort könnten Sie eine Menge Spaß haben.«

Wir unterhielten uns noch ein Weilchen, und schließlich verkündete er, daß ihm eine Nacht auf der übel beleumdeten Mustang Ranch, auf lange Sicht gesehen, vielleicht besser bekommen würde als die Ehe.

Also brachte ich ihn hin.

Manchmal fuhr ich Paare zur Eheschließung zum Standesamt, denen dort plötzlich klar wurde, daß man sie vor dem Altar aufgebaut hatte; es war traurig mit anzusehen. Hinein gingen sie voller Begeisterung und kamen völlig niedergeschlagen und ratlos wieder heraus. Manchmal bestiegen sie hinterher mein Taxi und ließen sich zur *Kummerbrücke* fahren.

Sie war damals ein beliebtes Ausflugsziel. Die Brücke spannte sich über den Truckee-Fluß, und sie war das traditionelle Ziel für verzweifelte Liebhaber und enttäuschte Ehefrauen, die ihre Tränen ins Wasser fallen ließen. Ebenso fielen ihre Ehe- und Verlobungsringe in den Fluß.

Da der Preis für Gold und Silber so hoch geworden ist, ist diese Tradition ziemlich in Vergessenheit geraten, glaube ich, aber in jenen Tagen flogen die Ringe pausenlos ins Wasser. Es gab eine Gruppe von erfinderischen jungen Männern, die jährlich einmal unter der Brücke tauchten; sie zogen einen ganzen Haufen fortgeworfener Schätze heraus. Für verzweifelte Liebhaber mochte dieser Ort wirklich eine Kummerbrücke sein, aber für die Jungen, die den Fluß plünderten, hätte sie ›Brücke des hohen Profits‹ heißen müssen.

Zu jener Zeit hatte ich eine eindrucksvolle Begegnung mit einer Klapperschlange. Ich lief quer durch die Wüste in der Nähe des Pyramid Lake. Ich war ausgelassen und guter Dinge. Als ich über eine steinige, strauchbewachsene Bodenerhebung sprang, lag der rasselnde Bruder dahinter aufgerollt imSand. Er hatte keine Zeit, mich zu warnen, und ich hatte keine Zeit, ihm auszuweichen, also schlug er zu; er biß mich in die Wade.

Nachdem mich die Schlange gebissen hatte, spürte ich augenblicklich den Ansturm ihrer Energie und Kraft in mir, die mich durchströmte. Es fühlte sich an wie eine bebende, summende Kraft, die in der einen Seite meines Körpers aufstieg und in der anderen wieder abfiel.

Einen Augenblick lang sprach ich mit der Klapperschlange. Ich bat sie um Verzeihung, weil ich in ihre Gefilde eingedrungen war und bat, ihre Kraft solle sich auf gute Weise mit der meinen verbinden. Danach erhob ich mich und ging zu meinem Wagen zurück, der ungefähr eineinhalb Meilen entfernt stand. Ich fuhr nach Reno und legte mich ein paar Tage lang ins Bett.

Es war komisch; wahrscheinlich verbreitete sich die Neuigkeit, daß ich von einer Klapperschlange gebissen worden war, ziemlich schnell. Jedenfalls waren die Nachbarn alle ziemlich neugierig; sie kamen ständig herüber, betrachteten den Schlangenbiß und beobachteten mich. Schließlich mußte ich ihnen sagen: »Hört mal her, Leute, ich würde mich wirklich gerne ein bißchen ausruhen. Wenn ihr nicht aufhört, herüberzukommen, muß ich anfangen, Eintrittspreise dafür zu nehmen, daß ich euch die Erlaubnis gebe, zu sehen, ob ich sterbe.«

Dann schluckte ich einige Aspirintabletten und schlief endlich ein. Ich hatte ziemlich starke Kopfschmerzen von meinem Abenteuer.

Dennoch habe ich das Gefühl, daß es eine positive Erfahrung war. Das ist keine Empfehlung zur Nachahmung an andere Menschen, aber für mich bewirkte sie etwas. Ich bin der Überzeugung, daß ich, indem ich das Gift der Klapperschlange in meinen Körper aufnahm, ihre Kraft übernommen habe, und seit jener Zeit fühle ich mich Schlangen aller Art sehr eng verbunden. Heute hilft mir die Klapperschlange, Regen zu machen – aber davon erzähle ich später.

All die Dinge, die gegen Schlangenbisse empfohlen werden, wie Aufschneiden, Aussaugen und Ausspeien, tat ich nicht. Die Wunde war drei oder vier Tage lang geschwollen und verfärbt, und ich war für die Dauer dieser Zeit ans Bett gefesselt, doch dann ging es vorbei. Ich nehme an, daß meine Lage sehr viel unangenehmer geworden wäre, wenn ich die Nerven verloren hätte, anstatt an meine Kraft, mit den Geschöpfen des Großen Geistes zu verschmelzen, zu glauben, aber das war ja glücklicherweise nicht der Fall.

Ich arbeitete bis zum Mai 1965 in Reno. In dieser Zeit träumte ich einmal vom Würfelspiel. Am nächsten Tag ging ich zum Cal Neva und setzte auf die Zahlen aus meinem Traum.

Sieben von acht waren Treffer, was einen Gewinn von 1100 Dollar bedeutete.

Auch bei anderen Gelegenheiten war ich sehr erfolgreich beim Spiel. Immer wieder träumte ich, und ich gewann viermal 1100 Dollar, einmal 535 Dollar und einmal 100 Dollar aufgrund dieser Träume. Wenn man so sicher auf seine Träume bauen kann, muß man wohl daran glauben.

Manchmal passiert es natürlich auch, daß die Sache mit den Träumen nicht funktioniert und ich eine ganz schöne Summe verliere, aber immerhin habe ich im Verlauf von zehn Jahren ungefähr 16 000 Dollar gewonnen.

Mein Ruf hat sich verbreitet. Die Leute kommen zu mir an den Spieltisch und fragen: »Welches sind die Gewinnzahlen, Sun Bear?« Worauf ich ihnen antworte: »Diejenigen, die am Schluß des Spieles aufleuchten.«

Keno ist ein sehr altes chinesisches Spiel, das früher von den Wäschereiarbeitern gespielt wurde. Sie nannten es Keno-Rennen, und es gab achtzig chinesische Zeichen auf dem Spielbrett. Heutzutage sind es achtzig Zahlen.

Beim Keno, wie es heute in Reno oder Las Vegas gespielt wird, kann es um sehr hohe Summen gehen. Die Mitspieler kaufen ihre Kenokarten und notieren ihre Zahlen. Der Veranstalter zieht zwanzig mit Zahlen versehene Pingpongbälle aus einem Kasten, und wenn man unter den Gewinnern ist, kann es sich um eine beliebige Summe zwischen 5 und 20 000 Dollar handeln.

Nach meiner Glückssträhne beim Keno quoll meine Tasche über vor Geld. Ich brachte den größten Teil der Summe zur Bank und beschloß dann, nach Kalifornien zu fahren.

Ich hatte viel von der Berkeley Free Speech-Bewegung gehört und wollte näheres darüber erfahren.

Es stand so sehr im Mittelpunkt des öffentlichen Interesses, daß es ein aufregender Ort sein mußte, und das war er auch wirklich. Als ich dort ankam, lernte ich ein paar Leute kennen und wohnte in einem Haus in der Telegraph Avenue. Ich unterhielt mich mit vielen Leuten und erfuhr immer häufiger von ihnen, daß Charlie Brown mich kennenlernen wollte. Ich hatte damals keine Ahnung, wer Charlie Brown war, aber schließlich lernte ich ihn kennen. Er war ein aktiver Verfechter der Free Speech-Bewegung.

Um denjenigen unter Euch, die sich damals nicht an Ort und Stelle befanden, aufzuklären: die Free Speech-Bewegung war eine Emanzipationsbewegung, die vielen anderen vorausging... der Frauenbewegung und der Homosexuellenbewegung beispielsweise. Das Hauptanliegen der Free Speech-Bewegung war die Überzeugung einiger Studenten, daß ihnen ein Mitspracherecht in der Politik der Universität von Berkeley zustehe. Eine nebensächliche Forderung betraf das Recht der Studenten, zu fluchen. Und es war diese Forderung, auf die sich das Hauptinteresse der Presse richtete. Ich wußte, daß ich auf der Seite von Menschen stehe, die für eine Sache eintreten, die sie betrifft, aber ich wußte nicht, wie ich zur Frage des Fluchens stand. Die meisten Sprachgruppen unter den amerikanischen Ureinwohnern *kennen* das, was man als Schimpfwort bezeichnen würde, überhaupt nicht – aber die Tatsache, daß die Studenten für eine Sache kämpften, erschien mir interessant.

Clark Kerr, der damalige Präsident der Universität von Berkeley, betrachtete die Forderungen der Studenten nicht allzu wohlwollend; ich glaube, daß einige Studenten der Universität verwiesen worden waren, weil sie Fluchworte gebraucht hatten, und das sorgte für beträchtliche Unruhe. Bei der Protestkundgebung trugen einige Studenten Buttons und Spruchbänder, auf denen die Worte ›Freiheit Unter Clark Kerr‹ standen. Der erste Buchstabe eines jeden Wortes war groß hervorgehoben, so daß keinem die Absicht der Protestierenden entgehen konnte.

In Berkeley ging es damals hoch her. Manchmal geriet die Lage außer Kontrolle. Es gab jedoch einige Orte, an denen sich die Aktivisten treffen und die Probleme ausdiskutieren konnten; einer davon war ein Café, das sich ›Das Forum‹ nannte, der andere das Mediterranean. In diesen Kneipen war die Luft rauchgeschwängert, und Gitarrenmusik vermischte sich mit hitzigen politischen Diskussionen. In der Telegraph Avenue vermischten sich die politischen Gespräche mit Marihuana – einer Droge, die von anderen Zeichen der persönlichen Freiheit umgeben war.

Ich nahm damals keine Drogen mit den Leuten, beobachtete aber alles sehr aufmerksam. Wenn natürliche Rauschmittel zum Zwecke der geistigen Erweiterung auf zeremonielle Weise benutzt werden, wie es beispielsweise mit Peyote der Fall sein kann, dann ist das eine gute Sache. Ich bin aber nicht für die Verwendung von chemischen Zusätzen. LSD und andere halluzinogene Drogen können meiner Meinung nach sehr gefährlich sein, und Marihuana wird zur Modedroge.

Ich habe zu viele Menschen gesehen, deren Leben durch chemische Betäubungsmittel zerstört wurde, und in den meisten Fällen ist mit ihrer Einnahme keine geistige Erweiterung, sondern nur Realitätsflucht verbunden. Viele Leute, die diese Drogen nehmen, tun es anscheinend nicht, um in sich hinein zu schauen und ihre negativen Gefühle wie Angst und Wut in den Griff zu bekommen, sondern um sich zu entziehen, den Kopf in den Sand zu stecken.

Wie dem auch sei, ich wollte all diese Dinge, die sich um die Free Speech-Bewegung herum ereigneten, beobachten. Ich wollte von der Freude und dem Schmerz der Menschen lernen. Schließlich lernte ich Charlie Brown kennen, und er lud mich zu einer Teton-Teeparty ein. Diese Parties hatten politischen Charakter, sie wurden von vielen Musikern besucht und waren in den Grand Teton Mountains in Wyoming ins Leben gerufen worden ... auf diese Weise hatten sie zufällig einen Namen erhalten, der im Zusammenhang stand mit einem indianischen Volk, den Teton-Sioux.

Die Teton-Teeparties waren wirklich ein Ereignis; es waren immer eine Menge Leute da, viele Gitarristen und Folkmusiker, die später wegen ihrer politischen Lieder und ihrer Kreuzzüge für die Umwelt zu Berühmtheit gelangten. Wohin man sich auch wandte, sah man Menschen, die sich darum bemühten, ihre Werte zu finden. Es gab natürlich auf diesen Parties auch eine Menge Schmarotzer, aber die trägen Zeitgenossen fielen meist nach kurzer Zeit wieder ab.

Viele Teilnehmer dieser Parties waren vollkommen abgebrannt; so geht es, wenn man sich mit seinen Idealen auseinandersetzt. Oftmals fanden die Parties im Forum statt. Die meisten Leute tranken nur Kaffee, aber es gab auch einige, die etwas aßen, während wir anderen herumgingen und nach Resten Ausschau hielten. Charlie Brown ging dann zu einem Tisch, deutete auf die Krümel, die auf einem Teller lagen und fragte: »Kann ich das haben?« Auf diese Weise ergatterte er ein Scheibchen Fleisch oder Käse, ich besorgte uns ein wenig Brot, und bevor man sich versah, hatten wir ein anständiges Mahl beisammen. Wenn die Party dann vorbei war, fuhr ein Grüppchen von uns aufs Land hinaus, wo wir die Bäume nach Früchten absuchten; das ergab einen herrlichen Nachtisch.

Das war die Kraft, die Mitte der sechziger Jahre in Berkeley wirkte. Ich wollte sie kennenlernen, und ich bin froh, daß ich es getan habe.

Auf einer der Teton-Teeparties machte ich die Bekanntschaft von Annie Ross, heute Nimimosha vom Bear Tribe. Sie war per Anhalter von San Matteo heraufgekommen, wo sie gewohnt und fürs College gearbeitet hatte. Als sie den Raum betrat, hing ihr an jedem Arm ein Mann. Sie war wirklich sehr anziehend, und wir unterhielten uns lange miteinander.

Sie erzählte mir, daß sie nach einer Richtung in ihrem Leben suchte, daß sie das College nur besuchte, um die Zeit totzuschlagen – indem sie einige Journalistikkurse belegte, ohne jedoch in irgendeinem Fach ein Hauptstudium zu beginnen. Ich erzählte ihr von *Many Smokes* und fragte sie, ob sie Lust hätte, daran mitzuarbeiten. Wir verließen die Party und gingen zusammen Kaffeetrinken. Ihr fiel eine Kachinapuppe auf, die in meinem Wagen saß, und sie stellte mir Fragen darüber. Ich erzählte ihr etwas über die Kachinas und andere indianische Gegenstände, die in meinem Auto lagen, und sie war sehr daran interessiert.

Annie ist ein sehr sanfter und gütiger Mensch; Nimimosha, ihr Stammesname, bedeutet denn auch ›die Frau mit dem liebenden Herzen‹ oder ›die Frau, die ihre Verwandten liebt‹. Sie war nach Berkeley gekommen, weil sie sich irgendwie verloren hatte und nicht wußte, was sie mit ihrem Leben anfangen sollte, doch sie hatte, wie sie mir erklärte, Angst vor dem gewaltigen Potential dort. Außerdem, so sagte sie, war ihr der Wahnsinn der damaligen etablierten Gesellschaft verhaßt. Ich erzählte ihr von meiner Philosophie, von meiner Vision, alle Menschen zusammenzuführen zu einem harmonischen Zusammenleben mit der Erde, und sie entschied sich, mit mir zu gehen.

Als wir der Szene in Berkeley überdrüssig wurden, machten wir einen Besuch in Reno. Charlie Brown begleitete uns. Dann fuhren wir nach Los Angeles weiter, wo ich die Absicht hatte, wieder beim Film zu arbeiten.

Charlie wollte bei uns bleiben, aber er schien noch nicht soweit zu sein, unseren Weg mit uns zu gehen, und so setzte er sich beim Selbsterkenntnis-Center von L. A. ab, und Annie und ich begannen unsere Zusammenarbeit.

Annie fand eine Stellung in einem Versicherungsbüro, und ich wirkte in einigen Folgen von ›Rawhide‹ mit, später dann in ›The Greatest Story Ever Told‹.

Während unserer Zeit in Los Angeles fuhr ich in einem ausrangierten Polizeiwagen herum, den ich billig erstanden hatte. Es war wirklich lustig; ich machte mir nicht die Mühe, den Wagen neu zu streichen, und so machte ich die Runde und verkaufte *Many Smokes* aus meinem Streifenwagen vor Indianerkneipen und bei pow wows. Einmal nahm ich einen angetrunkenen indianischen Freund in meinem Wagen mit nach Hause. Er wollte noch eine Sechserpackung Bier kaufen, also hielt ich vor einem Spirituosenladen an. Er ging hinein und kaufte sein Bier, und ich konnte sehen, wie sich der Verkäufer drinnen am Kopf kratzte. Er sagte zu meinem Kumpel, er hätte es noch nie erlebt, daß Polizisten einen betrunkenen Indianer zum Schnapsladen fahren.

Annie und ich fanden, daß Los Angeles kein gutes Pflaster für uns war. Darum packten wir nach einigen Monaten und zogen nach Reno zurück. Zwei Frauen, die ebenfalls an *Many Smokes* mitarbeiten wollten, begleiteten uns, und so fuhren wir in zwei Autos. In dem einen saßen Annie und ich, im anderen die beiden Frauen, ihre drei Hunde und ihre Katze.

Man kann wohl sagen, daß diese kleine Karawane der Samen der Bären-Stamm-Medizingesellschaft war.

Meine Vision hatte sich Jahr für Jahr weiter entfaltet; sie hatte, als ich vier war, mit der Vision des Bären und der bunten Kugeln während meiner Diphtherieerkrankung ihren Anfang genommen. Heute interpretiere ich die bunten Kugeln als die Energie der Medizingesellschaft, die Kraft, die heilt und jene unterweist, die zu uns kommen, um zu lernen.

Jedes Jahr hatte mir etwas Neues gebracht: eine neue Vision, eine Idee, bis mir endlich klar wurde, daß es mein Ziel war, eine Gruppe von Menschen an einem bestimmten Ort zusammenzuführen – wo wir miteinander leben, arbeiten und die Kraft unserer Medizin entwickeln konnten, um uns selbst, unsere Freunde und die Mutter Erde zu heilen.

Anfangs umfaßte meine Vision ausschließlich Indianer, doch mit der Zeit erweiterte sie sich, und ich erkannte, daß die Prophezeiungen unserer Vorfahren die Einbeziehung aller Rassen nicht nur zuließen, sondern in Wahrheit sogar voraussagten.

Die Prophezeiungen der Hopi weissagten, neben vielen anderen, eine Zeit der gewaltigen Reinigung, eine Zeit, in der die Mutter Erde alle Gifte der Umweltzerstörung sowie deren Erzeuger abschütteln würde. Den Prophezeiungen zufolge ist diese Zeit sehr nah, und viele von uns können die Zeichen erkennen. Naturkatastrophen wie Überschwemmungen, Vulkanausbrüche und Erdbeben sollen kommen und sind bereits eingetreten. Mount Saint Helens ist nur der Anfang. Die gegenwärtige Welt wird, so heißt es, bald viel tiefgreifendere Veränderungen erleben.

Die Prophezeiungen der Hopi sagten beide Weltkriege voraus und daß der eine sich gegen das Sonnensymbol (Japan), der andere gegen das Hakenkreuz richten würde. Sie weissagten die Erfindung des Automobils und des Flugzeugs, ja sogar der Atombombe. In den alten Prophezeiungen ist auch von der Zeit die Rede, in der die Söhne des Weißen Mannes das Haar lang wachsen lassen, Perlenschmuck tragen und in Kommunen miteinander leben. Wenn diese Zeit anbricht, so steht, nach den indianischen Propheten, die Reinigung bevor. Sie brach in den sechziger Jahren mit den Blumenkindern, den Vietnamdemonstranten, der Free Speech-Bewegung in Berkeley und so weiter an.

In den indianischen Prophezeiungen und Visionen heißt es, daß jene Weißen und Menschen von gemischtem Blut, die das Haar lang wachsen lassen und Perlenschmuck tragen würden, die indianischen Heiler unter uns aufsuchen und um Leitung bitten würden … daß sie die Reinkarnation der Indianer sein würden, die während der Eroberung des Kontinents dahingeschlachtet wurden.

Du siehst also, daß ich schon damals, in den ersten Jahren, davon überzeugt war, daß ich jedem Menschen, der sich an mich wandte, um die Lehren der Medizin von mir zu lernen, eine Antwort schuldete. Nicht unbedingt, weil er oder sie möglicherweise die Reinkarnation eines Indianers war, sondern weil diese Menschen lernen wollten, sich im Gleichgewicht auf der Mutter Erde zu bewegen.

Nicht allzu viele indianische Medizinleute teilten meine Ansicht, aber mit der Zeit findet eine immer größere Zahl von ihnen dazu.

Um all das kreisten meine Gedanken, während sich unsere Karawane auf Reno zubewegte.

Dort angekommen, mieteten wir eine Wohnung, die groß genug für uns alle war und begannen *Many Smokes* als Vierteljahresmagazin herauszubringen. Das war im Jahre 1966.

Die erste Ausgabe war hektographiert und mit einem Siebdruckeinband versehen; sie verkaufte sich so gut und kam bei den Geschäftsleuten der Stadt, die ihre Anzeigen darin unterbringen wollten, so gut an, daß ich beschloß, ein überregionales

Hochglanzmagazin daraus zu machen.

Mit soviel Ermutigung arbeitete ich wirklich auf Hochtouren. Für die nächste Ausgabe bekam ich Anzeigen für sechs- oder siebenhundert Dollar zusammen, womit die Druckkosten gedeckt waren. Wir ließen es von einem meiner Freunde in Sparks, Ted Marsten, drucken, und mit jeder Ausgabe stiegen die Verkaufszahlen. Einige der Geschäftsleute, die damals in Reno unsere Anzeigenkunden waren, setzen noch heute Anzeigen in *Many Smokes*.

Wir verdienten genug, um uns eine Weile über Wasser zu halten, dann wurde mir eine Stelle als Gemeindeplaner der Reno Sparks-Indianersiedlung beim Stammesrat von Nevada angeboten. Nach all der Arbeit, die ich dort geleistet hatte, und den Plänen, die ich für die Menschen dort noch im Kopf hatte, wurde mit diesem Angebot ein Traum für mich wahr.

Die meisten Projekte, die wir in Angriff nahmen, waren Säuberungsaktionen; wir hatten bereits die Häuser angestrichen und den Abfall tonnenweise fortgeschafft. Es gab für die Siedlung keine Müllabfuhr, daher organisierten wir als erstes ein System, das eine geregelte Müllbeseitigung garantierte. Als nächstes beschlossen wir, ein Gelände freizumachen, das mit Autowracks zugestellt war. Das kostete eine Menge Geld, aber wir erhielten Spenden von den Leuten aus der Gegend. Mit Hilfe eines befreundeten Arztes namens Fred Anderson gelang es uns, Gelder von gemeinnützigen Vereinen, aus den Ausgleichsfonds der Regierung und von Baugesellschaften der Stadt zu bekommen, und wir legten an der Stelle, von der wir die Autowracks entfernt hatten, einen Park an. Heute ist aus dieser Parkanlage ein großes Erholungszentrum geworden.

Wir setzten uns dafür ein, daß sehr viele Häuser in Reno Sparks einen Erdgasanschluß erhielten; wir riefen ein Nutz- und Abwassersystem-Projekt ins Leben, was für die Bewohner sehr heilsam war. Wie überall, wo die Indianer gezwungen sind, in einem so niedrigen Lebensstandard zu existieren, gab es dort viele Alkoholiker. Also besorgte ich die notwendige Ausrüstung und ließ diese Leute die schweren Maschinen wie

Traktoren und Lastwagen bedienen. Ich weiß noch, daß ich die Leute morgens aus dem Bett zerren, ihnen Kaffee einflößen und sie in die schweren Maschinen schieben mußte. Aber ich machte mir keine Sorgen, daß sie sich selbst oder andere verletzen würden, denn wenn ich sie einmal so weit hatte, daß sie bereit waren zu arbeiten, waren sie wachsam und sehr glücklich.

Viele lernten durch dieses Leistungsprogramm der Regierung die Bedienung von schweren Maschinen und arbeiten heute erfolgreich in diesem Beruf.

Darüber hinaus renovierten wir in Reno Sparks zwei alte Kirchengebäude und verwandelten sie in ein Zentrum für Indianerprojekte.

Der Stammesrat von Nevada war vom Amt für ökonomische Angelegenheiten gegründet worden, das uns reichlich Geldmittel zur Verfügung stellte, damit wir unsere Projekte erfolgreich durchführen konnten. Nach einiger Zeit wurde der Rat von Nevada als die erfolgreichste Einrichtung dieser Art im Lande betrachtet. Das lag zum einen daran, daß wir fest an das glaubten, was wir taten und zum anderen daran, daß es bei uns, anders als es in manchen anderen Projekten der Fall ist, keine Bestechung und Korruption gab. Jeder Pfennig, den ich von der Regierung für die Gemeindeplanung in Reno Sparks zur Verfügung gestellt bekam, wurde auch für die Entwicklung der Siedlung verwendet.

Wir wurden ein so gutes Beispiel für die erfolgreiche Arbeit des Amtes für ökonomische Angelegenheiten, daß die Leute in Washington nach einiger Zeit begannen, die hohen Tiere herunterzuschicken, damit sie sich bei uns umsehen konnten. Sie riefen mich dann gewöhnlich an oder schrieben mir: »Morgen kommt eine Gruppe zu Ihnen hinunter, Sun Bear. Wir möchten, daß sie sich einen Einblick in Ihre Arbeit verschaffen, damit sie sehen, wie gut diese Projekte laufen können.«

Das erfüllte mich mit Stolz.

Die Leute in der Indianersiedlung von Reno Sparks haben die Verbesserungsarbeit fortgesetzt, und heute ist es eine sehr ansehnliche Siedlung. Viele meiner Freunde haben an dieser Verbesserung teilgehabt.

In der Zeit, in der ich in Reno Sparks arbeitete, spielte ich auch viel. Meine Medizin war mir treu; ich gewann so viel Geld, daß ich mir ein kleines Wohnmobil kaufen konnte und zog mit Annie in einen Wohnwagenpark in Sun Valley, nördlich von Reno. Es schien uns eine notwendige Veränderung, da die Wohnsituation zu viert zu einigen Spannungen geführt hatte.

Das Wohnmobil war nichts Großartiges, aber es war ein Heim. Es gab darin anfangs weder Wasser noch Strom, nicht einmal Glasscheiben in den Fenstern. Der erste Winter war außerordentlich hart.

Annie arbeitete in Reno. Eine Zeitlang hatte sie eine Stellung als Telefonistin, ein andermal als Locherin; und einmal arbeitete sie, was nicht ohne eine gewisse Ironie war, in einer Firma, die Ersatzteile für schwere Erdgrabungsmaschinen vertrieb. Es war wirklich ein Erlebnis, ihr morgens zuzusehen. Wir krochen aus den Betten und zündeten ein kleines Salbeifeuer am Rande des Wüstenhochlandes an; darüber bereiteten wir unser Frühstück. Danach kleidete sich Annie an ... hochhackige Schuhe, Seidenstrümpfe, elegantes Kleid, eben ihre Arbeitskluft. So begab sie sich dann für die Dauer des Tages in die Geschäftswelt.

Nach einiger Zeit hatten wir genügend Geld, um uns ein größeres Wohnmobil zu kaufen, und meine Sterne standen sogar noch günstiger. Als wir ungefähr ein halbes Jahr in dem Wohnwagenpark wohnten, fragte mich der Besitzer, ob ich ihn nicht ganz übernehmen wollte. Er war die Kopfschmerzen leid, die ihm die Leitung des Parks bereitete.

»Klar«, sagte ich. Ich bekam den Wohnwagenpark nicht gerade geschenkt, aber es kam einem Geschenk nahe, und ich fühlte mich sehr gut damit.

Wir verwalteten den Wohnwagenpark dreieinhalb Jahre, und in dieser Zeit gelang es uns, ihn so zu gestalten, daß er sich auszahlte. Nach nicht allzu langer Zeit verfügten wir über einiges Geld.

Die Leitung einer Wohnwagenanlage stellte sich als schwierige Aufgabe heraus, und das lag nicht an den Wohnwagen oder dem Besitz, sondern an den Besuchern. Es gab Leute, die schlichen sich mitten in der Nacht davon, um ihre Mietrückstände nicht bezahlen zu müssen. Einige von ihnen packten sogar, bevor sie gingen, die Möbel ein, um die Sache noch schlimmer zu machen. Auf diese Weise waren einige unserer Wohnwagen ziemlich kahl.

Eines Nachts hegte ich Mißtrauen gegen einen bestimmten Besucher. Eine innere Stimme sagte mir, daß er abhauen wollte, darum parkte ich meinen Wagen so, daß seine Ausfahrt blokkiert war.

Ich ging in der Dunkelheit zu seinem Wohnwagen, und siehe da, er hatte alles für den Aufbruch vorbereitet. Er hatte alles von meinen Möbeln, was er tragen konnte, in seinen Wagen gepackt. Als er mich kommen sah, versuchte er mir mit durchdrehenden Rädern zu entkommen, aber ich hatte ihn in der Zange. Schließlich gab er den Versuch auf, und ich erhielt meine Möbel zurück.

Ein anderes Mal kamen zwei Frauen und mieteten einen Wohnwagen – nur für sich allein, behaupteten sie. Und ehe ich mich versah, hatte sich eine Motorradbande, die sich ›die Außenseiter‹ nannte, in unserem kleinen Park eingenistet. Es waren sechs Leute, aber sie machten einen solchen Lärm und stifteten eine solche Verwirrung, daß man hätte meinen können, es wären sechzig.

Mir war klar, daß ich ein pow wow mit ihnen abhalten mußte, also ging ich eines Abends zu ihrem Wohnwagen hin.

»Hört zu, Jungs«, sagte ich zu ihnen, »ich weiß nicht, was ihr in Kalifornien macht, aber hier draußen haben wir es gern ruhig und gemütlich. Ich dulde keine Klauereien und keinen Radau; wenn ihr euch daran haltet, sind wir die besten Freunde. Ist das klar?«

»Aber sicher, Sun Bear«, antworteten sie, und sie hielten ihr Wort. Wir kamen großartig miteinander aus. Während ihres Aufenthaltes im Park behielten sie unseren Wohnwagen im

Auge und betrachteten sich als Annies selbsternannte Leibwächter, wenn sie allein war. Wenn jemand kam und ›zu lange‹ blieb, dann ging ganz sicher einer der Außenseiter unter einem Vorwand hin und sah nach, ob alles in Ordnung war.

Es gab nur einen Zwischenfall im Zusammenhang mit den Außenseitern, der uns wirklich in Schwierigkeiten hätte bringen können. Eines schönen Nachmittages, als sie alle mit ihren Motorrädern unterwegs waren, kam eine Abordnung der Hell's Angels in den Wohnwagenpark gefahren. Sie erklärten, daß sie auf der Suche nach den Außenseitern wären, und ich wußte genug über die Hell's Angels, um zu erkennen, daß sie ganz sicher etwas Übles im Schilde führten.

»Nein«, sagte ich zu ihnen, »ich habe niemanden hier in der Gegend gesehen, der sich Außenseiter nennt.«

Sie hingen noch eine Weile herum, verschwanden dann aber glücklicherweise, bevor ihre Jagdbeute auftauchte.

Später erfuhr ich, daß die Außenseiter unten in Südkalifornien ein Motorrad von den Hell's Angels gestohlen hatten.

»Ich glaube, es ist besser, wir klauen ihnen nichts mehr«, bemerkte einer der Außenseiter, als ich ihnen erzählte, daß Besuch für sie dagewesen sei. Ich stimmte ihm von Herzen zu.

In der Zeit, als ich den Wohnwagenpark leitete, mußte ich manchmal das Gesetz selbst in die Hand nehmen. Das Sheriffbüro von Washoe County hatte nichts dagegen; die Leute hatten alle Hände voll zu tun, und sie wußten, daß ich meine Grenzen nicht überschreiten würde. Ich kümmerte mich um die sogenannten harmloseren Problemchen. Einmal zum Beispiel stahl ein Nachbarsjunge die Reifen von meinem Kombi. Ich ging zu ihm hinüber und sagte ihm, daß ich ziemlich wütend sei.

»Na gut«, entgegnete er mir mit einem Achselzucken, »dann montiere ich Ihnen die Reifen eben wieder dran. Ich wußte nicht, daß Sie sie am Wagen haben wollten.«

Eine Zeitlang lebte ein Junge namens Teddy bei uns. Er kam aus Kalifornien und war, nachdem er einige Male straffällig geworden war, zur Rehabilitation zu uns geschickt worden.

Im Laufe seines Aufenthaltes bei uns entwickelte Teddy eine leidenschaftliche Begeisterung für die Schneepflugschaufel eines unserer Nachbarn. Er mußte sie einfach haben, also heuerte er Helfer an und schaffte sie in seinem kleinen Lieferwagen fort.

Der Mann, dem er die Schaufel gestohlen hatte, kam eines Tages in meinen Wohnwagenpark gerauscht, weil er sie dort liegen gesehen hatte. Es stellte sich heraus, daß sein Sohn Autobahnpolizist war, und er drohte damit, daß er Teddy ins Gefängnis bringen wollte.

»Das fände ich sehr schlecht«, antwortete ich dem Mann. »Wissen Sie, er befindet sich zur Rehabilitation hier.«

Es gelang uns, die Sache zu regeln.

Teddy blieb noch ungefähr einen Monat bei uns, und als er ging, hatte ich nicht mehr ganz so viel Geduld mit ihm. Er nahm nämlich einen Handwagen mit, der mir gehörte.

Ich war ziemlich verärgert darüber und rief ihn in Kalifornien an. »Hör mal, Teddy«, sagte ich zu ihm, »komischerweise ist mein Handwagen genau zum selben Zeitpunkt verschwunden wie du.«

»Ich weiß nichts davon«, erwiderte Teddy.

»Teddy«, sagte ich, »ich weiß verdammt genau, daß du meinen Handwagen geklaut hast.«

»Na ja, Sun Bear, wissen Sie, mein Lieferwagen ist kaputtgegangen.«

»Teddy, dein Lieferwagen interessiert mich nicht. Ich will meinen Handwagen wiederhaben ... und zwar schnell. Es ist mir völlig egal, ob du ihn huckepack hierher trägst. Und ich sage dir, Teddy, wenn du ihn nicht zurückbringst, dann lasse ich dich so tief in den Knast schmeißen, daß die Wärter einen Monat brauchen, um dich zu finden und dir etwas zu essen oder Zigaretten zu geben.«

Drei Tage später befand sich mein Handwagen wieder da, wo er hingehörte.

Ein andermal krachte eine betrunkene junge Frau um drei Uhr nachts in meinen Zaun. Ihr Wagen hing fest, und ihre

Reifen drehten im Schlamm durch, so daß sie nicht abhauen konnte. Sie war sturzbetrunken und stöhnte und jammerte: »O Gott! Jetzt werden Sie die Bullen rufen, und dann nehmen sie mir den Führerschein ab und sperren mich ins Gefängnis!«

Ungefähr zu diesem Zeitpunkt tauchten zwei Hilfssheriffs auf und fragten, ob ich die Frau auf Schadenersatz verklagen wolle.

»Nein«, erklärte ich, »ich glaube nicht, daß ich das wirklich will. Ich werde das selbst regeln.«

»Was haben Sie vor?« fragte das Mädchen, nachdem sie verschwunden waren.

»Ich weiß es nicht genau«, antwortete ich. »Ich muß darüber nachdenken. Weißt du, es ist mir zuwider, wenn jemand um drei Uhr nachts hier hereinfährt, meinen Zaun niederwalzt und mich aus dem Schlaf weckt. Außerdem macht es mich traurig und wütend, wenn ich einen Menschen in deinem Alter so betrunken sehe. Wie alt bist du überhaupt?«

»Dreiundzwanzig«, erklärte sie.

Es endete schließlich damit, daß ich sie übers Knie legte und ihr eine gehörige Tracht Prügel verpaßte. Dann sagte ich ihr, daß ich sie am nächsten Morgen erwartete, damit sie mir meinen Zaun reparierte.

Am darauffolgenden Tag erschien sie mit ihrem Bruder und ihrem Freund, und sie reparierten den Zaun so vorbildlich, daß er besser war als zuvor. Sie gaben ihm sogar einen neuen Anstrich.

Im Laufe der Zeit kamen immer mehr Leute zu mir nach Sun Valley. Einige von ihnen wollten etwas über das Leben der Indianer erfahren, andere hatten die Absicht, eine Art Kommune zu bilden. Ich gab vielen dieser Leute einen Mietnachlaß, damit sie sich bei uns aufhalten konnten, während wir versuchten, miteinander ins reine zu kommen. Einige von ihnen sahen sich in der Gegend nach Jobs um, andere halfen bei den Arbeiten im Wohnwagenpark mit. Leider muß ich sagen, daß die Sache mit vielen der Leute nicht besonders gut klappte. Nur ein Mädchen bekam tatsächlich einen Job bei einer Jugendgruppe in der Nachbarschaft. Die anderen, die in die Stadt gingen, verschwendeten ihre Mühe; es waren junge Leute, die Medizin wollten, ohne dafür zu arbeiten. Sie wollten die sichtbaren Zeichen der Kraft... die Rasseln, die Federn, die Freude... ohne sich darum zu bemühen. Sie waren darauf ausgerichtet, Marihuana zu rauchen, und bekamen in Reno Schwierigkeiten mit der Polizei. Einige von ihnen waren richtige Klugscheißer, sie rauchten ihre Joints sogar auf der Wache.

Ich hatte unterdessen keine Ahnung, was da vor sich ging.

Aber ich erfuhr es nur zu bald. Die Polizei von Reno war ziemlich scharf auf die Sache, aber Sun Valley lag außerhalb ihres Bezirks. Also setzten sie sich mit dem Sheriffbüro von Washoe County in Verbindung, und eines Nachts veranstalteten sie eine Razzia im Wohnwagenpark. Sie rückten in drei Wagen an, der Sheriff und seine Hilfskräfte, unter denen sich ein Osage-Indianer befand, mit dem ich in Reno Sparks zusammengearbeitet hatte. Sein Name war Billy Don.

»Laßt mich mit Sun Bear reden, bevor wir hineingehen«, bat er die anderen.

Billy Don weckte mich und erklärte mir, was vorgefallen war und daß ich die jungen Leute lieber hinauswerfen sollte.

»Billy«, sagte ich, »blast die Razzia nicht ab. Geht einfach mit mir herum, und wir lassen uns die Ausweise zeigen. Wir jagen ihnen einen gehörigen Schrecken ein, und um alles andere kümmere ich mich morgen.«

Er fand, daß sich der Vorschlag gut anhörte, also wurde es so gemacht. Wir drangen in die Wohnwagen der Übeltäter ein und schreckten sie wahrhaftig völlig auf.

Am nächsten Morgen gab ich ihnen den Laufpaß.

»Also Leute«, sagte ich zu ihnen, »wir haben uns hier bemüht, eine gute Sache zu verwirklichen, aber ihr scheint einen anderen Weg zu gehen, jedenfalls im Augenblick. Was ich aufzubauen versuche, erfordert Verantwortungsgefühl und Rücksicht auf andere Menschen. Ohne das können wir weder für uns selbst noch für unsere Mutter Erde Liebe und Harmonie zeigen.«

Damit waren wir sie alle los. Einer meiner Wartungsleute nannte die Gruppe später mein *soziales Experiment*; ich hatte gehofft, wir könnten uns alle zusammentun und auf produktive Weise mit der Mutter Erde arbeiten. Aber sie waren einfach noch nicht so weit. Leider gibt es viele derartig Unentschlossene; sie wollen sich von den Fesseln der Gesellschaft befreien, sind aber nicht bereit, sich zu ihrer Verantwortung für sich selbst und für die Mutter Erde zu bekennen.

Ich möchte hier noch ein paar Worte über Billy Don sagen; er war ein großartiger Bursche; den Job im Sheriffbüro bekam er schließlich, weil er wirklich zäh war. Der Mann, der vor ihm für die Bullen in Reno Sparks gearbeitet hatte, war schwer geschlagen worden; trotz aller Selbsthilfeprogramme und Verbesserungen gab es in der Siedlung immer noch eine Menge Trunkenbolde und schwere Jungs.

Ich kannte die Leute dort, und Billy fragte mich um Rat, als er die Stellung annahm.

»Weißt du, Billy«, erklärte ich ihm, »es gibt nur eine Regel, die du brauchst, um durchzukommen, glaube ich. Du tust gut daran, wenn du alles, was du den Leuten androhst, auch wahrmachst. Wenn du sagst, daß du jemanden einlochst, dann mußt du es auch tun. Wenn du beschließt, jemanden laufenzulassen, dann ändere später nicht deine Meinung. Nur so werden sie dich respektieren.«

Es gab einige Burschen, die sich von Arbeitskommandos des Landes- oder Stadtgefängnisses abgesetzt hatten. Meistens ließ der Sheriff sie in Ruhe. Er wußte, daß sie nicht in die Stadt kommen und Schwierigkeiten machen würden und gab sich damit zufrieden. Allerdings gab es auch ein paar schwierige Kunden, mit denen Billy sich befassen mußte. Einer davon war ein Kerl, der seine Frau ständig verprügelte. Eines Tages befanden wir uns gerade in der Siedlung, als wir einen furchtbaren Krawall hörten. Billy ging hinüber, und in dem Augenblick kam der Mann aus dem Haus und schwang die Fäuste. Billy sprang auf ihn zu und zog ihm den Gummiknüppel über den Schädel.

Die ganze Familie begann lärmend auf die ›Brutalität der Polizei‹ zu schimpfen.

Ein anderes Mal hatte ein Bursche seine Frau niedergestochen, und Billy ging hin und zog seinen Revolver. Einen Augenblick später hatte er dem Mann das Messer aus der Hand geschossen. Nach diesem Ereignis wurde er auch von den schweren Jungs respektiert; sie nannten ihn den ›treffsicheren Schützen‹.

Ich liebe meine Brüder dort in Reno Sparks wirklich, und ich glaube, Billy geht es genauso, aber manchmal muß man sie wohl mit harter Hand anfassen, um etwas Positives zu bewirken.

Eine harte Gerechtigkeit ließ sich in jenen Tagen auch meinen Reaktionen auf einige meiner weißen Brüder nachsagen. Es gab in Elko eine Kneipe, die ich gelegentlich besuchte, wenn ich für den Stammesrat unterwegs war. Einmal betrat ich den Gastraum, und da saß ein bulliger Mann an der Bar. Ich bestellte eine Cola.

»Wenn ich etwas nicht ausstehen kann, ist es ein Eingeweidefresser!« brüllte der Kerl quer durch den Raum.

Der Ausdruck *Eingeweidefresser* ist unmißverständlich beleidigend; er stammt aus einer Zeit, als den Apachen im Südwesten alles Jagdwild getötet wurde. Sie waren dem Hungertod nahe und gingen darum zu den Ranchbesitzern und baten um die Eingeweide der Tiere, die die Weißen abschlachteten. Das war alles, was ihnen zum Essen blieb.

Ich versuchte, diesen groben Kerl nicht zu beachten, doch er trat zu mir und versetzte mir einen Schlag auf den Mund. Meine Lippe platzte auf.

Ich wußte, man würde mich wegen der Prügelei ins Gefängnis stecken, wenn ich zurückschlug, also bewahrte ich die Ruhe; ich ging auf die Herrentoilette und wusch mir das Gesicht, und als ich zurückkam, war der Kerl verschwunden.

Ich fragte den Kneipenbesitzer, wer der Mann war, und er erzählte mir, daß er Kelly Parker hieß . . . daß er der Viehhändler der Stadt war und daß er sich häufig die Zeit damit vertrieb,

Indianer zu verprügeln. Er brach einen Streit vom Zaun, so erfuhr ich, um dann zu verschwinden, bevor die Bullen auftauchten. Niemand hatte je eine Schadenersatzklage gegen ihn angestrengt.

Es gibt immer ein erstes Mal, und diesmal war es das erste Mal. Ich verklagte Kelly Parker wegen Beleidigung und Körperverletzung. Er wurde festgenommen und gegen eine Kaution wieder auf freien Fuß gesetzt ... er war nicht vorbestraft. Vom Staatsanwalt erfuhr ich, daß ich nach Elko kommen und vor Gericht aussagen mußte. Ein ums andere Mal rief ich dort an, doch Parkers Anwalt verzögerte den Prozeß immer länger, in der Hoffnung, sagte man mir, daß ich die ganze Sache vergessen würde. Aber ich blieb ihm auf den Fersen wie eine Zecke. Ich rief immer wieder an.

Eines Tages sagte der Staatsanwalt zu Parker: »Ich kenne diesen Indianer, er wird nicht lockerlassen.«

So kam es dann endlich zur Verhandlung, und er wurde für schuldig befunden. Es kostete ihn 500 Dollar, und er wurde außerdem zu einer sechsmonatigen Gefängnisstrafe mit Bewährung verurteilt. Das war ein mildes Urteil, aber immerhin bewirkte es, daß er von da an sorgfältig darüber nachdachte, ob er Indianer verprügeln sollte, wann immer er Lust dazu verspürte.

In jenen Tagen war Annie eine große Hilfe für mich, und sie ist es noch heute. Sie führte den Wohnwagenpark während meiner Abwesenheit, und 1968 schuf sie die Illustrationen für mein erstes Buch, AT HOME IN THE WILDERNESS.

Ich bezahlte die erste Auflage des Buches in Sparks, und als sie ausverkauft war, verkaufte ich einen Teil der zweiten Auflage an den Naturegraph Verlag in Happy Camp, Kalifornien. Es ist ein Buch über die Vertrautheit mit der Wildnis, und ich habe einige Jährchen daran gearbeitet. Ich habe darin von meinen Chippewa-Vorfahren und den Geheimnissen des Überlebens, mit denen sie vertraut waren, geschrieben. Ich habe aus den Erinnerungen meiner Jugend geschöpft und darüber gesprochen, wie man sich in der Wildnis eine Heimstätte baut.

Anschleichen, jagen, Felle gerben, Feuer machen, wildwachsende eßbare Pflanzen, Gemüseanbau, Suppe kochen ... in diesem kleinen Buch habe ich alles, was mir in den Sinn kam, niedergeschrieben, um die Menschen mit dem Leben in der Wildnis vertrauter zu machen.

Inzwischen hat AT HOME IN THE WILDERNESS zehn Auflagen erlebt und verkauft sich immer noch sehr gut.

In Reno entwickelte sich alles zum Besten für mich, und das erfüllte mich mit Zufriedenheit. Mein erstes Buch war erschienen, und es gab genügend Orte in Nevada, an denen ich allein sein und an der Stärkung meiner Medizin arbeiten konnte. Meine Arbeit beim Stammesrat von Nevada hatte sich ausgeweitet; ich war nicht nur in Reno Sparks tätig, sondern bereiste andere Reservate und war verantwortlich für die Entwicklung von Selbsthilfeprogrammen in dreiundzwanzig Reservaten im ganzen Staat. Mein offizieller Titel lautete damals ›Planungsbeauftragter des Siedlungswesens‹.

Ich war damals viel unterwegs und bekam meine Auslagen für Kost und Logis erstattet. Oftmals schlief ich unter freiem Himmel und sparte das Geld; mir gefiel es ohnehin besser, unter den Sternen zu schlafen, und das Geld wurde stets für einen besseren Zweck verwendet.

In dieser Zeit hatte ich es oft mit Fragen der Indianergesetzgebung zu tun, und ich beteiligte mich an einer Lobby im Staatskapitol in Carson City. Wir waren eine Gruppe von Leuten, die dazu beitrugen, eine Gesetzesvorlage im Kongreß durchzubringen, aufgrund derer Gewerbe und Handel in den Reservaten von Steuern befreit sein sollten. Durch ein anderes Gesetz, das wir unterstützten, wurden uns 350000 Dollar in Form von Ausgleichsfonds der Regierung zugesprochen. Das Geld war für ein Beschäftigungsförderungsprogramm bestimmt, und die Kongreßabgeordneten, die mit der Gesetzesvorlage befaßt waren, hatten sie immer wieder verzögert. Eines Tages nagelte ich den Vorsitzenden des Senatskomitees für Geldbeschaffungsmaßnahmen in der Herrentoilette des Senatsgebäudes fest; ich hatte mir ausgerechnet, daß jeder diesen Ort von Zeit zu Zeit aufsuchen mußte.

Während er sich anschickte, sein Geschäft zu erledigen, verfolgte ich das meinige.

»Werden wir das Gesetz durchbringen?« fragte ich ihn.

»Also wissen Sie, Sun Bear«, entgegnete er, und ich glaube, wahrscheinlich bewunderte er in diesem Moment meine Hartnäckigkeit, »ich glaube, das werden Sie. Wir haben den Indianern alles weggenommen, und jetzt ist es an der Zeit, Stückchen für Stückchen zurückzugeben.«

Das Gesetz wurde angenommen.

Eine weitere Gesetzesvorlage, mit der ich zu tun hatte, war ein neues Betäubungsmittelgesetz, das der Staat Nevada in Erwägung zog. Das Problem daran war, daß Peyote in dem Gesetz zu den illegalen Drogen gezählt werden sollte, und aus wohlersichtlichen Gründen waren viele Indianer darüber sehr erbost. Besonders in drei Reservaten war der Gebrauch von Peyote bei religiösen Zeremonien sehr verbreitet. Die Leute dort wollten sich nicht in Schwierigkeiten bringen, aber sie waren der festen Überzeugung, daß ein Vertreter vom Stammesrat im Kapitol für sie sprechen sollte.

Man bat mich, für sie einzutreten. Es gab eine Anhörung zu dem Thema in der Universität von Nevada, an der ich teilnahm. Die anwesenden Abgeordneten feilschten lange um den Wortlaut des Gesetzes, und nach einer Weile stand ich auf und meldete mich zu Wort. Viele Indianer hatten mir Protestschreiben mitgegeben, die ich laut verlesen sollte. Nachdem ich sie vorgelesen hatte, wollten die Abgeordneten wissen, wie ich persönlich zu dem Problem stand.

»Das Gesetz, so wie es formuliert ist«, erklärte ich, »birgt die Gefahr in sich, Unruhe zu stiften. Indem es Peyote zu den illegalen Drogen zählt, wird es die religiösen Bräuche meiner indianischen Brüder zerschlagen. Diese Bräuche gibt es seit Hunderten, vielleicht seit Tausenden von Jahren; Peyote ist für uns ein heiliges Sakrament und wird, ebenso wie der Wein in vielen Ihrer Kirchen, in höchstem Maße geachtet. Es ist eine Art Kommunion für uns.

Wenn der Wein bei Ihnen für religiöse Zwecke benutzt wird, ist das in Ordnung, aber wenn Mißbrauch damit getrieben wird, ist es gesetzeswidrig. Genauso ist es mit Peyote. Ich habe in meinem Leben eine Unmenge von Weinsäufern auf der Straße gesehen, unter denen auch Indianer waren, aber mir begegnen nur selten Menschen, die mit Peyote Mißbrauch treiben.«

Einer der Abgeordneten, ein Mann von italienischer Abstammung, erhob sich, nachdem ich gesprochen hatte, und unterstützte meine Worte. Er war Katholik, und mein Argument in bezug auf den Meßwein hatte bei ihm ins Schwarze getroffen.

»Wenn Peyote für die Indianer ein Sakrament darstellt, sollte es ihnen nicht verwehrt werden«, sagte er. »Ich glaube, daß sie es achten und keinen Mißbrauch damit treiben.«

Nach einer Weile gab er sich als der Polizeipräsident von Nord Las Vegas zu erkennen, und er stellte sich voll hinter die Forderung, daß es den Indianern erlaubt sein sollte, Peyote für religiöse Zeremonien zu benutzen.

Damit war eine bedeutende Schlacht gewonnen.

Der letzte Titel, den ich beim Stammesrat trug, lautete ›Spezialist für Wirtschaftsförderung‹, und meine letzte Aufgabe war es, Ideen für indianische Gewerbebetriebe und für Programme zu entwerfen, durch die Arbeitsplätze in den Reservaten geschaffen wurden.

Außerdem schrieb ich Anträge und trieb Gelder für die Indianer ein. An diesem Punkt meines Lebens kam ich zu der Überzeugung, daß es der wichtigste Teil meiner Medizin war, mein Volk darin zu unterstützen, selbständiger zu werden. Das gelang mir recht gut, wenn auch die Zusammenarbeit mit dem Amt für Indianerangelegenheiten sich oftmals eher als Hindernis denn als Hilfe erwies. Einmal dachte ich beispielsweise, ich hätte eine Möbelfabrik in der Tasche; sie sollte ins Pyramid Lake Reservat umgesiedelt werden und Arbeitsplätze für fünfzig Indianer bieten. Ich konnte die Prudential Lebensversicherungsgesellschaft bewegen, den Umzug mit 350 000 Dollar zu unterstützen, und der Rest sollte in Form einer Staatsanleihe aufgebracht werden. Doch das Amt für Indianerangelegenheiten behandelte den Fall mit solcher Schwerfälligkeit, daß die Sache platzte. Ein andermal versuchte ich, in einem anderen Reservat eine Tankstelle und eine Gemüsekooperative ins Leben zu rufen, doch auch diese beiden Projekte scheiterten.

Zu jener Zeit konnte ich einen weiteren schönen Erfolg verbuchen. Ich hatte einem Mormonenapostel namens Spencer Kimbal geschrieben und um finanzielle Unterstützung gebeten. Es dauerte lange, bis er auf meine Vorschläge einging, aber schließlich tat er es doch. Er schickte einen Vertreter namens Edwin Baird zu mir, und Baird erwies sich als große Hilfe.

Ich besuchte mit ihm zusammen ein paar Reservate; im Moapa Reservat, nördlich von Las Vegas, sprachen wir mit den Paiuten aus dem Süden über ein Selbsthilfeprogramm. Sie hatten der Anderson Molkerei Weideland verpachtet, und der Pachtvertrag sollte in Kürze auslaufen. Ich redete ihnen zu, den Pachtvertrag nicht zu erneuern, sondern das Land selbst zu bestellen.

Das Amt für Indianerangelegenheiten stand den Plänen wie immer ziemlich entmutigend gegenüber; man nahm dort einen unpersönlichen Standpunkt ein und vermittelte das Gefühl, daß die Indianer nicht in der Lage seien, erfolgreiche Geschäfte zu führen. Einer der Gründe für diese Haltung war wohl die Tatsache, daß die Anderson Molkerei das Land bereits seit zwanzig Jahren gepachtet hatte und das Amt für Indianerangelegenheiten den Status Quo erhalten wollte. Es ging um 240 Hektar vom besten Weideland, das, neben anderen Getreidesorten, bis zu sieben Klee-Ernten im Jahr lieferte. Das Amt für Indianerangelegenheiten berechnete praktisch nichts für die Pacht; ich glaube, es waren 2100 Dollar im Jahr.

Mit einiger Mühe gelang es mir, das indianische Volk davon zu überzeugen, daß sie die Pacht nicht verlängerten. Daraufhin bot die Anderson Molkerei die doppelte Pachtsumme an; Moapa warf einen beträchtlichen Gewinn für sie ab, auf den sie nicht verzichten wollten. Die Paiuten lehnten das Angebot ab.

Ein anderer Unternehmer bot für dasselbe Land 15 000 Dollar Jahresmiete. Sie blieben bei ihrem Nein.

Mit Spencer Kimbals Hilfe gelang es, für die Paiuten einen Kredit von 80 000 Dollar zu bekommen, so daß sie eine eigene Farmwirtschaft betreiben konnten, und heute haben sie, infolge dieser Unterstützung, einen sehr erfolgreichen Betrieb. Sie stellten Leute ihres Volkes ein und waren in der Lage, sowohl dem Stamm, als auch den einzelnen Mitgliedern des Stammes ein Einkommen zu sichern. Nach und nach verdoppelten sie die Größe des bebaubaren Landes und verfügten am Ende über viele neue Einrichtungen, unter denen sich auch ein indianisches Kommunikationszentrum befindet.

Das Moapa-Projekt entwickelte sich so erfolgreich, daß eine Dokumentation für das Fernsehen darüber gedreht wurde, um zu verdeutlichen, auf welche Weise amerikanische Ureinwohner zum Ziel gelangen konnten.

Während wir uns um die Entstehung dieser Indianerfarm bemühten, hörten wir aus dem Amt für Indianerangelegenheiten ständig: »Euer Volk hat nicht die nötigen Kenntnisse. Ihr werdet es nicht schaffen.« So geht es häufig, wenn Indianer versuchen, sich selbst zu helfen. Die Regierung tätschelt ihnen den Kopf und erklärt, daß sie es doch nicht schaffen werden. Wahrscheinlich liegt es daran, daß man uns für einfältige Wilde hält, vielleicht aber auch daran, daß es leichter ist, Minderheiten auf diese Weise bei der Stange zu halten.

Diese ›Das schaffst du doch nicht‹-Mentalität ist dafür verantwortlich, daß viele Menschen meines Volkes ihr Leben lang seelische Beeinträchtigungen erleiden; sie glauben die Botschaft, sagen sich selbst: »Das schaffe ich nicht« und tun nichts. Manch einer wird verbittert, egoistisch und unfähig, sich dem Lernen und Wachsen zu öffnen.

Manchmal lasse ich meine Schüler Löcher graben, in die sie sich die ganze Nacht über hineinlegen; ich glaube, daß sie sich auf diese Weise der Kraft der Mutter Erde öffnen können. Dann scheinen sich alle negativen ›Ich schaffe es nicht‹-Gedanken, die die Gesellschaft ihnen auferlegt hat, in Luft aufzulösen.

Sie spüren, wie die gute Energie der Erde sie durchdringt. Das ist ein beeindruckender Vorgang der Selbsterkenntnis, und wenn diese Leute dann von ihren Erdplätzen zurückkommen, fühlen sie sich oftmals viel stärker als zuvor. Doch unter meinen indianischen Brüdern und Schwestern gibt es viele, die sich diesen guten Gefühlen verschließen; es erscheint ihnen beinahe unmöglich, sich wieder zu öffnen und sich selbst zu heilen.

Als ich an dem Punkt angelangt war, an dem ich im Stammesrat nichts anderes mehr tat als Anträge zu schreiben und keine Gelegenheit mehr hatte, herumzureisen und mit den Angehörigen meines Volkes zu sprechen, kam ich zu dem Schluß, daß ich den Kampf gegen die Armut nur fortsetzen konnte, indem ich der Regierung meinen Posten zur Verfügung stellte. Ich kündigte.

Eine Zeitlang versuchte ich mich im Bergbau, an einem Ort namens Quarzgebirge in der Nähe von Tonapah. Das Silbervorkommen erwies sich jedoch als unergiebig, und so ging ich wieder auf Wanderschaft.

ZEHNTES KAPITEL
Die Vision wächst

Ich kündigte die Stellung beim Stammesrat von Nevada im Mai 1969. Aber ich blieb nicht lange arbeitslos. Ungefähr einen Monat später schlug mir Jack Forbes von der Kalifornischen Universität in Davis vor, gemeinsam mit ihm ein indianisches Studienprojekt im Tecumseh-Zentrum der Universität zu erarbeiten. Ich willigte ein, denn ich war überzeugt, daß es ein wichtiger Schritt in Richtung auf mein Ziel war, meine indianischen Brüder ebenso wie die weißen Studenten, die etwas über unsere Lebensweise erfahren wollten, zu unterrichten.

Während ich mit der Ausarbeitung dieses Unterrichtsprogramms beschäftigt war, begann ich an einem Versuchsobjekt für die Studenten in Davis mitzuarbeiten und war gleichzeitig an der Entstehung der Deganawidah-Quetzalcoatl-Universität (D.Q.U.) beteiligt. Die Idee für Deganawidah-Quetzalcoatl war einer Gruppe von indianischen und mexikanischstämmigen Studenten in Zusammenarbeit mit Jack Forbes gekommen, und darum wurde sie folgerichtig nach zwei großen Propheten der Irokesen und der Tolteken benannt.

Die Studenten hatten das Gelände eines verlassenen Luftwaffen-Stützpunktes in der Nähe von Davis besetzt. Damit hatten sie es, entsprechend einem alten Gesetz, nach dem es Indianern gestattet war, jedes beliebige staatliche Land, das gegenwärtig nicht genutzt wurde, für sich zu beanspruchen, regelrecht beschlagnahmt. Sie wollten auf diesem ehemaligen Stützpunkt eine indianische Universität aufbauen, und diesen Plan haben sie in die Tat umgesetzt.

Schon bald, nachdem ich in Davis angekommen war, lehrte ich offiziell Journalistik und indianische Philosophie. Ich erinnere mich noch an einige der ersten Dinge, die ich meinen Journalistik-Studenten beibrachte. Dazu gehörte meine Weigerung, nach dem Unterricht ihre Kaffeetassen für sie zu spülen – das war ein Teil ihrer Verantwortung – und die Ankündigung, daß sie aus dem Kurs fliegen würden, wenn sie nicht in der Lage waren, ihren Dreck selbst wegzumachen. Der zweite, und sicher etwas fachgerichtetere Rat, den ich ihnen gab, war, daß sie alles vergessen sollten, was sie je über das Verfassen von Zeitungsartikeln gehört hatten. »Wenn ihr nicht subjektiv voreingenommen schreibt«, erklärte ich ihnen, »wenn ihr in einem Artikel nicht eure Meinung ausdrückt, dann bezieht ihr keine Stellung. Ihr müßt euch mit euren Artikeln identifizieren, nicht euch davon distanzieren, verschwendet also meine Zeit nicht damit, daß ihr mir einen Haufen objektiver Beobachtungen liefert. Es wird sich nicht lohnen, euer Machwerk zu lesen. Wenn ihr keine Stellung beziehen könnt, dann setzt euch gar nicht erst an die Schreibmaschine.«

Ich unterrichtete ungefähr drei Monate lang in Davis, dann begannen einige Verwaltungsbeamte ihre Besorgnis darüber zu äußern, daß ich keine abgeschlossene Schulausbildung hatte.

Schließlich war ich gezwungen, die Stellung aufzugeben. Daraufhin stellte mich Chuck Sweet, der Leiter des Projektinstituts, ein.

Dort gab ich vor allem Selbstversorgungskurse. Ich hatte ungefähr siebzig Studenten sowohl von der Universität als auch aus der Gemeinde. Wir sprachen viel über das Heilen der Mutter Erde. Und wir beschäftigten uns viel mit Gartenbau.

1969 fand eine andere Landbesetzung durch das indianische Volk statt, die bei weitem berühmter war als das, was an der Deganawidah-Quetzalcoatl-Universität geschah. Es war dies die Besetzung der Insel Alcatraz. Ende der Sechziger Jahre hatten sich etwa 250000 Indianer in den großen Städten im ganzen Land neu angesiedelt. Viele unter ihnen besuchten Universitäten, bekamen Arbeit und versuchten, sich in der tonangebenden Welt der Weißen anzupassen. Das war keineswegs einfach; nach all der Ablehnung, die sie erfahren hatten, und nachdem sie an vielen Universitäten Gelegenheit gehabt hatten, etwas über ihre eigene Kultur zu lernen, war es voraussehbar, daß einige von ihnen zornig wurden. Aus ihnen wurden die Radikalen, die militanten Kämpfer, die entschlossen waren, sich ihre indianische Identität zurückzuerobern.

›Red Power‹ war eines der berühmtesten Schlagworte jener Zeit. Es gab Indianerbewegungen in den Städten wie das American Indian Movement (A.I.M.), das von Clyde Bellecourt und Dennis Banks in Minneapolis angeführt wurde, und die von Lehman Brightman geführte United Native Americans, Inc. in San Francisco.

Am 20. November 1969 besetzten siebenundachtzig Indianer die Felseninsel Alcatraz in der Bucht von San Francisco. Sie nannten sich ›Indianer aller Stämme‹, und ihre plötzliche Aktion gab anfangs Indianern im ganzen Land einen Energiestoß von gewaltiger Kraft. Die Insel Alcatraz war wie alles andere dem indianischen Volk genommen worden, und sie hatte viele Jahre lang ein Staatsgefängnis beherbergt. Doch das Gefängnis war mittlerweile geschlossen worden, und die Indianer, die die

Insel besetzten, beriefen sich auf dasselbe Gesetz, das die Übernahme des ungenutzten Luftwaffenstützpunktes in Winters für die Deganawidah-Quetzalcoatl-Universität möglich gemacht hatte. Die ersten siebenundachtzig Besetzer waren zum größten Teil städtische Indianer – Studenten aus dem Gebiet von San Francisco.

Ein offener Brief an das amerikanische Volk, der am 16. Dezember 1969 von den Anführern der Besetzung verfaßt wurde, drückte die Ziele und Hoffnungen der Bewegung sehr deutlich aus:

»Irgendwo müssen wir beginnen. Wir glauben, daß wir, um unser Ziel zu erreichen, an den alten Bräuchen festhalten müssen. Das ist der erste und wichtigste Grund, warum wir nach Alcatraz gegangen sind.

Wir möchten die traditionelle indianische Lebensweise bestärken, indem wir auf der Insel Alcatraz ein kulturelles Zentrum errichten. Wir möchten eine Universität, ein religiöses und geistiges Zentrum, ein Museum, ein ökologisches Zentrum und eine Grundschule aufbauen.«

Ende 1969 und Anfang 1970 schlossen sich den ursprünglich siebenundachtzig Besetzern eine große Zahl von Menschen an. Bevor die Besetzung beendet wurde, waren dort mehr als fünfzig Stämme vertreten.

Gemeinsam mit Annie und einem Freund besuchte ich die Insel, um darüber in *Many Smokes* berichten zu können. Wir hatten die Entwicklung in den Fernsehnachrichten verfolgt, und die ›Indianer aller Stämme‹ schickten uns eine Einladung. Sie befanden sich schon seit einigen Monaten auf der Insel, und einige der Anführer begannen den Mut zu verlieren, weil nichts Wesentliches geschah. Obwohl die Regierung den Rückzug angetreten und den Indianern die Erlaubnis erteilt hatte, zu bleiben, war keiner der Pläne für ein kulturelles Zentrum seiner Verwirklichung nähergekommen.

Wir befanden uns in Reno, als wir uns entschlossen, die Insel zu besuchen; wir fuhren nach San Francisco, und als wir an der Anlegestelle Fisherman's Wharf anlangten, stellten wir fest, daß nur zwei Boote am Tag nach Alcatraz verkehrten. Augenscheinlich hatten wir beide verpaßt.

Eine Zeitlang standen wir am Kai herum und überlegten, was zu tun sei, dann erbot sich ein Mann, uns in seinem alten Fischerboot hinüberzubringen. Natürlich fuhren wir mit ihm, ohne uns allerdings im klaren darüber zu sein, daß es ein schwerwiegendes Vergehen war, außerhalb der genehmigten Zeiten zur Insel zu fahren. Die Küstenwache hatte eine Sperre um die Insel errichtet, die es zu umschiffen galt. Als wir in den Hafen von Alcatraz einliefen, stellten wir fest, daß dort Boote der Küstenwacht in vermehrter Zahl zusammengezogen worden waren und daß die Leute auf der Insel großes Aufhebens darum machten.

Auf der Insel angekommen, liefen wir herum und unterhielten uns mit jedem, der einen Augenblick Zeit für uns hatte. Es brauchte nicht lange, um die Lage zu erfassen, zu verstehen, warum die Besetzung sich schwierig gestaltete. Die Insel Alcatraz ist ein Felsen, nichts weiter. Kein Land, um Gemüse anzubauen, kein Süßwasser, keine ständige Stromversorgung.

An einer hochgelegenen Stelle stand ein Tipi, und ein Gebäude wurde als Küche und Speisesaal benutzt. Die meisten der schwarzen Gefängnisgebäude standen leer, andere wiederum dienten den Leuten als Schlafstätten. Die einzige Nahrung auf der Insel stammte aus Spenden von außen.

So saßen die Leute denn auf diesem kahlen Felsen und warteten. Es gab keine Baumaterialien, aus denen man ein spirituelles oder kulturelles Zentrum hätte errichten können, und Geld war auch nicht vorhanden.

Ich sprach dort über den spirituellen Weg und auch über viele praktische Dinge, aber als ich die Insel Alcatraz verließ, wußte ich, daß meine Brüder und Schwestern nicht mehr lange dort sein würden.

Einige Monate später beschlossen die Indianer von Alcatraz, die Insel zu verlassen; den Besetzern war die Luft ausgegangen. In meinen Augen war das Problem dort die Frage der praktischen Überlegungen. Zu meinem Bedauern muß ich sagen, daß viele militante Bewegungen auf diese Weise in sich zusammenbrechen; sie werden im Zorn ins Leben gerufen, und das zehrt die Kraft der Menschen aus.

Aus diesem Grund erfüllt mich meine Vision des Bären-Stammes mit einem so guten Gefühl; unsere Gemeinschaft ist aus einer ganz anderen Richtung entstanden. Wir bemühen uns, dem Zorn und anderen schwächenden Gefühlen nicht nachzugeben; wir haben eine Gemeinschaft auf der Basis von Liebe und Harmonie gegründet, und darum werden wir von Tag zu Tag so viel stärker.

Wenngleich die erklärten Ziele der Besetzung von Alcatraz nie erreicht wurden, beeinflußte sie doch in hohem Maße spätere Bewegungen zur Rückeroberung der Rechte und Gebiete der Indianer.

Im Winter 1969 unternahm ich eine Reise mit Annie nach Rhode Island; Weihnachten stand vor der Tür, und sie wollte ihre Familie besuchen. Es war eine interessante Reise; ich hatte eine Hepatitis gefangen, was ich aber nicht wußte, bis ich dort ankam. Wir waren geflogen, und ich war sehr erschöpft von der Reise. Als ich dann feststellte, daß ich krank war, stellte sich heraus, daß es sehr ernst war. Ich mußte ins Bett.

Annies Familie lebte in einem alten Bauernhaus, in dem ein Geist umging. Ich reagiere ohnehin sehr empfänglich auf Geister, und eines der Symptome der Hepatitis wird als *Verwirrung* beschrieben. Ich war wahrhaftig verwirrt; mein Bewußtsein bewegte sich auf mehreren Ebenen gleichzeitig, und es gab Zeiten, da wußte ich nicht genau, ob ich mit einem wirklichen Menschen oder mit dem Familiengeist sprach.

Er war ein freundliches Wesen, dieser Geist; Annie erzählte mir später die Geschichte seiner Herkunft. Er war in den frühen zwanziger Jahren Farmarbeiter bei der Familie gewesen, der zum damaligen Zeitpunkt das Land gehört hatte. Als der Bauer alles verlor – er wurde wegen Alkoholschmuggels zu einer Gefängnisstrafe verurteilt –, war seine Familie ebenso wie der Farmarbeiter gezwungen, fortzugehen. Der junge Mann weinte bittere Tränen, so erzählt man sich, und sein Geist kehrte später an diesen Ort zurück. Ich war sehr froh, ihn kennenzulernen.

Er war über fünfzig, ungefähr zwei Meter groß und ziemlich tolpatschig. Er stieß sich an Gegenständen, ließ Türen offenstehen und nahm sich, wie Annie erzählte, gelegentlich sogar Lebensmittel aus dem Kühlschrank.

Sobald ich in der Lage war, wieder aufzustehen, machten wir uns auf den Rückweg nach Nevada. Aber in Wirklichkeit ging es mir noch sehr schlecht; ich fühlte mich während der Reise so schwach, daß ich kaum fähig war, zu laufen. Annie mußte mir in jener Zeit viel helfen.

In der Phase meiner Erholung von der Hepatitis, als ich sechs Wochen lang bettlägerig war, entstand mein zweites Buch, BÜFFELHERZEN. Das Buch ist eine Beschreibung der indianischen Kultur, Religion und Geschichte und behandelt das Leben zahlreicher großer indianischer Führer. Das sechzehnte Kapitel handelt von Crazy Horse, und es war das schwierigste von allen. Dieser große Führer der Oglala erfuhr im Laufe seines Lebens so viel Schmerz; während ich das Kapitel über ihn schrieb, hatte ich oftmals das Gefühl, viele seiner Erfahrungen noch einmal durchleben zu müssen. Das Buch war schwierig zu schreiben, aber als das Kapitel über Crazy Horse fertiggestellt war, floß mir der Rest wie von selbst aus der Feder. Inzwischen hat BÜFFELHERZEN fünf Auflagen erlebt und ist auch in deutscher Sprache veröffentlicht worden.

Die Studenten, die ich im Versuchsprojekt an der Universität in Davis hatte, waren großartige Menschen. Sie interessierten sich für alternative Lebensformen und waren darüber hinaus begierig zu lernen, wie man in Harmonie mit der Mutter Erde lebt. Sie waren ehrlich daran interessiert, die Lebensweise der Indianer kennenzulernen, also brachte ich ihnen alles bei, was ich wußte. Aus dieser Gruppe ist das Herz der Bear Tribe-Medizingesellschaft hervorgegangen.

Wir begannen, uns regelmäßig zu treffen, häufig bei George

und Caron Klare, und wir sprachen bei diesen Zusammenkünften über die Möglichkeiten, eine Gemeinschaft zu bilden, einen richtigen Stamm von Menschen, die sich umeinander und um die Erde liebevoll sorgten. Wir verteilten Flugblätter, um die Leute darüber zu informieren, daß wir einen Stamm gründen wollten. Viele kamen, und wir begannen, einander unsere Herzen, unsere Träume und unseren Geist zu öffnen. Es war eine aufregende Erfahrung festzustellen, daß so viele Menschen mit meiner Vision übereinstimmten und sie teilten.

Später, im selben Jahr, stellten einige Leute dem Bären-Stamm ein Stück Land in der Nähe von Placerville, Kalifornien, zur freien Verfügung. Ich hatte schon daran gedacht, selbst ein Stück Land zu kaufen, aber in jener Zeit war ich der festen Überzeugung, daß ich nicht versuchen sollte, die Mutter Erde zu besitzen. Erst viel später, nach vielen unfreiwilligen Umsiedlungen, kam ich zu der Erkenntnis, daß der Stamm, wenn er keinen rechtmäßigen eigenen Anspruch auf ein Stück Land hatte, immer wieder Arbeit und Kraft hineinstecken und dann vielleicht wieder fortgehen mußte.

Wir nannten unser erstes Lager, aufgrund eines Erlebnisses, das ich dort hatte, Medizinfelsen. Am ersten Tag in dieser Gegend wanderte ich nach einem Schneesturm einen schlammigen Pfad hinauf. An einer Wegbiegung entdeckte ich einen sehr großen, sehr klaren Quarzkristall, der aus dem Boden ragte. Er befand sich genau in der Mitte des Weges und sah aus, als wäre er zur Hälfte aus dem Boden hervorgetreten. Ich sprach ein Gebet und hob dann den Kristall auf. Ich war überzeugt, daß er für uns bestimmt war. Ich legte den Kristall in den Medizinbeutel des Bären-Stammes, und dort befindet er sich bis zum heutigen Tag.

Wir lebten am Medizinfelsen unter sehr einfachen Umständen. Es gab eine kleine Hütte, aber keine Toiletten, und das Quellwasser war so stark mineralhaltig, daß die Leute Durchfall davon bekamen. Keine der Annehmlichkeiten, an die sich die Menschen gewöhnt hatten, war vorhanden. Auf diese Weise war der Ort für die Anfangszeit des Stammes sehr geeignet, denn er zwang die Menschen, eng mit dem Land zusammenzuwachsen. Die meisten von uns lebten in Zelten oder bauten sich einfache Hütten. Wir waren anfangs ungefähr zwanzig Leute. Annie wurde Nimimosha. George wurde Grey Wolf, Caron wurde Morning Star, und sie waren die Unterhäuptlinge des Stammes. Mein damaliger Medizinhelfer war Tommy Gun, ein Flathead-Indianer aus Montana.

1970, in der Zeit der Erderneuerung, vollzogen wir Zeremonien, in denen die Leute am Medizinfelsen als vollwertige Mitglieder in den Stamm aufgenommen wurden. Diesen Menschen gab ich ihre Namen, nachdem sie ihre Zugehörigkeit zum Stamm erklärt hatten. Ein Name ist etwas, mit dem ein Mensch wachsen kann. Er kann mir im Traum, in einer Vision oder in einem stillen Augenblick kommen, und er zeigt mir die guten inneren Werte eines Menschen, die Werte, an denen sich sein Leben orientieren sollte.

Ich weiß noch, von welcher Kraft die Wintersonnwendzeremonien in jenem Jahr für mich und für uns alle waren. Für Indianer ist die Zeit der Erneuerung der Erde die wichtigste Zeremonie im Jahr. Es ist die Zeit, in der Vater Sonne seine Rückwanderung aus dem Süden antritt und beginnt, die Mutter Erde zu erwärmen und sie mit neuem Leben und Wachstum zu erfüllen. In dieser Zeit lassen wir alle Feuer im Lager erlöschen und entfachen sie auf rituelle Weise wieder. Wir fertigen Gebetsfedern für das ganze Jahr, die Frauen mahlen in traditioneller Weise Maismehl im Mörser, und die Männer bereiten unser Kinnik-Kinnik, den indianischen Kräutertabak. Wir statten Erde und Sonne unseren Dank für das Geschenk des Lebens ab. Wir reinigen uns in der Schwitzhütte, und anschließend fasten wir gemeinsam.

Die Erneuerung der Erde erfüllt mich immer mit einem guten Gefühl, aber in jenem Jahr war es etwas ganz Besonderes. Wir fasteten gemeinsam, spielten Stockspiele und erzählten Geschichten. Nachdem ich mich auf diese oder jene Weise seit meinem fünfzehnten Lebensjahr bemüht hatte, meine Vision von Menschen, die sich in der rechten Weise, in Achtung voreinander und vor der Erde, zusammentun, zu erhellen und zu erfüllen, wurde sie jetzt tatsächlich Wirklichkeit! Alle am Medizinfelsen Versammelten hatten ein starkes Gefühl der Verbundenheit, des Teilhabens aneinander und der Liebe zur Erde. In der Schwitzhütte vergoß ich stille Tränen der Freude über das Wunderbare der Ereignisse.

Wir hatten beschlossen, uns Bear Tribe, Bären-Stamm, zu nennen, nicht nur, weil mein Name Sun Bear ist, sondern auch, weil der Bär ein starkes Tier in der Medizin des Chippewa-Volkes ist. Der Bärenklan ist der Medizinklan der Alten. Der Bär ist eines der wenigen Tiere, die ihre eigenen Wunden heilen und, wie wir vom Volk der Chippewa glauben, auch die Wunden anderer. Wir wußten, daß genau darin die Aufgabe unserer Gruppe bestand – unsere eigenen Wunden und die Wunden der anderen zu heilen, damit wir uns alle zusammenschließen und die Heilung der Erde vorantreiben konnten. Auch brauchten wir die Kraft und die Zähigkeit des Bären, der mehrere Monate im Winterschlaf verbringt, ein paar Kräuter ißt und wieder seiner Beschäftigung nachgeht. An diesem Punkt der Ereignisse waren wir alle so begeistert, daß wir nicht voraussehen konnten, daß Winterschlaf und Wiedererwachen eine der schwierigsten Lektionen sein würde, die die Mitglieder des Stammes lernen mußten.

1971 ließ sich als magisches Jahr für den Bärenstamm an. Die Kunde von unserer Existenz und unserer Vision verbreitete sich rasch über die kalifornische Gerüchteküche und über Reden, die Stammesmitglieder für mich in Schulen und Kirchen in der ganzen Gegend organisierten. Wo ich auch auftauchte, wurde ich wohlwollend aufgenommen, und nach jeder Rede schlossen sich uns ein paar Leute mehr an. Wir hatten eine andere Niederlassung in Dutch Flat, Kalifornien, erworben, einen Ort namens ›Little Lake‹. Der Unterhäuptling dort war eine wunderschöne Schwester, die von den Apachen, den Mohawk und aus einer schottischen Familie abstammte. Ihr Name war Oh Shinnah Fastwolf. Heute reist sie als Vermittlerin, die ihre Lehren aus verschiedenen alten Traditionen bezieht, durch die ganze Welt. Sie hat ihre Lehren stets, damals wie heute, dem Heilen der Mutter Erde gewidmet.

Im Februar dieses Jahres veranstalteten wir ein Potlatch in Sacramento, um die Mitglieder der beiden Niederlassungen zusammenzubringen und der Gemeinschaft in Sakramento die Arbeit, die wir taten, vorzustellen. Mehr als 1500 Menschen nahmen an dem Treffen teil. Tommy Gun hatte die Leitung übernommen, Oh Shinnah sang, und ich sprach zu den Menschen und unterteilte sie in Gruppen von 200 bis 300 Personen. Leute vom Indianerzentrum von Sacramento kamen und unterstützten uns mit ihren Gesängen und Trommeln. Um unsere Dankbarkeit für diese Unterstützung zu zeigen, ließen wir dem Zentrum eine Spende zukommen. Wir luden Kunsthandwerker aus der Gegend ein, ihre Produkte auszustellen, und sie folgten unserer Einladung. Es war ein großer Tag, erfüllt von vielen Bärenumarmungen.

Später organisierten andere Stammesmitglieder ein Benefizkonzert unter dem Motto »Mother Earth Rock« für den Stamm in Friends and Relation Hall, dem ehemaligen Family Dog in San Francisco. Es spielten die ›New Riders of the Purple Sage‹ mit Jerry Garcia und anderen Mitgliedern der Gruppe ›Grateful Dead‹, Country Joe, ›Stoneground‹ und die ›Ace of Cups‹, und ich sprach zwischen den Auftritten zu der vielköpfigen Menge und erzählte ihnen von unserem Stamm und meiner Vision.

Menschen stellten uns Land zur Verfügung, und als der Sommer kam, lebten ungefähr zweihundert Stammesmitglieder in siebzehn verschiedenen Lagern in Kalifornien. Aus dem ganzen Land erreichten uns Briefe, und in vielen Untergrundzeitschriften erschienen Artikel über uns.

Der *Berkeley Barb* widmete dem Stamm einen langen Artikel, der mit einem Bären in der Haltung der Freiheitsstatue illustriert war. Die Überschrift lautete ›Gebt mir eure Erschöpften, eure Armen‹. Es erreichte uns so mancher von ihnen.

Wir legten in den meisten unserer Lager, ob in der Stadt oder auf dem Land, Gärten an. Unsere Gärten in Davis, die ungefähr zwei Hektar Universitätsgelände umfaßten, standen in dem Ruf, die besten der Universität zu sein. Wir trockneten viele der Erzeugnisse und erzielten mit dieser Methode gute Erfolge mit einigen Produkten, wie beispielsweise Tomaten, von denen niemand glaubte, daß man sie auf diese Weise konservieren konnte.

Wir ernteten Obst und Nüsse in verlassenen oder verwilderten Gärten, trockneten die Früchte und handelten die Überschüsse gegen andere Dinge ein, die wir benötigten. Unsere Arbeit war beharrlich auf die Selbstversorgung von unserem Land ausgerichtet. In einem Lager brachten wir in jenem ersten Sommer eintausend Pfund Kirschen ein. Wir trockneten sie alle. Unsere Arbeit war außerordentlich erfolgreich.

Wenn es auch zeitweise den Anschein hatte, als könnte ich 10 000 Mitglieder für unseren Stamm gewinnen, war das doch nicht mein Anliegen. Meine Vision sagte mir, daß es meine Aufgabe war, Menschen aller gesellschaftlichen Schichten zu lehren, ihnen das Wissen zu vermitteln, daß die Auswüchse der Technologie in Kürze zur Katastrophe führen mußten. Ich hatte das Bedürfnis, den Menschen zu erklären, daß, wollten sie die kommende Reinigung der Erde überleben und an der neuen Erde teilhaben, sie ihre eigenen, ganz persönlichen Bindungen zur Natur wiederherstellen mußten.

In dem Maße, in dem der Stamm wuchs, wuchsen auch unsere Probleme. Es gab Leute, die offensichtlich in der Lage waren, Lippenbekenntnisse abzulegen für das, was die Vision beinhaltete, deren Herzen aber nicht hinter ihren Lippen standen. Einige übernahmen viel Verantwortung, andere wiederum wünschten sich ein vorgefertigtes Utopia, an dem sie nur wenig arbeiten mußten.

Wir erlaubten den Stammesmitgliedern zwar, Marihuana zu nehmen, das wir ›Medizingras‹ nannten, ließen aber keine anderen Drogen zu. Heute verbieten wir auch den Gebrauch von Marihuana. Einige der Menschen, die zu uns kamen, waren unfähig, ihre Abhängigkeit von anderen Drogen zu überwinden. Die Drogenfrage entwickelte sich zu einem unserer größten Probleme. Während meiner Abwesenheit vom Lager wollten einige Leute wieder in alte Gewohnheiten zurückverfallen, wie man mir berichtete. Es war nicht so sehr eine Frage der Moral oder dessen, was recht oder unrecht war, sondern eine Frage der Aufrichtigkeit – von Menschen, die das eine sagten, aber das andere taten.

Aber bei all den Problemen hatte ich doch das Gefühl, daß meine Vision wahrhaftig aufzublühen begann. Ich wußte, daß meine Rolle innerhalb des Bären-Stammes nach zwei Richtungen hin ausgewogen sein mußte: einerseits war meine Anwesenheit erforderlich, um meine Brüder und Schwestern darin zu unterweisen, wie man in Harmonie miteinander lebt, andererseits würde ich aber im Land umherreisen müssen, um die Kunde von unserer Vision, uns selbst und die Mutter Erde zu heilen, zu verbreiten. Ich hatte einen so unerschütterlichen Glauben an den Stamm, daß ich alles, was ich gespart hatte, zu seiner Unterstützung verwendete. Ich verkaufte sogar einige der Wohnwagen in Reno, um Geld zu beschaffen, als es benötigt wurde.

Ich kaufte Nahrungsmittel und Schlafsäcke, manchmal für Leute, die einfach deshalb keinen besaßen, weil sie vergessen hatten, wo sie ihn gelassen hatten. Ich reparierte Autos, kaufte Benzin, zahlte für Briefmarken und Telefonanrufe. Es waren einige unter uns, die ihr Geld in den Unterhalt des Stammes steckten. Nimimosha erklärte sich sogar bereit, einen Großteil ihrer Zeit in Reno zu verbringen und den Wohnwagenpark zu leiten, damit wir über die Einnahmen daraus verfügen konnten.

In dieser Zeit kamen viele wunderbare Menschen zu uns, und es waren einige darunter, die seelisch so kaputt waren, daß wir sie nicht heilen konnten. Aber wir bemühten uns, wir bemühten uns wirklich.

Im Sommer 1971 brach ich zusammen mit Morning Star und Nimimosha zu einer Vortragsreise quer durchs Land auf. Es war eine sehr gut durchgeplante Unternehmung; wir hatten verbindliche Einladungsschreiben, und die Vortragstermine waren festgelegt. Wir unterhielten uns mit kirchlichen Gruppen, College- und Universitätsklassen und vielen anderen Menschen, die daran interessiert waren, eigene Gemeinschaften aufzubauen.

Es lag in unserer Absicht, eine Rundreise durch das ganze Land zu machen, von Westen nach Osten durch den Süden beginnend, dann die Ostküste hinauf. Der Rückweg sollte durch die Nordstaaten verlaufen. Auf diese Weise konnten wir die meisten Orte besuchen, an denen es Menschen gab, die hören wollten, was wir über Gemeinschaften zu sagen hatten.

Wir traten unsere Reise von Sacramento aus im Frühsommer an; es war glühend heiß, und ich erinnere mich gut an die flimmernden Hitzespiegelungen über dem Autobahnasphalt und die klebrigen Überreste eines Kugelschreibers, der auf dem Armaturenbrett unseres Wagens geschmolzen war. Wir nahmen Schlafsäcke und Campingausrüstung mit und machten als erstes in Reno halt. Während Nimimoshas Abwesenheit übernahm ein Mann namens Howard die Verwaltung des Wohnwagenparks. Von Reno aus fuhren wir weiter durch Las Vegas, dann durch Neu Mexiko und Arizona. Nachts hielten wir an und bereiteten uns ein Mahl über dem Lagerfeuer; es war eine schöne Zeit. Wir bekamen die Mutter Erde auf unterschiedlichste Weise zu spüren; in Texas wurden wir von Krätzmilben buchstäblich aufgefressen, die offensichtlich hocherfreut waren, unter unserer Haut eine neue Heimat zu finden. Es gab in dieser Gegend auch eine Unmenge von Moskitos, und vielleicht war es auf dieser Reise, daß ich meine Einstellung zum Töten dieser Tiere gefunden habe. Selbstverständlich habe ich Achtung vor allen Lebewesen, aber Moskitos bringen den Krieger in mir zum Vorschein.

Wenn sich ein Moskito auf mir niederläßt, sage ich zuerst: »Ich bin ein Krieger. Also mach dich davon und überbring diese Botschaft auch deinen Schwestern, sonst helfe ich dir nach.« Wenn das Tier daraufhin fortfliegt, lasse ich es in Frieden. Wenn es versucht, mich zu stechen, zerquetsche ich es. Gewöhnlich spricht sich die Nachricht ziemlich schnell in der Moskitowelt herum.

Immer, wenn wir nicht zu einer festgelegten Zeit ankommen mußten, suchten wir uns einen abgelegenen Ort draußen in der Wüste oder an einem Bach; selten schlugen wir unser Lager auf einem Campingplatz auf. Wir genossen es, eins mit der Mutter Erde und unabhängig zu sein, wenn wir auch zur damaligen Zeit Lebensmittel kauften. Wir eigneten uns so viel Wissen über wilde Kräuter an wie irgend möglich. Wo immer wir uns befanden, lernten wir, welche Pflanzen eßbar waren und welche zum Heilen verwendet wurden.

In Neu Mexiko machten wir erst in Santa Fe, dann in Taos halt. Im Taos Pueblo-Reservat wurden wir von einem Stammesältesten namens Tellus Good Morning empfangen. Er hatte sich selbst und seine Medizin jedem geöffnet, der zu ihm kommen, von ihm lernen und daran teilhaben wollte. Die Angehörigen des Taos-Volkes waren im allgemeinen nichtindianischen Menschen gegenüber sehr aufgeschlossen, und Tellus Good Morning hatte ein großes Gefolge junger Leute von gemischter ethnischer Herkunft um sich gesammelt.

Bei unserer Ankunft schickte er sich gerade an, eine Peyote-Trommel zu spannen, und er lud uns zu einer *Teeparty*, wie sie bei den Indianern genannt wird, ein. Dieser Begriff wird in meinem Volk nicht leichtfertig gebraucht; eine Teeparty ist eine besondere Form der Peyote-Zeremonie, bei der aus gemahlenen Peyoteknöpfen ein Tee bereitet wird. Dieser Tee wird herumgereicht und als heilige Handlung getrunken.

Ich erinnere mich an einen Schwarzen bei dieser Teeparty, einen überaus geistig durchdrungenen Mann. Er folgte schon seit vielen Jahren dem Weg der Indianer und wurde als geistiger Führer angesehen.

Im Taos Pueblo begegneten wir vielen Menschen, die ihr Leben in der tonangebenden Gesellschaft aufgegeben hatten; sie hatten keinerlei materielle Besitztümer, und sie waren glücklich. Sie besaßen ihren geistigen Reichtum und ihre gegenseitige Loyalität.

In Gallup, Neu Mexiko, besuchten wir das Navajo Reservat, wo die Tatsache, daß ich in Begleitung von zwei Frauen unterwegs war, große Neugier erregte. Einige Navajos leben immer noch polygam, darum glaubten sie wohl, ich würde in Begleitung meiner zwei Ehefrauen reisen, und wollten wissen, wie viele Kinder wir hätten und wo sie sich aufhielten. Häufig wurden auch Witze darüber gemacht; einige Männer boten mir an, Pferde gegen eine meiner Frauen zu tauschen; ich ging auf den Scherz ein, sagte aber: »Kein Geschäft zu machen. Ich brauche sie beide.«

Wir setzten unsere Reise durch die Südstaaten fort, und in Tulsa, Oklahoma, waren wir zu Gast im Hause eines sehr bekannten Bürgerrechtlers. Während unseres Aufenthaltes dort sprachen wir mit einer alternativen kirchlichen Gruppe und vor Zuhörern in einer jüdischen Bäckerei. Wir machten Erfahrungen unterschiedlichster Art. Wohin wir auch kamen, wurden neugierige Fragen über die Art unserer Dreierbeziehung gestellt. Das weckte in mir die Vermutung, daß die Polygamie nicht nur bei den Navajos praktiziert wurde – oder daß auch andere zumindest ihre entsprechenden Phantasien hatten.

Wir hielten einen Vortrag in der Universität von Oklahoma in Norman, dann fuhren wir weiter nach Dallas, Texas. Sowohl in Dallas als auch in Austin sprachen wir mit alternativen Gruppen und Leuten, die im Begriff standen, eigene Gemeinschaften zu bilden.

In Houston erreichte Nimimosha ein Anruf von Howard, unserem Verwalter in Sun Valley; es schien im Wohnwagenpark viele Schwierigkeiten zu geben, mit denen er nicht allein fertig wurde, daher beschloß Nimimosha, uns an diesem Punkt unserer Reise zu verlassen. Sie wollte nicht nach Sun Valley zurückkehren, und wir wollten nicht ohne sie weiterfahren, aber wir sahen keinen anderen Ausweg. Morning Star und ich setzten unseren Weg entlang der Ostküste fort, unterbrachen die Reise in Alabama und in Nord- und Südkarolina und erreichten schließlich New York City.

Bei dieser Gelegenheit machte ich die Bekanntschaft von Wabun vom Bären-Stamm. Damals nannte sie sich noch Marlise James. Sie war freischaffende Journalistin und beendete gerade die Arbeit an einem Buch mit dem Titel THE PEOPLE'S LAWYERS, das bei Holt, Rinehart & Winston erschien. Sie hatte vom Bären-Stamm gehört, als sie sich in Kalifornien aufgehalten hatte, um Recherchen für ihr Buch über Anwälte zu sammeln, und hatte in einem Brief angefragt, ob sie mich für einen Artikel interviewen könne.

Als wir uns das erste Mal sahen, war sie ziemlich überrascht, denn sie hatte einen achtzigjährigen Hopi erwartet. Morning Star und ich wohnten zwei Wochen bei ihr, und wir sprachen viel über den Stamm. Wir beide, Star und ich, waren so berauscht von unserer Reise und der Begeisterung, auf die wir überall im Land gestoßen waren, daß wir uneingeschränkte Liebe ausstrahlten, und Marlise war augenblicklich in diesen Bann gezogen. Oft stiegen wir strahlend in die U-Bahn, um zu sehen, wie viele Menschen wir bewegen konnten, unser Lächeln zu erwidern. Marlise führte uns in der Stadt herum und stellte einige wertvolle Pressekontakte über ihre ehemaligen Kommilitonen von der journalistischen Fakultät der Columbia-Universität her.

Ich erkannte in ihrem Herzen das reiche Maß guter Energien, die durch das Leben in New York City daran gehindert wurden, in die richtigen Kanäle zu fließen, und so schlugen wir ihr vor, zu kommen und sich dem Stamm anzuschließen. Sie willigte ein, unsere Einladung anzunehmen, wenn sie die Arbeit an ihrem Buch beendet hätte.

Im Spätsommer kehrten wir schließlich nach Kalifornien zurück. Wir erreichten unser Heimatlager in Vacaville, als die Zeit für eine reiche Pfirsichernte gekommen war. Wir hatten mit dem Bauern, dem das Land gehörte, die Vereinbarung getroffen, daß wir die Ernte einbrachten, die Früchte zerkleinerten und trockneten und dafür die Hälfte der Erträge behalten durften. Zur selben Zeit trockneten wir Feigen, und viele Mitglieder des Stammes arbeiteten sehr hart.

Ein weiteres Basislager befand sich in der Nähe von Elk Grove. Ungefähr zu diesem Zeitpunkt machte ich meine erste und letzte Erfahrung mit Marihuana. Wie ich bereits sagte, lehnte ich persönlich das Marihuanarauchen ab, doch einige meiner Brüder und Schwestern waren der Meinung, ich könne etwas, das ich nicht kannte, nicht kritisieren.

Sie buken einen Schwung Schokoladenplätzchen, die ungefähr zwei Unzen Marihuana enthielten. Ich wußte nichts von dieser Zutat. Wir saßen herum und kauten geräuschvoll auf den Plätzchen herum; ich hatte ungefähr vier gegessen, als mir plötzlich auffiel, daß sie wirklich köstlich schmeckten. Ich weiß noch, daß ich mich wunderte, warum ich es nicht bei den ersten Bissen bemerkt hatte. Nach ein paar Minuten ging ich hinaus in den Vorgarten. Plötzlich begann sich meine Hand ohne mein Zutun zu heben. Gegenstände um mich herum veränderten die Form, die Farbe und die Oberflächenmuster ... nach einer Weile war es wie ein Blick in ein Kaleidoskop. Die Muster waren ausgesprochen hübsch, sie sahen aus wie flüssige Spinnweben. Es war ein sehr starkes Erlebnis, wenn auch ganz anders als diejenigen, die ich in Peyote-Zeremonien erfahren habe. Diesmal schien die geistige Tiefe zu fehlen, aber es war ein sehr sinnliches Erlebnis.

Meine Brüder und Schwestern saßen um mich herum und lachten.

»Du hast eine Menge Plätzchen gegessen«, erklärte einer von ihnen. »Es war Medizingras darin.«

Nun, ich stand auf und ging ins Haus zurück. Mir war sehr heiß, und ich mußte meine Kleider ausziehen. Mir war *furchtbar heiß*. Zwei meiner Schwestern setzten sich in den Kopf, mir beim Abkühlen behilflich zu sein und begannen, meinen Bedürfnissen nachzukommen. Sie wuschen mich mit einem kühlen, feuchten Tuch und rieben mich trocken. Das Ganze erwies sich für mich als eine sehr sinnliche Erfahrung; ich hatte das Gefühl, daß wir drei lange Zeit liebevoll miteinander beschäftigt waren. Aber obwohl es mir durchaus gefällt, wenn ich mich wohlfühle, halte ich Drogen nicht für gut, die die Sinne *anregen*, während sie gleichzeitig das Verantwortungsgefühl *ausschalten*.

Ich muß zugeben, daß es ein starkes Erlebnis war, aber es

änderte nichts an meiner Einstellung zu Drogen. Drogen waren entschieden ein umstrittenes Thema zwischen mir und einigen Mitgliedern des Stammes. Und sie sollten schließlich eine der Hauptursachen für den frühen Winterschlaf des Stammes sein.

In jener Zeit, im Jahre 1971, war ich überzeugt, daß der Stamm, wenn er seine Energien in der richtigen Weise nutzte, sich selbst erhalten und unabhängig sein konnte, teils, indem wir unsere Nahrungsmittel anbauten und unser Vieh züchteten, teils, indem wir auf die Überschüsse der größeren Gesellschaft zurückgriffen. Im Umkreis um unser Lager gab es zahlreiche verwilderte Gärten, die wir abernten konnten. Außerdem gab es wildwachsende Nahrungsmittel in reicher Fülle, und wir aßen während des Sommers viel Wildgemüse: Feldsalat, Paradiesfeigen, Lattich, Malvengewächse.

Wenn die Ernte eingebracht war, holten wir uns aus den Gärten die übriggebliebenen Walnüsse, Mandeln und Oliven – sogar ganze Körbe voll Tomaten. Die Besitzer der Gärten waren meist recht großzügig; wenn wir sie darum baten, die Reste abernten zu dürfen, antworteten sie, wir sollten uns bedienen.

Wir brachten, sowohl aus privaten Plantagen als auch aus unseren eigenen Gärten, so viele Früchte ein, daß wir nicht nur unsere Mägen füllen, sondern darüber hinaus noch in der Stadt Handel damit treiben konnten. Zahlreiche Naturkostläden nahmen uns die getrockneten Früchte ab und gaben uns dafür andere Waren, die wir benötigten.

Ich dachte, die Dinge würden sich gut entwickeln, bis ich lange genug von meiner Reise durchs Land zurück war, um mir die Lager einmal näher anzuschauen. Ich erkannte, daß in den meisten etwas nicht in Ordnung war. Die Mehrzahl der Lager war gut organisiert; sie wurden von Unterhäuptlingen geleitet, die ich ernannt hatte, weil diese Menschen bereit waren, Verantwortung für diejenigen zu übernehmen, mit denen sie zusammenlebten ... In Elk Grove war das Little Elk, Sun Marker und Corn Woman in Santa Barbara, Pipe Man im North Star-Lager und Grey Wolf und Morning Star am Medizinfelsen. Aber es gab auch andere, die sich vielleicht ganz gut verhielten, wenn ich in der Nähe war, jedoch in alte, zerstörerische Gewohnheiten zurückverfielen, wenn ich abwesend war. Es waren Menschen, die nach Belieben kamen und gingen, oder einfach nur herumhingen und die Energien aller anderen aufsogen. Sie gerieten in Begeisterung über das, was wir zu leben versuchten, bis zu dem Zeitpunkt, an dem ihre tatkräftige Mithilfe gefordert war. Manche wurden zum Opfer kleinlicher Eifersüchteleien oder spielten mit der Kraft und vergeudeten sie im allgemeinen oder versuchten, von unserer zu zehren.

Ich erinnere mich an einen Zwischenfall, der sowohl belustigend als auch ärgerlich war. Er macht deutlich, was passieren kann, wenn Leute nicht bereit sind, Disziplin zu üben. Es geschah am Medizinfelsen, bevor ich meine Reise antrat. Eine Gruppe von Leuten wollte dort eher Indianer spielen, als zu lernen, wie man in Harmonie leben kann. Sie veranstalteten eine wüste Trommelzeremonie um drei Uhr nachts. Sie schlugen auf die Trommel ein und stießen dazu ein solches Gebrüll aus, daß die Nachbarn Kopf standen. Sie dachten, es wäre etwas Unheimliches, Gräßliches im Gange und riefen im Sheriffbüro an.

»O mein Gott«, stieß der Sheriff, wie er mir später erzählte, hervor, als er den Lärm hörte, »da müssen sich Hunderte in den Büschen herumtreiben.«

Der Sheriff und seine Helfer schlichen sich in der Dunkelheit an, vermutlich bereit, auf alles zu schießen, was sich bewegte. Sie glaubten, es würde sich dort etwas wirklich Merkwürdiges abspielen.

Schließlich lief er einem unserer Brüder über den Weg, den er zufällig aus der Schule kannte. Damit war glücklicherweise sowohl das Anschleichen wie auch die Trommelzeremonie beendet.

Einige meiner Brüder und Schwestern am Medizinfelsen hatten nicht erkannt, daß man, um in Harmonie mit der Erde zu leben, auch die Harmonie mit seinen Nachbarn pflegen muß.

Ein andermal schenkte ein Mann dem Stamm eine Kuh. Während meiner Vortragsreise ging sie beim Kalben ein, weil niemand die Verantwortung übernahm, sie zu füttern und zu tränken. Kurze Zeit später starben einige Ziegen aus demselben Grund. Nachdem ich immer wieder mit meinen Leuten über die Verbundenheit mit und die Verantwortung für alle Geschöpfe gesprochen hatte, empörte mich ihr Verhalten jetzt einigermaßen. Ich erkannte, daß ich mich auf viele von ihnen nicht verlassen konnte.

Gegen Ende des Jahres 1971 wurde es so schlimm, daß ich beschloß, dem Schauplatz der Ereignisse den Rücken zu kehren. Ich erklärte den Leuten, daß sie von nun an auf sich selbst gestellt seien, daß ich es für notwendig hielte, den ersten Versuch mit dem Bären-Stamm zu beenden. Es waren feine Leute darunter, aber zu viele von ihnen waren nicht bereit, sich vorbehaltlos für die Sache einzusetzen. Manche waren schlichtweg faul, andere kamen als Kiffbrüder zu uns und verließen uns ebenso wieder; und ich kam zu dem Schluß, daß es besser für sie war, wenn sie einen anderen Weg einschlugen.

Ich war außerordentlich niedergeschlagen über diese Entwicklung, aber auch diesmal wußte ich, daß alles, was ich im Leben tat, Teil meines Wachsens und Lernens war.

Als sich der erste Bärenstamm aufzulösen begann, begab ich mich auf einen Berg in der Nähe von Vacaville. Ich streifte meine Kleider ab, denn so war ich in die Welt getreten, und betete zum Schöpfer um eine Vision, die mich auf den rechten Weg führte. Ein Teil der Vision, die ich darauf hatte, ist am Anfang dieses Buches beschrieben. Ich sah einen goldenen Adler. Er kreiste um mich, während ich dort auf dem Berggipfel lag.

Ich sprach meine Gebete, und ich bat um ein Zeichen, um Führung. Der Adler kam und ging, und er blickte mir in die Seele; ich war den Tränen nah. Das Zeichen des Großen Geistes erfüllte mich mit großer Freude, aber ich wußte nicht, was es zu bedeuten hatte.

Ich verweilte auf dem Berg; meine Gebete wurden immer

eindringlicher. Plötzlich zog eine gewaltige weiße Wolke über mir auf; es war die einzige Wolke an einem vollkommen blauen Himmel. Und während ich betete, kam die Wolke immer näher, dann löste sich ein kleines Flöckchen daraus. Ein Wirbelwind kam und riß das kleine Wolkenflöckchen mit sich fort. Ein Teil davon löste sich auf, aber ein Stückchen vereinigte sich wieder mit der Hauptwolke. In diesem Augenblick wußte ich, was mit dem Bären-Stamm geschehen würde und war zuversichtlich.

Der Große Geist hatte mir ein Zeichen gegeben; die Menschen, die sich mir angeschlossen hatten, waren noch nicht bereit, meine Vision zu leben. Einige würden in die Städte zurückkehren. Manche würden wachsen und schließlich ihr Gleichgewicht finden. Und einige, das verkündete mir meine Vision, würden sich nur eine Zeitlang vom Bären-Stamm trennen; das war das kleine Wolkenflöckchen, und sie würden zurückkommen. Dann würde die große Wolke, der Bären-Stamm selbst, wieder aufblühen. Das fühlte ich in meinem Herzen.

Also kehrte ich zu der Gruppe zurück, die den Aufbruch vorbereitete und berichtete, was ich gesehen hatte.

»Viele von euch«, sagte ich, »bewegen sich auf einem anderen Lebensweg. Einige von euch werden in ihre Städte und zu ihren Drogen zurückkehren.

Auch ich ziehe weiter«, fuhr ich fort. »Der Bären-Stamm wird leben und wachsen aus dem, was wir hier begonnen haben. Ich gehe jetzt nach Reno zurück, und diejenigen unter euch, die beim Bären-Stamm bleiben wollen, die *wirklich* bereit sind, mitzuhelfen, können sich mir dort bald anschließen.«

Ich hatte immer noch den Wohnwagenpark, und Nimimosha leitete ihn immer noch. Sie war daneben mit anderen Dingen beschäftigt und hatte eine neue Beziehung gefunden, aber im Herzen fühlten wir uns noch immer sehr stark verbunden. Ich kehrte also nach Reno zurück, und nach kurzer Zeit kamen einige Leute aus Kalifornien und schlossen sich mir an; unter ihnen waren North Star, Chespellum und Morning Star.

Ich nahm diejenigen Brüder und Schwestern, die sich in der

Zeit, als die Vision des Stammes im Winterschlaf ruhte, zu mir gesellten, mit Freuden auf. Ich wußte, daß ich Zeit brauchte, um Kräfte zu sammeln und mich zu erneuern, um später wieder hervortreten zu können.

Anfang 1972 kauften wir eine kleine Druckerpresse, brachten unsere Adressenlisten in Ordnung und nahmen den Vertrieb von *Many Smokes* wieder auf.

Obwohl sich der erste Stamm aufgelöst hatte, wußte ich, daß meine Vision stärker wurde. Ich sah einschneidende Veränderungen auf der Mutter Erde in naher Zukunft kommen: die Zeit der Reinigung. Ich sah, daß die Quellen, die die Technologie möglich machten, rasch versiegten, und ich erklärte den Leuten damals immer wieder, daß sie, um zu überleben, sich das Wissen wieder aneignen mußten, über das ihre Vorfahren vor langer Zeit verfügt hatten. Sie mußten lernen, im Gleichgewicht über die Mutter Erde zu wandeln, die natürlichen Quellen der Erde umsichtig und vernünftig zu nutzen, ohne allen Dingen chemische Zusätze und Pestizide hinzuzufügen und all die Substanzen, die das zarte Gewebe des Lebens auf unserem Planeten zerstören.

Der erste Bären-Stamm stellte die erste Gruppe von Menschen dar, die gemeinsam mit mir den richtigen Weg einschlugen. Am Anfang herrschte in unseren Lagern eine wunderbare Atmosphäre. Ich sehe die Kinder drüben im Elk Grove-Lager noch vor mir, es waren eine ganze Menge, und sie waren alle ungefähr im gleichen Alter. Wir mußten nicht einmal die Wäschestücke auseinandersortieren. Sie schliefen alle gemeinsam in einem alten Bauernhaus, und ihre Eltern schliefen draußen im Freien. Am Morgen wurden die Erwachsenen dann von den Umarmungen und Küssen der Kinder geweckt. Es spielte keine Rolle, wer man war, man wußte, man wurde geliebt.

Wann immer der erste Bären-Stamm sich zu großen Treffen zusammenfand, an denen alle Lager teilnahmen und darüberhinaus Leute, die sich für unser Leben interessierten, herrschte große Freude.

Wenn Besucher über den Bärenstamm sprachen, dann sagten sie oft: »Ach ja, wir kennen die Leute. Sie umarmen sich ständig.« Und das ist wahr. Wir umarmten uns häufig und gerne und tun es auch heute noch.

Wir wurden zu einer Legende. Doch darin bestand nicht die Erfüllung meiner Vision. Um meine Vision zu erfüllen, mußten wir eine wahre Gemeinschaft von Lehrern werden, fähig, die Samen, die wir auspflanzten – in der Erde wie im Geist der Menschen – unermüdlich zu nähren.

ZWEITES BUCH

AUF DEM PFAD DER KRAFT

ELFTES KAPITEL

Die Entdeckung des ›Vision Mountain‹

Wir waren wieder zurück im Sun Valley, und die paar Leute, die uns gefolgt waren, drängten sich in jedes freie Plätzchen, das sie finden konnten. Manchmal fühlten wir uns in den wenigen kleinen Wohnwagen so beengt wie Sardinen in der Dose.

Wir hatten aus dem ersten Versuch im Bären-Stamm einige Lehren gezogen, was die Organisation betraf; daher wußten wir ein wenig besser, wie wir mit Problemen umgehen mußten, als wir den Neuanfang wagten. Ein wichtiger Grundsatz mußte die persönliche Verantwortlichkeit sein. Die Kontrolle mußte strenger gehandhabt werden, und wie sich herausstellte, war es gut, daß wir an dieser Überzeugung festhielten. Nur ein Beispiel: Der junge Mann, der zu Anfang *Many Smokes* auf unserer Druckerpresse herstellte, war ausgesprochen erfinderisch. Er kam auf den Gedanken, daß man die Druckerpresse gleichzeitig für mehrere Zwecke nutzen konnte. Einer davon war selbstverständlich die Herstellung von *Many Smokes*; der andere, über den er uns aufzuklären versäumte, war der sehr stümperhafte Versuch, Zwanzigdollarnoten zu fälschen.

Wir erwischten ihn dabei und jagten ihn davon. Die künstlerische Gestaltung seines Falschgeldes war wirklich ein armseliges Machwerk; selbst ein fünfjähriges Kind hätte wahrscheinlich seine nachgemachten Scheine von den echten unterscheiden können.

Im Januar 1972 schloß sich Marlise James dem Stamm an. Sie hatte die Arbeit an THE PEOPLE'S LAWYERS beendet, und wir hatten eine Menge Ideen zur Neuorganisation des Stammes im Kopf. Es fällt mir nicht schwer, zu sagen, daß sie genau zum richtigen Zeitpunkt gekommen war; es war der Winter, in dem mich zum ersten und einzigen Mal Zweifel an der Erfüllung meiner Vision befielen. Wenn ich an den Bären-Stamm meiner Vision dachte und die Wirklichkeit betrachtete, die Art von Menschen, die in die ersten Lager gekommen waren, schien sich mein Geist zu umwölken. Dieser erste Versuch hatte mich sehr viel Kraft und all mein Geld gekostet. Doch dank Marlise und allen anderen guten Leuten, die sich um mich versammelt hatten, konnten wir den Traum am Leben erhalten.

Im vorausgegangenen Herbst hatten wir ein Kaufangebot für den Wohnwagenpark im Sun Valley bekommen. Das Geschäft wurde im Frühjahr abgeschlossen. Ich war froh über die Gelegenheit, den Park loszuwerden. Es behagte mir nicht, ein Unternehmen zu führen, dem Geld nachzujagen und die Mieter daran zu hindern, meine Möbel zu stehlen. Es stand mir bei dem, was ich eigentlich tun wollte, im Wege. Von dem Erlös erwarb ich vier Hektar Land in der Nähe von Los Gatos, Kalifornien. Es schien mir damals ein gutes Geschäft, bis wir bei unserer Ankunft auf dem Land feststellten, daß es genau auf einer Erdbebenrinne gelegen war.

Ich mußte immer noch den größten Teil meiner Zeit in Reno verbringen. Wir hatten dort ein paar Wohnwagen behalten, und zusammen mit Marlise, Nimimosha und den anderen, die ich erwähnt habe, druckten wir dort *Many Smokes*.

Nachdem Marlise James einige Zeit beim Stamm verbracht hatte, wurde sie in einer Zeremonie am Pyramid Lake als vollwertiges Mitglied aufgenommen. Sie sollte später meine Medizinhelferin im Bären-Stamm werden, und ich werde sie von diesem Zeitpunkt an Wabun nennen. Bei den Chippewa ist Wabun der Geisthüter des Ostens. Wabun ist der Geist der Weisheit und der Erleuchtung, der Bote des Frühlings und des erwachenden Wachstums.

Zu diesem Zeitpunkt wurde uns klar, daß wir, um den

Stamm auf eine solide finanzielle Basis zu stellen, wieder auf Wanderschaft gehen mußten, diesmal, um unseren Bestand an indianischem Kunsthandwerk zu verkaufen.

Also machten wir uns im Frühjahr auf zu einer ›pow wow-Runde‹, indem wir die verschiedenen indianischen Feste besuchten und dort kunsthandwerkliche Gegenstände, Bücher und alles, was wir in die Finger bekamen, verkauften.

Anfangs besaßen wir nicht vieles, das wir hätten verkaufen können; mein Vorrat, der aus Ringen, Pfeilen und Bogen, die wir einige Zeit zuvor von den Cherokee gekauft hatten, bestand, war ungefähr fünfhundert Dollar wert. Wir begannen praktisch mit nichts, besuchten die indianischen Kunsthandwerksausstellungen und verkauften bei dieser Gelegenheit natürlich Ausgaben von *Many Smokes.*

Diese pow wow-Runde führte uns wieder einmal quer durchs ganze Land; wir schlugen unser Lager im Freien auf und waren ständig in Bewegung. Den größten Teil des Geldes, das wir einnahmen, investierten wir für den Erwerb weiterer und besserer Waren.

Wir versuchten, keines der alljährlichen indianischen Feste auszulassen ... die Tänze, die Zeremonien, die der Öffentlichkeit zugänglich waren. Die meisten Stammesverbände veranstalten einmal im Jahr ein großes pow wow, und es gibt sowohl auf dem Land als auch in den großen Städten Hunderte, die man besuchen kann. Für das pow wow legen die Tänzer ihre traditionelle Stammestracht an. Sie legen manchmal Tausende von Meilen zurück, um zu dem Fest zu gelangen. Trommlergruppen strömen aus dem ganzen Land zusammen, und die Tänzer wetteifern um die Preise in verschiedenen Kategorien. Da gibt es den traditionellen Tanz, der immer populärer wird, den indianischen Phantasietanz, langsame und schnelle Kriegstänze, den traditionellen Frauentanz und sogar Tanzwettbewerbe für Kindertanzgruppen.

Die pow wows sind ein großes Ereignis im Volk. Die Familien kommen zusammen und verbringen ein paar sorgenfreie Tage miteinander. Für viele meiner Brüder und Schwestern ist es eine unvergleichliche Abwechslung von dem ereignislosen täglichen Einerlei in den Reservaten oder den großen Städten.

Die Teilnahme an den pow wows half mir, die Düsterkeit, die sich angesichts der Ereignisse im Bären-Stamm in Kalifornien breitgemacht hatte, zu überwinden. Drei Jahre lang machten Marlise und ich, mit Unterbrechungen, die pow wow-Runde. Mir war von Anfang an bewußt, daß es ein Teil meiner Winterschlafperiode war, aber immerhin gab es mir die Möglichkeit, etwas Konstruktives zu tun. Wir schufen damit die finanziellen Mittel, die es dem Stamm erlauben würde, zu einem späteren Zeitpunkt wieder hervorzutreten.

Darüber hinaus halfen diese Reisen Wabun, viele Erscheinungsformen der gegenwärtigen Indianerkultur zu begreifen und es bereitete sie darauf vor, später ihren Platz als meine Medizinhelferin einzunehmen. Als Wabun sich dem Stamm anschloß, wußte sie nur wenig über indianische Kultur ... und die pow wows, die Darbietungen und die Menschen, denen wir begegneten, vermittelten ihr einen Intensivkurs, den sie an keiner Schule geboten bekommen hätte.

Während unserer Reise traf ich viele alte Freunde, die ich längere Zeit nicht gesehen hatte, und ihre Zuneigung half mir, das Leben in einem besseren Licht zu sehen. Darüber hinaus schlossen wir neue Freundschaften – mit Menschen wie Larry und Lee Piper aus Seattle und Joyce und Richard Rainbow aus Tuolomne, Californien –, die mir zu neuen geistigen Einsichten und Vorstellungen verhalfen.

Wir beteiligten uns sogar an der Schirmherrschaft für einige Indianerdarbietungen in der Gegend von Sacramento, und diese Erfahrung sollte uns, obwohl uns das zum damaligen Zeitpunkt noch nicht klar war, auf Zusammenkünfte anderer Art vorbereiten, die wir später förderten.

Einige der ersten pow wows, die wir besuchten, fanden in der Nähe von Los Angeles statt. Wenn wir uns in der Gegend aufhielten, waren wir immer bei Jeannie und Bob Babcock zu Gast, die ich aus den Tagen des Indianerzentrums in Los Angeles kannte. Es tat wirklich gut, sie wiederzusehen. Bob, den wir den ›Alten Gauner‹ nannten, war für mich immer wie ein Onkel gewesen. Er ist noch ein richtig altmodischer Mensch, voller Liebe für Menschen und Tiere. Im Haus der beiden gab es immer ein Dutzend Katzen, und Dutzende von herrenlosen Katzen streunten um das Haus herum und ernährten sich von dem, was sie bereitstellten. Onkel Bob hielt sogar ein paar Waschbären als Haustiere mitten in der großen Stadt. Jeannie und Wabun wurden gute Freundinnen, und Wabun lernte von Jeannie viel über die Gastfreundschaft, die indianische Frauen den Gästen stets entgegenbrachten. Indianische Frauen bedienen ihre Gäste großzügig und unaufdringlich, und ich glaube, daß eine Frau ohne die Würde, das verständnisvolle Wesen, die Kraft und die Einfühlsamkeit, von denen Jeannies Lebensweise und ihre Bereitschaft, einen Menschen zu bedienen, geprägt waren, die größten Schwierigkeiten gehabt hätte, Wabun mit ihrem feministischen New Yorker Hintergrund von einer solchen Haltung zu überzeugen.

Von Los Angeles aus reisten wir zu anderen pow wows in Kalifornien, später nach Nevada, Montana, Oregon und Washington.

Da die meisten pow wows im Freien stattfanden, suchten wir uns oft ein schattiges Plätzchen und breiteten dort unsere Decke aus. Auf der Decke boten wir unsere Waren an. Manchmal stellte man uns kostenlos ein Fleckchen zur Verfügung, aber meistens mußten wir eine Platzgebühr bezahlen.

Auf vielen pow wows wurden Rodeos veranstaltet, und manchmal wurden indianische Zeremonien gezeigt. Bei den kunsthandwerklichen Ausstellungen in Los Angeles und anderen großen Städten waren hundert bis hundertfünfzig Händler vertreten, und ich erwarb mir gewöhnlich im Austausch gegen eine Anzeige in *Many Smokes* einen Verkaufsstand. Ich verkaufte die Zeitschrift sowohl an die Händler, als auch an die zwischen den Ständen herumschlendernden Besucher. Sie erwies sich als Segen für alle Beteiligten; mir brachte sie einiges Geld ein, und für die Händler waren darin alle bevorstehenden pow wows angekündigt.

Wir kauften Türkis- und Silberschmuck, kurz bevor er zu großer Beliebtheit kam; ein paar Jahre lang war alle Welt scharf darauf. Wir waren von Anfang an gut im Geschäft und hatten einen sehr guten Warenbestand. Es gelang uns, ein wenig Geld von den Verkäufen zurückzulegen.

In einem Jahr steckten wir unser gesamtes Bargeld, bis auf einen Rest von zwanzig Dollar, in Türkisschmuck, den wir von indianischen Kunsthandwerkern in Gallup, Neu Mexiko, kauften. Dann brachen wir, eine Kreditkarte für Benzin und diese zwanzig Dollar in der Tasche, zu einer Verkaufsreise von Gallup nach Washington D.C. auf. Auf dieser Reise machten wir so erfolgreiche Geschäfte auf den pow wows, daß wir mit einem ansehnlichen Gewinn zurückkamen.

Die pow wow-Jahre waren vergnüglich und aufregend, wenn wir auch sehr oft hart arbeiten mußten. Zwischen den Festen hielten wir an jedem Buch-, Andenken- und Schmuckladen, an dem wir vorbeikamen, und versuchten, etwas von unseren Beständen zu vertreiben. Das Auto war unser Zuhause. Wir fuhren darin herum – oft lange Strecken in kurzer Zeit –, wir schliefen darin, und nicht selten aßen wir auch darin. Ich ging damals so knickerig mit dem Geld um, daß Wabun mir den Spitznamen *El Cheapo* gab. Doch ich wußte, daß wir eine Reserve schaffen mußten, um später Land zu erwerben, damit der Bären-Stamm wieder hervorkommen konnte.

Oft waren wir tief bewegt von der Großherzigkeit der Menschen, denen wir auf den pow wows begegneten, Menschen, die uns mit zu sich nach Hause nahmen, uns zu Essen gaben und uns wie wahre Brüder und Schwestern behandelten. Bei anderer Gelegenheit rührten uns die Kinder, die *Many Smokes* verkauften, durch ihre Liebe und Großzügigkeit. Wabun erinnert sich an einen jungen Mann, der während des Ölfestes in Poplar, Montana, härter arbeitete als alle anderen. Am Ende nahm er alles Geld, das er verdient hatte und kaufte seiner Mutter ein Geschenk davon. Wabun war so ergriffen, daß sie ihm eine wunderschöne Gürtelschnalle schenkte.

Oft hatten wir es auch mit richtigen Schlitzohren zu tun,

die dazu beitrugen, unsere Geschicklichkeit im Feilschen und Handeln zu schärfen. Im Gebiet der Navajos kam ich allmählich dazu, Wabun das Handeln zu überlassen. Dort hatten in Geldfragen die Frauen das letzte Wort, und sie schienen mehr Respekt zu haben, wenn sie es mit weiblichen Händlern zu tun hatten.

In dieser Zeit zeigte sich uns die Natur oft in all ihrer Schönheit und Gewalt. Einmal befanden wir uns auf einem pow wow in Ft. Collins, Colorado, genau am Fuße des Pikes Peak. Jeden Tag um vier Uhr nachmittags statteten uns die Donnerwesen einen Besuch ab. Wir hatten einen Stand, der vom technischen Corps der Armee zu diesem Zweck errichtet worden war. Um drei Uhr dreißig packten wir unsere Waren in Kisten unter die Theke, damit sie nicht naß wurden. Eines Tages blies nun ein so heftiger Wind, daß der Verkaufsstand, samt Wabun und den Verkaufsgegenständen, umgeworfen wurde. So viel zu den Technikern der Armee.

Ein paarmal entgingen wir, auf der Fahrt durch die flachen Staaten, gerade noch einem Tornado – zum Glück, denn ein großer Teil unserer Waren befand sich auf einem Dachgepäckträger, nur mit einer Plane bedeckt. In höhergelegenen Wüstengebieten wären wir einige Male um ein Haar von plötzlichen Überflutungen eingeholt worden. Unsere Medizin war gut.

Oftmals waren wir während der Fahrt ausschließlich damit beschäftigt, die Schönheit der Berge, der Wüsten, des Meeres, der Wolken, der Sonnenuntergänge und -aufgänge zu bewundern. Nichts anderes hätte vermocht, mich so zu heilen, wie der Anblick dieser Schönheit.

In der Zeit unserer Reisen suchten wir stets die Begegnung mit meinen indianischen Brüdern und Schwestern und den Gedankenaustausch mit ihnen. Gleichzeitig berichteten wir überall, wo wir waren, in *Many Smokes* über Indianerereignisse.

Eine Geschichte, über die wir in jener Zeit berichteten, war von außerordentlicher Bedeutung. Es war die Besetzung von Wounded Knee durch die Indianer im Jahre 1973. Die Besetzung fand im Pine Ridge Reservat statt, in dem vor allem die Oglala-Sioux beheimatet sind. Obwohl die meisten Menschen davon gehört haben, wissen die wenigsten, was dort wirklich geschah. Ich werde also, von meinem Standpunkt aus betrachtet, ein wenig darüber berichten.

1890 metzelte die U.S.-Regierung annähernd dreihundert Menschen bei Wounded Knee nieder. Es war ein berühmtes – oder unrühmliches – Massaker, das stattfand, nachdem die Sioux drei Verträge unterzeichnet hatten, durch die sie jedesmal mehr Reservatsland verloren. 1973 kehrte etwa die gleiche Anzahl von Sioux, nämlich dreihundert, zurück nach Wounded Knee, um dort noch einmal Stellung zu beziehen.

Die traditionellen Oglala besetzten, unterstützt von Mitgliedern der Indianerbewegung AIM, das Gelände einer Handelsniederlassung in Wounded Knee. Viele Menschen kamen Hunderte von Meilen herbeigereist, um sich dem anzuschließen, was schon bald unter der Bezeichnung Unabhängige Oglala-Nation bekannt werden sollte. Nachdem sich die Gruppe in Wounded Knee erst einmal niedergelassen hatte, sah sie sich bald von Regierungstruppen umstellt und belagert. Leute von der Regierungspolizei, vom FBI, von der Staatspolizei ... alle kamen sie bis zu den Zähnen bewaffnet mit Maschinengewehren, in gepanzerten Fahrzeugen, sogar in Hubschraubern. Die Regierung beschloß, die Handelsniederlassung nicht anzugreifen; sie hatten wohl Angst, daß ein weiteres Massaker in Wounded Knee ihnen eine schlechte Presse einbringen würde. Stattdessen faßten sie den Entschluß, die Rebellen auszuhungern. Sie sperrten das ganze Gebiet ab und konfiszierten alles an Nahrungsmitteln, Treibstoff und Medikamenten, das die Leute, die das Recht hatten, die Blockade zu passieren, bei sich trugen. Darüber hinaus wurden U.S.-Polizeibeamte auf der Anhöhe über der Handelsniederlassung postiert.

Ungeachtet dieser Repressalien harrten die Leute, die an der Besetzung von Wounded Knee teilgenommen hatten, lange aus, bis sie schließlich herauskamen, um friedliche Verhandlungen zu führen. Zwei Monate lang war damals, 1973, das kleine

Fleckchen Erde, das als Wounded Knee bekannt ist, indianisches Hoheitsgebiet.

Diese Besetzung durch die Indianer hatte vielerlei Gründe, und sie waren sehr kompliziert. Seit 1868 war das Land im Sioux Reservat durch Regierungsmachenschaften ständig mehr zerstückelt worden. 1970 war Pine Ridge, wie so viele andere Reservate, ein aus indianischem und nichtindianischem Land zusammengesetztes Schachbrett.

Pine Ridge umfaßt ungefähr eineinhalb Millionen Hektar Land, und Anfang der siebziger Jahre gehörte nur die Hälfte davon Indianern. Zweihundertfünfzigtausend Hektar gehörten der vom Amt für Indianerangelegenheiten unterstützten Stammesregierung, und fünfhunderttausend Hektar des Landes befanden sich im Besitz von weißen Bauern und Viehzüchtern.

Es gab praktisch keine Arbeitsstellen für Oglalas, und die meisten von ihnen waren so arm, daß sie sich gezwungen sahen, ihr Land zu einem Preis, der vom Amt für Indianerangelegenheiten festgesetzt wurde, zu verpachten. Die Armut der Menschen und die Brutalität der Stammesregierung hatten die traditionellen Indianer buchstäblich in die Knie gezwungen, bevor sie sich schließlich zur Wehr setzten.

Die Stammesregierung, die 1934 im Reorganisations-Erlaß gebildet worden war, wurde von einer Gruppe von Leuten beherrscht, die sich nicht für die Interessen des ganzen Volkes einsetzten. Arbeitsstellen wurden nur an ihre Günstlinge vergeben. Diese Gruppe erhielt Rückendeckung durch einen Schlägertrupp, der sich aus Indianern und Weißen zusammensetzte, die mit Knüppeln, Tränengas und Gewehren bewaffnet waren. Wenn jemand gegen die politischen Machenschaften die Stimme erhob, wurde er von ihnen zusammengeschlagen.

Die Zustände spitzten sich derartig zu, daß 1972 zahlreiche traditionelle Indianerführer begannen, öffentliche Protestreden zu halten und sich gegen das etablierte System aufzulehnen. Sie mußten für ihren Mut bezahlen; viele von ihnen wurden böse zugerichtet, ihre Familien bedroht und ihre Häuser in Brand gesteckt.

Im Februar wurde ein Oglala aus der Porcupine-Gemeinde namens Raymond Yellow Thunder von zwei weißen Männern in Gordon, Nebraska, ermordet. Nachdem sie ihn zusammengeschlagen hatten, zogen sie ihn nackt aus und warfen ihn während einer Tanzveranstaltung in einen Saal der amerikanischen Ehrenlegion. Dann zerrten ihn die beiden Männer wieder hinaus, schlugen erneut auf ihn ein und warfen ihn in den Kofferraum ihres Wagens. Seine Leiche wurde zwei Tage später gefunden. Die beiden Männer mußten sich lediglich wegen Körperverletzung mit Todesfolge verantworten und wurden ohne jede Kaution wieder auf freien Fuß gesetzt.

Als Yellow Thunders Familie beim Amt für Indianerangelegenheiten Beschwerde einlegte, wurde ihnen geraten, den Mund zu halten. Weder das Amt für Indianerangelegenheiten noch die Stammesregierung half ihnen, herauszufinden, warum in diesem Fall keine gerechte Strafe verhängt wurde. Schließlich rief die Familie die Führer der Indianerbewegung an, eine gründliche Untersuchung zu veranlassen.

Von diesem Zeitpunkt an uferte die Gewalt immer mehr aus. Prügeleien und Morde nahmen zu. Im Januar 1973 wurde Wesley Bad Heart Bull, ein anderer Oglala, in Buffalo Gap, South Dakota, ermordet. Sein Mörder, Darald Schmitz, wurde nicht wegen Mordes, sondern wegen Totschlags angeklagt. Daraufhin veranstaltete die Indianerbewegung eine Protestdemonstration in Custer, South Dakota.

Im Februar 1973 schließlich hatten sich die Dinge so zugespitzt, daß das Faß überzulaufen drohte. Die traditionellen Führer der Oglala trafen sich mit den Führern der Indianerbewegung in der Gemeinde Calico, und von da aus zogen sie nach Wounded Knee, in der Hoffnung auf nationale Anerkennung. Ihre Hauptforderung bestand darin, daß die U.S.-Regierung den Vertrag, der 1868 mit der Sioux-Nation abgeschlossen worden war, einhalten sollte. In dem Vertrag, der in Fort Laramy, Wyoming, unterzeichnet worden war, war der Sioux-Nation der gesamte Westen South Dakotas und annähernd die Hälfte von North Dakota, Montana, Wyoming und Nebraska zugesprochen worden. Verglichen mit der Größe dieses Gebietes war das Pine Ridge Reservat nur ein Staubkörnchen. Zusätzlich zu dieser Landzuweisung war in dem Vertrag von 1868 vorgesehen, daß sich alle Tier-, Gesteins-, Wasser- und Pflanzenvorkommen auf ihrem Gebiet unter der Obhut der Sioux befinden sollten und daß durch die Regierung gewährleistet wurde, daß ihnen immer die Mittel zur Verfügung stehen würden, sich selbst zu versorgen.

»Hiermit wird bekanntgegeben«, so hieß es in dem während der Besetzung 1973 von der Unabhängigen Oglala-Nation verfaßten Manifest, »daß das Volk der Oglala-Sioux den Vertrag von 1868 wiederbeleben wird, und daß er die Grundlage für alle Verhandlungen sein wird ...

Aufgrund dieses Vertrages sind wir eine unabhängige Nation ... Wir haben die Absicht, eine Abordnung zu den Vereinten Nationen zu entsenden ... Wir wollen die Stammesregierung abschaffen ...

Das traditionelle Volk hat bereits eine Nation gebildet, bevor die ersten Weißen kamen ... wir tun nichts weiter, als die U.S.-Regierung an diese Tatsache zu erinnern ...«

Mit Marcus Damien, einem mit mir befreundeten Journalisten, fuhr ich nach Wounded Knee hinunter, um zu sehen, was sich dort wirklich abspielte. In den Medien wurde die Besetzung damals als Tat eines Häufleins hitzköpfiger Radikaler dargestellt. Ich wußte, daß das nicht stimmte.

Als wir in Hot Springs, South Dakota, in der Nähe von Rapid City ankamen, erfuhren wir, daß keine Motelzimmer mehr frei waren. Im Cascade-Hotel sagte man uns, daß in der Stadt nur an Beamte des FBI und des Amtes für Indianerangelegenheiten Zimmer vermietet wurden. Also fuhren wir weiter nach Rapid City.

Wohin wir auch kamen, wurden wir von Weißen und den Autobahnposten mißtrauisch beäugt. Angst und Haß saßen sehr tief. Wir fuhren weiter nach Pine Ridge und versuchten, uns Zutritt zu verschaffen. Einmal mußten wir im Reservat an einem Gebäude haltmachen, in dem die Regierungspolizei und das FBI ihr Hauptquartier eingerichtet hatten. Es wimmelte dort von Gewehren, und wir wurden von zwei bewaffneten Wachposten gründlich durchsucht, bevor wir die Erlaubnis erhielten, hineinzugehen und uns um Pressepassierscheine zu kümmern.

Ich erklärte den Beamten, wer ich sei, daß ich der Herausgeber von *Many Smokes* sei und daß ich mit den Indianern in Wounded Knee sprechen wolle. Der Mann, an den ich mich gewandt hatte, meinte, es würde zwei Tage dauern, mir freien Zugang zu verschaffen; das war das normale Verfahren.

Ich war einigermaßen enttäuscht, und ich befürchtete, daß sich die beiden Tage endlos in die Länge ziehen würden. Doch als ich mich zum Gehen wandte, rief mich der Beamte, mit dem ich gesprochen hatte, zurück und sagte:

»Es ist in Ordnung, Sun Bear. Sie können hineingehen. Wir wissen, wer Sie sind, und wir wissen alles über *Many Smokes*.«

Das war großartig. Ich war sehr froh, daß ich nicht warten mußte; worüber ich weniger froh war, war die Erkenntnis, daß das Justizministerium so viel über mich wußte.

Im Bundeshauptquartier trafen wir Will Baker an. Will war ein Mitglied des Lehrkörpers der Universität von Kalifornien in Davis, der einen Dokumentarfilm über die Besetzung drehen wollte. Er schloß sich uns an, und zu dritt fuhren wir, vorbei an baufälligen Hütten und Autowracks, zum Gelände der Handelsniederlassung hinauf.

Eine Meile vor der Handelsniederlassung stießen wir auf die erste Regierungssperre; die Polizeibeamten durchsuchten unseren Wagen gründlich. Sie suchten sogar unter der Motorhaube nach Schmuggelware. Da sie keine Lebensmittel entdecken konnten, waren sie bereit, uns weiterfahren zu lassen, informierten uns aber zuvor, daß unser Benzinstand überprüft worden sei und daß wir wegen verbotener Hilfeleistung verhaftet würden, wenn er sich beim Herauskommen wesentlich verringert haben würde. Dann ließen sie uns passieren.

Wir kamen zu einer zweiten Straßensperre, an der die Wachposten noch stärker bewaffnet waren als an der ersten. Dort hörte ich einen Polizisten zum anderen sagen: »Du glaubst, wir haben die Rothäute eingekreist? Was ist, wenn sie uns umzingelt haben?«

Er klang ziemlich nervös.

Als nächstes erreichten wir die Straßensperre, die von den Indianern selbst errichtet worden war; die Männer, die dort Wache standen, waren mit 22er Gewehren und einigen Schrotflinten bewaffnet. Ihre Waffen waren der Feuerkraft der Regierungsbeamten nicht gewachsen, aber es war deutlich zu erkennen, daß sie aus tiefster Überzeugung handelten.

Endlich erreichten wir die Handelsniederlassung. Als wir dort vorfuhren, mußten wir eine weitere Befragung über uns ergehen lassen, diesmal von Seiten der Leute, mit denen zu reden wir gekommen waren.

Sie wollten wissen, wer wir wären und was wir wollten: Ich hatte ein paar Freunde drinnen, die mich erkannten, also hatten wir keine Schwierigkeiten.

In dem besetzten Gebiet hielten sich zahlreiche bedeutende Indianerführer auf, und wir interviewten einige von ihnen. Wallace Black Elk war da und Dennis Banks, Clyde Bellecourt, Russel Means und viele andere.

Eine ganze Zeit lang interviewten wir einfach jeden, der eine Erklärung abgeben wollte und drehten unseren Dokumentarfilm, dem wir den Titel ›Aus meinem Herzen gesprochen‹ gaben.

Die Leute dort sprachen sehr offen darüber, was sich abspielte. Sie warfen dem Amt für Indianerangelegenheiten und der Stammesregierung vor, ihre kulturelle Identität auslöschen zu wollen.

»Wir sind hier«, erklärte mir einer der Anführer, »weil wir alles andere versucht haben, und die Regierung hat uns keine Beachtung geschenkt.«

Die Besetzer waren, wie sie mir sagten, aus vielerlei Gründen hier, angefangen von der Wut über die alten Vertragsbrüche bis hin zur Empörung über die kürzlich geschehenen Morde an ihren Brüdern und Schwestern.

»Es muß etwas geschehen«, erklärten sie uns und anderen Journalisten, »damit das amerikanische Volk begreift, daß wir menschliche Wesen sind. Im Pine Ridge Reservat sind die traditionellen Indianer unterdrückt worden bis zu einem Punkt, von dem es keine Umkehr mehr gibt. Die Stammesregierung hat uns gezwungen, uns zu einer Menschenrechtsgruppe zusammenzuschließen, mit dem Ziel, um unser Überleben zu kämpfen.«

Eine ältere Frau aus den Reihen der Besetzer nahm kein Blatt vor den Mund, als sie über die Vorgänge sprach:

»Sie wollen, daß die Indianer in Wounded Knee ihr Pulver verschießen, damit sie sie angreifen können wie damals im Jahre 1890. Aber weil diese Indianer bereit sind, zu sterben, werden sie die Waffen nicht strecken wie 1890.

Sie sagen, wir seien militant, aber seht sie euch an da draußen mit ihren Maschinengewehren und ihrer gewaltigen Ausrüstung. Das wollen wir nicht sehen; der einzige, den wir sehen wollen, ist Präsident Nixon. Wenn er ein bißchen Mumm in den Knochen hat, sollte er seinen Arsch bewegen und hierher kommen. Wir haben einen Ratstipi. Die alten Häuptlinge gingen stets nach Washington und setzten sich um die großen runden Tische, aber es kam nie etwas Gutes dabei heraus. Soll Nixon doch hierher kommen; wir haben einen runden Tisch, den wir Mutter Erde nennen. Sie sagen, wir seien militant, aber seht sie euch doch an mit ihren Maschinengewehren und ihrer gewaltigen Ausrüstung. Sie nennen dies hier einen historischen Ort, aber sie sagen nie dazu, warum. Der Grund ist, daß wir zweihundert oder mehr Tote dort oben auf dem Hügel zu beklagen haben, deren Leiber von Kugeln durchsiebt wurden, und sie nennen es einen historischen Ort, damit sie den Touristen das Geld aus der Tasche ziehen können.

Mir ist es egal. Wir werden siegen. Ich habe keine Angst vor den Gewehren der Regierungstruppen dort oben, denn wir haben einen Großen Geist, der mächtiger ist als alle ihre Gewehre zusammen. Vielleicht läßt ihr Petrus sie in den Himmel mit ihren Gewehren, aber eines Tages werden sie sie vor dem Großen Geist niederlegen müssen.

Ich habe keine Angst. Ich bin in der Indianerbewegung, und ich bin bereit, hier zu sterben.«

Erzürnt über die Einschüchterungsversuche der Stammesregierung, die sie zwingen wollte, sich zu unterwerfen, waren die Vertreter der Unabhängigen Oglala-Nation entschlossen, bis zum Ende zu kämpfen. Sie scherzten nicht. Sie wußten, daß sie ihr Leben aufs Spiel setzten.

Sie hatten Funksprüche zwischen FBI-Beamten und Staatspolizisten abgehört und aufgezeichnet, und sie spielten uns einige davon vor. Die Polizisten hockten hinter der Barrikade, die die Indianer errichtet hatten, mit ihren Maschinengewehren auf der Lauer. Den aufgefangenen Funksprüchen nach zu schließen, waren sie wirklich begierig, die ganze Handelsniederlassung dem Erdboden gleich zu machen.

Was auf den Bändern zu hören war, klang wahrhaftig gespenstisch; die Regierungsvertreter waren nur zu erpicht darauf, das Land für die Demokratie zu retten, solange diese Demokratie nur die weiße Mehrheit erfaßte. Wie die Wachposten, deren Unterhaltung wir an der zweiten Straßensperre der Regierung mitangehört hatten, waren diese Leute furchtbar nervös. Auf dem Band unterhielten sich diese beiden Beamten, während hinter den Barrikaden mein Volk die große Trommel schlug.

»O Scheiße, sie schlagen schon wieder die große Kriegstrommel«, sagte einer der Männer zum anderen.

»Ja, ich weiß«, gab der zweite zurück. »Genau dasselbe haben sie getan, bevor sie Custer niedermachten.«

Auf einem anderen Band hörten wir diese beiden fanatischen FBI-Beamten schreien:

»... Feuer eröffnet aus dem Bauernhaus ...!«

»... Feuer erwidert auf das Bauernhaus ...!«

Jemand schoß auf einen der Männer, und sie pumpten das Haus voll Blei.

Die Mitglieder der Indianerbewegung, die mit der Aufzeichnung ihrer Unterhaltung beschäftigt waren, hatten sich, während die Schießerei in vollem Gange war, angesehen.

»Wer, zum Teufel, ist eigentlich in dem Bauernhaus?« hatte einer von ihnen gefragt.

»Niemand, den ich kenne«, hatte ein anderer geantwortet.

Wie sich dann herausstellte, waren die Leute, die das Feuer aus dem Haus eröffnet hatten, FBI-Beamte, und diejenigen, die zurückschossen, gehörten ebenfalls zum FBI. Ein solches Durcheinander war dort an der Tagesordnung.

Die Leute vom FBI pflegten in der Nacht Leuchtraketen in die Luft zu schießen, weil sie Angst hatten, die Indianer würden sie angreifen. Einmal setzten die Fackeln ein Stück Grasland in Brand, und neun Gebäude brannten bis auf die Grundmauern nieder. Und die FBI-Beamten, mit ihrer üblichen Begabung, Schuldvorwürfe zu umgehen, stellten das Ereignis für die Nachwelt so dar, als hätten die Indianer in Wounded Knee neun Häuser angezündet und zerstört.

Obwohl das Ganze eine ernste Angelegenheit war, kam es auch zu Zwischenfällen, über die man schmunzeln konnte. Beispielsweise kamen die Sioux im Rosebud-Gebiet ungefähr zur selben Zeit, als ich mich in Wounded Knee aufhielt, zu dem Schluß, daß ihre Brüder hinter den Barrikaden ein schönes Stück frisches Fleisch zwischen die Zähne bekommen sollten. Also setzten die Belagerten, denen die Aussicht auf ein Steak oder auch zwei behagte, ein indianisches Ablenkungsmanöver wie in alten Tagen in Szene. Sie erhoben einen großen Radau und taten so, als wollten sie auf der einen Seite die Barrikade durchbrechen. Sie schlugen gewaltig auf den Putz, so daß das FBI alle Leute an dieser Stelle zusammenzog. Genau im richtigen Augenblick trieben die Rosebud-Indianer eine neunzehnköpfige Rinderherde durch die Regierungssperre. Die FBI-Beamten wären wahrscheinlich furchtbar wütend gewesen, hätten sie entdeckt, auf welche Weise man sie zum Narren gehalten hatte. Aber sie dachten an nichts anderes, als daß eine Horde Wilder im Begriff war, die Barrikaden zu durchbrechen, um ihnen den Skalp zu nehmen. Natürlich wurde in jener Nacht nichts weiter geschlachtet und gehäutet als die eingeschmuggelten Rinder.

Die Besetzung von Wounded Knee löste in der Presse viel negative Berichterstattung aus. Viele Menschen glaubten, bei den Indianern, die an der Aktion beteiligt waren, handelte es sich ausschließlich um jugendliche Radikale. Aber das war nicht der Fall. Es waren unter ihnen eine ganze Anzahl älterer Leute, die ihr Leben für ihre Überzeugung aufs Spiel setzten. Es gab Frauen von sechzig, siebzig Jahren dort, die für die anderen kochten, und eine von ihnen hatte die Neunzig überschritten. Sie hatte den ersten Kampf um Wounded Knee im Jahre 1890 überlebt.

»Beim erstenmal bin ich nicht ums Leben gekommen«, erklärte sie mir, »aber wenn es in irgendeiner Weise der Sache nützt, werde ich diesmal hier sterben.«

Viele der älteren Leute waren Mitglieder der Indianerbewegung, und sie waren stolz auf das, was sie taten.

Wir drehten unsere Dokumentation in Wounded Knee und zeichneten unsere Interviews auf. Ich erinnere mich an eine Frau, die mir erzählte, wie ihr Sohn zusammengeschlagen worden war. Er war Künstler, ein Maler, und der Schlägertrupp hatte ihn so übel zugerichtet, daß er für den Rest seines Lebens blind und lahm blieb. Einer der Männer, die ich interviewte, war Pedro Bissonette; er war der stellvertretende Vorsitzende der Menschenrechtsorganisation der Oglala-Sioux. Kurz nachdem ich mit ihm gesprochen hatte, erfuhr ich, daß er von den Leuten, denen die Tatsache, daß er seinem Volk half, ein Dorn im Auge war, erschossen worden war.

Allzubald war es Zeit für uns, zu gehen. Um vier Uhr dreißig mußte die Presse das Gelände verlassen haben. Die Besetzer berichteten, daß die Schießereien nie begannen, bevor die Presse verschwunden war.

Eine letzte kleine Information darüber, welche Art von Propaganda die Regierung betrieb und welchen Blödsinn sie über Wounded Knee in die Welt setzte: Als wir uns zum Aufbruch rüsteten, verabschiedete sich gleichzeitig eine Gruppe von Indianern aus Kanada. Diese Leute verließen den Ort, um in ihr Heimatland zurückzukehren; es kam zu keinerlei Zwischenfällen oder Gewalttätigkeiten, sie sagten einfach nur Lebewohl und wünschten den Zurückbleibenden alles Gute. Am selben Abend sah ich mir die Nachrichten im Fernsehen an. Die Leute vom Justizministerium behaupteten, diese Gruppe hätte eine Salve von Schüssen auf sie abgefeuert.

Nichts als Lügen.

Als wir durch die Sperren zurückkehrten, mußten wir eine eingehende Befragung über uns ergehen lassen. Die FBI-Beamten wollten beispielsweise wissen, ›ob die Leute da drin immer noch so wild und aufrührerisch wir vor ein paar Tagen‹ seien. Ich erklärte, daß ich es nicht wüßte, da ich vor ein paar Tagen nicht dort gewesen sei. Dann forderten sie uns auf, zu erzählen, ob uns irgendwelche ernstzunehmenden Gerüchte während unseres Aufenthaltes zu Ohren gekommen seien. Unnötig zu sagen, daß ich nicht übermäßig kooperationsbereit war.

Die Leute vom FBI gefielen sich darin, das Schlimmste anzunehmen; es machte ihnen Spaß. Manche von ihnen müssen sich gefühlt haben wie in einem Western, in dem ein Indianerdorf umstellt und belagert wird. Die Besetzer hinter den Barrikaden taten das ihre, um sie hinters Licht zu führen. Beispielsweise schossen sie eine ganze Salve von Gewehrschüssen in schneller, abgehackter Folge ab, so daß es genau wie ein 50-Kaliber-Maschinengewehr klang.

»Himmel!« sagten die FBI-Beamten und horchten auf den Lärm. »Mit diesen Rothäuten ist wirklich nicht zu spaßen!«

Von Wounded Knee aus kehrte ich nach Reno zurück. Als ich zu Hause ankam, klingelte das Telefon wie besessen. Jemand von der Associated Press war am Apparat und sagte: »Wir haben gehört, daß Marlon Brando unterwegs ist nach Wounded Knee und daß er bei Ihnen vorbeikommt. Können Sie uns etwas dazu sagen?«

»Nein«, erwiderte ich; ich hatte nichts davon gehört.

Kurze Zeit später rief mich jemand von CBS an: »Wir haben gehört«, sagte der Anrufer, »daß Marlon Brando auf dem Weg nach Wounded Knee in Reno Station macht. Was können Sie uns darüber berichten?«

»Absolut nichts«, erklärte ich.

Mittlerweile hatten meine Augen zu funkeln begonnen; die Sache machte mir Laune, und so sagte ich zu dem Sioux, der gerade zu Besuch bei mir war, daß ich ihn das nächste Mal, wenn das Telefon klingelte, an den Apparat rufen würde. Ich wollte behaupten, er wäre Marlon Brando.

Warum nicht, sagten wir uns. Aber es rief niemand mehr an. Wirklich schade.

Es sollte den Leuten in Wounded Knee nicht gelingen, die Regierung darauf festzunageln, daß sie die Verträge von 1868 respektierte.

»Uns liegt an friedlichen Verhandlungen«, hatten die Indianer gesagt. »Es gibt viele Punkte, die wir erarbeiten können, wenn sich die Regierung mit uns an einen Tisch setzt und wir friedlich miteinander reden ...«

Wie immer wurden Versprechungen gemacht, aber nicht gehalten. Anfang April war mit Vertragsverhandlungen begonnen worden, die aber immer wieder zum Erliegen kamen. Im Mai erklärten Vertreter des Weißen Hauses, daß sie zu friedlichen Verhandlungen bereit seien, wenn die Mitglieder der Unabhängigen Oglala-Nation und der Indianerbewegung hinter den Barrikaden hervorkommen würden. Die Leute waren mit ihrer Kraft am Ende; sie hatten praktisch nichts mehr zu essen, also erklärten sie sich einverstanden.

Am 8. Mai wurde Wounded Knee geräumt. Die Leute wurden von Beamten des Justizministeriums hinausgeführt, die alle vorhandenen Waffen einsammelten und jeden Einzelnen zur erkennungsdienstlichen Behandlung an eine zentrale Stelle brachten.

Zahlreiche Anführer der Besetzung wurden verhaftet und ins Gefängnis gebracht. Vertragsverhandlungen in Kyle, im Lager von Frank Fools Crow, schleppten sich monatelang hin, bis schließlich das Weiße Haus verkündete: »Die Tage der Vertragsabschlüsse mit den Indianern Amerikas wurden 1871 beendet ... nur der Kongreß (kann daran etwas ändern).«

Wieder einmal waren also die Indianer betrogen worden.

Ihre Forderungen nach einer Rückkehr zu den Bedingungen des Vertrages von 1868 ... insbesondere die Bildung einer Vertragskommission, in der sowohl der Präsident als auch das besorgte indianische Volk vertreten sein sollte ... wurden nicht erfüllt.

Das Scheitern der Vertragsverhandlungen war begleitet von einer Warnung der traditionellen Indianer. Sie fürchteten, daß sie im Zuge von Gewalttätigkeiten weitere Brüder und Schwestern verlieren würden. Und sie behielten recht. Bis Ende 1973 wurden weitere sechs Oglalas und mit ihnen Sympathisierende tot aufgefunden. Anfang 1974 war der letzte Mord in aller Munde.

Gegen die Stammesregierung wurde niemals wirklich ermittelt, wie es das Justizministerium während der Verhandlungen zugesagt hatte. Die Beratungen über eine Vertragskommission zwischen der Unabhängigen Oglala-Nation und der Regierung verkamen schließlich zu einem sinnlosen Briefverkehr.

Im Pine Ridge Reservat geht das Leben weiter; die Besetzung von Wounded Knee hat offenbar kein Problem gelöst. Dennoch hat die Konfrontation auch Gutes bewirkt. Vor allem hatte sich das traditionelle Volk in einer gemeinsamen Sache zusammengeschlossen, und das trug dazu bei, daß die Menschen an ihrer alten Lebensweise festhalten konnten.

Das alles habe ich Dir erzählt, weil es Geschichte ist und weil ich daran teilhatte. Dennoch muß ich an dieser Stelle hinzufügen, daß ich nicht dafür bin, die Waffen zu erheben. Ich bin zwar überzeugt, daß Gerechtigkeit geschehen muß und daß meine Brüder und Schwestern in Wounded Knee einen heldenhaften Kampf ausgetragen haben, aber ich glaube auch, daß jede Tat, die im Zorn ausgeführt wird, sich schließlich als wirkungslos erweisen muß. Frieden, Liebe, Harmonie mit der Mutter Erde, das sind die Dinge, an die ich glaube. Und sie sind das Fundament meiner großen Vision und der Bear Tribe-Medizingesellschaft.

Während unserer pow wow-Rundreise bestand eine Aufgabe Wabuns darin, alle Kinder, die sie auftreiben konnte, dazu zu bringen, daß sie unsere Zeitschrift verkauften. Wir nannten das, was sie tat, *Menschenfängerei*; ihr machte die Arbeit mit den Kindern großen Spaß, und ich bezeichnete ihr Unternehmen oft als ›Wabun Hood und ihre Fröhliche Bande‹. Wir gaben den Kindern einen Stapel Zeitschriften, und sie bekamen für jedes verkaufte Exemplar zehn Cents. Wir verlangten damals fünfzig Cents für die Zeitschrift, und die Kinder waren begeistert, daß sie an jeder einen Zehner verdienen konnten. Sie schwärmten vollkommen unbefangen aus und brachten die Zeitschriften an den Kunden. Manchmal waren sie es, die den größten Verdienst hereinbrachten.

Im Zuge unserer pow wow-Runde besuchten wir auch das Pendleton-Round-Up in der Nähe von Pendleton, Oregon; es war eine der größten Veranstaltungen dieser Art in der Gegend. Dann fuhren wir zur Omak Stampede, auf der nicht nur viel getanzt wird, sondern auch ein ›Selbstmordrennen‹ stattfindet. In diesem Rennen stürmt eine Gruppe von Reitern in gestrecktem Galopp einen sehr steilen Berg hinunter. Am Fuße des Berges stürzen sie sich in einen ziemlich breiten Fluß und müssen die Pferde durch das Wasser hindurch- und die gegenüberliegende Uferböschung hinauftreiben, um sich für einen Preis zu qualifizieren. Während der gesamten Dauer der Stampede wird das Selbstmordrennen einmal täglich veranstaltet, und es ist wirklich ein beeindruckendes Erlebnis; viele der Zuschauer sind sturzbetrunken. Als wir das erstemal nach Omak kamen, gaben wir dem Fest den Namen Omak-Gelage; Indianer, Nichtindianer, Touristen und Geschäftsleute der Gegend... kaum einer von ihnen konnte ein paar Stunden nach Festbeginn noch gerade stehen. Für die meisten der Leute war es das letzte große Fest vor Winteranbruch. Sie wußten, daß sie ungefähr einen Monat später im Haus festsitzen würden und wollten hier wohl noch einmal allen überschüssigen Dampf ablassen.

Oftmals stieg ich während der pow wows in meinen Wagen

und schlief zu den Schlägen der Trommeln, die die Handspiele begleiteten. Wie ich schon erwähnt habe, spielen die Indianer gern, und das Handspiel ist eines ihrer Lieblingsspiele. Handspiel-Mannschaften kommen aus allen Teilen der Vereinigten Staaten, sogar aus Kanada, herbei. Wie die Mannschaften im Bowlingwahn, der vor einigen Jahren über das Land hinwegfegte, nur viel beständiger, tragen die Gruppenmitglieder oft Hemden mit indianischen Mustern und dem aufgestickten Namen der Mannschaft auf dem Rücken.

Andere pow wows, zu denen wir sehr gerne fuhren, waren die Chief Seattle-Tage in der Nähe von Suquamish, Washington und die Pow Wows in der Nähe von Neah Bay; dort hatten wir immer viel Spaß, und es wurde ein großes Lachsessen für jedermann veranstaltet.

Wir besuchten auch das Warm Springs-Fest, das von den Vereinigten Warm Springs-Stämmen oben in Oregon veranstaltet wurde. Es ist eine religiöse Zeremonie der sogenannten Sieben-Trommeln-Religion. Zu Beginn der Zeremonie wird auf sieben im Kreis stehenden Trommeln gleichzeitig geschlagen. Es ist ein sehr eindrucksvolles Erlebnis. Während die Trommeln geschlagen werden, bildet eine Gruppe von Leuten, die die *Spring-Tänzer* genannt werden, einen Kreis darum und bewegt sich in großen Sprüngen. Wenn der Tanz um die Trommeln beendet ist, stehen alle Tänzer wieder an ihrem Ausgangspunkt.

Im Laufe des Jahres sammelt die Warm Springs-Gesellschaft, die das Fest finanziert, Geld aus Ramschverkäufen und ähnlichen Aktivitäten, und am Ende der Zeremonie werden Decken, Schals und andere nützliche und schöne Dinge verschenkt. Anschließend gibt es ein großes Festessen.

Das Fest dauert drei Tage lang, und in dieser Zeit bewirten die Warm Springs-Leute unterschiedslos alle Anwesenden. Sie versammeln alle gemeinsam um große Tische und sprechen dann ihre Gebete. Auch das ist eine sehr starke Erfahrung.

Die Warm Springs-Gesellschaft bezieht ihre Lehren durch wiederauferstandene Wesen, durch jene, die gestorben und mit

Botschaften aus der Geistwelt wiedergekehrt sind. Bevor sich das Amt für Indianerangelegenheiten einschaltete, balsamierte dieses Volk seine Toten niemals ein, inzwischen müssen sie es. Ursprünglich wurden die unbalsamierten Leichname der Ruhestätte übergeben. Einige erstanden wieder auf. Der Spring-Tanz selbst ist eine Zeremonie zur Kommunikation mit der Geistwelt.

Ich habe große Achtung vor der Medizin des Warm Springs-Volkes. Ich respektiere die Medizin eines jeden, auch wenn ich selbst vielleicht nicht Teil davon bin. Für mich ist das Leben ein Schulraum. Und während meiner Reise auf dem guten Weg wachsen sowohl mein Wissen als auch meine Medizin unaufhörlich weiter.

Die beiden Wohnwagen, die wir zu Beginn der siebziger Jahre in Reno besaßen, standen auf einem Stück Land, das nicht geeignet war, genügend Nahrung für uns hervorzubringen. Reno ist ein wasserarmes Gebiet, und unser Fleckchen Land war so klein, daß sich nicht mehr als zwei bis drei Besucher gleichzeitig dort aufhalten konnten. Durch unsere pow wow-Rundreise verfügten wir über eine finanzielle Grundlage, die es uns erlaubte, den Bärenstamm wieder auf eine tragfähige Größe zu bringen. Was wir benötigten, war mehr Land.

Die Gegend vor Los Gatos war wegen seiner Erdbebenanfälligkeit für uns ungeeignet, daher verkaufte ich es wieder. In meinen Visionen sah ich, daß die Zeit gekommen war, mich nach einem besseren Ort umzusehen, an dem wir Wurzeln schlagen konnten. Es hatten sich uns noch ein paar Leute angeschlossen, und sie schienen das Herz auf dem rechten Fleck zu haben.

Im Traum sah ich einen hohen Berg, der mit herrlichen Kiefern bewachsen war; wir beschlossen nach Oregon zu fahren und uns dort umzuschauen, was sich finden ließ. Doch während wir unterwegs waren in diese Richtung, sagte mir meine Medizin unaufhörlich, daß wir nicht in dieser Gegend bleiben würden. Ich fuhr dennoch hin, und es ergab sich, daß wir aus einem sehr achtbaren Grund eineinhalb Jahre dort blieben.

Wir landeten schließlich in der Nähe der Klamath-Fälle. Dort waren die Klamath-Indianer seit Jahrhunderten beheimatet. Während der Regierungszeit Eisenhowers unternahm die Regierung, wie ich schon erwähnte, den Versuch, die indianischen Stämme zu zerstreuen, und die Klamath gehörten zu denjenigen, die die größten Verluste an Land und kultureller Identität zu erleiden hatten. Ihre Stammesstruktur war fast vollkommen zerstört.

Als die Landansprüche der Indianer dort geklärt waren, zahlte die Regierung jedem Klamath, der vor 1957 geboren war, eine Summe von 49 000 Dollar. Das ist ein Haufen Geld, der eine augenblickliche Anpassung nahelegt. Es gibt keine schnellere Methode, die Kultur eines Menschen zu zerstören, der eng mit der Natur verbunden ist, als ihm eine große Summe Geldes auf einmal in die Hand zu geben. Die meisten Klamath hatten ihr Geld genommen und sich damit entweder den Weg in die Gesellschaft der Weißen freigekauft oder es zum Fenster hinausgeworfen.

Doch es lebte dort oben ein Klamath namens Edison Chiloquin, der dieses erste Angebot, schnell zu Reichtum zu gelangen, ausschlug. »Dies ist mein heiliges Land«, erklärte er der Regierung. »Es wird niemals verkäuflich sein.«

Er war einer von hundertfünfzig Klamath-Indianern, die ›nein‹ sagten. Mitte der sechziger Jahre versuchte die Regierung diese standhaft gebliebenen Stammesmitglieder abzufinden, indem sie das Angebot auf 100 000 Dollars anhob. Edison blieb bei seinem ›Nein‹.

Er bemühte sich redlich, die kulturelle Identität seiner Familie und ihre Religion zu bewahren.

Auf unserer pow-wow-Rundreise war ich mit Wabun ein paarmal zu den Klamath-Fällen gekommen, und wir hatten dort die Chiloquins kennengelernt. Sie boten uns an, uns auf einem Landstück von sechs Hektar, das sich in ihrem Besitz befand, niederzulassen. Wir brauchten nichts weiter zu tun, als es zu bestellen, und als Gegenleistung dafür, daß wir uns darauf niederlassen durften, sollten wir Edison helfen, seinen Kampf um das Land in der Öffentlichkeit bekanntzumachen. Als die Klamath auseinandergetrieben worden waren, war ein Dorfgebiet, in dem Edisons Großvater Häuptling gewesen war, enteignet worden. Edison forderte das Land zurück. Es gehörte jetzt der U.S.-Forstverwaltung. Edison hatte ein anderes Stück Land, das ihm gehörte, im Tausch dagegen angeboten, aber die Regierung zeigte sich wenig zugänglich. Edison war gewillt, in der Sache eine breite Kampagne ins Leben zu rufen.

Als uns klar war, daß wir Reno verlassen würden, fuhren Wabun und ich zu den Klamath-Fällen hinauf, um uns das Land anzusehen, das er uns angeboten hatte. Es gefiel uns, und wir schickten ein paar Leute hin, die ein altes Gebäude renovieren sollten, in dem wir zu wohnen beabsichtigten. Kwasind, ein neues Stammesmitglied, und Mondamin übernahmen die Renovierungsarbeiten. Im Frühling 1974 kamen wir anderen nach. Wir, das waren Wabun, ich selbst, Nimimosha, Willow, Richard, Helen, Ruth, Chibiabos, Chris, Spotted Pony, Little Wolf und Justin.

Wir züchteten Hühner und legten einen ansehnlichen Garten an. Wir bauten eine Schwitzhütte und ein paar neue Hütten. Ich schätze, daß wir in der Zeit, die wir dort zubrachten, ungefähr 5000 Dollar in diese Verbesserungsarbeiten steckten.

In unermüdlicher, harter Arbeit unterstützten wir Edison in seinem Kampf um Stammesland. Wabun nutzte all ihre journalistische Erfahrung, um diese Bemühungen zu koordinieren. Wir veranstalteten eine Wohltätigkeitsversteigerung, um die Kampagne finanzieren zu helfen; sowohl Bargeldspenden als auch indianische Kunstgegenstände, die wir versteigern konnten, waren uns willkommen. Wir schrieben Artikel in *Many Smokes*, und Wabun verfaßte und vertrieb ein Büchlein über die Geschichte des Landkampfes. Wir beriefen ein Vereinigungstreffen auf Edisons Land ein. Aus allen Richtungen kamen Indianer und Nichtindianer herbei, um daran teilzunehmen; wir konnten Thomas Banyacya, einen Sprecher des Hopi-

Volkes, und Lee Piper, die Vogelklan-Mutter des östlichen Zweiges der Cherokee, zur Teilnahme gewinnen. Es war eine starke Zeit.

Später gelang es uns, Edisons Geschichte in Los Angeles und landesweit in Fernsehen und Rundfunk zu verbreiten, und wir beschlossen, nach Washington, D.C. zu fahren und uns für seine Sache stark zu machen. Einmal verhielt sich ein Kongreßabgeordneter, mit dem wir sprachen, so hart und unzugänglich, daß Wabuns Enttäuschung ihr fast die Tränen in die Augen trieb. Keine unserer Bemühungen hatte gefruchtet, aber die Tränen einer Frau erschienen dem Politiker offensichtlich bedrohlich. Er begann, uns zuzuhören, und schließlich erklärte sich die Regierung zu Verhandlungen mit Edison bereit.

Uns jedoch erschien die Teilnahme an Edisons Kampf wie etwas, das keine Früchte trug. Ein Kongreßabgeordneter war bereit, einen Gesetzesentwurf vorzulegen, die Forstbehörde war kooperationsbereit. Dennoch hatten wir aus irgendeinem Grund nie wirklich Erfolg mit unseren Bemühungen. Entweder war die Regierung unzufrieden, oder Edison hatte etwas auszusetzen, oder im Volk der Klamath selbst regte sich Unruhe angesichts der Geschehnisse.

Endlich kamen wir zu der Erkenntnis, daß wir zu viel Kraft in Chiloquins Kampf steckten, anstatt uns dem Aufbau des Bären-Stammes zu widmen. Als wir aus Washington zurückkehrten, fanden wir es an der Zeit, uns nach einem neuen Ort umzusehen. Meine Medizin sagte mir, daß ich weiterziehen müsse; außerdem stellten wir fest, daß das Land, das wir bearbeitet hatten, kein guter Fleck für uns war.

Die Gärten brachten keine großen Erträge, und es verlief ein Bewässerungskanal durch unser Gelände. Jedes Jahr im Frühjahr vergifteten die Bauern den Kanal mit ihren Unkrautvertilgungsmitteln, die nicht nur die Algen, sondern auch die Fische und Frösche töteten. Das gab mir den letzten Anstoß; wir hatten keine Möglichkeit, der Verseuchung Herr zu werden.

Wenn wir auch zu diesem Zeitpunkt überzeugt waren, daß es richtig war fortzugehen, so glaube ich doch, daß die Arbeit, die wir während unseres Aufenthaltes dort leisteten, eine gute Sache war. Vielleicht hatte sie ein kleines bißchen bewirkt.

Während unserer Zeit in Klamath hatte uns ein freundlicher Anwalt namens Richard Kalar geholfen, daß der Bären-Stamm als religiöser, erziehungsfördernder gemeinnütziger Verein nach den Gesetzen der U.S.-Regierung anerkannt wurde. Der Bären-Stamm war die erste indianische Medizingesellschaft in der Geschichte der Vereinigten Staaten, die die Anerkennung nach den Gesetzen der Regierung anstrebte, und wir erreichten diese Anerkennung.

Bei den Klamath-Fällen fand ich auch Shasta, meinen Medizinhund, oder vielmehr fand er mich. Wabun und ich befanden uns auf dem Rückweg von einem pow wow in Susanville, Kalifornien, und wir fuhren eine schmale Gebirgsstaße unweit des Berges Shasta hinauf. Wir sahen das herrliche Geschöpf, das aussah wie ein weißer Wolf, am Straßenrand stehen. Es wirkte außerordentlich machtvoll. Ich hielt den Wagen und rief den Hund, und Wabun stieg aus und ließ ihre Tür offen. Shasta kam jedoch zu meiner Seite herübergelaufen; er sprang durch das geöffnete Fenster, über meine Schulter nach hinten und ließ sich inmitten unserer Verkaufsgegenstände auf der Rückbank nieder. Ich habe noch nie einen Hund mit einem so großen Kopf und so breiten Schultern gesehen, in dessen Adern nicht Wolfsblut geflossen wäre. Ich nehme an, daß Shasta eine Kreuzung zwischen einem Wolf und einem weißen Hirtenhund ist.

Jedenfalls sprang er mit einem Satz über meine rechte Schulter nach hinten, und wir setzten unseren Weg fort. Es war alles ganz selbstverständlich – gute Medizin; er hatte mitten in der Wildnis gesessen und auf uns gewartet.

Wegen der Art und Weise, auf die wir ihn gefunden haben, und weil die Chippewa in alten Tagen besondere Ehrfurcht vor dem weißen Hund hatten, sage ich, daß Shasta ein Medizinhund ist. Mein Volk hatte seine Bärengesellschaft, die eine starke

Medizin durch den Bären erhielt. Da man aber aus verständlichen Gründen keinen Bären im Lager halten konnte, wurde der weiße Hund als Medizinsymbol zu seinem spirituellen Stellvertreter.

Shasta legt sich mit gekreuzten Pfoten vor unser Medizinrad, und er bewacht uns, gemeinsam mit Tsacha, seinem Gefährten, in der Schwitzhütte. Tsacha ist Wabuns Hund, eine Mischung aus Labrador und Hirtenhund, der uns eine Woche vor Shasta gefunden hatte. Wenn ich zu einer Vortragsreise aufbreche, sitzt er mit gekreuzten Pfoten auf der Straße. Er macht Medizin für mich.

Etwas ereignete sich noch bei den Klamath-Fällen, über das ich wirklich gerne berichte; es war gute Medizin. Einmal wurde, während unserer Zeit dort, das Heu knapp. Wir hatten zwei Pferde zu füttern, dazu noch Edisons elf Tiere, und von allen Bauern, an die ich mich wandte, bekam ich zu hören: »Tut uns leid, wir haben kein Heu zu verkaufen. Aber fragen Sie doch einmal Red Ross.«

Schließlich beschloß ich, Red Ross aufzusuchen.

Als ich bei seiner Farm anlangte, arbeitete er gerade auf dem Feld. Ich ging zu ihm hin und stellte mich vor:

»Hallo, ich bin Sun Bear«, erklärte ich ihm, »und ich brauche dringend Heu.«

»Woher kommen Sie?« erkundigte er sich.

Wir kamen ins Gespräch, und es stellte sich heraus, daß er im White Earth Reservat, dem Ort meiner Geburt, gelebt hatte. Er hatte es 1937 verlassen und war mit meiner allerersten Lehrerin verheiratet. Ihr Name war Clementine O'Rourke gewesen.

»Das nenne ich einen Zufall!« sagte Red.

Dann lud er mich zum Abendessen zu sich ein. Er riet mir, einfach ins Haus zu gehen und zu sagen: »Hallo, Miß O'Rourke.«

Das tat ich, und sie war wirklich überrascht, als ich ihr sagte, wer ich war. Es entwickelte sich eine tiefe Freundschaft daraus, und Red verkaufte mir soviel Heu, wie ich brauchte. Er ließ mir sogar 5 Dollar je Tonne vom Preis nach, so daß die Pferde reichlich zu fressen hatten.

Red half uns beim Bauen auf Edisons Land, wo er konnte, wenn er mich auch in manchen Dingen aufzog. Er nannte unser Lager das ›Hippie-Hilton‹, weil wir alle unser Haar lang trugen.

Wir verließen Oregon in einer Limousine und einem gelben Pritschenwagen. Wir machten ein Wohnmobil daraus, indem wir einen Campinganhänger auf die Ladefläche stellten. Darin mußten sechs Erwachsene, ein Kind, ein Hund und unsere ganze Druckerausrüstung für *Many Smokes* Platz finden. Es war eine abenteuerliche Zeit.

Von den Klamath-Fällen aus fuhren wir zum Pendleton-Round-Up, um unsere Geldmittel ein wenig aufzubessern.

Von da aus ging es weiter nach Seattle, Washington, wo wir Larry und Lee Piper besuchten. Wir freuten uns, sie zu sehen, und sie beherbergten uns großzügig fast einen Monat lang, in dem wir eine Ausgabe von *Many Smokes* schrieben, redigierten und druckten und darauf warteten, daß unsere Medizin uns vorwärtstrieb.

Von den Pipers aus zogen wir weiter nach Oregon, wo wir uns in der Nähe von Joseph ein Stück Land ansahen. Dann begutachteten wir Land im Norden von Idaho. Keines der Landstücke, die wir gesehen hatten, schien mir das richtige zu sein. Meine Medizin, mein Traum, sagte mir, daß der Zeitpunkt gekommen war, eine dauerhafte Bleibe zu suchen, einen Ort, an dem kein anderer über das Land bestimmte, so daß wir es nach unseren Vorstellungen besorgen konnten.

Meine Träume waren immer stärker geworden; sie hatten mir einen Ort von gewaltiger Kraft gezeigt, eine Stelle, an der Föhren und Kiefern wuchsen, mit Felsen, die von Höhlen durchzogen waren und einem Ausblick, hinter dem ein schimmernder Fluß lag. Ich hatte keine Ahnung, wo sich dieser Berggipfel befinden mochte, aber als wir in Washington in das Gebiet der Spokane kamen, wußte ich es plötzlich. Er mußte sich ganz in der Nähe befinden.

Ich vollzog meine Medizin und meine Gebete, um herauszufinden, ob dies der Ort war, an dem sich der Stamm niederlassen sollte. Wir kamen im Spätherbst an und mieteten uns in einem Sommerhaus in der Nähe des Sacheen-Sees ein. Es war wunderschön dort, und wir blieben den ganzen Winter über, sahen uns nach Land um, traten mit möglichen Besuchern in Verbindung, planten Seminare und arbeiteten an *Many Smokes*. Wir suchten in der Zeitung und fuhren in der Gegend herum, bis wir eines Tages unseren Berggipfel fanden. Er wurde in einer kleinen Zeitung namens Panorama View angeboten. Sobald ich einen Blick auf das Land geworfen hatte, wußte ich, daß ich die Heimat gefunden hatte.

Mir war klar, daß es eine Kraftstätte war, aber ich wußte nicht, warum. Als wir das Land gekauft hatten, erfuhren wir, daß unser Berg den Spokane-Indianern jahrhundertelang als Ort der Visionssuche gedient hatte – eine heilige Kraftstätte. Am Fuße der Bergkette gibt es ein paar Steinzeichnungen; ich habe ein paar von ihnen übersetzt. Ich glaube, daß ich einiges von dem, was sie bedeuten, mitteilen darf. Die Steinzeichnungen berichten von der Versiegelung der Medizinhöhlen in unserem Berg. Wenn die Zeit gekommen ist, vielleicht zur Zeit der Reinigung, werden sich die Höhlen den richtigen Leuten öffnen, sie werden ihre Medizinkraft denjenigen Menschen preisgeben, die dessen würdig sind.

Wir entdeckten, daß unser Berg von den Spokane-Indianern *Axtú Leman Sumíx* genannt wurde. Das bedeutet, frei übersetzt, *Malberg*, *Kraftberg* oder *Visionsberg*.

Vom Gipfel des Vision Mountain blickt man auf den Spokane-Fluß hinunter. Unter uns liegt der Stausee Long Lake und flimmert, inmitten weiter Süßkleefelder gelegen, im Sonnenschein.

ZWÖLFTES KAPITEL
Bären-Stamm und Selbstversorgung

Wir bezahlten unser Land auf dem Vision Mountain teils in bar, teils mit Silber- und Türkisschmuck. Das Land ist somit rechtmäßiger Besitz der Bear Tribe-Medizingesellschaft, und das ist vereinbar mit meiner Vision und meiner Überzeugung. Ich glaube nicht, daß ein einzelner Land besitzen darf, denn es gehört dem Schöpfer. Anfangs erwarben wir ungefähr zehn Hektar, haben aber noch elf Hektar dazugekauft, und Freunde des Stammes besitzen etwa sechzig Hektar in der Nähe. Die von Mahad'yuni (Evelyn Eaton) gegründete Draco-Foundation verfügt über ein angrenzendes Stück Land von elf Hektar. Evelyn, die kürzlich im Alter von achtzig Jahren verstorben ist, war unsere Stammesgroßmutter und Verfasserin von über zwanzig Büchern, unter ihnen ICH SENDE EINE STIMME , THE SHAMAN AND THE MEDICINE WHEEL und SNOWY EARTH COMES GLIDING.*)
Nach unserer Umsiedlung wanderte ich eines Tages in den Wald hinauf, auf den Gebirgskamm zu. Es war ein sehr dunkler, wolkenverhangener Tag, und ich erblickte einen Lichtstrahl, der auf eine einzige Stelle fiel. Er kam aus der Wolkendecke und erleuchtete die Erde. Ich ging zu der lichten Stelle hin, ließ mich dort eine Weile lang nieder und überließ mich der Kraft und guten Energie, die vom Universum ausging. Ich wußte, es gab nur eine Auslegung für dieses Zeichen; es bedeutete, daß unser Land gesegnet und heilig war und daß wir hierher gehörten. Kurz nach diesem Erlebnis untersuchten wir die Felsenzeichnungen und entdeckten die Medizingeschichte des Berges und der Spokane-Indianer.

Auch für uns ist Vision Mountain ein Ort tiefer Vision und großer Kraft; die Energie, die von ihm ausgeht, ist sehr stark,

*) Neuausgaben und Erstübersetzungen von Evelyn Eatons Büchern befinden sich beim Goldmann Verlag in Vorbereitung.

und niemand kommt hierher, ohne die guten Schwingungen zu spüren.

Im Februar 1976 begannen wir endlich, unsere erste kleine Hütte zu bauen. Der Boden war gefroren, und Schnee und Eis bedeckten die Erde. Wir mußten Feuer machen, um die Erde aufzutauen und einen mächtigen umgestürzten Baum fortschleppen, um unser erstes Fundament, einen Überwinterungskeller für Wurzelgemüse, zu erweitern.

Wir hatten bereits elektrischen Strom, eine Entdeckung, die uns freudig überraschte. Westlich von der Stelle, an der wir zu bauen begonnen hatten, stand ein großer Baum, an dem ein Stromzähler befestigt war. Nachdem wir das entdeckt hatten, schlossen wir ein Elektrogerät an, und das Zählerrädchen begann sich zu drehen. Daraufhin stellten wir unseren Kühlschrank hinaus unter den Baum. Ich glaube, es war wirklich ein einzigartiger Anblick.

Unsere erste Hütte war winzig; ihr Vorratskeller war halb in den Berghang gebaut. Es gab ein Erdgeschoß und ein erstes Stockwerk, das einem Dachboden sehr ähnlich war. Heutzutage wird die Hütte zum Spielen, als Schulraum für die Kinder und als zusätzliche Schlafgelegenheit genutzt.

Im ersten Frühjahr und Sommer auf dem Berg lebten alle Stammesmitglieder in der Hütte oder in ihrer nächsten Umgebung. Es war kalt und sehr beengt. Wenn jemand im ersten Stock herumlief, fühlte man sich im Erdgeschoß wie im Innern einer großen Trommel. Aber die Hütte war unser Heim; sie hielt den Regen von uns fern, und wir waren alle dankbar dafür.

Auf der Ostseite unserer Hütte befand sich eine Quelle, und obwohl sie damals nicht viel mehr war als ein feuchter Fleck auf der Erde, versorgte sie uns mit Wasser. Wir errichteten unsere erste Küche, ein kleines quadratisches Gebäude, in dem wir kochten und Vorräte einmachten, genau unterhalb dieser Quelle. In der Küche gab es einen Holzherd und einen kleinen Arbeitsbereich.

Der Mann, der die Küche baute, war nur 1,60 m groß, was sich später als bedeutungsvoll erwies, denn als er seine Arbeit beendet hatte, war er das einzige Stammesmitglied, das aufrecht darin stehen konnte. Wir anderen mußten uns bücken, wenn wir darin kochen wollten, und abgesehen davon fiel die Herdklappe dauernd auf und uns gegen die Schienbeine. Wir mußten schließlich die Herdklappe befestigen und die Eckpfosten des Gebäudes durchsägen, um das Dach anzuheben. Doch wir schlugen uns durch und fühlten uns wohl dabei.

Wir schleppten Wasser herbei, wir beteten viel, und es gelang uns, in unserer kleinen Küche genügend Essen zu kochen, um alle zu verköstigen. Im Laufe dieses ersten Winters, Frühjahrs und Sommers legten wir sogar einen kleinen Vorrat an Gemüsekonserven an.

Bis zum April waren alle Stammesmitglieder vom Sommerhaus am Sacheen-See auf den Berg übergesiedelt. Wir gruben an der Stelle, an der sich die Quelle befand, ein Loch, und es füllte sich mit klarem, kühlen Wasser. Indem wir die Wände des Lochs befestigten und den Boden mit Steinen auslegten, schufen wir ein kleines Wasserreservoir. Es war gut, daß wir diese Quelle hatten, denn sie war die erste Voraussetzung zum Überleben auf unserem Land. Unser Wasser kam vom Berggipfel herunter, so daß niemand es mit Chemikalien vergiften konnte. Über uns gab es keine Staudämme, die hätten brechen und unsere Arbeit zunichte machen können. Eine Quelle benötigt, was von großer Bedeutung ist, keinen elektrischen Strom, um zu funktionieren, so daß zumindest ein Teil unserer Wasserversorgung vollkommen unabhängig von den Errungenschaften der modernen Technologie ist. Wenn wir sie mit angemessenem Respekt behandeln, wird sie uns immer mit dem Notwendigen versorgen.

Nimimosha war in Oregon schwanger geworden, und eine Woche, bevor wir vom Sacheen-See heraufzogen, brachte sie ein Mädchen zur Welt. In einer der ersten Zeremonien, die wir auf Vision Mountain abhielten, gaben wir dem Kind seinen Namen. Nimimosha, Mondamin – der Vater –, Wabun und ich brachten den Säugling auf den Berggipfel. Ich hob das Mädchen hoch über den Kopf und zeigte es dem Universum. Ich machte sie dem Großen Geist und den vier Himmelsrichtungen bekannt. Wir nannten sie *Wabeno-wusk*, in der Sprache der Ojibway der Name für ›Schafgarbe‹. Bei den Chippewa wird die Schafgarbe als mächtige Medizinpflanze betrachtet; sie symbolisiert den Osten, den Frühling und den frühen Morgen ... und sie wird zur Heilung von Schnittwunden und zur Herstellung von Tees gegen Erkältungen und andere Krankheiten verwendet. Nimimosha wählte diesen Namen auch zu Ehren der Verbundenheit, die sie zwischen dem Kind und Wabun spürte, deren Namen vom Geisthüter des Ostens herrührt.

Im Frühsommer fingen wir mit den Bauarbeiten an unserem Langhaus an. Es schmiegt sich an einen Berghang nördlich der ersten Hütte und mißt acht mal zwanzig Meter. Heute ist das Langhaus der Mittelpunkt des Stammeslebens. Es umfaßt Schlafplätze für einige Stammesmitglieder, ebenso wie für Besucher. Geheizt wird es mit mehreren Holzöfen, und in seinem Innern befinden sich eine Küche, ein Wohnbereich, ein Büro, ein Beratungszentrum und eine Kräuterkammer. An den Dekkenbalken sind Kräuter zum Trocknen aufgehängt, und die Wände sind mit indianischem Kunsthandwerk geschmückt. Es ist ein behagliches Haus. Manchmal halten wir unsere Pfeifenzeremonien im Wohnraum ab. Wir setzen uns dann im Kreis zusammen und sprechen unsere Gebete und danken dem Großen Geist.

Der Bau des Langhauses war ein hartes Stück Arbeit, aber alle legten Hand mit an, sowohl die Stammesmitglieder als auch die Besucher, die in jedem Sommer in wachsender Zahl zu uns kamen. Nimimosha hängte Schafgarbe in einem Körbchen an einen der Deckenbalken, während sie beim Verlegen des Fußbodens half. Schafgarbe sah uns zu, lauschte dem Hämmern und Sägen und schenkte uns ihren Neugeborenensegen. Kwasind übernahm viele Arbeiten am Langhaus, und er verstand sein Handwerk.

Bei den Holzfirmen aus der Gegend tauschten wir Bauholz gegen alles mögliche ein und bekamen darüber hinaus von interessierten ortsansässigen Geschäftsleuten Holz und andere

Baumaterialien geschenkt. Der größte Teil der Bretter und Planken, die wir für die Seitenwände benutzten, waren Ausschußware. Das heißt, daß das Holz hier und da Astlöcher, Risse und Splitter aufwies, so daß Leute, die es genauer nahmen als wir, es nicht für ihre Häuser verwendet hätten. Doch für uns war das Holz ausgezeichnet. Tatsächlich finde ich die Außenfassade des Langhauses ausgesprochen schön; mit seinen Knorren und Unebenheiten sieht es fast aus, als sei es ein Teil des Berges.

Wir verwenden selten unser eigenes Holz zum Bauen und Feuern, lieber lassen wir die umgestürzten Bäume zu Kompost vermodern, um den Boden zu verbessern. Daher beschaffen wir uns Baumaterial entweder im Tauschhandel, oder wir nehmen das Holz, das nach Stürmen, Fällarbeiten oder Waldbränden auf den Besitzungen anderer liegenbleibt, wenn es uns angeboten wird.

In der Zeit, als wir unser Langhaus errichteten, lernten wir eine Menge über Hausbau und Selbstversorgung. Die Ausschußwaren der Fabriken sind dabei von unschätzbarem Wert. Wenn man sich ernsthaft bemüht, kann man Materialien wiederverwerten, zusammenschnorren, billig erstehen oder damit improvisieren. Wir hatten nie etwas dagegen, industriell hergestelltes Baumaterial mit natürlichen Materialien zu verbinden. Natursteine und -hölzer eignen sich für zahlreiche Zwecke; wir fertigten daraus Schrankgriffe, Handtuchhalter und Tischbeine. Minderwertige Baumaterialien – wie Wandverkleidungen, Isolierstoffe, Installationsgegenstände, Fenster- und Türrahmen vom Schrott – sind ausgezeichnet, wenn man bereit ist, ein bißchen Arbeit hineinzustecken.

Im Spätherbst war unser Langhaus dann fertig, und wir zogen ein. Unsere Gemeinschaft wuchs wie ein Garten. Wir hatten die Hütte, das Küchengebäude, das Langhaus und einige Tipis, und nicht lange danach errichteten wir unser Hühnerhaus und die Scheune.

Im Laufe dieses ersten Sommers begannen wir das – von uns so genannte – Autarkie-Zentrum (Self Reliance Center) auf Vision Mountain aufzubauen. Wir boten eine Reihe von Seminaren und Workshops an, und die Leute strömten aus dem ganzen Land herbei. Sie kamen, um sich Fertigkeiten anzueignen, die zur Selbstversorgung nötig sind, und um etwas über die geistigen Lehren der Indianer und den Zusammenhang zwischen ihnen und der Erde in der Gegenwart zu erfahren. Unsere neuen Schüler lernten den Anbau von Nahrungsmitteln, die Bienenhaltung, Hausbau, das Trocknen von Obst und Gemüse und den Bau von Behelfsunterkünften. Im ersten Kurs, den ich abhielt, brachte ich meinen Schülern unter anderem die Kunst des Holzspaltens bei. Es war offenkundig, daß die Leute es nötig hatten, das zu lernen, denn ich verlor gleich in der ersten halben Stunde des ersten Kurstages zwei Beilgriffe. Wahrscheinlich dachten sie, man spaltet das Holz mit dem Griff statt mit der Klinge.

Unsere erste Seminargruppe half uns bei der Fertigstellung unserer Gebäude und der Bestellung des ersten Gartenstückes. Unsere Pflanzungen lagen oberhalb des Langhauses in der Nähe eines Teiches, der zu unserem Grund gehört. Wir legten den Garten so an, daß er tiefer lag als der Teich, leiteten dann mit Hilfe eines Gartenschlauches Wasser hinunter, das wir dann auf halbem Wege in einem alten Warmwassertank sammelten, und das System bewährte sich im ersten Sommer ausgesprochen gut. Dann stellten wir jedoch fest, daß der Teich im Spätsommer zeitweise austrocknet, so daß wir genötigt waren, uns eine zuverlässigere Bewässerungsmethode auszudenken. Die einzige Lösung zur Deckung unseres wachsenden Wasserbedarfs bestand darin, einen Brunnen zu graben, wie wir es von jeher gewohnt waren.

Für einige unserer ersten Kursteilnehmer war es eine echte Herausforderung, die Selbstversorgung zu erlernen. Vor allem anderen mußten sie sich klarmachen, wie begrenzt unsere Wasservorräte waren und daß der verschwenderische Umgang mit diesem Stoff, der das Blut der Mutter Erde ist, bedeuten konnte, daß wir unsere Versorgungsgrundlage verloren.

Unser Quellwasser kommt, wie ich schon sagte, vom Gipfel

des Berges und ist klar und rein, doch die Wassermenge, die sie liefert, reicht gerade aus, um unseren Grundbedarf zu decken.

»Wenn wir es verwenden, um die Pflanzen zu gießen oder die Tiere zu tränken«, erklärte ich den Schülern, »dann wird die Quelle nicht versiegen. Wenn wir aber gierig werden und Verschwendung damit treiben, wird die Quelle nicht mehr für uns fließen. Wir müssen hier sehr umsichtig sein. Wir verwenden das Wasser nicht zum Wagenwaschen oder für eine Waschmaschine. Wir entnehmen ihm nicht einmal ein tägliches Bad für jeden von uns. Am Fuße des Berges liegt der Spokane-Fluß; darin könnt ihr schwimmen, wenn ihr das Bedürfnis habt, den Straßenstaub abzuspülen. Es ist nicht notwendig, täglich ein Bad zu nehmen, und im übrigen ist es eine Verschwendung.«

Die meisten Leute hielten sich an meinen Rat. Einmal ergab sich jedoch eine schwierige Situation. Ein Teilnehmer eines Selbstversorgungs-Kurses war ein junger Mann mit sehr dichtem, gelocktem Haar. Er bestand darauf, daß es jeden Tag gewaschen werden müsse. Wir erklärten ihm, daß unsere kleine Quelle für diese Art von Eitelkeit nicht eingerichtet sei und daß er sich in der Stadt eine Dusche suchen sollte, wenn er diese häufige Haarwäsche wirklich für notwendig hielte. Der junge Mann war freundlich und ruhig; er stritt sich nicht mit uns herum, aber er fuhr fort, sich täglich mit unserem Wasser die Haare zu waschen. Eines Tages beschloß er dann, daß sein Wagen eine Wäsche nötig hätte, und nachdem er die Erkenntnis in die Tat umgesetzt hatte, trocknete unsere Quelle aus.

Das ereignete sich, während das Seminar in vollem Gange war, und wir benötigten das Wasser zum Kochen, zum Trinken und für die Tiere und Pflanzen. Aber es gab keins.

Nach kurzer Zeit kamen die Seminarteilnehmer zu mir und sagten: »Sun Bear, wir müssen Wasser herbringen. Uns ist heiß, und wir haben Durst.«

»Nein!« antwortete ich.

»Jetzt«, fuhr ich fort, »werdet ihr eine Lehre in Selbstversorgung erhalten. Ihr werdet lernen, was es heißt, wenn ihr euch eure Nahrungsgrundlage zerstört, wenn ihr die Gaben der Mutter Erde mißachtet. Ihr werdet jetzt mit der Situation, die ihr geschaffen habt, leben.

Und wenn die Quelle wieder zu fließen beginnt«, erklärte ich, »werden die Kühe das erste Wasser bekommen, denn sie brauchen es, um Milch zu produzieren. Es ist nicht die Schuld der Haustiere, daß die Quelle ausgetrocknet ist. Die Kühe, die Pferde ... sie alle werden trinken, bevor wir an der Reihe sind. Wir werden die letzten sein.«

Und so geschah es auch. In den folgenden Wochen, nachdem sich die Quelle erneuert hatte und das Seminar beendet war, kamen einige der Teilnehmer zu mir und berichteten, welch eine starke Erfahrung es für sie gewesen war, mit einer unerfreulichen Situation fertigwerden zu müssen, die sie sich nie erträumt hätten.

Seither ist unsere Quelle nie wieder ausgetrocknet; doch wir wissen, daß sie das nächste Mal, wenn wir gierig werden, ein bißchen langsamer zu uns zurückkehren wird.

Im Langhaus haben wir neben dem Spülbecken in der Küche und an Waschbecken und Badewanne im Badezimmer kurze Segenssprüche angebracht, in denen das Wasser, das Lebensblut der Erde, gepriesen wird; sie erinnern jeden unserer Gäste daran, dankbar zu sein, wenn er sich wäscht, und den Schöpfer dafür zu preisen. Auch wenn ich mich auf Reisen befinde, bin ich mir der Kostbarkeit des Wassers stets bewußt. Ich betätige niemals die Wasserspülung einer Toilette, wenn es nicht unbedingt notwendig ist.

Da wir beim Thema Wasser sind, will ich von dem Brunnen berichten, den wir drei Jahre nach unserem Einzug gegraben haben. Uns war von Anfang an klar, daß wir einen benötigen würden, daher gingen wir mit der Wünschelrute herum und suchten damit eine gute Wasserader. Wir stießen auf einige Stellen, aber manche erwiesen sich als ungeeignet. Eine lag genau auf unserem Viehtrieb; eine befand sich inmitten einer Weide, doch wir durchbrachen sechs Felsschichten, um zu ihr durchzudringen, und sie war tiefer gelegen als das Langhaus, so daß wir gezwungen gewesen wären, das Wasser bergauf zu pumpen, damit es dorthin gelangte, wo wir es brauchten. Daher entschlossen wir uns am Ende, an einer höheren Stelle östlich des Langhauses zu bohren.

Um den Brunnen bohren zu können, mußten wir eine sehr hohe Kiefer fällen. Es war eine interessante Geschichte, denn der Brunnenbauer, den wir kommen ließen, war ausgesprochen unwillig darüber, daß der Baum gefällt werden mußte. Er wollte es nicht tun.

Daher fällten wir den Baum selbst. Wir sprachen unsere Gebete und hielten eine Zeremonie ab, in der wir den Baum um sein Einverständnis baten und ihn wissen ließen, daß er sein Leben gab, damit die ganze Berghöhe mit Wasser versorgt werden konnte.

Als der Baum fiel, war dem Brunnenbauer viel wohler zumute, sowohl wegen der Zeremonie, die wir abgehalten hatten, als auch darum, weil er ihn nicht selbst hatte fällen müssen. Und es gab noch einen anderen Grund, warum ihn die ganze Angelegenheit schließlich doch nicht so sehr verstimmte.

Während unserer Zeremonie kam ein Habicht herbeigeflogen, der immer tiefere Kreise über uns zog, und das beeindruckte den Mann zutiefst. Es war ihm deutlich anzusehen.

»Ich finde, Habichte sind die schönsten Vögel, die es gibt«, erklärte er später. »Vielleicht liegt das daran, daß ich Hawkins*) heiße.«

Ich glaube, daß Mr. Hawkins, als er unseren Brunnen bohrte, eine Menge lernte. Am Ende verfügten wir über eine ausreichende Wasserversorgung.

An dieser Stelle möchte ich noch eine andere Geschichte erzählen, in der es um einen Habicht geht. Sie ereignete sich 1978, wenige Jahre, nachdem wir uns auf Vision Mountain angesiedelt hatten, und ich glaube, daß sie die Mission des Bären-Stammes untermauert ... die darin besteht, dazu beizu-

*) ›Hawk‹ heißt ›Habicht‹

tragen, daß die Harmonie, das Gleichgewicht und die Reinheit auf der Mutter Erde wiederhergestellt wird.

Ich hatte mich ungefähr drei Monate lang in einer anderen Gegend aufgehalten, und am ersten Tag nach meiner Rückkehr fuhr ich nach Spokane, um einige Dinge zu erledigen. Ich benutzte das Telefon in einem Buchladen des Ortes. Wir hatten damals noch kein eigenes Telefon, und die Besitzer des Buchladens – mit denen wir gut befreundet waren – erlaubten uns, ihren Apparat zu benutzen.

Ich hatte mein drittes Gespräch beendet und hob den Hörer auf, um eine vierte Nummer zu wählen. Als ich den Hörer ans Ohr legte, war jemand am anderen Ende der Leitung; das Telefon hatte nicht einmal geklingelt, bevor ich abgehoben hatte.

Ich sagte »Hallo«, und die Stimme am anderen Ende sagte:

»Sun Bear! Ich habe heute einen Adler gefunden, der vom Himmel gestürzt ist. Er ist verletzt. Kann ich ihn zu Ihnen bringen?«

Es war ein tiefes Erlebnis für mich, diese Nachricht am ersten Tag meiner Rückkehr nach Spokane nach dreimonatiger Abwesenheit zu hören!

»Selbstverständlich«, antwortete ich dem Anrufer. »Es ist mir eine große Freude, wenn ich versuchen kann, dem Geflügelten zu helfen.«

Er brachte den Vogel zu mir, und ich sah, daß es kein Adler, sondern ein Rotschwanzhabicht war. Wie der Adler, ist er ein heiliger Vogel beim indianischen Volk. Ich behielt den Habicht, eingewickelt in einen Pullover, den ganzen Tag über in meinem Wagen. Ich bot ihm Wasser und Hackfleisch an und betete für seine Genesung. Endlich trank Bruder Habicht ein wenig Wasser.

Bei Sonnenuntergang sah ich nach dem Vogel; er wollte, daß ich den Pullover, der um seine Flügel gewickelt war, fortnahm, das erkannte ich deutlich. Also tat ich es. Bruder Habicht breitete zweimal seine Schwingen zu voller Weite aus ... dann starb er.

Wir hatten mittlerweile unser Medizinrad auf Vision Mountain angelegt, und wir legten den Habicht für die Dauer eines Tages in die Mitte des Rades, um ihm die Ehre zu erweisen. Dann trugen wir ihn auf den Berggipfel hinauf und legten ihn an einer heiligen Stätte zur Ruhe.

Die Botschaft, die mir der Große Geist durch diesen Habicht mitteilte, war klar; das Tier hatte keine sichtbaren Zeichen einer Verletzung ... es war einfach vom Himmel gestürzt. Der Geist sagte mir, daß der Habicht an den Umweltgiften zugrundegegangen war, die sich überall mit jedem Tag weiter ausbreiten.

Gemeinsam mit Wabun setzte ich im ersten Jahr unseres Aufenthaltes auf Vision Mountain die Reisen zu den pow wows fort; wir verkauften Schmuck, Bücher, Kunsthandwerk, was immer wir auftreiben konnten, um Geld für Nahrungsmittel und Baumaterialien zu bekommen. Doch obwohl wir sehr erfolgreich waren, hatten wir das Gefühl, daß es besser wäre, wenn wir häufiger zu Hause sein könnten. Wir spürten, daß die Zeit nahte, in der wir andere Möglichkeiten finden mußten, den Stamm zu ernähren; wir wußten nicht, wie wir das anstellen sollten, aber meine Medizin sagte mir, daß einige sehr positive Veränderungen bevorstanden. Und sie traten tatsächlich ein.

Wir vermehrten unser Einkommen, indem wir im Laufe des ersten Sommers unseren ersten Buchversandkatalog druckten, und das Versandgeschäft begann zu blühen. Es trug dazu bei, daß wir die pow wow-Rundreisen einschränkten, unsere *Büffeljagd* von der Heimat aus durchführen konnten.

Heute verkaufen wir in unserem Versand- und Reisebuchladen Werke über indianische Kultur und Religion, über Natur und Umwelt, Überlebenstraining und andere damit im Zusammenhang stehende Themen. Darüber hinaus bieten wir alles vom Tipi bis zu winzigen Samenperlen an.

Unsere ersten Selbstversorgungs-Veranstaltungen waren klein und in der Öffentlichkeit wenig bekannt, doch wir lernten durch sie die dringende Notwendigkeit, unser Wissen zu teilen. Durch meine Träume ließ mich der Große Geist wissen, daß es an der Zeit war, weiter auszuholen, mit jedem, der bereit war, das zu hören, was ich zu sagen hatte, über ein Leben in Autarkie, über meine Träume und Visionen zu sprechen. Anfangs besuchten wir Orte in der Umgebung; wir sprachen hier und da vor Kirchengruppen und in Schulen, wie ich es schon früher getan hatte. Ein Programm bestand darin, daß ich eine Woche lang die staatlichen Schulen in Spokane besuchte und mit den Kindern über indianische Philosophie und Selbstversorgung sprach.

Dann begann sich die Kraft dessen, was wir taten, sehr plötzlich zu verbreiten. Das geschah, als im Herbst unseres ersten Jahres auf Vision Mountain Besucher aus Vancouver, British Columbia, zu uns kamen. Unter ihnen waren Jerome Twin Rainbow, Sue Ellen Primost und einige andere. Das, was wir taten, gefiel ihnen, und sie hatten Verbindung zu den 3HO-Leuten die gerade das erste ›World Symposium on the Humanities‹ in Vancouver vorbereiteten. Unsere Besucher waren der Meinung, daß Wabun und ich dort eine Rede halten sollten, und es gelang ihnen eine Einladung für uns zu organisieren. Wir fuhren im Oktober 1976 hinauf, und unsere Rede war ein großer Erfolg. Das Symposium erwies sich als eine Gelegenheit, die geeignet war, unsere Ideen einer breiten Öffentlichkeit bekanntzumachen. Es ergaben sich daraus in der Folgezeit eine Reihe von Einladungen an uns, Reden zu halten.

Im darauffolgenden Jahr, 1977, begann sich unser Vortragskalender zu füllen; wir hielten regelmäßig Vorträge vor metaphysischen Gruppierungen, Kirchen- und Schulgruppen. Seit jener Zeit sind wir immer weiter um die Welt gereist, und wir haben Kurse zu einer wachsenden Vielfalt von Themen entwickelt.

Die Seminare sind ein großer Erfolg; wir erreichen in jedem Jahr Tausende von Menschen persönlich und mehr noch über die Medien. Neben der Durchführung unserer Seminare sind wir zu Veranstaltungen eingeladen worden wie dem ›Mind, Body and Spirit Festival‹ in den Vereinigten Staaten und in

Großbritannien, der ›Mandala Conference‹ in San Diego, Kalifornien, und einer Anzahl von Konferenzen der ›Association for Research and Enlightenment‹; wir waren beim ›Omega Institute‹ in New York, der ›Sufi School of Spiritual Healing – West‹ in Eugene, Oregon, dem ›World Symposium on the Humanities‹ in Vancouver und Toronto, dem ›Abode of the Messagee‹ in New York, dem ›Laughing Man Institute‹ in Marin, Kalifornien, ›Alpha Logics‹ in Connecticut, dem ›Spiritual Advisory Council Festival‹ in Chicago und Orlando, der ›Lama Foundation‹ in Neu Mexico, der ›Ojai Foundation‹ in Kalifornien, ›Another Place‹ in New Hampshire und unzähligen anderen Zentren, Konferenzen, Schulen und Kirchen, ob groß oder klein. Es wächst immer weiter.

Im selben Maße, in dem unsere Einladungen nach außen sich ausweiteten, wuchsen auch unsere Seminare zu Hause. Unser Selbstversorgungs-Programm nahm festere Umrisse an; 1978 hatte es seine volle Kraft entwickelt. In diesem Jahr begannen wir, zahlreiche verschiedene Workshops anzubieten, und wir nannten das ganze Programm unsere ›Lebenskreis-Seminare‹. Wir bildeten Arbeitsgruppen zu den Themen ›Selbstversorgung in der Wildnis‹, ›Geburt‹, ›Elternschaft‹, ›Stellung der Frau‹, ›männliche und weibliche Energie‹ ... insgesamt waren es sechs verschiedene Seminare.

Eines unserer wichtigsten und erfolgreichsten Projekte, das 1978 zu wachsen begann, ist das Visionssuche-Programm. Die Menschen kommen in immer größerer Zahl zu uns; sie durchlaufen eine Reinigungszeremonie in der Schwitzhütte und eingehende Gespräche, in denen sie ihre Bereitschaft festigen, dann gehen sie hinaus auf den Berg, wo sie fasten und um eine Vision beten, um eine Weisung, nach der sie ihr Leben ausrichten können. Viele Menschen haben hier ihre Visionen gesucht und außerordentlich starke Erfahrungen gemacht. Hinterher kommen sie zu uns, und wir helfen ihnen, ihre Visionen zu interpretieren; auf diese Weise können sie ihre eigene Medizin, ihren Weg im Leben erkennen.

1978 war auch das Jahr, in dem wir unser SELF RELIANCE

BOOK veröffentlichten. Es entwickelte sich aus einem kleinen Büchlein, das wir in Reno unter dem Titel WALK IN BALANCE herausgebracht hatten. Es vermittelt eine Vielzahl wichtiger Informationen. Vor allem macht es die Öffentlichkeit mit dem Bear Tribe bekannt und beschreibt, was wir tun und woran wir glauben. In ihm ist die Rede von meinen Visionen, den Prophezeiungen der Hopi und der bevorstehenden Zeit der Reinigung. Das SELF RELIANCE BOOK beschreibt auch, wie man sich der Mutter Erde gegenüber verhalten soll, wie man zur Harmonie mit ihr gelangen kann, wie einige einfache Zeremonien abgehalten werden, und es gibt eine gute Anleitung zur Bildung eigener Gemeinschaften. In dem Buch sind Gedichte, Legenden und Gebete enthalten, aber der Hauptteil ist den praktischen Fertigkeiten gewidmet: Techniken der Selbstversorgung in bezug auf das Land, das Wasser, die Nahrungsmittelkonservierung, wildwachsende Pflanzen und Kräuter und vieles mehr. Die interessanteste Information in diesem Buch ist für manche Leute in den Abschnitten über Geldwesen und Heimgewerbe enthalten. 1983 hatte das SELF RELIANCE BUCH bereits fünf Neuauflagen erfahren.

Als die Besucher zahlreicher zum Vision Mountain zu strömen begannen, gab es unter ihnen immer noch eine Menge Hippie-Gestalten. Und obwohl diese Leute auf ihre Weise wirklich Suchende waren, waren ihre Vorstellungen doch von Drogenbejahung und manchmal von dem Wunsch, so wenig wie möglich zu arbeiten, geprägt. Diese Leute konnten wir natürlich nicht bei uns behalten; wir hatten während unserer Zeit am Medizinfelsen genügend Erfahrung mit ihnen gesammelt, und viele von ihnen begriffen nicht, daß das Ausüben von Medizin nicht nur Beten bedeutete, sondern auch harte Arbeit beinhaltete. Ob man nun kocht, Gartenarbeit verrichtet, im Büro arbeitet, Buchbestellungen ausfüllt, Hühner rupft, eine Schwitzhütten- oder Pfeifenzeremonie leitet oder auch nur ganz intensiv an seiner persönlichen Kraftstätte betet, man wird feststellen, daß es hier möglich ist, um sechs Uhr morgens aufzustehen und den ganzen Tag über die Hände nicht in den

Schoß zu legen. Was ich den Menschen immer gerne erzähle, ist die Tatsache, daß wir beim Bären-Stamm eine Beschäftigungsrate von 100 % haben. Wir liegen damit weit über der Beschäftigungsrate des Landes.

Viele der Menschen, die zu uns kamen, waren ziemlich auf dem Drogentrip. Sie brauchten einen Ort, an dem sie ihren Körper zur Ruhe legen und ihren Gedanken nachhängen konnten, und wir verstehen unter der Arbeit der Medizingesellschaft etwas völlig anderes.

Die Jahre von 1977 bis zur Gegenwart verschwimmen irgendwie miteinander; alles ging furchtbar schnell.

So, wie meine Vision wächst, wächst auch der Stamm, aber wir folgen weniger einer ›Strategie‹, einem Wachstums- und Entwicklungsplan, als vielmehr unserer Medizin. Würde unsere Medizin uns morgen sagen, wir sollten zusammenpacken und Vision Mountain verlassen, so würden wir genau das tun.

Der Bear Tribe ist eine Gemeinschaft von Lehrern, und Vision Mountain ist die Basis, von der unsere Arbeit ausgeht. Wenn ein Mensch sich entschließt, bei uns zu bleiben und zu lernen, so lernt er aus allem, was hier geschieht, selbst aus den Spannungen, die manchmal entstehen. Es kann beispielsweise sein, daß ein Besucher beobachtet, daß jemand unglücklich ist, weil ein anderer ihn nicht angelächelt oder scharf mit ihm gesprochen hat. Dann könnte er versucht sein, zu sagen: »Na ja, die Leute hier kommen nicht besonders gut miteinander aus«, obwohl wir doch in Wirklichkeit aus dieser Unstimmigkeit etwas lernen: Wir versuchen, ein gesundes Gleichgewicht herzustellen. Der Schüler, der zu uns kommt, beobachtet und lernt, und wir lernen ebenfalls, und dieses Wechselspiel ist ein Teil der Lehre, um die es uns geht. Wir machen nicht den Versuch, einander auszuweichen oder uns stets mit Samthandschuhen anzufassen, sondern wir kommunizieren miteinander und arbeiten die Konflikte aus.

Auch hier mag unser Medizinpfad gelegentlich über eine Zeitspanne hinweg unklar sein. Die Gesellschaft würde so damit umgehen, daß das Problem untersucht und nach einem bestimmten Plan gehandelt wird, wir gehen jedoch nicht immer so vor. Medizin kann man nicht erzwingen, sie kommt von selbst. Wir nehmen das Wissen an, das der Geist uns verliehen hat, und wissen, daß alles andere irgendwo bereitliegt. Wenn du wirklich eine Antwort auf eine Frage brauchst, so wird der Geist sie dir ins Ohr singen und dir sagen, was als nächstes kommt.

Wir versuchen, in allem, was wir auf Vision Mountain tun, zu einer allgemeinen Übereinstimmung zu gelangen, auch wenn ich manchmal das letzte Wort für den Stamm sprechen muß. Wir haben einen Ratskreis, in dem Entscheidungen getroffen werden, und jedes Mitglied des Stammes hat das Recht, seine Meinung auszusprechen und mitzuteilen. Um sicherzustellen, daß jeder zu Wort kommt, reichen wir einen sogenannten ›Redestab‹ herum. Das ist eine indianische Tradition. Derjenige, der den Stab in Händen hält, hat das Recht, zu reden, und alle anderen hören aufmerksam zu. Wir benutzen einen perlenbesetzten, mit Federn und den Hinterhufen von Rehen geschmückten Stab. Wenn der Redner geendet hat, reicht er den Stab dem nächsten.

Wenn wir in der Beratung in einer Sackgasse angelangt sind, so wird die letzte Entscheidung von mir selbst, von Wabun oder Shawnodese getroffen. Vorher und währenddessen befragen wir unsere Medizin, um zu entscheiden, was in der jeweiligen Situation zu tun ist. Eine Frage, mit der wir uns immer wieder beschäftigen, befaßt sich damit, welchen Einfluß etwas Neues, das wir in unser Leben einfügen, auf unsere Beziehung zum Großen Geist, zur Mutter Erde und zueinander hat.

Ich möchte nun die Bärenklan-Mitglieder des Stammes vorstellen. Das sind diejenigen Menschen, die ihr Leben der Erfüllung meiner Visionen gewidmet haben.

In den letzten paar Jahren hat das Interesse an dem, was wir hier tun, gewaltig zugenommen. Ich glaube, daß die geistige Bewegung, der wir uns zugehörig fühlen, zu einem der erstaunlichsten Phänomene auf diesem Kontinent und in der restlichen

Welt geworden ist. Ich bin davon überzeugt, daß wir uns schon seit ungefähr zehn Jahren in der Zeit der Reinigung befinden; es ist deutlich zu erkennen an den Vulkanausbrüchen, den Erdbeben, den Klimaverschiebungen. Ich habe den Eindruck, daß die Menschen zu begreifen beginnen, daß sich die Prophezeiungen bereits erfüllen und daß sie darum mehr Interesse an der Lebensweise der Indianer zeigen.

Wenn ich heute in Kirchen spreche, kommt der Pfarrer manchmal hinterher zu mir und sagt: »Wahrhaftig, Sun Bear, das ist das erste Mal seit ihrer Erbauung, daß diese Kirche voll ist.« Du siehst also, daß die Leute die indianischen Lehren wirklich hören wollen. Manchmal finden wir da, wo wir sprechen, gerade noch einen Stehplatz, und auch darin erfüllen sich die alten Prophezeiungen.

Die Zeit wird kommen, heißt es darin, *da werden Indianer und Nichtindianer zu den Lehren des Großen Geistes zurückkehren und sie befragen, und zu eben dieser Zeit werden die Söhne und Töchter unserer Unterdrücker sich an uns wenden und sagen: »Lehrt uns, damit wir überleben, denn wir haben die Erde nun beinahe vernichtet.«*

Und genau das geschieht im Augenblick.

Uns Indianern wurde gesagt, daß es eine Zeit geben würde, in der wir wie tot im Staub liegen würden, daß unsere Lehren sogar in unserem eigenen Volk in Vergessenheit geraten würden. Dann würden wir wieder zum Leben erwachen und aufrecht wandeln, unsere Brüder und Schwestern würden zum Medizinpfad zurückkehren, und wir würden sie die Liebe und Harmonie lehren, deren sie bedürfen, um die Reinigung zu überleben.

Wie ich schon an früherer Stelle gesagt habe, haben wir mit unserer Arbeit große Fortschritte erzielt; wir wurden aufgefordert, unsere Lehren in der ganzen Welt zu verbreiten. Wir waren in Kanada, zweimal in England, und wir veranstalteten 1981 ein Autarkie-Seminar in Findhorn, Schottland. Dreimal waren wir bereits in Deutschland und haben die Absicht, wieder dorthin zu reisen. Außerdem haben wir Seminare in der Schweiz, in Österreich und in Neuseeland gehalten.

Unsere erste Reise nach Europa, die von Thunderbird Woman organisiert wurde, fand 1980 statt. Eine wachsende Anzahl von Deutschen drückt tiefes Interesse für die indianische Kultur aus. Doch darüber erzähle ich später mehr.

Ich trat diese Reisen mit Freuden an, denn ich glaube, daß es unsere Pflicht ist, überall dahin auf der Mutter Erde zu gehen, wo Menschen nach Wissen, Ausgeglichenheit und Harmonie suchen.

Auf unserer ersten Deutschlandreise sollten wir einen Vortrag im *Collegium Humanum* in Vlotho halten. Die Organisatoren dort hatten etwa dreißig bis vierzig Zuhörer erwartet, doch es stellte sich heraus, daß es mehr als siebzig waren. Der Raum war überfüllt. Wir wurden gebeten, ein zweites Seminar zu halten. Wir willigten ein und hielten beide Veranstaltungen in direkter Aufeinanderfolge ab. Die zweite war ebenfalls überfüllt. Der Widerhall, den wir dort fanden, war so gewaltig, daß wir im nächsten Jahr an denselben Ort zurückkehrten und aufeinanderfolgend fünf Veranstaltungen im Abstand von jeweils einem halben Tag durchführten. Dieser zweite Europaaufenthalt dauerte sechs Wochen. Als erstes besuchten wir London und Findhorn. Wir hielten Vorträge in mehreren Städten in Deutschland und hielten anschließend die Seminare im Collegium Humanum. Danach fuhren wir weiter nach Wien und in die Schweiz. In Findhorn fanden wir eine sehr gute Aufnahme. Der Aufenthalt dort gefiel mir sehr gut, und die Menschen bemühten sich sehr darum, vollkommene Autarkie zu erlangen. Sie gaben ihrer Überzeugung Ausdruck, daß der Bären-Stamm in vieler Hinsicht ein autarkeres Leben führte als sie.

Diese Europareise war für uns eine großartige Erfahrung, und ich glaube, daß wir den Menschen, die kamen, um uns zu hören, eine Menge geben konnten. Heute kommen immer mehr Europäer, vor allem Deutsche, zum Vision Mountain, um den Bear Tribe zu besuchen. Sie schließen sich unserem Lehrlingsauswahlprogramm und den Visionssuchen an und bitten uns um Hilfe bei der Suche nach ihrem Gleichgewicht.

Von allen Orten, an denen wir waren, gefielen mir meine Besuche in Deutschland vielleicht am besten. Bei den Deutschen bin ich auf das tiefste Interesse für das Leben und die Kultur der amerikanischen Ureinwohner gestoßen. Das scheint einigen unter Euch vielleicht erstaunlich, weil die Deutschen von vielen Menschen als kalt und sachlich eingeordnet werden. Meine Erfahrung dort war eine ganz andere. Vielleicht liegt es daran, daß die Deutschen von allem, was natürlich ist, getrennt worden sind, weil sie eine so vollkommene Industrialisierung haben erfahren müssen, daß sie sich aufrichtig nach einer Rückkehr zur natürlichen Welt sehnen.

Genauso scheint es sich in vielen anderen europäischen Ländern, die ich besucht habe, zu verhalten. Unberührte Natur ist dort etwas so Seltenes geworden, daß diejenigen Menschen, die an unseren Seminaren teilnehmen oder eine Zeitlang am Vision Mountain leben, sehr oft die Kraft, die sie in der Wildnis spüren, in gleicher Weise beschreiben. Es ist eine neue Erfahrung für sie, und den meisten von ihnen scheint es sehr gut zu gefallen.

Ich glaube, daß die Deutschen so interessiert zu den Indianern hinüberschauen, weil sie wissen, daß wir eines der Völker der Welt sind, die der Natur am nächsten stehen. Wahrscheinlich gibt es auch immer noch viele Deutsche, die von einem Gefühl der Niedergeschlagenheit erfüllt sind angesichts der Katastrophe des Zweiten Weltkrieges, der so viele Menschen verleitet hat, ihre Kraft zu verschwenden.

In manchen Städten in Deutschland wurden wir bei unserer Ankunft am Bahnhof von Anhängergruppen erwartet, die Fahnen schwenkten und uns zujubelten. Einmal kam ein Mann auf mich zu, umarmte mich und sagte: »Bruder, du bist zurückgekehrt ...

Bei uns gibt es eine uralte Legende«, erklärte er, »in der es heißt, daß die Zeit kommen würde, nachdem wir unseren geistigen Pfad verloren und unsägliches Leid erduldet haben, in der ein Bruder über das Wasser zu uns kommen wird. Dieser Bruder würde ein naturverbundener Mann sein, der uns die

Lehren von Harmonie und Liebe wiederbringt.

Sun Bear«, schloß der Mann, »ich glaube, daß du dieser Bruder bist.« Seine Worte erfüllten mich mit großer Freude.

Diese Legende zu hören, war faszinierend für mich, denn in den Prophezeiungen der Hopi sprechen die Religionsführer von zwei Brüdern, von denen der eine den Weg verloren hat und der andere geht hin und klärt ihn über die Harmonie auf der Erde auf. Die Vorstellung der zwei Brüder taucht in vielen Prophezeiungen in der ganzen Welt auf. Auf dem amerikanischen Kontinent haben wir immer auf den wahren weißen Bruder gewartet, der aus dem Osten kommen und uns helfen wird ... und ich glaube, daß er Gestalt annimmt in den nichtindianischen Menschen, die zu uns kommen, um von uns zu lernen und uns zu helfen.

Es ist eine starke Erfahrung, zu beobachten, wie die Prophezeiungen der ganzen Welt ineinandergreifen; überall, wo sich dieser Vorgang wiederholt, betonen die Prophezeiungen eine Zeit der Rückkehr zur Natur.

In Europa scheinen die Menschen weniger persönliche Kraft zu spüren als in den Vereinigten Staaten. Vielleicht liegt es daran, daß viele Leute hier bei uns, so schwer es auch sein mag, vom System des sogenannten freien Unternehmertums profitieren können. Ich weiß es nicht. Die Europäer hören sich gewöhnlich an, was ich zu sagen habe, und dann werfen sie ein: »Sun Bear, was ihr da macht, ist großartig, aber bei uns ist das unmöglich. Wir können nichts tun. Ihr könnt Kredite aufnehmen und Land kaufen, und ihr könnt euch unabhängig von fremder Hilfe machen, aber in Europa ist das nicht möglich. Das Land ist überall in festen Händen, und es ist kein Geld da.« Ich versuche ihnen dann zu erklären, daß sie das, was ich mache, überall tun können, daß es auch mitten in einem Fabrikhof möglich ist, etwas über die eigene Kraft zu erfahren, sich geistig durchdringen zu lassen und die Kraft der Mutter Erde zu spüren. Sie können die Medizinzeremonien in ihren Häusern durchführen, und schon bald werden sich die Menschen, die ähnlich fühlen, von ihnen anziehen lassen. Sie können an jedem Ort einen Anfang machen, indem sie sich bemühen und ihre Last miteinander tragen. Von diesem Zeitpunkt an wird der Große Geist die Führung übernehmen.

DREIZEHNTES KAPITEL

Das Medizinrad und unsere Zusammenkünfte

In den späten siebziger Jahren hatte ich eine Vision des Medizinrades, eines alten Steinkreises, der Jahrtausende lang den Indianern als Stätte des Gebets, der Zeremonie und der Selbsterkenntnis gedient hat. Früher einmal gab es allein auf dem nordamerikanischen Kontinent 20000 Medizinräder. Heute werden die Überreste einiger Kreise – in Wyoming, in Kanada und in Minnesota – von Wissenschaftlern und anderen Interessierten untersucht. Manchmal muß ich lächeln bei dem Gedanken, daß die alten Medizinräder von einer solchen Aura der Rätselhaftigkeit umgeben sind: Wie wurden sie benutzt? Warum war in ihnen eine bestimmte Anzahl von Steinen auf ganz besondere Weise auf dem Boden angeordnet? Und so weiter. Wenn man begreift, daß die Grundlage aller Visionen die sehr persönliche Beziehung eines Menschen zum Schöpfer ist und daß die Vision einen bedeutenden Teil des Medizinrades ausmacht, dann müßte man auch verstehen, daß es vermutlich nur einige wenige unumgängliche Regeln zur Stellung der Steine in diesen heiligen Gebetskreisen gibt. Die jeweilige Anleitung, die durch Visionen und Träume vermittelt wurde, veranlaßte die Menschen, die diese Kreise schufen, sie im Einklang mit den kosmischen Gesetzen, die sie darstellen und würdigen, anzulegen.

Ich halte es für wichtig, dir an dieser Stelle zwei Dinge zu erklären. Zum einen meine ich immer zwei Dinge gleichermaßen, wenn ich vom Medizinrad spreche: einen Kreis aus Steinen, die in bestimmter Weise auf dem Boden angeordnet sind ... und eine Gruppe von Symbolen, die eine feste Bedeutung in unserem Leben haben. Zum anderen möchte ich klarstellen, daß meine Vision des Medizinrades, wie ich sie Dir beschreibe, eine ganz und gar persönliche Sache ist. Sie erreichte mich durch den Großen Geist, durch meine Beobachtungen (und die anderer Stammesmitglieder) in der Welt der Menschen, der Tiere, Pflanzen und Mineralien und durch die Beobachtungen anderer Medizinleute, über die ich vieles las. Soweit ich weiß, unterscheidet sich meine Version des Rades und der Art seiner Benutzung von allen anderen. In meiner Version sind beispielsweise einige Hauptsteine zu Ehren der vier Himmelsrichtungen und der Mitte des Universums angeordnet. In einem der alten Räder in Wyoming scheinen die Steine durch ihre Stellung sechs Richtungen zu würdigen.

Das Medizinrad wurde mir, Wabun und anderen als ein Hilfsmittel enthüllt, die Mutter Erde in unserer Zeit zu heilen. Menschen, die nur wenig über sich selbst wissen, haben auch nicht viel Ahnung, auf welche Weise sie helfen können, unseren Planeten zu retten. An meiner Beschreibung des Rades werden sie erkennen, daß es Ähnlichkeit mit einem astrologischen System aufzuweisen scheint, das ist jedoch in Wirklichkeit nicht der Fall. Die Astrologie ist vor allem auf die Stellung der Planeten und Sterne gegründet. Dem Medizinrad dagegen liegt die Beziehung eines Menschen zur Erde und zu allen Bereichen der Erde – den Tieren, den Pflanzen, den Mineralien und den anderen Menschen – zugrunde. Ein Mensch bewegt sich auf seine eigene Weise durch das Medizinrad und kennt seine Stellung innerhalb des Rades aus einer inneren Eingebung heraus oder aufgrund seiner veränderlichen Beziehung zu den Wesen der Tier-, Pflanzen- und Mineralwelt. Ähnlichkeiten zwischen dem Medizinrad und der Astrologie führen wir auf die Tatsache zurück, daß alle Wahrheiten aus derselben Quelle stammen, nämlich vom Schöpfer.

In meiner Vision sah ich eine baumlose Anhöhe. Eine sanfte Brise wehte, und das Präriegras bog sich sacht. Dann sah ich einen Kreis aus Steinen wie die Speichen eines Rades hervortreten. Ich wußte, daß das, was ich in meiner Vision sah, der heilige Kreis des Lebens, das heilige Rad meines Volkes war.

Das Medizinrad meiner Vision

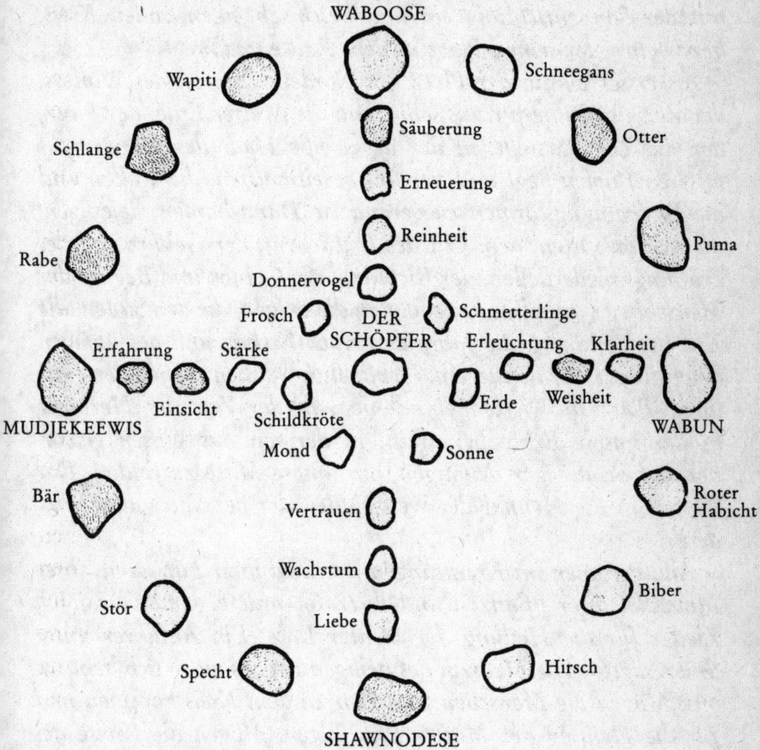

In der Mitte des inneren Kreises befand sich der Büffelschädel, und aus den vier Himmelsrichtungen traten aus Schluchten Gestalten hervor, die wie Tiere aussahen. Als sie näher herankamen, sah ich, daß es Menschen waren, die Kopfschmuck und Tierkostüme trugen. Sie gingen auf den Kreis zu, und jede Gruppe trat mit der Sonnenrichtung ein und beschrieb einen vollen Kreis, bevor ein jeder seinen Platz in dem Rad einnahm.

Als erstes wurde der Platz des Nordens besetzt, des Winters, der Zeit der Ruhe für uns selbst und die Mutter Erde, der Platz, der die Zeit darstellt, in der das weiße Haar des Schnees auf unseren Köpfen liegt und wir uns bereitmachen, die Welten und die Erscheinungsformen zu verändern. Dann kamen diejenigen, die sich im Osten, dem Ort des Erwachens, der Geburt und des Frühlings niederließen, der Richtung, die Geburt und Beginn der Menschheit symbolisiert. Es folgten diejenigen, die den Süden, die Zeit des Sommers, die Jahre der Fruchtbarkeit und des üppigen Wachstums repräsentierten. Schließlich kamen diejenigen, die ihren Platz im Westen einnahmen, in der Zeit des Herbstes, in der unsere Ernte heranreift, in der wir das Wissen erworben haben, das wir benötigen, um unsere Mitte zu finden. Der Westen ist die Heimat des Westwindes, der der Vater aller Winde ist.

Alle Personen im Kreis sangen das Lied ihrer Jahreszeit, ihrer Minerale, ihrer Pflanzen und ihrer Totemtiere. Und sie sangen Lieder für die Heilung der Mutter Erde. Ein Anführer unter ihnen sagte: »Die Medizin des heiligen Kreises möge sich behaupten. Mögen die Menschen zahlreich zu dem Kreis kommen und für die Heilung der Mutter Erde beten. Mögen die Kreise des Medizinrades wiederkehren.«

In dieser Vision waren Menschen von allen Klans, aus allen Richtungen und aller Totems zusammengekommen, und in ihren Herzen brachten sie Frieden. Das war die Vision, die ich sah.

Es wäre schwierig für mich, an dieser Stelle zusammenzufassen, was alle Totems, Elementarklans und Richtungen bedeuten, darum zeige ich Dir hier die Skizze, die schon in dem

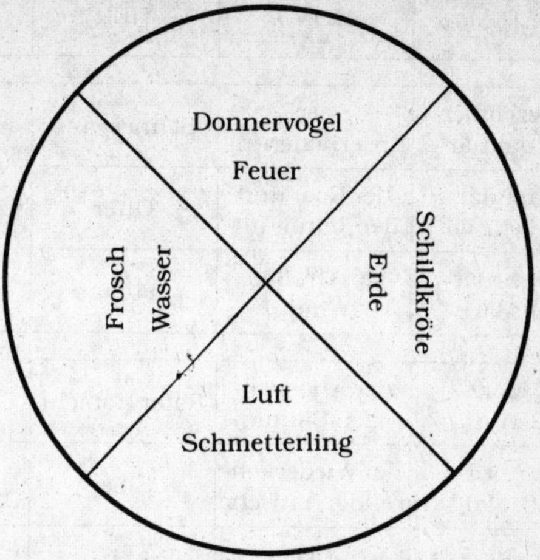

Das Medizinrad

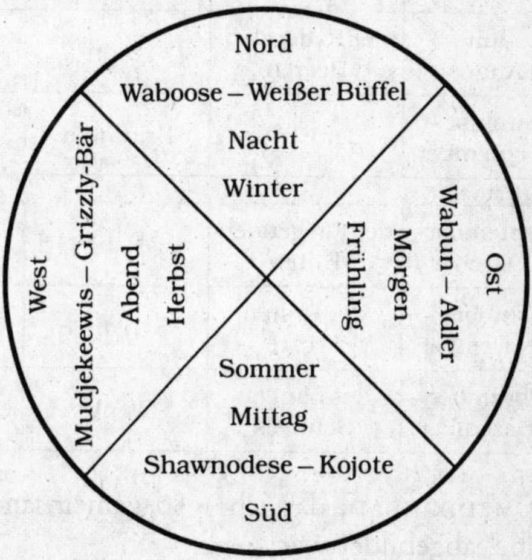

	DATUM	MOND	TIER	PFLANZE
Nord	22. Dezember – 19. Januar	der Erderneuerung	Schneegans	Birke
Nord	20. Januar – 18. Februar	der Rast und der Reinigung	Otter	Zitterpappel
Nord	19. Februar – 20. März	der Großen Winde	Puma	Wegerich
Ost	21. März – 19. April	der Knospenden Bäume	Roter Habicht	Löwenzahn
Ost	20. April – 20. Mai	der Wiederkehrenden Frösche	Biber	Blaue Camasspflanze
Ost	21. Mai – 20. Juni	der Maisaussaat	Hirsch	Schafgarbe
Süd	21. Juni – 22. Juli	der Kraftvollen Sonne	Specht	Heckenrose
Süd	23. Juli – 22. August	der Reifenden Beeren	Stör	Himbeere
Süd	23. August – 22. September	der Ernte	Braunbär	Veilchen
West	23. September – 23. Oktober	der Fliegenden Enten	Rabe	Königskerze
West	24. Oktober – 21. November	der Ersten Fröste	Schlange	Distel
West	22. November – 21. Dezember	des Langen Schnees	Wapiti	Schwarzfichte

Buch DAS MEDIZINRAD, das ich 1980 gemeinsam mit Wabun verfaßt habe, abgebildet war.

Mit ihrer Hilfe kannst du deinen Platz im Medizinrad finden. Dann kannst du, wenn du willst, im MEDIZINRAD-Buch nachsehen, was über die Tier-, Mineral- und Pflanzen-

MINERAL	HÜTER DES GEISTES	FARBE	ELEMENTE-KLAN	ERGÄNZUNG
Quarz	Waboose	weiß	Schildkröte	Specht
Silber	Waboose	silber	Schmetterling	Stör
Türkis	Waboose	blaugrün	Frosch	Braunbär
Feueropal	Wabun	gelb	Donnervogel	Rabe
Chrysokoll	Wabun	blau	Schildkröte	Schlange
Moosachat	Wabun	weiß+grün	Schmetterling	Wapiti
Karneol	Shawnodese	rosa	Frosch	Schneegans
Granat & Eisen	Shawnodese	rot	Donnervogel	Otter
Amethyst	Shawnodese	purpur	Schildkröte	Puma
Jaspis	Mudjekeewis	braun	Schmetterling	Roter Habicht
Kupfer & Malachite	Mudjekeewis	orange	Frosch	Biber
Obsidian	Mudjekeewis	schwarz	Donnervogel	Hirsch

totems, die mit dir im Zusammenhang stehen, gesagt wird und herausfinden, was deine Stellung im Medizinrad nach meiner Vision bedeutet. Denn du mußt wissen, daß jedes Totem an jeder Stelle des Rades unterschiedliche Kräfte und unterschiedliche Schwächen besitzt, die man sich zunutze machen oder vor denen man sich hüten kann. Wenn du weißt, an welcher Stelle des Medizinrades du dich befindest, kannst du in gewissem Sinne verstehen, wie du dich der Erde und den Menschen gegenüber, die um dich herum sind, verhalten mußt.

Wir haben im Bären-Stamm unser Medizinrad auf einer Anhöhe östlich des Langhauses angelegt. Wir gehen dorthin, um uns unseren Gedanken und Gefühlen zu überlassen, um eine Pfeife zu rauchen oder Zeremonien abzuhalten. Wenn wir uns zum Medizinrad begeben, gehen wir gewöhnlich als erstes, wie die Menschen in meiner Vision, einmal in Sonnenrichtung rund um den Kreis. In einer Zeremonie bleiben diejenigen Personen, die verantwortliche Stellungen innerhalb des Rades innehaben, an ihrem Platz stehen. So macht Wabun beispielsweise am östlichen Stein Halt, Shawnodese am südlichen.

Indem alles sich weiterentwickelt, verändert sich auch der richtige Platz eines jeden, denn obwohl wir unter bestimmten Totems oder Symbolen geboren werden, bewegen wir uns im Laufe unseres Lebens ständig um das Rad herum. Beispielsweise bist du vielleicht im Zeichen des Otters geboren, doch du bleibst nicht ständig dort stehen. Vielleicht durchläufst du einen Zeitabschnitt, in dem dir häufig der Rote Falke oder der Rabe begegnet. Dann weißt du, daß sich deine Stellung im Medizinrad verschoben hat. Ein paar Wochen, Monate oder Jahre später, wenn die Energie stimmt, bewegst du dich vielleicht wieder weiter, zum Beispiel in die Stellung des Braunbären oder des Pumas. Und das ist gut so. Es ist wichtig für jeden Menschen, in dem Rad in Bewegung zu bleiben, von den verschiedenen Tieren, Pflanzen und Mineralen für das Leben zu lernen, damit er ständig wachsen kann. Im Rad stillzustehen, bedeutet Stagnation. Selbst diejenigen, die einen Platz von dauerhafter, zeremonieller Verantwortung innehaben, werden manchmal zu anderen Stellen hingezogen.

Wenn wir an unserem Medizinrad meditieren oder Zeremonien durchführen, benutzen wir die Steine, die die Speichen des Rades bilden, als geistigen Leitpfad, der uns zum Mittelpunkt führt. Wenn wir uns zum Beten niedersetzen, schließen wir die Augen und versetzen uns in die Mitte des Rades; wenn wir uns dort befinden, können uns Visionen kommen, können wir mehr über uns selbst, über andere und die Mutter Erde erfahren.

Was wir durch das Medizinrad lernen können oder auf welche Weise das, was wir lernen, uns erreicht, hat keine Grenzen. Manchmal, wenn wir einen besonders geliebten Menschen heilen möchten, tragen wir ihn in unseren Gedanken und Herzen zum Mittelpunkt des Rades; dann beten wir zum Schöpfer. Am Vision Mountain bildet ein sehr großer, wundervoller Quarzkristall den Mittelpunkt des Medizinrades. Shawnodese, Wabun und ich haben diesen Stein in Arkansas ausgegraben und zum Vision Mountain mitgenommen.

Es ist ein starkes Erlebnis, einfach nur in der Nähe des Rades zu sein. Die Energie ist dort außerordentlich intensiv. Zwar haben wir die Benutzungstabelle zum Medizinrad niedergeschrieben, und die Kreise, die die Jahreszeiten und die Haupttiere der vier Himmelsrichtungen zeigen, dargestellt, das geschah aber vor allem für diejenigen, die etwas über das, was wir tun, lesen wollen, jedoch keine Gelegenheit haben, zu uns zu kommen. Wenn man am Medizinrad auf dem Vision Mountain sitzt, benötigt man kaum eine Benutzungstabelle. Hat ein Mensch das Prinzip des Rades erst einmal begriffen, so erkennt er das Tier, das Mineral oder die Pflanze, die in einer besonderen Beziehung zu ihm stehen, auch ohne Buch oder Worte oftmals ganz von selbst. Er kann die Augen schließen und das Tier sehen, oder es kann während einer Zermonie über ihm schweben. Die Medizin ist gut, und sie verändert sich ständig.

Wie ich schon sagte, wurde das Medizinrad von den Indianern in der einen oder anderen Form über Tausende von Jahren hinweg benutzt.

Das Medizinrad ist ein magischer Kreis, der alle unsere Beziehungen zur Gesamtheit der Natur umfaßt. Es ist ein heiliges Werkzeug, das uns lehrt, wie wir uns richtig ernähren, wie wir uns selbst und andere heilen können, wie wir die Lieder und Geschichten hören können, die uns Wind und Wasser zutragen. Es kann uns auch die wichtigste aller Erkenntnisse bringen, daß nämlich jeder von uns ein kleiner einzigartiger Teil des Universums ist und daß wir da sind, um zu lernen, in Harmonie mit der übrigen Schöpfung zu leben. Wenn ein Mensch das Gefühl hat, daß etwas in seinem Leben fehlt, so kann er oftmals herausfinden, was es ist, indem er mit dem Medizinrad arbeitet, da es ihm hilft, der Natur und den Elementarkräften näherzukommen.

Ich will eine kleine Geschichte erzählen über einen Besucher, der kürzlich zu uns kam und über seine Beziehung zum Medizinrad. Sie wird verdeutlichen, wieviel Kraft tatsächlich in dem magischen Kreis steckt.

Wir beweisen unsere Achtung vor dem Medizinrad, indem wir niemals *versehentlich* hineintreten. Dieser Besucher nun achtete nicht auf seinen Weg und trat irrtümlich im Westen, beim Zeichen der Schlange, in das Rad. Unbewußt verließ er den Kreis an der Stelle, an der sich das Zeichen seines Geburtstotems, des Otters, befand; dann bat er um Verzeihung und huldigte den Geisthütern der Himmelsrichtungen, die er möglicherweise beleidigt hatte.

Als die Gruppe, in deren Begleitung er sich befand, das Medizinrad verließ, war ein leises Rasseln im Gebüsch zu vernehmen. Eine kleine Klapperschlange war gekommen, um die Leute zu begrüßen. Als der Besucher am nächsten Morgen aus seinem Zelt trat, lag eine kleine Klapperschlange zusammengerollt auf dem Boden und sah ihn an. Die Schlange war lammfromm; nach einer Weile streckte sie sich und kroch ein Stückchen weiter. Wir sprachen unsere Gebete und erklärten der Schlange, daß wir viele Besucher am Vision Mountain hätten und den Platz selbst benötigten. Dann legten wir sie in einen Sack und trugen sie zu einer abgelegenen Stelle auf dem Berg.

Ich muß Ihnen erklären, daß dieses Ereignis sehr ungewöhnlich war; wir hatten in den sechs vorausgegangenen Jahren nicht mehr als vier Klapperschlangen auf Vision Mountain gesehen. Im übrigen sehen wir derartige Erlebnisse in positivem Licht, wir haben keine Angst vor Bruder Klapperschlange... alle wildlebenden Tiere sind ein Teil von uns. Unser Besucher war lediglich beim Zeichen der Schlange in das Medizinrad getreten, und ich glaube, daß unser Bruder kam, um ihn zu begrüßen. Es war außerordentlich starke Schlangen-Medizin, und unser Besucher fühlte sich in diesem Sommer – aufgrund bestimmter Dinge, die sich um ihn herum ereigneten – sehr eng mit dem Zeichen der Schlange im Medizinrad verbunden.

Solche Dinge geschehen hier oft.

Es ist mir an dieser Stelle ein ganz wichtiges Anliegen, Ihnen zu sagen, daß wir nicht nur versuchen, das Medizinrad zu verstehen, sondern uns auch bemühen, nach den Grundsätzen, die es würdigt, zu leben. Wir benutzen es häufig im täglichen Leben, um uns auf diese Weise all der Dinge zu erinnern, die es uns lehren kann.

Ein altes Sprichwort der Indianer besagt, daß in der Natur alles danach strebt, rund zu sein, und das ist wahr. In allen Lebensbereichen ist der Kreis dem indianischen Volk heilig; er symbolisiert für uns die Reise von der Geburt bis zum Tod und zur Wiedergeburt. Die Wohnstätten der amerikanischen Ureinwohner wurden sehr oft in der Form eines Kreises angelegt, ob es nun Tipis, Wigwams oder Hogans waren. Wenn sie ihren Körper und ihren Geist reinigen wollten, taten sie das im Rund der Schwitzhütte, die sowohl den Leib der Menschenmutter, die sie geboren hat, als auch den Leib der Mutter Erde selbst symbolisiert. Wenn sie sich zu Beratungen zusammensetzten, so ließen sie sich im Kreis nieder, so daß ein jeder gleichberechtigt und mit gleichem Stimmgewicht einbezogen war.

Das Leben wurde, wie ich schon sagte, als heiliger Kreis von Geburt über Tod zur Wiedergeburt betrachtet. Ein Indianer war in der Lage, den Kreis seines eigenen Lebens zu würdigen und zu feiern und so mit den veränderlichen Energien, die sein Leben in den verschiedenen Altersstufen beeinflußten, zu treiben und sich selbst zu verändern. Sie wußten, daß sie sich wie die Jahreszeiten um das Medizinrad, das Rad der Zeit, drehten. Sie verewigten den Heiligen Kreis in zahlreichen Zeremonien und Formen neben dem Medizinrad selbst. Die Erdhügel der Mondkulturen waren rund. Die Kalender der Azteken waren rund. Diese Beispiele könnte man endlos weiterführen.

Um an den Lehren des Medizinrades teilnehmen zu können, muß man stets daran denken, daß man sich immer in Bewegung um den Kreis befindet. Man tritt an der Stelle des Mondes (oder Monats), in dem man selbst geboren wurde, in den Kreis ein und empfängt damit die Kräfte, Gaben und Aufgaben dieses Mondes.

Die verschiedenen Ausgangspunkte sind unterschiedlichen Klans von Elementen unterstellt, und diese Klans zeigen die Elemente, mit denen man verbunden ist.

Die Klans haben nichts zu tun mit Verwandtschaftsklans, wie sie in den meisten Stämmen existieren. Diese Klans sind durch die Familien der Eltern festgelegt, und sie wiederum können die erdgebundenen Aufgaben, die man zu erfüllen hat, bestimmen oder auch beispielsweise, mit wem man sich verheiraten kann.

Die Elementeklans dagegen legen ausschließlich die Beziehung eines Menschen zu den Elementen fest, und sie sind, wie alle anderen Punkte innerhalb des Medizinrades, im Laufe seines Lebens ständigen Veränderungen unterworfen. Indem man etwas über diese Klans, über die Totems und die Geisthüter im Medizinrad lernt, erfährt man, was man tun muß, damit das eigene Leben im Gleichgewicht verläuft und damit die Lebenskraft im Herzen pulsiert.

Das Wichtigste ist, daß wir den magischen Kreis benutzen, um uns stets in Erinnerung zu rufen, daß wir ein kleiner Teil des Schöpfers sind. Indem wir uns daran erinnern, gelingt es uns manchmal, unseren Stolz und unseren Hochmut abzulegen, denn Stolz und Hochmut sind es, die uns glauben machen, wir stünden allein in einem feindseligen Universum. Stolz ist es auch, der uns sagt, wir seien die wichtigsten Staubkörner in einem gewaltigen Universum. Und die Angst vor diesem gewaltigen Universum und vor unserer *Verlassenheit* darin gibt uns das Gefühl, nicht geliebt zu werden.

Wenn ihr den Lehren des Medizinrades euer Herz öffnet, dann wird das Licht des Großen Geistes, des Schöpfers, auf euch fallen und euer Dasein erhellen. Es wird euch das Geschenk glücklichen Lebens bringen.

1978 brachte der Bear Tribe den Medicine Wheel Circle heraus. Das ist ein kleines Rad, das die Eigenschaften der verschiedenen Totems in ihrer Beziehung zum Kalenderjahr erklärt. Wabun schickte Oscar Collier, ihrem Agenten, der damals Herausgeber beim Prentice-Hall Verlag war, einen dieser Medizinrad-Kreise, der ihn genau an seinem Geburtstag erreichte. Er las darin und bezog ihn auf sein eigenes Leben zu diesem Zeitpunkt. Er fand, daß er den Leuten viel mehr geben konnte als die Astrologie, und er war so beeindruckt, daß er sich mit uns in Verbindung setzte – mit dem Erfolg, daß Prentice-Hall 1980 THE MEDICINE WHEEL veröffentlichte. Es war ein großer Erfolg, und die Verkaufszahlen nehmen mit jedem Jahr zu. Das Buch wurde in Deutschland unter dem Titel DAS MEDIZINRAD veröffentlicht.

Seit 1980 veranstalten wir Medizinradtreffen, zu denen Hunderte, manchmal tausend Menschen zusammenkommen und dazu beitragen, daß sich die Vision, die ich hatte, erfüllt. Sie helfen uns, ein Medizinrad anzulegen und nehmen gemeinsam mit uns an den Zeremonien um das Rad teil. Dabei lernen sie von uns und von anderen Lehrern viel über die Mutter Erde und die Möglichkeit, sich selbst und die Erde zu heilen.

Unser erstes Medizinradtreffen fand im August 1980 in der Nähe von Seattle, Washington, statt, und zwar auf einem Campingplatz der Forstbehörde am Fuß des Mount Rainier. Inzwischen haben wir ein zweites Medizinradtreffen bei Seattle veranstaltet und weitere in der Gegend von Los Angeles, in San Francisco, San Diego, Houston und im Staat New York.

Jedes dieser Treffen war auf seine eigene Weise ein großartiges Erlebnis. Die größte Überraschung bisher erlebten wir bei unserem ersten Treffen in New York, das im Jahre 1982 stattfand. Wir machten uns einige Sorgen, ob alles klappen würde. New York ist sehr weit von Spokane entfernt, und wir mußten einige Fahrten dorthin unternehmen, bevor wir einen Campingplatz gefunden hatten, der für den Fall, daß es regnete, tausend Menschen ein Dach über dem Kopf bieten konnte. Mit Hilfe von Glenn Schiffman, der 1982 die Treffen organisierte, und Jaya Huston, die dieses eine vorbereitete, kamen gerade ungefähr tausend Teilnehmer zusammen, und wir hatten große Freude an den Zeremonien und lernten daraus. Zwei Fernsehgesellschaften aus New York nahmen die Geschehnisse des Wochenendes auf Videoband auf. Das bewies uns, daß unsere Lehren Menschen im ganzen Land interessieren, und es machte uns so zuversichtlich, daß wir begannen, unser erstes Medizinradtreffen in Europa zu planen.

Was bei diesen Treffen geschieht, ist im Grunde die Wiederholung meiner Vision von der Entstehung eines Medizinrades.

Die Veranstaltungen beginnen gewöhnlich am Freitagabend und enden am Sonntagabend.

Vor Beginn des Treffens segnen Wabun und ich mit Hilfe einiger anderer den Boden, auf dem wir das Medizinrad errichten werden. Wir beginnen mit der Anordnung des Rades, indem wir einen Stein in sein Kraftzentrum, den Wirbel, legen; dieser Stein markiert den Mittelpunkt und den Platz des Schöpfers. Um ihn herum legen wir sieben Steine, die die Mutter Erde, Vater Sonne, Großmutter Mond und die vier Elementeklans symbolisieren. In jede der vier Himmelsrichtungen legen wir einen Stein zu Ehren der Geisthüter (Waboose, Wabun, Shawnodese, Mudjekeewis), dann folgen die Steine, die die zwölf Totems, die wir in jedem der Reiche (der Tiere, Pflanzen und Minerale) würdigen. Danach verteilen wir die Steine, die wie Speichen vom Kraftzentrum ausstrahlen; sie bilden die

Geistpfade zwischen den Himmelsrichtungen und dem Platz des Schöpfers.

Am Freitagabend begrüßen wir diejenigen, die zu uns gekommen sind. Wir erklären ihnen die Bedeutung des Medizinrades, das Ziel des Treffens und die Bedeutung der Zeremonien, die wir durchführen werden. Wir fordern die Leute auf, sich zu entspannen und mit Freude an die Zeremonien heranzugehen, daran zu denken, daß wir in der Zeremonie alle Anfänger sind und daß es lediglich wichtig ist, daß wir alles mit so viel Liebe, Achtung, Humor und Demut wie möglich tun. Gewöhnlich haben wir auch einen Gastredner, der zu den Teilnehmern spricht, und wir führen gemeinsam mit unseren neuen Freunden einen Tanz durch oder erzählen ihnen ein paar Geschichten. Jedes Treffen unterscheidet sich ein wenig von den anderen, in dem Maße, in dem wir wachsen und lernen, auf welche Weise wir unsere Medizin am wirksamsten mitteilen können.

Am Samstagmorgen weihen wir das Medizinrad. Bevor wir irgendeine unserer Zeremonien beginnen, reinigen wir die Leute, die daran teilnehmen ebenso wie unsere Medizingegenstände, mit dem Rauch bestimmter heiliger Pflanzen.

Wenn alle Teilnehmer durch den Rauch gereinigt sind, singen wir gemeinsam einige Lieder; dann lege ich einen Büffelschädel über den Stein im Mittelpunkt des Rades, der den Schöpfer und das Zentrum des Lebens symbolisiert. Als nächstes kommen Personen, die schon vorher ausgewählt worden sind, die Kräfte der fünfunddreißig Steine im Rad zu repräsentieren. Sie erweisen diesen Steinen die Ehre und weihen sie. Einige dieser Leute sind in Tierfelle gehüllt, andere tragen Federschmuck oder Masken, die die verschiedenen Kräfte der Totems symbolisieren. Sie sprechen Gebete und lassen Maismehl auf ihren persönlichen Stein rieseln; wir singen Lieder für jede der Kräfte, die wir ehren. Es ist schwer, die Kraft einer solchen Zeremonie in Worte zu fassen. Es wird getrommelt, gesungen und getanzt, und oftmals fallen die Töne der Erde und des Windes mit uns ein. Einige der Tänzer erkennen nicht nur die

Kraft, sondern sie *werden* für eine gewisse Zeit zu dieser Kraft. Das kann man sehen und spüren. Vor Beginn des Wochenendes fordern wir alle Teilnehmer auf, irgendwelche besonderen Steine mitzubringen. Steine, die eine besondere Wirkung auf sie haben, um sie in das Rad zu legen. Wenn die fünfunddreißig Hauptsteine geweiht sind, bitten wir die Teilnehmer, ihre Steine einen Fuß breit entfernt vom Kreis zu einem schützenden Ring zusammenzulegen. Über diese Steine werden im Laufe des Wochenendes viele Segenswünsche gesprochen, und am Ende der Zeremonien fordern wir die Leute auf, sie mit nach Hause zu nehmen, sie für ihre Selbstbetrachtungen zu benutzen oder um ihr eigenes Medizinrad anzulegen. Auf diese Weise wächst der Kreis.

Die Zeremonien nehmen einen großen Teil des Medizinrad-Wochenendes ein. Entweder nach der Weihung oder später am Samstagnachmittag führen wir eine Pfeifenzeremonie durch. Manchmal haben wir bis zu sechs verschiedene Medizinleute aus sechs verschiedenen Traditionen dabei. Es ist ein starkes und schönes Erlebnis, eine solche Harmonie und Eintracht zwischen diesen Brüdern und Schwestern zu sehen.

Später erklären und zeigen wir, wie das Medizinrad als Mittelpunkt einer Zeremonie dienen kann. Wir haben eine *Segenspfad-Zeremonie*, während der alle Teilnehmer des Treffens einen Segen erhalten und ihren Segen ins Universum senden können; manchmal vollziehen wir auch Eheschließungen, wenn Paare die Bitte an uns herantragen. In Schwitzhütten, die wir vor dem Treffen errichtet haben, finden traditionelle Schwitzzeremonien statt. Ich erinnere mich noch, daß Nimimosha bei einem der ersten Treffen in zwei Tagen zwölf Schwitzzeremonien leitete. Wabun lief zwischen zwei Zeremonien, bei deren Durchführung sie mir half, in strömendem Regen eine Meile weit, um Nimimosha zu sagen, wie wunderbar wir alle das fanden, was sie für die Leute tat.

Am Sonntagmorgen lädt Wabun die Leute ein, an einer Kristall-Heilungszeremonie teilzunehmen. In diesem Ritual übertragen die Anwesenden mit Hilfe eines großen Kristalls ihre Heilkräfte auf die Erde und alles, womit sie darauf in Verbindung stehen. Wir heilen nicht unbedingt die Teilnehmer der Zeremonie, sondern senden unsere vereinte Medizinkraft hinaus zu anderen. Es ist ein gutes Ritual, in dem viele Menschen gemeinsam die Stimme erheben können für ihre Freunde in allen Daseinsbereichen der Erde.

Bei einem Medizinradtreffen finden noch viele andere Dinge statt: die anwesenden Kinder werden gesegnet, und die Kinder segnen die Erwachsenen, es gibt Workshops zu den Themen Selbstversorgung, Pfad der Kraft, Heilen, Heilkräuter, weibliche Energie, Prophezeiungen, Gemeinschaft und vieles mehr.

Eine große Zahl wichtiger Persönlichkeiten, sowohl Indianer als auch Nichtindianer, haben an unseren Treffen teilgenommen.

All diese Menschen und viele mehr, die ihre Zeit großzügig geopfert haben, um Workshops zu leiten, sind uns liebe Freunde geworden und haben unzählige andere durch ihre Teilnahme an unseren Medizinradtreffen beflügelt.

Beim Medizinradtreffen kommen wir zusammen, um einander zu verstehen und die Mutter Erde zu feiern. Während eines solchen Wochenendes machen wir das Medizinrad zum Brennpunkt, zum Zentrum unseres Lebens, unserer Zeremonien und unserer zeitweiligen Gemeinschaft. Die Treffen bewirken oftmals dauerhafte Veränderungen im Leben derjenigen, die daran teilnehmen.

Während der Treffen machen wir auch Geschenke. Es ist ein traditioneller indianischer Brauch, einem anderen Menschen etwas von besonderem Wert zu schenken. Viele Generationen lang hat das feierliche Schenken bei den Indianern den Sinn gehabt, die Menschen daran zu erinnern, daß sie in Wirklichkeit nichts besitzen. Indem man materielle Dinge, manchmal sogar Medizingegenstände, verschenkt, empfindet man oftmals ein gewisses Gefühl der Freiheit, und man erkennt die Tatsache an, daß alles im Universum dem Schöpfer gehört, daß alles, was ein Mensch vielleicht besitzt, ihm nur vorübergehend anvertraut worden ist. Besitz erfordert ein tiefes Verantwortungsgefühl.

Bei uns werden feierlich Dinge verschenkt, die die Leute eigens zu diesem Zweck mitbringen. Wir ermutigen die Anwesenden, Menschen zu beschenken, die ihnen fremd sind oder zu Beginn des Wochenendes fremd waren. Wir erklären ihnen, daß sie durch das Schenken das gute Gefühl, das die Erlebnisse des Wochenendes in ihnen auslösten, teilen. Dann beschenken wir selbst unsere Gastredner und die vielen Freiwilligen, die ihre Zeit geopfert haben, um das Treffen vorzubereiten und durchzuführen. Schließlich verschenken wir die Steine im Medizinrad. Wir bitten die Teilnehmer, entweder ihre eigenen Steine wieder an sich zu nehmen oder sie einem anderen zu überlassen, der sie mit nach Hause nehmen kann. Wenn diese Menschen nach Hause zurückkehren, hoffen wir, daß sie ihre geweihten Steine benutzen, um eigene Medizinräder anzulegen. Von vielen haben wir erfahren, daß sie genau das tun.

Es gibt Menschen, die fast jedes Treffen, das wir durchführen, besuchen, und sie bringen immer wieder dieselben Steine mit und legen sie in das neue Rad, das wir anordnen. Das ist gute Medizin.

VIERZEHNTES KAPITEL
Das Lehrlingsprogramm

1981: Ich stand auf einer Anhöhe, und um mich herum herrschte völlige Dunkelheit. Alles schien trostlos und verzweifelt, und ich betete zum Schöpfer. Dann wurde meine Hand gehoben, ich zeigte mit dem Finger in die Dunkelheit hinaus, und ein strahlendes Licht erschien. Wieder streckte ich den Finger aus, und ein zweites Licht erschien und erhellte den leeren Raum. Und indem ich mich in einem Heiligen Kreis drehte und mit dem Finger deutete, leuchteten mir immer mehr Lichter aus der Dunkelheit entgegen. Sie waren von unterschiedlicher Größe, Form und Farbe, und diese bunten, funkelnden Lichter erhellten wie Sterne das, was vorher so öde und hoffnungslos ausgesehen hatte. Die Vision erinnerte mich an diejenige, die ich mit vier Jahren gehabt hatte; ich war umgeben von bunten Kugeln.

Doch diesmal sagte mir der Große Geist, daß die Lichter Menschen symbolisierten, die zu mir kommen und von mir lernen würden, und daß sie in die Welt hinausgehen und ihr Medizinwissen anwenden würden. Dann würde es, statt der Handvoll Menschen, die unsere Vision vom Vision Mountain aus verkündeten, eine Vielzahl von Lehrlingen draußen in der Welt sein, um uns zu helfen. Wie ich schon sagte, hatten die Lichter viele Farben, und das war ein wichtiger Teil meiner Vision, denn es festigte meine Überzeugung, daß die Menschen, die zu mir kommen würden, um zu lernen, von allen Farben, allen Rassen und vielen Nationalitäten sein würden.

Es war eine starke Vision und eine, die zu erfüllen schwer zu sein schien. Die Leute, die über lange Zeitspannen hinweg bei uns in Spokane gelebt haben, durchlaufen in vieler Hinsicht eine traditionelle Lehre. Aber die Vision, die ich hatte, sagte mir, daß unsere neuen Helfer Menschen sein würden, die lernten und dann in die Welt hinausgingen; auf diese Weise konnten wir unsere Lehren schneller und an mehr Menschen verbreiten. Die Vision zeigte mir auch, daß innerhalb kurzer Zeit sehr viele neue Lehrlinge kommen würden.

Ich wußte, daß wir in unseren Einrichtungen am Vision Mountain nicht all die Menschen unterbringen konnten, die ich in meiner Vision als Lichter gesehen hatte. Gemeinsam mit anderen Stammesmitgliedern sann ich über neue Wege nach, diese Brüder und Schwestern auszubilden. Es würde schwierig werden; jeder einzelne im Stamm war bereits überladen mit Arbeit. Ein solches Programm durchzuführen, würde sie noch mehr Anstrengung kosten. Doch ich wußte, daß die Zeit gekommen war, dieser neuen Vision zu folgen.

Shawnodese erklärte sich bereit, das Programm zu leiten – Zeitpläne auszuarbeiten, die Korrespondenz zu erledigen, Nachrichtenbriefe an die neuen Lehrlinge zu schicken. Im

Sommer 1982 führten wir unser erstes Lehrlingsauswahlprogramm durch. Es nahmen zwanzig Leute daran teil, und obwohl wir nicht so gut vorbereitet waren, wie wir es hätten sein können, war die Veranstaltung ein großer Erfolg. Dank der Zähigkeit und der Geduld der Teilnehmer gelang es uns, viele der Probleme, die während dieser Veranstaltung und, auf längere Sicht gesehen, in den Übungsabschnitten, die den Kursen am Vision Mountain folgten, auftauchten, zu lösen.

Durch das Lehrlingsauswahlprogramm sind wir in der Lage, viele Vorträge und Workshops in einer einzigen starken Veranstaltung zusammenzufassen ... und in jenem ersten Sommer weiteten sich dieses und andere Programme sprunghaft aus. Anfang August hielten sich einmal mehr als achtzig Menschen am Vision Mountain auf, von denen viele am Lehrlingsauswahlprogramm teilnahmen. Andere waren gekommen, um sich an unseren Erdbewußtseins-Seminaren zu beteiligen. Unsere Aufnahmekapazität war vollkommen ausgeschöpft.

Du erkennst daran, daß die Vision, die der Große Geist mir schenkte, zum richtigen Zeitpunkt kam; zum einen trug sie dazu bei, das wachsende Problem der Überbevölkerung am Vision Mountain zu lösen, zum anderen zeigte sie mir einen wirksameren Weg, meine Lehren zu verbreiten.

Den Lehrlingen erzählen wir von unserer Vision und von den kommenden Veränderungen auf der Erde, und wir sagen ihnen, was sie unserer Meinung nach tun können, um sich selbst und andere zu heilen und die Leute wieder zu bewegen, in Harmonie mit der Mutter Erde zu leben. Ich glaube, daß dieses neue Programm eine unserer bedeutendsten Leistungen ist, denn sie verbindet viele kleine Bemühungen, die wir unternehmen, um unsere Gedanken mitzuteilen – die Selbstversorgungs-Kurse, die Medizin-Workshops und alle anderen Programme, die wir durchgeführt haben – zu einer großen, gut geplanten Veranstaltung.

Die Leute, die an unserem Auswahlprogramm teilnehmen, denen das, was wir ihnen zu sagen haben, gefällt und die daran teilhaben wollen (und von denen wir glauben, daß sie über die persönliche Kraft und den nötigen Antrieb verfügen, um mit uns zu arbeiten), kehren nach Hause zurück und setzen ihre Lehre durch Briefwechsel und weitere Besuche fort. Wir ermutigen sie, viel Zeit daran zu verwenden, ihre eigene Medizinkraft zu entwickeln, während sie unterdessen ihr Leben genauso weiterführen, wie es für sie richtig ist.

Das Auswahlprogramm, das wir entwickelt haben, besteht aus zehn Tagen sehr intensiven Lernens. Es ist noch neu, und ich bin überzeugt, daß es, indem wir uns um das Medizinrad bewegen und damit wachsen, noch viele Veränderungen erfahren wird. Im Augenblick beinhaltet es jedenfalls eine gesunde Mischung aus geistigem Lernen, persönlichem Wachstum, Zeremonien und Selbstversorgungstraining. Wir verwenden viel Zeit darauf, mit unseren Schülern zu reden, und versuchen zu erreichen, daß sie sich in Harmonie befinden mit dem, was wir tun. Außerdem sind wir bestrebt, jede Frage zu beantworten und uns mit jedem Problem zu befassen, das sie vielleicht haben.

Wir wollen erreichen, daß die Leute, die das Programm nach der Auswahl fortsetzen möchten, über einige wirkliche geistige Fertigkeiten verfügen, auf die sie zurückgreifen und die sie teilen können. Wir erklären ihnen die Bedeutung der heiligen Pfeife, und wir erlauben den Schülern, an unseren Pfeifenzeremonien teilzunehmen. Wenn einige von ihnen Verlangen danach haben, eine eigene Pfeife zu besitzen, bitten sie uns darum; und wenn wir das Gefühl haben, daß sie bereit sind, erwecken wir eine Pfeife für sie. Außerdem erklären wir unseren Schülern sehr eingehend die Bedeutung der Räucherungszeremonie – ich werde später darauf zurückkommen –, damit sie ihre Kraft wirklich verstehen können.

Wir erklären den Lehrlingen auch die Schwitzhütte, obwohl wir wissen, daß die meisten von ihnen noch lange nicht bereit sein werden, diese Zeremonie mit der Außenwelt zu teilen. Dennoch möchten wir, daß sie die gute Medizin des Schwitzens kennenlernen ... daher zeigen wir ihnen, wie eine Schwitzhütte gebaut wird, wie das Feuer in angemessener Weise entfacht wird und was ein guter und erfahrener Teilnehmer einer Schwitzzeremonie beachten muß.

Während des Auswahlprogrammes am Vision Mountain führen wir die Schüler zu allen Kraftpunkten, die sich dort befinden; wir erklären ihnen die Bedeutung dieser Stellen und ermuntern sie, allein zu jedem dieser Punkte zurückzukehren, um seine heilende Kraft selbst zu erleben.

Wir zeigen den Teilnehmern das Medizinrad und erklären ihnen viele seiner zeremoniellen Verwendungen. Wir fordern sie auf, ihre eigenen Kraftpunkte zu suchen und viel Zeit allein dort zu verbringen. Wir bringen ihnen bei, Löcher zu graben, in denen sie ihre negativen Gefühle verscharren können. Manche der Leute graben sich selbst in der Erde ein, um ihre Kraft zu spüren; einige verharren eine Nacht lang in dieser Lage.

Wir erklären den Schülern Methoden, sich ihrer Träume zu erinnern, und führen Traumdeutungs-Workshops durch. Wir haben getrennte Kreise für Frauen und Männer, so daß die Lehrlinge mit ihren getrennten, jedoch gleichen geistigen Kräften und Aufgaben in Berührung kommen. Wir zeigen den Leuten sogar unterschiedliche Arten der Umarmung, durch die gute Energien geteilt werden!

Das Programm, das wir entwickelt haben, ist gut und wirkungsvoll, und ich bin sehr stolz darauf. Die Seminare, die von mir, Wabun, Shawnodese oder, wenn sie am Vision Mountain stattfinden, von anderen Stammesmitgliedern geleitet werden, haben Dutzende von Themen zum Gegenstand: Heilkräutermedizin, den indianischen Begriff der Führerschaft, Heilmittel aus Blumen, Schöpfungslegenden, geschlechtliche Liebe, Liebeslieder, Tabakopferungen, Gebetsfedern, Erdenergie, das Tierreich, männliche Energie, weibliche Energie und Mondenergie.

Es finden Gespräche und Workshops statt über die richtige Art, Kräuter zu pflücken, zuzubereiten und zu benutzen, insbesondere Salbei und diejenigen Kräuter, die wir zur Herstellung unseres Kinnik-Kinnik verwenden. Wir bieten Workshops zu den Themen Gesänge, Trommeln und Tanz an. Wir zeigen den Leuten, wie man mit Hilfe von Kristallen seine Mitte finden und heilen kann, und wir erklären ihnen, wie sie ihre eigenen Medizinbeutel fertigen können.

Obwohl wir so viele Themen berühren, die man als ›Medizinausübung‹ bezeichnen könnte, ist es wichtig, sich klarzumachen, daß es sich nicht um eine Art ›Handwerkskurse‹ handelt – Medizinwissen kann niemals eine solche Routineangelegenheit sein. Einem Schüler, der etwas von diesem Wissen aufgenommen hat, steht es frei, seine eigenen Bedürfnisse und Ziele mit der indianischen Lebensweise zu verbinden. Medizinkraft ist etwas, das ständig genährt werden muß, sonst kann sie nicht wachsen.

Das Auswahlprogramm beinhaltet, neben den eher geistigen Anforderungen der Medizinausübung, viele praktische Aspekte der Selbstversorgung. Die Schüler lernen, einen Garten unter Durchführung der richtigen Zeremonien anzulegen, zu jagen, einem Tier das Leben mit der angemessenen Achtung zu nehmen, Nahrungsmittel zu konservieren, und wir vermitteln ihnen einige Einsicht in meine Auffassung von Volkswirtschaft und den Prinzipien des Tauschhandels.

Wir vermitteln den Schülern ein allgemeines Wissen über Geschichte und Kultur der amerikanischen Ureinwohner, über indianische Prophezeiungen und die Lebensweise eingeborener Völker in der ganzen Welt. Gewöhnlich beende ich das Programm mit einem Vortrag über den Pfad der Kraft, über den ich im nächsten Kapitel dieses Buches sprechen werde.

Die Lehrlinge werden durch die Kraft, die sie während des Programms spüren, in hohem Maße belebt; manchmal erschöpft sie diese Kraft und die Intensität des Zeitplans, dem wir folgen müssen. Das ist durchaus so beabsichtigt; die Leute sind in der heutigen Welt sehr großem Druck ausgesetzt, und wenn sie Schwierigkeiten haben, damit fertig zu werden, wollen wir das wissen, bevor sie Medizin-Lehrlinge werden. Auf diese Weise können wir uns wirkungsvoller mit ihren Problemen auseinandersetzen. Das Programm wird von den Leuten fast wie eine Wiedergeburt erlebt; es geschieht so vieles mit ihnen auf physischer, geistiger und emotionaler Ebene, daß unweigerlich eine Spannung in ihnen entsteht. Sie empfinden oft gleichzeitig Freude und Trauer, Wut und Ergebenheit und machen eine Vielzahl von Gefühlen während ihres Aufenthalts bei uns durch. Sie empfinden Freude darüber, eine neue Lebensweise zu entdecken und unnötige Beschränkungen und Schwächen abzuwerfen, und sie sind traurig über begangene Fehler und Rücksichtslosigkeiten der Mutter Erde gegenüber ebenso wie über Menschen, die nicht wie sie lernen. Auch Trauer ist ein Teil des Ganzen, weil sie ein untrennbarer Bestandteil der Intensität der Erlebnisse ist.

Wenn man an einem Lehrlingsauswahlprogramm am Vision Mountain oder anderswo teilnimmt, unterzieht man sich einer emotionalen und geistigen Reinigung, und das ist kein reines Vergnügen.

Oft schreiben uns unsere Lehrlinge, nachdem sie wieder zu Hause sind, daß sie eine Art Immunität gegen die Schwierigkeiten und die Hetzjagd des Lebens entwickelt haben. Die Dinge, die sie früher gewöhnlich beunruhigten – Stromrechnungen, das Acht-Stunden-Syndrom – scheinen ihnen jetzt viel leichter, zu bewältigen. Wenn ein Mensch beginnt, die Botschaften der Erde und des Großen Geistes zu spüren, werden viele Schwierigkeiten, die ihn früher aus dem Gleichgewicht geworfen haben, unbedeutend. Er hört auf, seine Kraft zu verschwenden. Wenn ihr die Pfeife raucht, wenn ihr wirklich an die Kräfte, die euch umgeben, und an den Schöpfer glaubt, dann verliert ihr die Kraft und das Vertrauen nicht, das ihr gewinnt, wenn ihr die indianische Lebensweise erlernt. Es wird ein so natürlicher Teil von euch werden wie das Atmen.

Aus aller Welt kommen Menschen zu uns, um zu lernen; an unseren Auswahlprogrammen und an späteren Veranstaltungen haben Leute aus England, Deutschland und vielen anderen Ländern teilgenommen ... ebenso wie aus allen Teilen der Vereinigten Staaten und Kanadas. Unterschiedslos haben sie uns, wenn sie später schrieben, erklärt, daß sie, mit ihrer Liebe zur Mutter Erde, ihrer Fähigkeit, die Botschaften der Erde zu vernehmen und darauf zu reagieren, kein Unbehagen mehr spüren.

1983 besuchte uns eine Schriftstellerin, die eine Zeitlang in Mahatma Gandhis Ashram in Indien gelebt hatte. Sie erklärte mir, daß ihrer Meinung nach mein Lehrlingsprogramm das einzige unter denen, die sie erlebt hatte, war, das sich mit dem Gandhis vergleichen ließ; dieser große geistige Führer holte ebenfalls Menschen für eine gewisse Zeit zu sich in den Ashram, teilte ihnen sein Wissen mit und schickte sie dann in ihre Dörfer und Städte zurück. Ich habe Gandhis gewaltlose Art, sich mit den Problemen der Menschheit auseinanderzusetzen, immer bewundert, daher erfüllten mich die Worte dieser Frau mit großer Freude.

Lehrling zu sein, bedeutete in früherer Zeit, daß man sich durch eine lange und harte Zeit der Übung mit einer Medizinperson bedingungslos dem Erlernen der heiligen Wege, den Menschen zu helfen, verschrieb. Wenn jemand die Lehre antreten wollte, näherte er sich einer Medizinperson erst mit Geschenken – Pferde, Decken, Felle, Tabak, Nahrungsmittel – und dann mit der Bitte, Medizinwissen erwerben zu dürfen. Während des ersten Jahres, oftmals sogar über einen längeren Zeitraum, diente der Lehrling der Medizinperson, indem er seine oder ihre körperlichen Bedürfnisse erfüllte ... er sammelte Feuerholz, holte Wasser, versorgte die Pferde, bereitete die Mahlzeiten. Indem er diese Aufgaben mit einer heiligen Haltung erfüllte, konnte der Lehrling die Einstellung zeigen, mit der er dem ›Volk‹ zu dienen beabsichtigte, wenn er das Wissen und die Kraft der Medizin erworben hatte. Im ersten Jahr gab es keine Garantie für den Lehrling, daß er für würdig oder bereit erachtet wurde, eine Lehre in umfassenderem Sinn anzutreten.

Unser Lehrlingsprogramm ist selbstverständlich eher auf unsere Zeit und die Anforderungen der Gegenwart ausgerichtet. Auch wenn wir uns nicht an viele der alten Traditionen halten, glauben wir doch an die Wichtigkeit einer Probezeit von ungefähr einem Jahr für diejenigen Schüler, die unser erstes Auswahlprogramm durchlaufen haben.

Weder am Vision Mountain noch anderswo vermitteln wir abstraktes Wissen; wir schweben nicht im freien Raum. Was wir den Leuten beibringen, ist an der Wirklichkeit orientiertes Wissen, und sie müssen es in der richtigen Weise anwenden ... in seiner Gesamtheit ..., um ihren Pfad zu erfüllen und zum Lernen und Wachsen anderer beizutragen.

Darum achten Wabun, Shawnodese und ich sehr genau darauf, was wir vermitteln und wem. Den meisten Leuten bringen wir volles Vertrauen entgegen, aber gelegentlich müssen wir einem Schüler sagen, daß wir ihn nicht für bereit halten für das, was wir anzubieten haben, daß er, unserer Meinung nach, vielleicht nur einen Teil davon erstrebt. In diesen Fällen hoffen wir, daß wir uns mit gutem Gefühl voneinander trennen und jeder seinen eigenen Weg weiterverfolgt.

1983 fand das erste Lehrlingsprogramm Eins für einige derjenigen statt, die das erste Auswahlprogramm durchlaufen und während des Jahres selbständig weiter daran gearbeitet hatten. Das Lehrlingsprogramm Eins befaßte sich tiefergehend und intensiver mit dem Wissen und der Kraft der Medizin als das Auswahlprogramm. Vor kurzer Zeit haben wir innerhalb des Stammes einige Klans gebildet: den Bären-Klan, den Erd-Klan, den Geist-Klan und den Regenbogen-Klan. Die Lehrlinge, die an dem Lehrlingsprogramm Eins teilnahmen, wurden Mitglieder des Regenbogen-Klans. Sie nehmen die Stellung nicht ansässiger Stammesmitglieder ein. Sie besiegeln ihre Mitgliedschaft mit einem Gelübde und erfüllen einige besondere Aufgaben draußen in der Welt, die sich von denjenigen der ständigen Stammesmitglieder, die am Vision Mountain leben, unterscheiden. Ihre Medizin ist gut.

Einige unserer Lehrlinge begeben sich vielleicht irgendwann einmal auf Vortragsreisen, oder sie bereiten Vorträge für uns vor oder wir für sie. Vielleicht schreiben sie Artikel für lokale oder überregionale Zeitschriften, oder sie sammeln da, wo sie leben, Gruppen um sich. Und wir hoffen, daß wir ihnen bei unseren Medizinradtreffen wiederbegegnen und daß sie oft zum Vision Mountain zurückkommen.

Ich bin außerordentlich froh, zu sehen, daß meine Vision Wirklichkeit wird, zu sehen, daß so viele großartige Menschen die heilige Kraft durch sich hindurchströmen lassen, um der Erde und allen ihren Kindern Licht zu bringen.

FÜNFZEHNTES KAPITEL

Der Pfad der Kraft

Die Vision von dem Lehrlingsprogramm, die ich hatte, war für mich wichtig, weil sie mir etwas Wesentliches über meine Medizin verriet. Wie Medizinleute in der Schwitzhütte oder auf der Visionssuche, sah ich Lichter in der Dunkelheit. Eine der traditionellen Beschreibungen einer Medizinperson lautet ›derjenige, der Licht in der Dunkelheit sieht‹ – und wir schauen stets nach diesem Licht aus, nach der *Erleuchtung*, die der Große Geist uns durch Visionen sendet.

Es gibt mehrere Wege, auf denen ein Mensch die Medizinkraft erlangen, *das Licht sehen* kann. Man kann von einer anderen Medizinperson unterwiesen werden; wenn diese Person dann stirbt, kann sie ihre Kraft auf ihren Schüler übertragen, wenn sie es wünscht. Ich habe bei anderen Medizinleuten gelernt, und ich spüre die Energie dessen, was ich von ihnen gelernt habe, sehr stark. Man kann auch durch eine Vision oder eine Reihe von Visionen die Kraft erlangen, wie es bei vielen Medizinleuten in alter Zeit der Fall war.

Der Pfad der Kraft ist für jeden Menschen anders; es ist der Weg, dem der Einzelne durch das Leben folgen muß, um seine Bestimmung auf der Mutter Erde zu erfüllen. Darum sind wir da. Wenn ich von der Kraft spreche, dann meine ich damit, daß man darauf hinarbeitet und alle seine Energien – einschließlich der geistigen Energie – darauf ausrichtet, zu einem ganzheitlichen Menschen zu werden, der in der Lage ist, die Visionen, die ihm vom Schöpfer gegeben werden, zu erfüllen.

Mein Pfad der Kraft beginnt jeden Morgen beim Erwachen. Ich stehe auf, schaue aus meinem Fenster und sage: »Ich danke dir, Schöpfer, ich danke dir für mein Leben. Ich danke dir für die Mutter Erde und für all die Schönheit, die ich in den Dingen um mich herum sehe.« Dann bin ich bereit, den Tag zu beginnen, bereit, vorwärts zu gehen, und meine Vision hat eine Kraft, die mich tagtäglich antreibt, meine Lebensziele auf der Erde zu erfüllen. Wenn ich etwas suche, wenn ich etwas brauche, das mir auf meinem Weg voranhilft, setze ich mich mit meiner Pfeife nieder und bete zum Schöpfer, und ich erhalte stets eine Antwort. Manchmal höre ich eine Stimme, oder ich sehe eine Gestalt, oder aber ich habe einen starken Traum, und danach weiß ich immer eine Lösung für das, was vorher ein großes Problem zu sein schien. Ich folge weiter meinem Pfad, und meine Medizin wird mit jedem Tag stärker.

Es ist nicht immer leicht, den eigenen Pfad der Kraft zu finden. Ich mußte, damit es mir gelang, das Lebensdrehbuch des Weißen Mannes wie des Indianers gleichermaßen zerreißen. Wenn Ihr auf dem Pfad der Kraft wandeln wollt, müßt Ihr dasselbe tun. Als nächstes müßt Ihr bereit sein, an Euch selbst zu arbeiten, euch soweit wie möglich der emotionalen Schwächen, die ihr in Euch tragt, entledigen – der Wut, der Angst, der Eifersucht. Ich erkläre meinen Schülern verschiedene Methoden, die die Indianer gewöhnlich in Zeremonien und Tänzen anwandten, um dieses Ziel zu erreichen, und dann zeige ich ihnen eine Übung, die sie selbst durchführen können.

In dieser Übung begibt man sich an einen abgelegenen Platz in der freien Natur, spricht dort seine Gebete und bringt ein Opfer über dem Fleckchen Erde dar, das man benutzen will. Man bittet darum, daß die Mutter Erde die emotionalen Schwächen in guten Kompost verwandelt, der das Wachstum positiver Dinge sowohl in der Erde als auch in einem selbst ermöglicht. Dann gräbt man mit den bloßen Händen ein Loch. Wenn der Boden sehr hart ist, kann man einen Stock oder einen Stein zu Hilfe nehmen. Das Loch kann so groß sein, wie man es für notwendig hält.

Wenn es fertig ist, legt man sich bäuchlings auf die Erde, hält den Kopf über das Loch und spricht seinen Schmerz laut hinein. Wenn es nötig ist, weint, schreit, spuckt oder übergibt man sich in das Loch. Wenn man mit den Fäusten auf die Erde hämmern will, sollte man darauf achten, daß man eine weiche Stelle dazu auswählt. Bringt soviel von Eurem Schmerz heraus, wie Euch zu diesem Zeitpunkt möglich ist, dann schüttet das Loch zu und laßt euren Schmerz darin zurück. Wenn Ihr damit fertig seid, sprecht erneut ein Gebet und bringt der Erde ein Opfer dar. Dankt ihr für die Fähigkeit, Eure negativen Gefühle umzuwandeln. Manche Menschen legen Samen in das Loch, das sie gegraben haben und sehen dann zu, wie aus ihrem losgelassenen Schmerz etwas Wundervolles wächst.

Ich fordere jeden, der mit mir am Medizinwissen arbeiten will, als erstes auf, mindestens einmal diese Übung durchzuführen. Danach ist die Chance, daß er seinen eigenen Pfad der Kraft findet, größer.

Die Visionssuche ist eine gute Methode, den eigenen Pfad der Kraft zu finden. Auf der Visionssuche kommen die Menschen dem Geistreich am nächsten, weil sie sich ohne Nahrung und Wasser draußen allein mit der Erde befinden, eine Ebene, auf der sich auch das Geistreich befindet: es benötigt weder Nahrung noch Wasser.

Wir nennen den Vorgang ›nach einer Vision rufen‹. Wir gehen hinaus und rufen und bitten den Schöpfer, uns ein Zeichen zu senden, uns eine Richtung zu weisen und uns unsere Aufgabe im Leben zu zeigen. Wenn ein Mensch eine Vision empfängt, und er bewegt sich mit dieser Vision vorwärts, dann wird sie seine Medizin, sein Pfad der Kraft.

Das ist natürlich eine kurze, vereinfachte Zusammenfassung; es gehört wesentlich mehr dazu als das. Es gibt unterschiedliche Arten von Visionen und unterschiedliche Arten von Kraft, es gibt Medizingegenstände, auf die ich später noch zu sprechen kommen werde, und Medizinstandpunkte, die jedem auf dem Pfad weiterhelfen.

Wenn Ihr die Medizinkraft erlernt und mit einer Medizinperson arbeitet, wird das Gelernte erst dann ein Teil Eurer persönlichen Kraft werden, wenn Ihr in der Lage seid, es anzuwenden; nicht jeder, der sich auf dem Pfad der Kraft bewegt, wird deswegen automatisch ein Medizinmann oder eine Medizinfrau. Das hängt vom Willen des Großen Geistes und der eigenen Fähigkeit und Entschlossenheit ab, das Wissen, das man gewinnt, anzuwenden und zum Wachstum zu bringen. Sich auf dem Pfad der Kraft zu bewegen, bedeutet jedoch, daß man sich auf dem Weg dazu befindet, ein vollständiger und ganzheitlicher Mensch zu werden.

Im Augenblick teile ich Euch nur Worte mit; wenn Ihr die Dinge, von denen ich spreche, in die Tat umsetzen könnt, dann werden sie ein Teil von Euch werden. Darum habe ich kein schlechtes Gewissen, wenn ich all diese Informationen weitergebe, und darum sage ich, daß es kein handwerkliches Anleitungsbuch ist. Das intellektuelle Wissen der Medizinkraft reicht noch längst nicht aus, um eine Medizinperson zu werden, und ein großer Teil dessen, was dazu notwendig ist, besteht in der Fähigkeit, die Dinge zu fühlen und nicht nur zu denken. Wenn beispielsweise ein Mensch um Heilung bittet, dann sollte man in der Lage sein, ihn anzusehen und zu fühlen, ob man ihn heilen kann oder nicht und ob es überhaupt ratsam ist, auch nur den Versuch zu unternehmen. Ich erkläre meinen Lehrlingen, daß ich manchen Hilfesuchenden nur geistige Verbände auflegen, nicht aber ihre Wunden heilen kann, weil ihre Probleme nicht im Bereich meiner Medizin liegen. Manchmal spreche ich ein Gebet über einem Menschen; ich bedenke ihn mit einem Segensspruch oder ziehe etwas von seinen negativen Energien durch eine Rauchzeremonie oder mit Hilfe der Schwitzhütte von ihm ab, was aber nicht bedeutet, daß ich an diesem Menschen eine Heilung vornehmen werde. Wenn ein Mensch kommt, sieht man ihn an, und man weiß und sagt bei sich: »Ja, ich glaube, daß ich etwas für diesen Bruder tun kann«, oder: »Nein, das ist nicht meine Medizin.« Gewöhnlich sage ich einem Menschen, was für ein Gefühl ich habe und warum.

Wenn die Medizin bereit ist, für Euch zu arbeiten, so wißt Ihr es mit dem Herzen, und niemand kann die Entwicklung beschleunigen; man kann die Medizin nicht ›erzwingen‹. Wenn sie zu Euch kommt, wenn Ihr Regen machen oder einen anderen Menschen heilen könnt, oder wenn Ihr nach den Geistkräften greift und spürt, daß sie zu Euch kommen, dann seid Ihr eine Medizinperson, und keinen Augenblick früher. Was ich am liebsten darüber sage, ist dies: Wenn ein Mensch über Feuer laufen kann, so ist das der Augenblick, in dem er zur Medizinperson wird.

Ein großer Teil der Kraft, durch die Ihr Eure Medizin herbeiholen könnt, kommt aus Euch selbst und aus dem Willen, daran zu glauben.

Will man eine Medizinperson werden, muß man nicht nur fähig sein, die Dinge intensiv zu fühlen, sondern man muß auch den Mut aufbringen, nach seinen Gefühlen zu handeln. Manchmal muß man bereit sein, anderen sein Wissen mitzuteilen, ohne sich Gedanken darüber zu machen, daß sie einen für verrückt halten könnten. Um nur ein kleines Beispiel dafür zu nennen, wovon ich spreche: Es gab Zeiten hier, da erhielten einige meiner Leute Strafzettel, nachdem jemand davon geträumt oder es nur im Gefühl gehabt hatte. Er sprach nicht darüber, und es kostete einiges an Energie und Geld. Wenn man lernt, seinen Gefühlen Glauben zu schenken und sie auszusprechen, kann man sich selbst oder anderen einigen Ärger ersparen; man kann sogar Leben retten, indem man auf seine Gefühle hört und ihnen folgt.

Es ist auch wichtig, zu wissen, wann man seine Medizin nicht mit anderen teilen darf, und das zu lernen, fällt den Mitgliedern dieser schwatzhaften Gesellschaft vielleicht ein wenig schwerer. Einiges, das aus dem Geistreich zu uns gelangt, ist außerordentlich heilig, sehr persönlich und nicht dazu bestimmt, daß darüber gesprochen wird. Ihr müßt wissen, was das ist; und Ihr müßt sicherstellen, daß Ihr nicht die falschen Dinge mitteilt, nur um Euer Ego aufzubauen, indem Ihr sagen könnt: »Seht her, was ich weiß!« Wir sagen oft, daß ein Mensch seine Kraft wegreden kann, daß er sie verlieren kann, indem er mitteilt, was er in sich behalten sollte. Manchmal, wenn man über die falschen Dinge spricht, kann es geschehen, daß man eine sehr starke negative körperliche Reaktion spürt – genauso wie es sich mit Medizingegenständen verhält, die die Kraft eines Menschen zerstreuen können.

Wenn die Medizin wächst, gelangt man an einen Punkt, an dem man weiß, daß man in ein anderes Reich der Energie und Kraft eingetreten ist. Das Leben scheint dann in beständigem, ruhigem Fluß voranzugleiten, als würde man immer bergab wandern, anstatt sich andauernd den Berg hinaufkämpfen zu müssen. Dann erscheinen all die anderen Dinge, die man Tag für Tag hinter sich bringen muß, wie unbedeutende Spielchen. Wenn man diesen Punkt erreicht, so hat man es mit einer Kraft zu tun, die das gesamte Universum mit einbezieht, und man weiß, daß man auf dieser Ebene arbeiten muß. Die Stromgesellschaft, Kosten für das Auto und all die anderen kleinen Unannehmlichkeiten des Lebens verlieren sehr schnell an Bedeutung.

Es ist unmöglich, zu dem eindimensionalen Leben zurückzukehren, das man vorher geführt hat, und manchmal sind die Leute enttäuscht, weil sie den anderen *mitteilen* wollen, was sie entdeckt haben. Ich glaube, es ist nicht leicht, damit fertig zu werden, daß man all diese wunderbaren Entdeckungen macht, wieder in sein Büro zurückgeht und dort feststellen muß, daß es keine Möglichkeit gibt, die neue Wirklichkeit mit Freunden und Bekannten zu teilen, es sei denn, sie hätten bereits ähnliche Erfahrungen gemacht. Natürlich kann man ihnen seine Erlebnisse *erzählen*, aber sie werden es nicht verstehen. Also lernt man, zu schweigen, bis die anderen bereit sind, zu lernen, und inzwischen setzt man seinen eigenen Weg fort und gibt den anderen gelegentlich einen kleinen Einblick in das, was man weiß, damit sie etwas mehr haben, für das es sich lohnt, zu leben.

Wie ich schon früher sagte, beginnt Ihr Euren Pfad der Kraft am Morgen beim Erwachen, indem Ihr dem Schöpfer dafür dankt, daß Ihr am Leben seid. Dann blickt Ihr aus dem Fenster, seht die ganze Welt um Euch herum und dankt dem Schöpfer auch dafür. Wenn Ihr bereit seid, auf dem Pfad weiter voran zu gehen, könnt Ihr Euer Herz und Euren Geist aussenden und sagen: »Schöpfer, ich will alles, was dort draußen ist und auf das ich zum gegenwärtigen Zeitpunkt einen Anspruch habe. Ich möchte sehen, fühlen und verstehen lernen.«

Mit jedem Tag, an dem Ihr dieses Gebet sprecht und Euch nach Eurer Medizin streckt, wird sie wachsen. Es ist so, als würdet Ihr Eure Blicke jeden Tag ein Stückchen weiter aussenden. Versucht tatsächlich, das zu tun, wenn Ihr am Morgen aufsteht: versucht, Eure Augen und Herzen in das Universum hinauszusenden. »Ich möchte heute weiter sehen«, so sprecht dabei, »ich möchte mehr vom Universum spüren.« Und so wird es geschehen; Ihr werdet mit jedem Tag weiter sehen. Es ist eine sehr gute geistige Übung, und für jeden, der sich auf dem Pfad der Kraft bewegt, ist es wichtig, daran zu denken, daß er die geistigen Muskeln trainieren muß. Hier bei uns beten wir auf diese Weise, und jedesmal, wenn jemand mir etwas vorlegt, was immer es auch sein mag – sein Problem, seine Freude oder irgend etwas anderes –, dringe ich ein bißchen tiefer in das Wesen dieser Dinge ein.

Ich erkläre meinen Brüdern und Schwestern und meinen Schülern oft, daß sie bis zu dem Punkt wachsen müssen, an dem sie die anderen Dimensionen des Universums neben der einen, in der wir leben, erkennen können. Wenn wir uns in dieser einen Dimension einschließen, werden wir jene eindimensionalen Menschen, die nichts haben, das sie vorantreibt; dann sitzen wir in unserer Wohnung, gehen im Lebensmittelgeschäft einkaufen, hinüber in die Eckkneipe und wieder zurück zu unserem Fernseher. Viele Menschen leben gern so, weil sie es nicht anders kennen oder weil sie nicht bereit sind, dem Leben etwas anderes abzugewinnen.

Wenn meine Lehrlinge oder andere Schüler auf den Berg hinaufgehen, um nach einer Vision zu rufen, dann treten sie wahrhaftig ihren Pfad der Kraft an. Sie begeben sich zu ihrem

Kraftpunkt, wo sie fasten und zum Schöpfer beten. Sie bitten nicht um Reichtümer oder großes Ansehen, sondern sie bitten darum, daß ihnen gezeigt wird, wie sie ihrem Volk und der Mutter Erde am besten dienen können. Was diese Leute dann empfangen, wenn eine Vision kommt, ist eine ganz individuelle Erfahrung; dem einen kann die Antwort in Gestalt einer Klapperschlange erscheinen, dem anderen in Gestalt eines Rehs, einer Eule oder eines Habichtes, oder sie kann die Gestalt eines alten Mannes oder einer alten Frau annehmen, die als Lehrer vor dem Suchenden stehen. In welcher Gestalt die Botschaft auch übermittelt wird, sie erreicht uns auf diese Weise, denn der Schöpfer hat beschlossen, daß dies der beste Weg ist, einem Menschen etwas mitzuteilen.

Die Kraft ist bei jedem Menschen anders; jene unter Euch, die künstlerisch veranlagt sind, die schreiben, malen oder musizieren können, stellen vielleicht fest, daß ihr Pfad der Kraft verlangt, daß sie die Kunst benutzen, um die Notwendigkeit der Heilung der Mutter Erde mitzuteilen. Andere verfügen über andere Begabungen, sind vielleicht geschickte Zimmerleute, Techniker oder Elektriker. All diese handwerklichen Fertigkeiten sind sehr kostbar, und der Große Geist wird Euch zeigen, wie Ihr sie anwenden müßt.

Indem Ihr Euch auf Eurem Medizinpfad bewegt, lernt Ihr Eure Medizinwerkzeuge zu erkennen: die Beutel, die Kristalle, die Federn und die Pfeife. Für viele von uns ist die Pfeife ein Werkzeug; wenn Ihr lernt, damit zu beten und zu arbeiten, werdet Ihr erkennen, daß sie ein Energiefeld schafft, so daß Ihr mit dem Schöpfer in Verbindung treten könnt. Wenn Ihr offen und ehrlich seid und lernt, mit Eurer Pfeife in angemessener und heiliger Weise umzugehen, könnt Ihr mit allen Kräften, die diesem Kontinent seit Jahrtausenden innewohnen, in Verbindung treten. Ihr könnt die Geistkräfte rufen, Ihr könnt den Wind entfesseln oder Regen machen. Ihr könnt die Donnerwesen und die anderen Kräfte anrufen, die alles bringen, was wir im Leben brauchen. Ihr könnt die Geisthüter der vier Himmelsrichtungen anrufen, Euch beizustehen.

Wenn Ihr Euren Kraftpunkt findet, die Stelle auf der Erde, an der diese Wesen Eurem Ruf folgen und Eure Gebete erhören, so werdet Ihr es sehr stark spüren. Während Ihr dort sitzt, wird plötzlich ein Lichtfunke aufleuchten, oder es wird sich ein gleißendes Kraftfeld bilden oder eine Temperaturveränderung findet statt. Vielleicht kommt auch mein Bruder, der Wind, und spricht mit Euch.

Ich nenne den Wind *meinen Bruder*, weil wir alle Brüder und Schwestern der ganzen Schöpfung aller lebendigen Dinge sind. Sie sind ein Teil von uns, und wenn wir sie anerkennen, dann werden wir auch ein Teil von *ihnen*. Es fällt mir leicht, meine Finger, meine Glieder zu bewegen, weil sie ein Teil von mir sind. Genauso können wir die Schöpfung, wenn wir begreifen, daß sie ein Teil von uns ist, bewegen und dazu bringen, auf uns zu reagieren. Aus diesem Grunde können manche von uns mit den Tieren sprechen und sie dazu bewegen, zu kommen, wenn sie sie rufen. Wir können mit den Bäumen, der Erde und mit dem Schöpfer sprechen und um das bitten, was wir gerade brauchen. Das haben wir seit Tausenden von Jahren getan. *Es ist nicht übernatürlich. Es ist vollkommen natürlich.*

All diese Geistkräfte warten darauf, daß wir mit ihnen sprechen, wie wir es vor Hunderten von Jahren getan haben; sie haben uns nie verlassen, und nun erwachen sie wieder stärker zum Leben. Wir bereiten uns auf die Reinigung vor, und alle meine Brüder und Schwestern sind ein Teil dieser Vorbereitung. Ich glaube, daß meine Schüler und alle Menschen, die in den vergangenen Jahren zu mir gekommen sind, lernen wollen, weil der Schöpfer auf die eine oder andere Weise zu ihnen allen gesagt hat: »Die Zeit ist jetzt gekommen, daß ihr wieder zum Leben erwacht.« Wir *sind* wieder zum Leben erwacht, weil wir zu unserer Medizin zurückgerufen worden sind.

»Warum auf diese Weise in der Welt leben?« frage ich meine Schüler. »Warum darin leben und aufeinander loshacken wie ein Haufen armer alter Hühner, wenn doch das ganze Universum euch gehören kann, wenn doch der Schöpfer will, daß ihr wieder tanzt und singt?«

Wir sprechen ständig mit den Mächten auf Vision Mountain. Als die Kleine Schwester, Mt. Saint Helens, 1980 zum erstenmal ausbrach, fiel fast ein Zentimeter Asche auf unser Land. Als wir zum Großen Geist beteten, erwies sich dieser Aschenregen als Segen, denn er düngte den Boden so gut, daß unsere Gärten sich in einen Dschungel üppiger Gemüsepflanzen verwandelten. Dennoch war es nicht in jeder Hinsicht ein Segen; wir mußten eine Zeitlang in den Häusern bleiben und das Vieh in den Ställen festbinden. Als dann der Vulkan zum zweitenmal ausbrach, beteten wir zum Schöpfer und baten ihn, der Segen des Aschenregens möge an einer anderen Stelle niedergehen. Der Himmel verdunkelte sich früh an einem sonnigen Nachmittag, und eine riesige, dichte schwarze Wolkenmasse trieb rasch auf uns zu. Sie war schon aus vielen Meilen Entfernung zu sehen. Wabun, Shawnodese und ich befanden uns auf Reisen, also begaben sich einige unserer Schwestern auf den Berggipfel und brachten ein Pfeifenopfer dar. Sie beteten darum, daß die Aschenwolke nicht über uns kommen möge. Vier oder fünf Meilen von unserem Land entfernt trieb die Wolke, ohne daß ein erkennbarer Wind geweht hätte, nach Norden ab. Die riesige Aschenwolke löste sich in lange, graue Fetzen auf – und verschwand.

Mitte August 1982 hatten wir eine Dürreperiode am Vision Mountain, und eines Nachts zog ein heftiges Gewitter auf. Ein Blitz schlug in eine Kiefer auf unserem Land ein und setzte sie in Flammen. Einige Stammesmitglieder gingen hinaus, um das Feuer zu löschen, doch es mußte da, wo der Blitz in die Wurzeln eingedrungen war, weitergeschwelt haben, denn am darauffolgenden Nachmittag brach das Feuer erneut aus.

Anfangs waren nur vier oder fünf Leute zur Stelle, die das neuerliche Feuer bekämpften. Sie zogen einen Graben darum, doch der Wind war so stark, daß das Feuer dadurch nicht aufgehalten werden konnte. Während sich die Flammen ausbreiteten, nahm der Wind noch zu. Jedesmal, wenn sich die Gruppe beeilte, das Feuer auf einer Seite aufzuhalten, drehte der Wind und blies es in eine andere Richtung.

Bald breitete sich von der Stelle, an der das Ganze begonnen hatte, ein Flammenring aus; es war offensichtlich, daß die wenigen Leute nicht allein damit fertigwerden konnten. Die anwesenden Brüder und Schwestern sprachen ein paar Gebete, und bald waren weitere vierzig Menschen damit beschäftigt, Gräben zu ziehen. Es war ein starkes Erlebnis; um den Flammenring zog sich ein Ring von Menschen. Es kamen weitere Stammesmitglieder, Besucher und Schüler, und einige unserer Nachbarn eilten herbei. Sie schlugen mit Schaufeln und nassen Decken auf die Flammen ein.

Dennoch konnten sie das Feuer nicht unter Kontrolle bringen; manchmal war der Rauch so dicht, daß sie zurücklaufen mußten, um Atem zu holen. Wenn es ihnen gelungen war, an einer Stelle die Flammen zu ersticken, drehte der Wind und entfachte sie an anderer Stelle um so heftiger.

Wabun hatte bei Ausbruch des Brandes die örtliche Feuerwehr alarmiert, die Leute wußten also, daß Hilfe unterwegs war. Es standen jedoch nur ein paar Löschwagen zur Verfügung, und wenn der Wind nicht aufhörte, ständig die Richtung zu wechseln, war zu befürchten, daß das Feuer, wenn die Wagen eintrafen, nicht mehr unter Kontrolle zu bringen war.

Wabun, die sich immer noch in dem nahegelegenen Farmhaus aufhielt, holte ihre Pfeife und hielt sie betend in den Händen. Shawnodese, der sich in der Nähe des Feuers befand, begann ebenfalls zu beten. Beide beteten sie, der Wind möge drehen und das Feuer in sich zusammenfallen; und genau das geschah. Der Wind drehte und legte sich dann völlig. Als die Feuerwehr eintraf, war ein großer Teil der Flammen bereits gelöscht.

Während die Löschwagen um das rußgeschwärzte Kiefernwäldchen herumfuhren und Bäume und Erde mit Wasser tränkten, bildeten die Leute, die das Feuer bekämpft hatten, einen Kreis darum und hielten sich an den Händen. Sie dankten dem Schöpfer, daß er ihre Gebete erhört hatte. Nachdem sie ein paar Gebete gesprochen und einige Lieder gesungen hatten, baten sie darum, es möge ein schützender Schild über dieses

Fleckchen Land gelegt werden. Heute ist die geschwärzte Erde mit neuem grünem Leben bedeckt; die Mutter Erde heilt sich selbst. An dieser Stelle wollen wir das Vision Mountain-Zentrum errichten, denn wir glauben, daß die Donnerwesen sie uns gewiesen haben.

Ich möchte, daß meine Schüler fähig sind, die Erde zu fühlen und sie zu hören, wenn sie spricht, so daß sie, wenn ein Erdbeben naht, ein Vulkanausbruch bevorsteht oder irgendwo ein Brand ist, darauf vorbereitet sind. Das alles gehört dazu, um die Zeit der Reinigung zu überleben, und es werden sie noch viel mehr Menschen überleben, wenn sie lernen, in Harmonie zu leben.

Die Erde spricht ständig zu uns; unglücklicherweise sind die meisten Menschen taub für das, was sie sagt. Oft wundern sich die Leute, wenn ich ihnen das Wetter voraussage, obgleich das eine ganz einfache Sache ist. Sie fragen: »Sun Bear, woher weißt du, was für einen Winter wir bekommen werden?« Und ich antworte ihnen, daß ich im Buch der Erde lese. Vor einigen Jahren wußte ich, daß ein paar milde Winter bevorstanden, auf die ein sehr strenger folgen würde, und es stimmte. Wir können uns auf weitere merkwürdige Wettererscheinungen in den nächsten Jahren vorbereiten – und zwar auf der ganzen Welt.

Die Erde befindet sich im Augenblick in einem Stadium der Reinigung, in dem sie die Zunahme zurückhält, und Ihr müßt Euch dessen bewußt sein und warum das geschieht, damit Ihr, wenn nötig, fortgehen und Euch und Eure Familien schützen könnt. Ihr müßt lernen, daß es Lieder gibt, die Euch mit der Erde in Verbindung bringen, daß es Tänze gibt, die Ihr vollführen könnt.

Wenn die Erde Euch an einer Stelle anruft und sagt, Ihr sollt tanzen, dann solltet Ihr erwachen und an dieser Stelle für die Kraft tanzen. Ihr solltet ein Lied aus Euch aufsteigen lassen für die Erde, und es zählen nicht die Worte; was zählt, ist das Gefühl. Wenn Ihr Euch dieser Art von Kraft öffnet, werdet Ihr sehr bald nicht mehr einfach *Ihr* selbst sein; Ihr werdet zu einem Erdgeist werden, der alles fühlt und hört. Genau das tun wir in vielen unserer Zeremonien, wir *verwandeln* uns. Wir werden zu der Kraft, die wir feierlich ehren, und das ist es, was ich den Leuten in unseren Medizinradtreffen zu vermitteln versuche.

Ich warte auf die Zeit, in der wir alle zusammenkommen und unsere Zeremonien abhalten können, so daß wir ein Kraftfeld schaffen, das alle anderen Menschen auf der Erde durchdringt. Dann werden wir die Kraft der Mutter Erde *sein*. Wenn die Medizinleute der Hopi ihre Masken anlegen und ihre Gebete sprechen, dann werden sie zu den verschiedenen Kräften der Kachinas. Wenn unsere Leute die Masken und Federn der Tiertotems im Medizinrad anlegen, geschieht das gleiche. Die Kraft, die uns durchströmt, ist eine Energie, eine lebendige Kraft, und darum können wir mit Großmutter Mond und Vater Sonne sprechen.

Wenn Ihr die Flitterwelt hinter Euch laßt und in die Medizin hineinwachst, von der ich Euch erzähle, dann werdet Ihr erkennen, daß Ihr die Macht habt, alles im Leben geschehen zu lassen, von dem Ihr wollt, daß es geschieht. Ihr werdet erkennen, daß Ihr durch Euren Willen Dinge entstehen lassen und sogar den Lauf Eurer eigenen Geschichte verändern könnt. Wenn die alten römischen Feldherren in die Schlacht zogen, so schleuderten sie ihre Banner in die Reihen der Feinde, und die Soldaten mußten hingehen, um sie zurückzuerobern. Man muß wahrhaftig sein Banner vor sich werfen und ihm dann folgen.

Am Vision Mountain beten wir um die Dinge, die wir brauchen, und oft erfüllen sich unsere Gebete. Wenn Ihr um etwas bitten wollt, so müßt Ihr Euch zu Eurem Kraftplatz begeben und mit dem Schöpfer sprechen. Ich habe zwei Kraftplätze, die ich auf dem Vision Mountain aufsuche; den einen benutze ich für bestimmte Zeremonien, und nicht einmal meine eigenen Leute wissen, wo er sich befindet, denn es ist ein ganz besonderer Ort für mich. Es ist ein Ort, an dem ich mit zwei verschiedenen Geistern spreche; sie repräsentieren die männlichen und die weiblichen Energien auf diesem Berg.

Jedes Mitglied unseres Stammes hat seinen eigenen Kraftplatz, den er aufsuchen kann, um die Kräfte zu sich zu rufen. Er setzt sich auf den Boden und legt die Handflächen auf die Erde. Er spürt die Energie der Mutter Erde in sich aufsteigen, seine männlichen und weiblichen Energiezentren durchdringen. Er spürt, wie er sich ihr lebendig öffnet und wird sich irgendwann einmal bewußt, daß die Geistkräfte, die zu ihm sprechen, nicht unbedingt englisch mit ihm reden. In diesem Augenblick beginnt er die Kraft wirklich zu spüren.

Jedesmal, wenn Ihr Eure Medizin ausübt, wird sie natürlicher, leichter, bis die meisten Dinge, die Ihr für Euren Medizinpfad braucht, buchstäblich von selbst zu Euch kommen. Selbst um materielle Dinge können wir bitten, wenn sie uns auf unserem Pfad weiterhelfen. Wir gehören nicht zu den Leuten, die das Jüngste Gericht beschwören und sagen, daß Geld oder Gut etwas Böses ist. Es ist es nicht an sich; was zählt, ist das, was in unserem Herzen ist und wie wir damit umgehen. Im vergangenen Jahr benötigten wir einige neuere Wagen, um zu unseren Seminaren fahren zu können. Wir beteten darum, und wir bekamen sie. Wir benötigten Baumaterial, um unser Langhaus zu vergrößern – wir bekamen es und bauten einen Versammlungsraum an. Vor einiger Zeit kamen wir zu dem Schluß, daß wir ein Haus in Spokane brauchten, um ein Büro einzurichten; wir sprachen unsere Gebete, und inzwischen haben wir zwei Häuser in der Stadt. Durch unsere Medizin sind uns weitere acht Hektar Farmland am Fuße des Berges zugefallen. Einer unserer kühnsten Träume war es, einen Computer zu besitzen, um *Many Smokes* zu drucken, unsere Versandlisten in Ordnung zu bringen, die Buchhaltung zu bewältigen und Bücher darauf zu schreiben. Mittlerweile haben wir einen, und ein weiterer steht uns gelegentlich zur Benutzung zur Verfügung.

All diese Dinge sind durch unsere Medizin bewirkt worden. Wir hatten meist sehr wenig Geld, um die Dinge zu kaufen, benötigten sie aber dringend, um die Menschen draußen zu erreichen. Der Große Geist hörte unsere Gebete.

Wir sind eine kleine Gruppe, und wir sind einfache Menschen, aber wir tun das, was der Große Geist will, und wir tun es im Bewußtsein der Kraft und auf der Grundlage der Beharrlichkeit und Beständigkeit. Vielleicht beginnt Ihr, indem Ihr Maismehl verstreut, wenn Ihr betet, vielleicht verwendet Ihr Tabak als heilige Gabe an die Kräfte des Universums. Vielleicht benutzt Ihr Rauch in der Art, wie wir es tun; manchmal verwenden wir verschiedene Methoden, um uns dem Schöpfer zu öffnen.

Manchmal werdet Ihr versucht sein, Euch zurückzulehnen, zu seufzen und zu klagen: »Ich frage mich, ob mich meine Medizin verlassen hat.« Es gibt Zeiten, in denen ein solches Gefühl aufkommt. Man ist dann an einem Punkt angelangt, an dem man einfach nicht mehr weiß, wie die Dinge weitergehen; alles scheint durcheinander zu geraten. Dennoch betet man und wartet, und dann ist es plötzlich, als hätte ein schweres Geschütz einen Weg freigesprengt, und alles rückt wieder an seinen Platz. Ihr habt auf Euer Herz gehört und getan, was es Euch gesagt hat, und die Medizin ist für Euch hervorgetreten. Es ist großartig, ihr blickt zum Himmel auf oder zur Erde hinunter und sagt zum Großen Geist und zu Euch selbst: »Na sowas! Das war doch ganz einfach!« Und dann fühlt Ihr Euch wieder ganz stark, weil die Medizin die Richtung der Dinge umgelenkt hat.

Manchmal könnt Ihr dasselbe in der Beziehung zu anderen Menschen tun, wenn Ihr seht, daß irgend jemand sich unnötigerweise auf die eine oder andere Art von Euch entfernt, dann plötzlich eine völlige Kehrtwendung macht und wieder auf Euch zukommt. Meine Medizin hat das gelegentlich in praktischen Situationen in ganz wörtlichem Sinn bewirkt. Ich erzähle gerne ein Erlebnis, das ich einmal auf einer Messe in Sacramento hatte. Ich war ziemlich hungrig, und ein junger Japaner ging mit einer Handvoll köstlich aussehender Trauben an meinem Stand vorüber. Ich kannte den Mann nicht, dachte aber bei mir: »Donnerwetter, von diesen Trauben würde ich gerne probieren.« Der Japaner war bereits an mir vorüber, aber genau in dem Augenblick, als ich das dachte, machte er kehrt, sah mich an, trat zu mir und sagte: »Hier, nehmen Sie doch diese Trauben«, und damit reichte er mir das ganze Bündel. Sie schmeckten wirklich gut.

Ich achte sehr darauf, was Ihr im übrigen ebenfalls tun solltet, daß ich niemals einen Menschen in eine Beziehung zurückziehe, wenn das für ihn schlecht wäre. Wenn man auf dem Pfad der Kraft wandelt, muß man lernen, scharf zu urteilen und die eigenen Wünsche nicht über das zu stellen, was das Beste für alle in der jeweiligen Situation Beteiligten ist. Ihr dürft nie vergessen, daß die Quelle aller Kraft der Schöpfer ist.

Es gibt noch viele Dinge neben denen, über die ich gesprochen habe, aber das Gesagte reicht für den Anfang. Wenn Ihr gelernt habt, den ersten Schritt zu tun, könnt Ihr ein Stückchen weiter gehen. Auf diese Weise könnt Ihr, wie ein Anfänger, der sich in neuen Fertigkeiten übt, einen kleinen Schritt tun und dann immer größere; alles, was Ihr tut, bringt Euch auf dem Pfad der Kraft voran. In manchen Nächten träume ich von einer Öffnung hin zu großartigen Reichen der Kraft, ich glaube, daß es diese Öffnung gibt für Menschen, die gewillt sind, danach zu suchen.

SECHZEHNTES KAPITEL
Über die Schwächung der Kraft

Es kommt nichts Gutes dabei heraus, wenn man den Pfad der Kraft antritt ohne die angemessene Hochachtung und die Einstellung, die es einem Menschen möglich macht, seine Kraft nur für gute Medizin einzusetzen.

Der Mißbrauch der Kraft hat viele eingeborene Völker und ihre Kulturen geschwächt. Es gab in der Vergangenheit Medizinleute und gibt sie noch heute, deren Ego die Ausübung guter Medizin überlagert. Einigen von ihnen gefällt es, Spielchen zu spielen. Sie benutzen ihre Kraft, um damit anderen Menschen wehzutun oder ihnen Schwierigkeiten zu bereiten, und das ist ein schlimmes Übel. In manchen Reservaten gibt es heute keine Medizinleute mehr, was zum Teil darauf zurückzuführen ist, daß diese so hochmütig waren, sich durch ihre Kraft gegenseitig umzubringen. Viele Menschen haben die Vorstellung, alle Indianer seien edle Wilde, aber das stimmt ganz und gar nicht. Ich glaube, daß der Große Geist eine gerechte Anzahl von guten Menschen und Taugenichtsen unter den Rassen verteilt hat. Vielleicht macht es mich darum so glücklich, daß ich mich als Menschen betrachte, nicht als Indianer oder als Mann. Mir widerstrebt es, mich in einer Schublade der Menschheit abzusondern.

Ich sehe in meinen Lehrlingen Brüder und Schwestern, ob sie nun weiß, rot, schwarz oder gelb sind. Es gibt andere Medizinleute, die das nie tun würden, die herumsitzen und so tun, als sei ihre Medizin ein großes Geheimnis. Sie würden es nicht preisgeben, nur um schwierig zu erscheinen, um diejenigen einzuschüchtern, die gekommen sind, um von ihnen zu lernen.

Ständig sagen Leute zu mir: »Sun Bear, du solltest deine Medizinkraft nicht so an andere verschenken. Du solltest sie selbst behalten.« Ich versuche, diesen Menschen zu erklären, wie es sich in Wahrheit verhält: daß der Große Geist dicht hinter mir steht, wenn ich mein Wissen an meine Brüder und Schwestern weitergebe, daß der Große Geist ebenso schnell, wie ich mein Medizinwissen vergeben kann, neue Kraft und neue Medizin in mich ergießt. Das kommt daher, daß ich tue, was der Schöpfer mir gesagt hat.

Ein Stückchen Wissen, das ich derzeit nicht mit anderen teile, sind die Aufzeichnungen in den Midewiwin-Rollen. Mir obliegt die Verantwortung, das Wissen aus diesen Rollen anzuwenden, um meinen Brüdern und Schwestern zu helfen und sie zu heilen, aber ich übersetze die Zeichen für niemanden. Ich zeige den Leuten die Felsenzeichnungen am Fuße von Vision Mountain, und ich übersetze einige der Zeichen, weil es mir gestattet ist. Ich erkläre auch einige der Steinzeichnungen an den Felsen im Lagamacino Canyon, und das ist in Ordnung so, denn das ist Teil meiner Medizin. Aber es gibt unter diesen Felsenzeichnungen auch viele, die ich verstehe, über die ich jedoch nicht spreche. Meine Medizin sagt mir stets, wie ich die Kraft, die ich besitze, in der richtigen Weise anzuwenden habe.

Es gibt Medizinleute, die sich mit ihrer Kraft brüsten; durch ihre Worte oder ihre Haltung geben sie zu verstehen: »Seht mich an! Ich bin großartig!« Ich hoffe, daß Ihr nie den Eindruck habt, daß ich etwas derartiges tue. Was ich mit Euch teile, sollt Ihr als Wissen aufnehmen; ich habe Medizin, weil es dem Schöpfer gefallen hat, mich als Verbindungsweg zu benutzen. Aber es gibt Medizinleute aus den verschiedensten Kulturen, die außerordentlich prahlerisch sein können; sie stellen sich über den Rest der Menschheit, und manchmal verlieren sie auf diese Weise ihre Kraft. Andere wiederum versuchen, wie ich schon sagte, negative Energien auszusenden, um Unheil zu stiften. Das empfinde ich als schwerwiegenden Mißbrauch der Kraft. Wenn sie es tun, spürt man es manchmal kommen, dann bittet man in einer Rauchzeremonie um einen schützenden Schild. Man bittet den Schöpfer im Gebet darum, die Energie zu ihrer Quelle zurückzuschicken oder sie in gute Energie umzuwandeln. Dann wird sie keinen Schaden anrichten. Wenn ein Mensch sich in der Mitte seiner Energie und Kraft befindet, ist es sehr schwer für einen anderen, ihm etwas anzuhaben.

Ich erhebe nie die Hand gegen einen anderen Menschen, doch denen, die versucht haben, mir Schaden zuzufügen, sind oft beeindruckende Dinge widerfahren. Der Schild, den ich trage, ist ein Schirm aus Energie und Kraft, und wenn jemand etwas dagegenschleudert, prallt es einfach zu ihm zurück. Ich kann nicht einmal etwas dagegen tun. Ich habe schon erlebt, daß Leute versucht haben, mich mit Messern oder Pistolen zu verletzen, und ich kann nichts weiter sagen als: »Ich wünschte nur, du würdest das nicht tun, mein Bruder oder meine Schwester, denn es ist nicht gut.«

»Ich bin dir nicht böse«, erkläre ich ihnen, »aber es gibt andere, die böse auf dich sein werden.« Wenn die Leute mich dann immer noch nicht in Ruhe lassen, kann es wohl damit enden, daß sie sich ziemlich weh tun. Es gibt Kräfte, die für mich und meine Vision wirken, und sie schützen mich vor allem unnötigen Übel.

Das unnötige Hervorkehren von Zorn in allen Abstufungen empfinde ich ebenfalls als schweren Mißbrauch der Kraft und als Schwächung der Person, die ihn zeigt. Wenn einer meiner Leute am Vision Mountain sich beispielsweise hinreißen läßt, laut und zornig mit seinen Brüdern und Schwestern zu sprechen, so erkläre ich ihm: »Hör zu, es ist nicht nötig, daß du deine Kraft auf diese Weise zeigst.« In meinem Zimmer hängt ein Poster an der Wand, und ich erzähle den Leuten gern, welche Worte darunter stehen, nämlich: ›In der Sanftheit liegt eine große Kraft‹. Das ist wahr. Die Kraft kann sehr häufig eine ganz stille Sache sein.

Ich glaube, daß der Zorn das Gegenteil von dem bewirkt, was man erreichen möchte. Aus diesem Grunde stehe ich, wenn meine Brüder und Schwestern, auf einer Ratsversammlung zum Beispiel, anfangen, ihre Stimme zu erheben und mit dem Finger aufeinander zu zeigen, auf und gehe zur Tür hinaus, denn ich weiß, daß nur sehr wenig erreicht werden wird. Wenn man stark wird in seiner Medizin, braucht man nicht zu toben und zu wüten, um etwas zu erreichen.

Der indianische Begriff von Führerschaft unterscheidet sich wesentlich von dem der weißen Gesellschaft, und ich möchte darüber sprechen, weil eine Medizinperson vor allem anderen ein traditioneller Führer seines oder ihres Volkes war und auch heute noch ist. Der Unterschied zwischen der Führerschaft bei den Indianern und derjenigen in der Auffassung der Weißen liegt für mich darin, daß ein Mensch, der in der Kultur der Indianer zum Führer wird, keine Herrscherpersönlichkeit ist. Die Gesellschaft der Weißen prägt die Menschen so, daß sie entweder Herrschernaturen oder Untertanen sind. Die Politiker sind Herrscher; sie manipulieren ihre Untergebenen, erlassen Gesetze und können sich ein großes Maß an Egoismus und Korruption erlauben. Firmenleiter sind ebenfalls Herrscherpersönlichkeiten, und das setzt sich weiter nach unten fort in einer komplizierten Hackordnung, in der der Einzelne herumgestoßen wird; wenn man Glück hat, kann man seinerseits ein paar Lakaien herumschubsen.

Ein Führer im indianischen Sinn gibt keine Befehle. Wenn etwas getan werden muß, ist er der erste, der zupackt. Der Indianerführer war nach alter Tradition immer der erste, der in die Schlacht zog, der erste bei der Büffeljagd und die Person, auf deren Schultern letztendlich die Folgen aller gemeinsamen Entscheidungen lagen.

Das ist heute nicht anders. Wenn hier beispielsweise etwas getan werden muß, das eine gefährliche Situation mit sich bringt, in der jemand verletzt oder gar getötet werden könnte, fordere ich keinen anderen auf, es zu tun; ich tue es selbst. Das habe ich schon oft im Leben getan. In den vergangenen Jahren kam es vor, daß meine Leute Hunger litten, und ich mußte außerhalb der Saison Rotwild jagen. Einmal betätigte ich mich als Viehdieb und erschoß eine Kuh, und der Staat, in dem ich mich befand, betrachtete das nicht gerade mit Wohlwollen. Aber es mußte getan werden; ich hatte die Verantwortung für zwanzig Menschen mit leerem Magen. Der Mann, dem die Kuh gehörte, besaß eine Herde von mehr als tausend Stück Vieh, und ich wußte, daß der Hunger von zwanzig Menschen schmerzhafter war als der Verlust dieser einen Kuh.

Aber als Führer im indianischen Sinn führt man nicht immer ein so aufregendes Leben. Während ich einerseits meine Medizin ausübe und Zeremonien leite, packe ich auch mit an und rupfe Hühner, wenn ich kann. Wenn man ein Führer ist, sollte man sich niemals in einen Elfenbeinturm zurückziehen.

Ich bin auch überzeugt, daß ein wahrer Führer niemals ein arroganter Mensch sein kann. Wem der Große Geist die Gabe der Kraft verleiht, der muß sie auch in der richtigen Weise anzuwenden wissen. Es gibt ein altes Sprichwort für die Menschen, die in ihrer Medizin oder in ihrer Führerschaft zu hochmütig werden: »Wenn du herumläufst und die Nase zu hoch in die Luft reckst, dann wird dich eine Biene in die Lippe stechen.« Ich beobachte es immer wieder. Der Schöpfer kennt viele Wege, die Menschen daran zu erinnern, daß sie zwar geliebt werden, daß die Kraft des Großen Geistes aber die höchste Macht im Universum ist.

Als ich mich während der Zeit der Besetzung in Wounded Knee aufhielt, beobachtete ich viele Menschen, zu denen die anderen aufsahen und die als Indianerführer bezeichnet wurden. Einer der lautesten unter ihnen entpuppte sich als FBI-Spitzel. Die wahren Führer, die nach meiner Überzeugung wirklich Kraft hatten, waren gewöhnlich die stillsten. Es waren diejenigen, die die Arbeit übernahmen und gute Energie aussandten. Sie waren wirklich um das Wohlergehen ihrer Brüder und Schwestern besorgt.

Wallace Black Elk beispielsweise war dort, und er schrie nicht herum. Er ging nur herum und sah nach, was seinen Leuten fehlte; er sprach Gebete für sie und kümmerte sich um die Verwundeten. Er schuf gute Medizin. Ich war viel stärker überzeugt von ihm und seiner Kraft als von denjenigen, die herumstolzierten und ein wütendes Geschrei veranstalteten.

Ich glaube, daß das, was ich in Wounded Knee beobachtet habe, heutzutage überall zutrifft. Die Gesellschaft hat die Menschen so geformt, daß sie glauben, wenn sie genügend Zigarren austeilen und die anderen am besten herumstoßen können, könnten sie der große Boß oder der Präsident werden. Und sie denken, daß es genauso sein muß.

Die indianische Weise, die Welt zu betrachten, ist vollkommen anders, und es ist nicht leicht für einen Menschen, alles auf einmal zu begreifen; darum wird ihm auch niemand alles auf einmal erklären. Er würde es nicht glauben. Ich bin der Medizinhäuptling des Bären-Stammes, aber ich bin nicht gewählt worden oder irgend etwas dergleichen. Die Leute, die mit mir zusammen sind, glauben einfach an meine Vision. Ich habe niemals versucht, Mitglieder für den Stamm anzuwerben, und ich schlage auch niemanden, damit er kommt und mir zuhört. Ich halte ein solches Vorgehen nicht für richtig; tatsächlich besteht eine der Regeln meiner Medizin darin, daß ich niemals irgendwohin gehe und einen Vortrag halte, wenn ich nicht offiziell dazu eingeladen werde.

Ich werde Euch jetzt ein paar Dinge mitteilen, die ich für außerordentlich wichtig halte in bezug auf die Lebensperspektive. Sie beeinflussen die Medizinkraft des Einzelnen sehr stark.

Viele Menschen haben – und dabei spielt es keine Rolle, in welcher wirtschaftlichen Situation sie sich befinden – eine, wie ich es nenne, ›Minderwertigkeits‹-Mentalität. Ihre Sozialisation hat sie dahin gebracht, daß sie glauben, bestimmte Dinge nicht zu können, weil sie Frauen sind, weil sie zu jung sind, weil sie sich nicht für klug genug halten oder weil sie denken, ein anderer könnte etwas besser als sie und so weiter. Diese Einstellung ist im höchsten Maße selbstzerstörerisch, und die Dinge, die die Menschen in dieser Überzeugung festhalten, sind die Bewußtseinsfallen, die Fesseln, die ihnen die Gesellschaft angelegt hat. Sie müssen sich von dem Unrat befreien, der ihnen die Köpfe verstopft und ihre Gefühle hemmt, weil er ihnen die Kraft entzieht. Die Fallen der Schuldgefühle, der Ängste, der Eifersucht, der Wut und Enttäuschung ... all diese Dinge stehlen ihnen die Kraft, und das ist nur der Anfang.

Die Menschen verschwenden ihre Kraft in allen Bereichen des Lebens, es ist so einfach. Sie verausgaben ihre Kraft in Beziehungen, weil sie vielleicht glauben, ohne einen bestimmten Menschen nicht leben zu können, und so müssen sie das Spiel nach den Regeln des anderen spielen, um es in Gang zu halten. Manche Menschen verhalten sich so, weil sie Angst haben, ihr Leben selbst zu bestimmen und damit ein vollständiges, ganzheitliches Menschenwesen zu werden.

Manche Menschen verausgaben ihre Kraft in der Bemühung, ihren Eltern, Mami und Papi, zu gefallen, und auch das hindert sie daran, zu vollkommenen Menschenwesen zu werden.

Sie geben ihre Kraft an die Politiker ab, indem sie sagen: »Nun ja, sie wissen es besser als wir, also lassen wir sie das Land für uns regieren.«

Sie vergeuden ihre Kraft an die Ärzte, das ist ein wichtiges Thema. Die Menschen geben den Ärzten ihre Macht, weil sie sie für Götter halten, die wissen, was für jeden das Beste ist. Die Leute fragen nicht einmal danach, was die verschriebenen Medikamente bei ihnen oder in ihnen bewirken. Der Arzt nimmt sich zehn Minuten Zeit für sie, stellt ihnen ein paar Fragen und entscheidet dann, was ihnen fehlt. Er schreibt ihnen ein Rezept aus, und das ist dann der Fahrschein zur Rettung. Die Leute halten gläubig an ihrem Medikamente-Fahrplan fest; sie sind von unerschütterlichem Glauben daran beseelt, zumindest bis irgendeine schädliche Nebenwirkung auftritt. Schließlich hat der Arzt ein Papier an seiner Wand hängen, eine ärztliche Zulassungsurkunde, und das ist sein Berechtigungsschein, Macht über andere Menschen auszuüben. Ich persönlich habe Mitgefühl für die Ärzte und Anwälte. Wenn man betrachtet, was sie zu tun haben, sieht man, daß sie keine *Götter* sind, sondern die *Müllsammler* dieser Gesellschaft.

Und die Menschen geben ihre Kraft an die Kirchen und Prediger ab, von denen manche auf der Kanzel stehen und den Zuhörern erzählen, sie seien schlecht, sie seien sündige Kreaturen seit Adam und Eva, und die Leute glauben ihnen. Sie machen sich die Hölle auf Erden für den Pfarrer; sie gehen am Sonntag in ihre kleinen Kirchen, und die Prediger zeichnen das Leben für sie vor. An diesem einen Tag der Woche geben sie den Leuten eine kleine Dosis von diesem oder jenem, und die Menschen sagen: »O ja, darum muß es im Leben gehen.«

Es ist leichter, sich auf diesem Weg treiben zu lassen.

Ein anderer Ort, an dem man seine Kraft vergeuden kann, ist der Supermarkt. Man geht hinein, wird von sanften Klängen berieselt und tänzelt die Gänge entlang. Es fällt wirklich schwer, sich der Erde nahe zu fühlen, eine Zeremonie durchzuführen und um eine gute Ernte zu bitten, wenn unsere Karotten und unser Mais aus Zellophanbeuteln vom Supermarktregal stammen.

Ihr seht also, daß die Menschen ihre Kraft in allen Bereichen des Lebens verausgaben, und ihr ganzes Leben lang ist ihnen eingeredet worden, daß sie nicht anders können. Es ist diese ›Ich-kann-nicht‹-Haltung und manchmal einfach nur Faulheit, die sie dazu bringt, sich derartig im Gänsemarsch zu bewegen.

Tatsache ist aber, daß uns der Schöpfer nicht so erschaffen hat; der Schöpfer hat uns nicht ohne Kraft erschaffen. Der Große Geist hat uns einen weiten Ausblick auf das Leben und die Welt mitgegeben, und dieser Ausblick umfaßt auch unsere Fähigkeit, mit den Pflanzen, den Mineralen und den Tieren in Verbindung zu treten. Die meisten von uns haben diese Fähigkeit verloren, weil wir es zugelassen haben, daß uns unsere Kraft, unsere *Verantwortung* abgenommen wurde, so daß wir schließlich kein Gefühl mehr haben für das Gleichgewicht, die Kraft und unsere Bestimmung im Leben. Die Menschen müssen lernen, diese Kraft wiederzuerlangen, um in Harmonie zu leben und unabhängig auf der Mutter Erde zu wandeln.

Darüber müssen sich die Menschen wirklich ernsthaft Gedanken machen, denn gerade in diesem Augenblick wartet dort draußen ein ganzes Universum, und es gehört uns allen. Jeder lebendige Mensch ist hier auf der Mutter Erde, weil er zu diesem Zeitpunkt hier sein soll, und jeder einzelne hat eine Bestimmung im Ganzen. Meine Schüler sollen sich in unseren Workshops Medizinwissen aneignen, und das deckt sich mit dem, was viele indianische Prophezeiungen vorausgesagt haben. Wenn sie bereit sind, voranzugehen, ihre Kraft wiederzuerlangen und ihr Gleichgewicht zu finden, dann ist das Universum für diese Schüler in seiner Gesamtheit da.

Wenn wir aus dem Schoß unserer Mutter kommen, sind wir alle gleich; was danach aus uns wird, hängt davon ab, ob wir bereit sind, uns zu öffnen und in die Ferne zu blicken. Wenn wir uns selbst einschließen, wenn wir jene kleinen Gitter vor unser Bewußtsein schieben, so haben wir uns damit selbst unsere Gefängniszellen geschaffen, und es gibt genügend Menschen da draußen, die nur zu begierig sind, unsere Gefangenschaft aufrechtzuerhalten. Ich glaube, jeder von uns muß irgendwann einen Punkt erreichen, an dem er sich umschaut und sagt: »He, Moment! Was tue ich hier in meinem Gefängnis? Da draußen wartet ein ganzes wunderbares Universum auf mich!«

Und genau das haben meine Schüler getan; sie befinden sich auf dem Pfad der Kraft. Sie haben diesen Pfad auf unterschiedliche Weise angetreten, aber ein jeder von ihnen wachte irgendwann in der Vergangenheit eines Morgens auf, zog sich an, schlüpfte in die Schuhe, wackelte mit den Zehen und sagte: »He, ich bin lebendig!« Und dann sagte jeder von ihnen: »He, ich werde den Bear Tribe dort draußen auf dem Berg besuchen. Es muß einen Grund geben, warum es ihnen da oben so gut geht!« Darauf schlossen sie ihre Gefängniszellen auf und begaben sich hinaus in die wirkliche Welt.

Es gibt Leute, die uns davon überzeugen können, all die schönen, glitzernden Dinge da draußen in der chromblitzenden Traumwelt seien *wirklich*; die Regierungen, die großen Firmen, die Dinge, die nur auf dem Papier existieren. Man glaubt, sie seien wirklich, obwohl sie in Wahrheit doch nur Ballons sind, die mit jedem Tag größer aufgeblasen werden. Sie werden sogar zugeben, daß sie ständig größer aufgeblasen werden, und das ist auch wahr. Eines Tages werden sie so prall voll mit Luft sein, daß sie platzen müssen, und Ihr werdet ihr Schicksal teilen, wenn Ihr Eure Kraft vergeudet.

Wir leben in einer aufregenden Zeit; wir leben in der Zeit, in der die *Dinosaurier* aussterben. Wir waren nicht Zeugen des Aussterbens der letzten Gruppe von Dinosauriern, aber diese werden wir untergehen sehen. Ihre Namen sind General Motors, U.S. Steel und all die anderen, und sie sind nicht mehr zweckdienlich. Sie dienen der Menschheit nicht mehr auf der Mutter Erde.

Eure Aufgabe ist es, so fest in der Mitte Eurer Kraft verwurzelt zu sein, daß Ihr in der Lage seid, wenn alles zusammenbricht und all die kleinen Leute, die dem *Dinosaurier* gehuldigt haben, zu Euch kommen und jammern: »O mein Gott, ich habe meinen Job verloren!«, ihnen zu antworten: »Der Preis für Eicheln ist noch derselbe wie vor hundert Jahren«, und ihnen dann zu zeigen, wie man die Eicheln sammelt und sie auslaugt. So muß es geschehen.

Manchmal, wenn ich mir die Leute ansehe, die für die *Dinosaurier* arbeiten – sie müssen zu einer bestimmten Zeit an einem bestimmten Ort sein und sich auf eine bestimmte Weise kleiden – bin ich zwischen Lachen und Weinen hin- und hergerissen. Als ich neununddreißig war, habe ich meinen Job gekündigt, weil ich keinen mehr brauchte; ich sagte mir, daß, wenn ich in diesem herrlichen Land mit seinen großartigen Reichtümern nicht genügend graue Zellen im Hirn hatte, um ohne diese Art der Sklaverei zu überleben, es ohnehin nicht viel gab, wofür es sich zu kämpfen lohnte. Und doch machen all diese kleinen Leute immer so weiter. Sie arbeiten das ganze Jahr lang, und schließlich sagt der Chef-Mensch: »Also, weil du ein guter Junge warst, bekommst du jetzt zwei Wochen Urlaub. Geh hin und verlebe sie!« Ist das nicht großartig? Zwei Wochen. Bis dir klar geworden ist, was du in dem Jahr alles versäumt hast, sind die zwei Wochen vorüber. Was hat es also für einen Sinn? Du machst deine zwei Wochen Urlaub, dann kommst du zurück, und sie legen dir das Halsband wieder um und stellen dich für ein weiteres Jahr ans Fließband ... und das ist das ganz normale Verfahren. Schließlich bist du an einem Punkt angelangt, an dem du dich nur noch mit letzter Kraft zur Arbeit schleppen kannst, und dann sagen sie zu dir: »Tut uns leid, lieber Freund, aber du schaffst es nicht mehr ... und das Sozialversicherungssystem ist völlig ausgelaugt. Auch das tut uns leid, lieber Freund.«

Die meisten Menschen, die sich einwickeln lassen wie ein Insekt im Spinnennetz, hassen es im Grunde ihres Herzens. Sie wissen, daß sie vor langer Zeit einmal freie Menschen waren, auf der Mutter Erde wandelten und direkt von ihr ernährt wurden.

Man kann zehn Bankdirektoren, fünf Anwälte und acht Hausfrauen beliebig herausgreifen, sie um ein Lagerfeuer setzen und beobachten, was geschieht. Sie werden still. Sie beobachten die Flammen und sehen gespannt zu, wie die Kohlen unterschiedliche Farben annehmen, und wenn man ihnen dann plötzlich ins Gesicht schaut, sieht man, daß sie sich alle in Höhlenmenschen zurückverwandelt haben.

Sie sitzen da und sagen *ooh* und *aah* und rufen: »Ist das nicht herrlich!« Und in ihren Herzen wird etwas lebendig, das sie daran erinnert, daß wir Tausende von Jahren lang in enger Verbundenheit mit der Erde gelebt haben und daß wir wahre Brüder und Schwestern waren. Dann wird der Bankdirektor, der dir in der Welt draußen vielleicht kühl die Hand schütteln würde, den Arm um deine Schultern legen und all seinen Dünkel verlieren. Er ist tatsächlich für einen Augenblick aus der Welt seiner unantastbaren Gesellschaft aufgerüttelt worden.

Genau *das* muß geschehen.

SIEBZEHNTES KAPITEL
Vom Regenmachen

Die Kräfte, denen ich mich in meiner Medizin am nächsten fühle, sind meine Brüder, die Donnerwesen. Sie zu mir zu rufen, Regen zu machen, ist eines der besten Beispiele für das, was ich Euch in früheren Kapiteln erzählt habe; daß Ihr Euch nämlich, wenn Ihr stark seid und Euch in der Mitte Eurer Medizin befindet, mit den Naturgewalten verbinden könnt. Ihr könnt Euch in ihre Energie einschalten und sie dazu bringen, auf Euch zu reagieren, und dieser Vorgang ist keineswegs das geheimnisvolle Treiben eines Zauberers.

Oftmals bringen wir vom Bären-Stamm, wohin wir auch gehen, Regen mit; das trifft auf unsere Medizinradtreffen, unsere Vortrags- und Veranstaltungsreisen und sogar, wenn wir einfach nur irgendwo einen Besuch machen, zu. Immer wieder, wenn wir uns in einem Gebiet aufhalten, in dem es lange Zeit nicht geregnet hat, wenden sich Leute an mich und sagen: »Sun Bear, wir brauchen dringend etwas Regen hier. Wirst du uns welchen bringen?« Und gewöhnlich tue ich es. Manchmal bekommen die Leute mehr Regen, als ihnen lieb ist.

Vor einigen Jahren nahm ich an einem Seminar am Mount Hood in Oregon teil, wo es seit eineinhalb Jahren nicht geregnet hatte. Es war Ende 1970, und die Dürre brachte in der Gegend einige Probleme mit sich. Ich spürte, daß das Land vor Durst aufschrie. Die Leute baten mich, ein Regengebet zu sprechen, was ich auch tat. Und als ich mich erhob, um meine erste Rede zu halten, war ein solches Gewitter im Gange, daß das Gebäude, in dem wir uns befanden, unter seiner Gewalt erbebte, und ich mußte unter Donnergetöse zu meinen Zuhörern sprechen. In der folgenden Nacht kam ein gewaltiger Sturm auf... der stärkste, den es dort seit Jahren gegeben hatte. Er entwurzelte Bäume und richtete große Verwüstungen an, aber die Mutter Erde bekam ihr heißersehntes Wasser zu trinken.

Einige Jahre später hielt ich mich im Ananda-Ashram in Monroe, New York, auf, um einen Vortrag zu halten. Die Leute dort hatten ihre Gärten bestellt, aber es wollte kein Regen fallen. Alles war ausgetrocknet. Sie baten mich, um Regen zu beten, was ich auch tat. Wir sprachen gemeinsam Gebete und sangen einige Regenlieder, und bald darauf strömte der Regen nieder. Und er wurde wahrhaftig so stark, daß es drei Tage lang ununterbrochen regnete. Das Wasser schwemmte viel von ihrem Saatgut und die jungen Pflanzen aus.

Dasselbe geschah in Boston, als ich auf einem Seminar für die Interface-Organisation dort sprach, ebenso wie an anderen Orten. Es ist eigentlich meistens so, wenn meine Energie stark ist und ich in der richtigen Weise mit den Donnerwesen spreche.

Ich habe eine lange Zeit meines Lebens mit meinen Brüdern, den Donnerwesen, gearbeitet. Wenn ein Sturm hereinbricht, gehe ich hinaus und begrüße sie. Manchmal biete ich meine Pfeife dar und spüre dann, wie ihre Energie in mich eindringt. Manchmal ist das ein unbehagliches Gefühl, denn ich spüre, daß es das Äußerste an roher Naturgewalt ist. Gewitter, Wirbelstürme, Erdbeben, sie alle sprechen mit Euch, wenn Ihr offen seid, sie zu hören und zu fühlen. Wenn mich die Leute fragen, wie ich Regen mache, dann antworte ich ihnen einfach, daß ich ihn nicht mache. Und das stimmt. Ich bitte darum. Wenn es so sein soll, dann kommt er. Ich weiß, daß es nicht gut ist, die Naturgewalten zu benutzen, um das eigene Gefühl der Kraft aufzumöbeln. Ich bitte die Donnerwesen nur dann, mit mir zusammenzuarbeiten, wenn es gut für die Mutter Erde oder für unsere Freunde auf ihr ist.

Im Februar 1982 fuhr ich nach Neuseeland. Man hatte mich eingeladen, an einem Black Bear-Festival teilzunehmen. In der Sprache der *Maori* wird es *Mangua Pea* genannt. Während meines Aufenthaltes dort teilte ich mein Medizinwissen mit vielen großartigen Leuten.

Das Festival sollte drei Tage dauern, aber ich traf schon frühzeitig ein. Lonnie Christie, die Dame, die das Festival vorbereitete, kam mit ein paar meiner Maori-Brüder zu mir, und sie sagten: »Sun Bear, es hat hier schon sehr lange nicht mehr geregnet. Kannst du ein Gebet für uns sprechen?« Ich tat es.

Neuseeland ist ein Land, das einmal aus subtropischem Regenwald bestand ... aber vermutlich, weil die Menschen die Bäume fällten, hat sich das Klima vollkommen verändert; heutzutage ist das Land immer wieder Dürreperioden ausgesetzt. Man konnte in weite Ferne blicken und sah breite Risse, die die Erde überzogen; alles war ausgedörrt und begann abzusterben.

Ich sprach meine Gebete. Ich bot meine Pfeife dar und reichte sie dann im Kreis herum. Ich rief die Kraft an, die durch mein Halsband mit der Bärenkralle symbolisiert wird, und nach kurzer Zeit setzte ein feiner Nieselregen ein, der das Land benetzte. Die Leute waren darüber sehr erfreut; sie lächelten und nickten mit den Köpfen, aber dann wurde es ernst mit dem Regen.

Die nächsten drei Tage goß es in Strömen, und schließlich kam Lonnie zu mir und sagte: »Sun Bear, das Wetteramt sagt noch mehr Regen voraus. Wenn es so weitergeht, kann das

Festival nicht stattfinden. Kannst du noch ein Gebet sprechen, damit der Regen wieder aufhört?«

»Lonnie«, entgegnete ich, »ich habe niemals in dieser Weise mit meiner Medizin gearbeitet. Ich bitte lediglich die Regengeister, zu uns zu kommen. Ich kann das, worum du mich bittest, nicht tun, aber ich will dir etwas sagen: Ich werde zu meinen Brüdern, den Donnerwesen, beten und sehen, ob sie die Wolken teilen können. Auf diese Weise können wir vielleicht den Regen für eine Weile hinaushalten.«

Dann ging ich allein hinaus und rauchte meine Pfeife. Als ich fertig war, legte ich den Schaft an die Stirn und bat den Schöpfer und die Donnergeister, die Wolken für eine gewisse Zeitspanne zu teilen. Darauf rief ich die Arbeitsmannschaften zusammen, die mit der Vorbereitung des Festivals beschäftigt waren ... die Zimmerleute, die Tontechniker und alle anderen, außerdem Lonnie und einige meiner Maori-Brüder. Wir stellten uns im Regen in einem großen Kreis auf und beteten zusammen. Wir waren ungefähr fünfunddreißig, und ich glaube, daß jeder in der Gruppe meine Medizin verstand; sie wußten jedenfalls genau, wofür sie beteten. Der Regen lief ihnen in Bächen den Nacken hinunter. Am späteren Nachmittag betete ich ein drittes Mal, diesmal mit Lonnie und einem der Maoris, dessen Energie mir sehr gut erschien. Wir konnten die Kraft der Donnerwesen fühlen, als wir mit ihnen sprachen.

Am darauffolgenden Morgen hatte sich der Sturm vollkommen gelegt, und am Himmel trieben nur noch ein paar versprengte Wolken. Es blieb den ganzen Tag über unverändert; die Sonne brach immer wieder hervor, und hier und da zogen ein paar Wolken am Himmel. Am Abend jedoch, als das Festival begonnen hatte und ich mich erhob, um meine erste Ansprache zu halten, zog eine gewaltige schwarze Wolke über uns auf. Blitze fuhren aus der Wolke nieder, der Donner grollte, und der Regen prasselte ungefähr fünf Minuten lang so heftig auf meine Zuhörer herunter, daß sie eilends unter der Rednertribüne Schutz suchen mußten. Dann hörte der Regen ebenso plötzlich auf, wie er begonnen hatte, und ich erklärte den

Zuhörern: »Das waren meine Brüder, die Donnerwesen. Sie erinnern uns an ihre Macht. Sie sagen uns, daß sie uns lieben, ihre Energie jedoch wieder zu uns senden können, wann immer es ihnen gefällt, und daß wir Achtung vor ihnen haben müssen.« Es war gut. Von da an regnete es nicht mehr, bis das Festival vorüber war.

Meine Maori-Brüder sind großartige Menschen; sie sind ernst und sehr ehrerbietig gegen die Mutter Erde. Wir hatten ein sehr gutes Zusammentreffen. Als ich ankam, begrüßte ich sie auf ihre traditionelle Art. Man reibt mit den Männern die Nasen aneinander, die Frauen küßt man, wogegen ich nichts einzuwenden hatte. Ich ging in dem großen Kreis herum und begrüßte jeden einzelnen auf diese Weise, und die Energie war sehr stark und sehr freundschaftlich.

Der Aufenthalt in Neuseeland war ein schönes Erlebnis; ich hoffe, daß sich die Dinge so fügen, daß ich regelmäßig dorthin zurückkehren kann, denn ich fühle mich den Ureinwohnern und Geisthütern dieses Landes sehr verbunden.

Manchmal habe ich das Gefühl, daß ich ein Spürhund in bezug auf die Naturgewalten bin. Ich gehe in die Welt hinaus und sehe mich nach Orten um, an denen etwas gebraucht wird ... Regen, Sonnenschein und was auch immer. Dann rufe ich die Gewalten an und bitte sie um ihre Hilfe an einem bestimmten Ort zu einer bestimmten Zeit. Die Kraft der Pfeife ist, wenn sie zu diesem Zweck eingesetzt wird, immer sehr stark. Ich habe den Eindruck, daß die Menschen auf die Erde gebracht wurden, um in sichtbarer Gestalt als Hüter des Landes zu dienen. Die Geisthüter, die die unsichtbaren Kräfte sind, kommen zu uns, und wenn wir uns in ihre Energie einfühlen, dann führen wir sie; wir arbeiten zusammen, wie Elektrizität, wenn sie durch bestimmte Kristalle fließt. Das alles ist ganz einfach: Wenn man Medizin in dieser Form ausübt, hat man das Gefühl, ein Erd-Geist zu sein, ein Kanal in körperlicher Gestalt. Manchmal habe ich das Gefühl, daß meine Füße wie Wurzeln in die Erde hineinreichen und daß mein Geist und mein Herz sich unendlich ins Universum ausdehnen.

Wenn ich zu Menschen in anderen Teilen des Landes oder der Welt spreche, sage ich ihnen gewöhnlich, daß die Regengeister lebendig sind, daß sie die Wünsche der Menschen hören können. An vielen Orten besteht das Problem darin, daß die Leute den Donnerwesen negative Energien entgegenbringen. Abgesehen davon, daß sie die Bäume fällen und die geographischen Strukturen verändern und das Klima eines Landstrichs dadurch verwüsten, hört man sie Dinge sagen wie: »Ich hoffe, es gibt heute keinen Regen. Ich will zu einem Picknick gehen«, oder: »Heute ist ein Fußballspiel.« Selbst kleine Kinder schauen aus dem Fenster in den Regen und singen ein Liedchen, das mit den Worten beginnt: »Regen, Regen, mach dich fort.« Das ist eine weitverbreitete Einstellung, und all diese negative Energie steigt – und das ist wirklich wahr – in den Himmel auf, so daß die Menschen tatsächlich durch ihren Willen den Regen vertreiben. Es verhält sich wie mit den psychosomatischen Erkrankungen, man kann diese Dinge mit den Gedanken und Gefühlen bewirken. Wenn die Leute sich dann verzweifelt Regen herbeisehnen, weil ihnen das Trinkwasser ausgeht oder ihr Rasen vertrocknet, kommt er nicht, und sie verstehen einfach nicht, warum es so trocken ist.

Die Mitglieder des Bären-Stammes bringen gewöhnlich Regen mit, wohin sie auch gehen, denn sie lieben die Regengeister. Wir lieben alle Geistkräfte der Naturgewalten. Wir haben Achtung vor ihnen, sie sind uns willkommen, und sie kommen zu uns, weil sie ein Teil unserer Wirklichkeit sind, ein Teil unserer täglichen Gebete zum Schöpfer.

Wir haben auch gelernt, ihnen einen Platz bei unseren Veranstaltungen einzuräumen. Einige unserer Medizinradtreffen waren sehr feucht. Unsere ersten beiden in Seattle beispielsweise waren von sehr viel Regen begleitet. Glücklicherweise sind die Leute in der Gegend von Seattle an die Regengeister gewöhnt, so daß sie fröhlich im Regen den Zeremonien beiwohnten, sangen und tanzten und erkannten, daß es ein Segen und eine

Reinigung war. Wir lernten daraus, die Treffen an Orten zu organisieren, an denen es genügend Unterbringungsmöglichkeiten in geschlossenen Räumen gab für diejenigen, die den Regen nicht so sehr gewohnt waren wie die Leute in Seattle. Diese Erfahrung kam uns sehr entgegen auf unserem ersten Treffen in Texas in der Nähe von Houston, wo es fast das ganze Wochenende über in Strömen regnete und nur dann ein wenig trockener wurde, wenn wir unsere Medizinradzeremonien im Freien durchführen mußten.

ACHTZEHNTES KAPITEL

Zeremonien und Medizingegenstände

Zeremonien und Medizingegenstände sind starke Werkzeuge, die Euch helfen können, ein ausgeglicheneres und harmonischeres Leben zu führen, wenn Ihr sie in der richtigen Weise anwendet. Wie alle anderen Dinge, denen Kraft innewohnt, bergen sie Gefahren, wenn sie falsch benutzt werden. Mittlerweile habt Ihr ja sicher verstanden, daß das Klischee vom indianischen Medizinmann, der in Fell und Federn gekleidet ist, eine Rassel schüttelt und dabei einen Gesang anstimmt und seinen Patienten eine starke Kräutermischung verabreicht, die sie entweder umbringt oder heilt, stark vereinfacht ist und viele falsche Vorstellungen weckt. Wenn die Leute eine solche Szene im Kino oder im Fernsehen sehen, dann begreifen sie den Medizinmann oft als eine Art ›Hexendoktor‹, der in seiner Unwissenheit verzweifelt versucht, mit den Mitteln der Wilden eine Heilung zu vollbringen, die wenig Aussicht auf Erfolg hat.

Jeder Medizingegenstand, den eine Medizinperson benutzt, dient einem ganz bestimmten Zweck. Jeder Gesang, jede Zeremonie ist bestimmt, mit sehr differenzierten Energien zu arbeiten, die dazu beitragen können, daß die Menschen, die sie ausüben, ihrer Ganzheit und Vollkommenheit näherkommen. Diesen Medizingegenständen, Gesängen und Zeremonien wohnt heute noch ebensoviel Kraft inne wie vor hundert oder gar tausend Jahren. Alles hängt davon ab, daß man weiß, wie sie anzuwenden sind.

Viele Menschen, die heute zu mir kommen, sind fasziniert von den Werkzeugen der Medizinmänner. Es gefällt ihnen, Perlen, Federn und Fellwesten zu tragen. Sie sammeln Rasseln, Trommeln, Pfeifen und Klauen, aber sie wissen nicht, wie man die Dinge anwendet, wenn sie sie erst einmal in ihren Besitz gebracht haben. Sie wollen die Symbole der Medizinkraft haben, ohne zu lernen und sich das Wissen anzueignen, das sie in die Lage versetzen würde, die Gegenstände so zu benutzen, daß sie der Erde und ihren Freunden darauf helfen können. Ich unterstütze solche Leute nicht, wenn sie nicht bereit sind, die notwendige Anstrengung zu unternehmen.

Manche Leute kommen zu uns und fragen: »Wo sind die Adlerfedern?« oder: »Zeig mir die Peyote-Knöpfe«. Aber das ist es ganz und gar nicht, worum es uns geht. Wir haben kein Interesse daran, die Gesetze der U.S.-Regierung zu brechen, aber noch weniger sind wir daran interessiert, den Leuten die falschen Werkzeuge in die Hand zu geben oder falsche Vorstellung über die Kraft zu vermitteln. Wir wollen, daß die Menschen lernen, weil sie spüren, daß das, was wir hier tun, sehr wirklich, sehr wichtig ist, und weil sie alles darüber erfahren wollen, wie sie im Gleichgewicht auf der Mutter Erde wandeln können.

Ich werde Euch hier einiges über Zeremonien und Medizingegenstände mitteilen, weil ich möchte, daß Ihr Verständnis dafür entwickelt und Euch dem Gedanken öffnet, mehr über diese Dinge zu lernen. Ich möchte erreichen, daß Ihr Euch mit der Möglichkeit befaßt, daß Ihr irgendwann einmal selbst an einer Zeremonie teilnehmen und auch verstehen wollt, um was es bei dieser Zeremonie geht. Tausende von Menschen aus allen Schichten haben bereits mit uns an den Medizinradzeremonien teilgenommen und sind mit einem besseren Verständnis ihrer eigenen Person und ihrer Beziehung zu allen anderen Dingen auf der Erde daraus hervorgegangen. Und genau das ist der

Sinn von Zeremonien.

Wenn Ihr allerdings nicht an die heilige Energie glaubt, an die lebenspendende Energie, die man spüren, nicht aber sehen kann, dann kann kein Mensch Euch von ihrer Existenz überzeugen. Doch versucht Euch zu erinnern, was Ihr dabei empfunden habt, wenn Ihr einem kleinen Kind ins Gesicht geschaut habt, was beim Streicheln Eures Lieblingshundes oder Eurer Lieblingskatze oder beim Anblick eines atemberaubenden Sonnenuntergangs oder des schönsten Schmuckstücks, das Ihr besitzt. In Augenblicken wie diesen habt Ihr Euch in einer Art und Weise angezogen gefühlt, für die Ihr keine Erklärung habt. Ihr habt die heilige Energie gesehen und erlebt.

In den Tagen der Vergangenheit wußte mein Volk, daß es eine Verantwortung trug für die Erde und alle Lebewesen darauf. Die Menschen wußten, daß es eine Kraft gab, die nur sie all diesen anderen Wesen geben konnten, und sie waren bereit, sie zu geben. Sie erkannten den Kreis des Lebens, und sie waren sich bewußt, was all die Dinge, zu denen sie in Beziehung standen, ihnen zu geben vermochten. Sie wußten, daß sie die Elemente, die Pflanzen und Tiere brauchten, damit ihr Leben weiterging, und sie nahmen diese Geschenke nicht als Selbstverständlichkeit hin. Wenn sie einen Stein fanden, den sie wegen der Energie, die ihm innewohnte, haben wollten, dann wurde der Stein zuerst gefragt, ob er bei dem Finder bleiben wollte, und wenn das der Fall war, wurde eine Gabe an der Stelle zurückgelassen und ein Gebet gesprochen, bevor er fortgenommen wurde.

Wenn sie Wasser aus einer Quelle brauchten, wurde dem Geist der Quelle ebenfalls ein Gebet und eine Opfergabe dargebracht. Bevor sie ihre Gärten bepflanzten oder abernteten oder wilde Pflanzen sammelten, sprachen sie Gebete und brachten Opfergaben dar, und sie beteten, bevor sie auf die Jagd gingen. Manchmal wurden Tänze durchgeführt zu Ehren der Geister derjenigen Dinge, zu denen sie in Beziehung standen; wie beispielsweise der Mais- und der Rehtanz, die von den Pueblo-Indianern im Südwesten immer noch ausgeübt werden. Oft wurden Erntedank-Zeremonien für die Geschenke des Lebens, die diese Wesen ihnen brachten, durchgeführt.

Mein Volk verfügt über ein ausgeprägtes Wissen um die Lebenskraft, die die Wissenschaftler heutzutage gerade erst zu entdecken beginnen. Die Menschen wußten, daß die heilige Lebensenergie in allen Geschöpfen dieses Planeten gegenwärtig ist, und sie wußten darüber hinaus, auf welche Weise sie diese Energie ehren und mit ihr arbeiten konnten. Sie wußten, daß sie durch ihre Gebete, indem sie ihre Gedanken in ehrerbietiger Weise zur Mitte lenkten, dem Stein, der Pflanze, dem Wasser oder dem Tier etwas von ihrer eigenen Kraft abgaben, und daß sie auf diese Weise verhinderten, daß der Energiekreis geschwächt wurde durch das, was sie ihm entnehmen mußten. Sie wußten, wie man die Natur so ausgeglichen betrachtet, daß man allein durch die Blicke Energie überträgt. Sie wurden eins mit allem, das sie anblickten, und dieses Einssein schuf einen lebenspendenden Energieaustausch. Ist das schwer zu glauben? Habt Ihr noch nie einen anderen Menschen angeschaut und einen solchen Energieaustausch gespürt? Vielleicht habt Ihr diese Erfahrung sogar schon einmal mit einem Tier oder einer Pflanze, die Euch lieb ist, gemacht.

Die Menschen meines Volkes wußten, daß das Gebet ein guter Weg war, Kraft auf die Dinge zu übertragen, mit denen sie in Verbindung standen, aber ihnen war auch bewußt, daß es andere und stärkere Wege gab. Dazu gehören der Gesang, der Tanz und das Trommeln und Rasseln. All diese Dinge verändern die Gehirnströme des Menschen. Sie fördern die Entspannung und das Einssein mit der Umgebung. Wenn man in einer Zeremonie Beten, Singen, Tanzen und Trommeln vereint, hat man einen der stärksten Wege, der Erde und ihren anderen Kindern Kraft zurückzugeben. Es ist wichtig, daß man das nicht vergißt: Die Zeremonie ist eines der stärksten Werkzeuge, um den Kreislauf der Kraft auf dem Planeten aufrechtzuerhalten.

Ich glaube, es waren die Zeremonien, die verhinderten, daß

Indianer die Couch des Psychiaters benötigten. Zeremonien, wenn sie richtig verstanden und durchgeführt werden, geben nicht nur den anderen Bereichen auf der Erde Kraft; sie heben auch viele der negativen Gefühle der Menschen auf. Zeremonien können freudvolle Erfahrungen sein, die Wut in positive Empfindungen, Kummer in Lebensfreude, Angst in Liebe und Einsamkeit in Verbundenheit verwandeln.

Aus all diesen Gründen lernen die Menschen etwas über Zeremonien von mir. Eine der ersten Zeremonien, die ich mit anderen geteilt habe, ist die Räucherzeremonie. Darin benutzt man den Rauch, um negative Energien zu vertreiben und positive Energien auf sich zu lenken. Wir verwenden eine große Muschel oder eine Ton- oder Steinschale und mischen Salbei und Süßgras darin. Wenn Ihr zu Hause eine Rauchzeremonie durchführen wollt und könnt kein Salbei und Süßgras finden, dann könnt Ihr eine hohe Konzentration von Tabak guter Qualität mit möglichst wenigen Zusätzen dazu nehmen. Wie Salbei, hat auch Tabak die Eigenschaft, negative Energien aus den Dingen herauszuziehen, und das Süßgras bringt positive Energien, die uns zugute kommen. Auch andere Pflanzen, wie die Zeder und der Wacholder, können aufgrund ihrer besonderen Heilkräfte Verwendung finden.

Man zündet die Mischung an und läßt sie vor sich hin schwelen, dann lenkt man den Rauch auf sein Herz und über den Kopf, um seinen Segen auf sich zu ziehen. Es ist von Vorteil, einen Fächer oder eine Feder zu benutzen, damit die Mischung gut durchglimmt. Wenn man sich selbst mit Rauch eingehüllt hat, lenkt man ihn in die vier Himmelsrichtungen, dann auf die mit anwesenden Menschen. Sie sollten alle im Kreis sitzen, und der Rauch sollte, wie die meisten anderen Dinge in unseren Zeremonien auch, in Sonnenrichtung herumgehen.

Viele Menschen, die in Heilberufen arbeiten, haben festgestellt, daß das Beräuchern sehr hilfreich sein kann. Es gibt Ärzte und Therapeuten, die ihre Praxisräume zwischen zwei Patientenbesuchen beräuchern, damit die negative Ausstrahlung des einen nicht den nächsten beeinflussen kann. Außerdem ist es von Vorteil, die eigenen vier Wände einmal täglich mit Räucherwerk zu reinigen. Wenn man das tut, wird man oft erleben, daß Besucher fragen, ob man in letzter Zeit gestrichen oder neu tapeziert hat. Sie bemerken, daß etwas sich positiv verändert hat, auch wenn ihnen nicht ganz klar ist, was es sein könnte.

Das Beräuchern ist ein grundlegender Vorbereitungsschritt für die meisten anderen Zeremonien. Wir beginnen die Medizinradtreffen stets damit. Wenn die Menschen ihre negativen Spannungen abstreifen können und die positive Energie in ihrer Mitte spüren, dann können sie allem, was folgt, viel mehr entnehmen.

Die Pfeifenzeremonie ist eines der wichtigen Feste, die ich mit Menschen teile. Für mein Volk symbolisiert die Pfeife das Universum. Sie ist ein heiliger Altar, der überallhin mitgenommen werden kann. In ihr sind alle Lebensbereiche vereint. Der Kopf ist aus Stein oder Ton gefertigt und symbolisiert die Welt der Urstoffe. Der Schaft besteht aus Holz und repräsentiert das Pflanzenreich, während das Tierreich durch den Schmuck aus Fell und Federn vertreten ist. Indem wir Menschen sie benutzen, bringen wir alle Daseinsbereiche in unsere Zeremonien ein. Oftmals hat die Pfeife vier Streifen in Rot, Schwarz, Weiß und Gelb, den Farben der vier Himmelsrichtungen und der vier Menschenrassen.

Der Pfeifenkopf repräsentiert die weiblichen Energien, der Schaft die männlichen. Bei uns heißt es, daß der Kopf das Fleisch und Blut des indianischen Volkes ist und der Schaft dessen Glieder. Die Symbole der Pfeife sind unendlich, sie sind wie das Universum selbst.

Wenn wir die Pfeife darbieten, beräuchern wir sie, den Tabak, unser Kinnik-Kinnik, die Streichhölzer und alle Gegenstände, die mit der Benutzung im Zusammenhang stehen, zuerst. Wenn wir eine Pfeifenzeremonie durchführen, füllen wir den Kopf in ritueller Weise; wir bringen dem Großen Geist, der Mutter Erde und den vier Himmelsrichtungen eine Prise dar. Ebenfalls opfern wir den vier Daseinsbereichen eine Prise Tabak, den vier Elementen (Erde, Luft, Feuer und Wasser), dem Pflanzenreich, den vier Tierreichen (dem geflügelten, dem im Wasser lebenden, dem kriechenden und dem vierbeinigen), dem Menschenreich, dann den Geisthütern und dem besonderen Zweck, dem wir die Pfeife widmen.

Wenn wir die Pfeife anzünden, blasen wir Rauch in alle vier Himmelsrichtungen, zum Großen Geist und zu unserer Mutter Erde. Indem wir die Pfeife füllen, begeben wir uns in den Altar, den Pfeifenkopf, hinein, und indem wir sie entzünden, senden wir nach unserer Überzeugung unsere Gebete ins Universum hinaus. Der Rauch der Pfeife ist der Atem unserer Gebete ... und wir glauben daran, daß der Rauch, den wir in unserem Körper aufnehmen, der Atem des Großen Geistes ist. Mit dem Rauch – einer ätherischen Substanz, die die physikalischen und geistigen Ebenen durchdringen kann – senden wir unsere Gebete zum Schöpfer. Meistens bitten wir in diesen Gebeten um Einheit, Heilung und Einsicht.

Die Pfeife ist ein starkes Werkzeug, das dazu beiträgt, zu heilen und der Erde und all ihren Kindern zu helfen. Viele nichtindianische Menschen sind heutzutage bestrebt, eine Pfeife zu haben, und wenn sie sie in angemessener Weise zu benutzen gewillt sind, dann helfe ich ihnen gern. Wir erklären den Leuten, daß die Pfeife nur ein hübsches Ding aus Stein und Holz ist, bis sie von einer Medizinperson erweckt und geweiht wird. Dann wird aus ihr ein heiliges Werkzeug der Kraft, das mit Hochachtung benutzt und behandelt werden muß.

Wenn wir eine Pfeife für einen Menschen geweiht haben, dann fordern wir ihn auf, sie dem Universum zu schenken. Dazu muß man sie den vier Himmelsrichtungen, dem Großen Geist, der Mutter Erde, dem Großmutter- und Großvatergeist und dem Universum darbringen. Dadurch erkennt Ihr an, daß Euch die Pfeife, auch wenn Ihr sie benutzt, nicht gehört. Sie gehört, wie alles andere, dem Schöpfer. Es ist gut, dem Universum alle Medizingegenstände, die Ihr erlangt, zu schenken, denn das hilft Euch, die wahre Quelle ihrer Kraft zu erkennen.

Es gibt noch eine andere Schenkzeremonie, die wir praktizieren und lehren. Darin macht ein Mensch, dem etwas Besonderes widerfahren ist, den anderen um ihn herum Geschenke, damit sie an seinen Gefühlen teilhaben können. Wenn beispielsweise jemand ein Kind geboren hat, oder wenn zwei Menschen heiraten, dann machen sie in einer Zeremonie Geschenke, um ihre Freude mit den anderen um sie herum zu teilen. In alten Zeiten, manchmal auch heute noch, verschenkten die Menschen, wenn einer ihrer Angehörigen starb, dessen Besitztümer an Personen, die den Verstorbenen gekannt und geliebt hatten. Wenn die Beschenkten diese Dinge dann betrachteten, erinnerten sie sich der guten Dinge, die sie mit dem Menschen, der die Erde verlassen hat, geteilt hatten und sandten ihm liebevolle Gedanken und Gebete nach.

Bei jedem Medizintreffen haben wir Schenkzeremonien, um den Menschen zu danken, die dazu beigetragen haben, die Zeremonie zu ermöglichen. Bei Erderneuerungs-Zeremonien verschenken wir Dinge an die Mitglieder des Stammes und diejenigen, die das Ereignis mit uns teilen. Wenn ein Stammesmitglied über irgend etwas glücklich ist, verschenkt er Dinge, um sein Glück mit den anderen zu teilen. Die Schenkzeremonie ist eine gute Art, seine Liebe zu teilen.

Eine andere Zeremonie, die wir freudig mit anderen teilen, ist die Schwitzzeremonie. Wir benutzen die Schwitzhütte oft in unserer Gemeinschaft. Für uns ist das eine starke Erfahrung, die uns hilft, uns zu reinigen, zu heilen, uns zu öffnen, zu lernen und zu wachsen. Die Schwitzhütte ist ein aus jungen Bäumen gefertigtes, kuppelförmiges Gebilde. Sie hat die Umrisse einer Schildkröte, zur Erinnerung an unseren Kontinent, den wir Schildkröteninsel nennen, und ist mit Materialien bedeckt, die die Hitze im Innern bewahren und das Licht von außen abhalten. In der Mitte der Hütte befindet sich ein Loch, in das wir die Steine legen, die wir zuvor draußen in einer Feuergrube erhitzt haben. Die Tür der Schwitzhütte ist nach Osten gerichtet, und ein Geistpfad führt zu einem Altarhügel vor der Tür.

Dieser Hügel wird von der Erde errichtet, die aus dem Mittelloch der Hütte ausgehoben wird. Manchmal sind wir bekleidet, manchmal nicht. Wenn alle Teilnehmer sich in der Hütte niedergelassen haben und die Steine unter den vorgeschriebenen Ritualen in das Loch gelegt worden sind, verschließen wir die Türplane und streuen Salbei auf die Steine, um die Hütte und alle, die sich darin befinden, von negativen Energien zu befreien. Dann legen wir Süßgras auf die Steine, um gute Energien herbeizuholen. Wir gießen Wasser über die Steine, und Dampf steigt in der Dunkelheit auf. Schweiß beginnt über unsere Gesichter und Körper zu laufen und schwemmt die Gifte heraus. Wir laden den Großen Geist, den Großmutter- und Großvatergeist ein. Dann rufen wir die Kräfte der vier Himmelsrichtungen, eine nach der anderen, an: Waboose, den Geist des Nordens, der Nacht, des physischen Lebens und des weißen Büffels; Wabun aus dem Osten, den Geist der Morgendämmerung, des Intellekts, der Erleuchtung, der begleitet wird vom goldenen Adler; Shawnodese, den Geist des Südens, des Mittags, des Herzens, der begleitet wird von Coyote und Mudjekeewis, den Geist des Westens, den Vater der Winde, der für das spirituelle Leben Sorge trägt und in Begleitung des Grizzlybären kommt.

Wir singen Lieder und reiben schmerzende Körperteile mit Salbei ab. Gemeinsam oder jeder für sich, sprechen wir unsere Gebete. Manchmal rinnen uns salzige Tränen aus den Augen und tragen zu unserer Reinigung bei. Das Schwitzen dauert manchmal mehrere Stunden an.

Wenn ein Teilnehmer genug geschwitzt hat, sagt er: »Ich danke euch, all meine Freunde«, und geht hinaus. Wenn er später zurückkehren möchte, steht ihm das frei. Wir nehmen unsere Kinder mit in die Schwitzhütte und lassen sie, wenn sie wollen, hinter den Erwachsenen sitzen, damit sie weniger Hitze abbekommen.

Das Schwitzen ist kein Härtetest. Es ist der Schoß der Mutter Erde, der Ort, an den wir uns begeben, um uns zu reinigen und zu erneuern und um wiedergeboren zu werden.

Und es ist der Ort, an dem wir unsere Gebete um Heilung zu allen geliebten Menschen in der Welt und zur Mutter Erde selbst hinaussenden können.

Es gibt noch viele andere Zeremonien, die wir im Stamm begehen: für das Säen, Pflanzen und Einbringen der Ernte, für den Vollmond und den Wechsel der Jahreszeiten, für die Elemente und die Tiere, die uns am Leben erhalten. Wir glauben, daß Leben, wenn es richtig gelebt wird, immer kostbar ist und eine Zeremonie und ein Dankgebet sein kann. Die Kraft der Zeremonien liegt im Tun, nicht im Reden. Wenn Ihr bereit seid, mehr zu lernen, wird der Lehrer, den Ihr braucht, zu Euch kommen.

Medizingegenstände sind Werkzeuge, die Euch in Zeremonien helfen können, mit dem Geistreich in Verbindung zu treten. Die Hilfsmittel für eine Räucherzeremonie und natürlich die Pfeife sind außerordentlich bedeutende Medizingegenstände. Manche Menschen tragen auch Medizinbeutel bei sich, in denen persönliche Medizingegenstände aufbewahrt werden, die den Trägern spirituelle Kraft verleihen. Ich habe mehrere Medizinbeutel, die mir von anderen Medizinleuten geschenkt worden sind. Einer dieser Beutel wurde eine Zeitlang auf einem Walfängerschiff getragen; er wurde von Indianern der Nordwestküste benutzt, wenn sie zum Walfang aufs Meer fuhren.

Diese Medizinbeutel, die ich von anderen Menschen erhalten habe, werden manchmal als Pfand bezeichnet, das heißt, daß das Geschenk uns aneinander bindet; daß, wenn einer von uns sich in geistiger oder körperlicher Not befindet, der andere verpflichtet ist, Medizin auszuüben oder an die Seite des Menschen zu eilen, der Hilfe braucht. Wir haben einander unsere Kraft gelobt, und wir werden davon Gebrauch machen, wann immer es notwendig ist.

In meinem persönlichen Medizinbeutel bewahre ich die Pfänder auf, die mir gegeben worden sind. Es sind vier Goldmünzen von Bronco-Apachen darunter. Sie brachten sie mir, wie sie mir erklärten, weil ich die einzige Medizinperson war, die sie kannten, die ihnen wirklich ein Gefühl der Stärke vermittelte. Sie sagten, sie hätten andere Medizinleute gesehen, die so sehr in ihren eigenen Fallen gefangen seien, daß sie ihnen keinen Glauben schenken könnten. So liegen also die vier Goldmünzen neben vielen anderen Pfändern von verschiedenen Medizinleuten vielerlei Tradition in meinem Medizinbeutel, und ich trage sie mit Ehrfurcht. Im Laufe der Jahre habe ich noch viele andere Dinge in meinen Medizinbeutel gelegt.

Unsere Medizinbeutel enthalten ein Zweiglein Salbei und ein wenig Tabak, ein Maiskorn, eine Bohne und einen Kürbiskern. Die drei Letzteren repräsentieren die drei Schwestern; sie symbolisieren den Anfang und die Fortsetzung des Lebenskreislaufs, und sie sind wichtig für unseren Lebenspfad, weil sie uns jahrtausendelang mit Nahrung versorgt haben. Ich ermutige meine Lehrlinge und alle anderen, die sich einen Medizinbeutel anfertigen wollen, diese drei Dinge neben ihren persönlichen Kraftgegenständen hineinzulegen.

Der Medizinbeutel ist etwas, das man bei sich trägt und womit man häufig arbeitet. Wenn Ihr damit arbeitet, werdet Ihr feststellen, daß Menschen Euch Kraftgegenstände schenken, und Ihr werdet selbst viele finden. Vielleicht stoßt Ihr auf einen bestimmten Stein oder eine Muschel, die eine starke Ausstrahlung auf Euch ausüben. Wir sagen, der Gegenstand *spricht* zu Euch. Ihr reinigt ihn, sprecht Gebete darüber, bietet ihn dem Universum dar und legt ihn dann in Euren Medizinbeutel.

Wenn Ihr an einer Zeremonie teilnehmt oder Euch an einem Ort befindet, an dem es einen heiligen Altar gibt, könnt Ihr Euren Medizinbeutel darauf legen, wenn die Person, die die Zeremonie leitet, nichts dagegen hat. Beispielsweise könnt Ihr ihn auf den Altar vor der Schwitzhülle legen. Für die Dauer der Zeremonie wird der Medizinbeutel dann die Energien aufnehmen, die von der Erde und von den Geistern kommen. Auf diese Weise wird Euer Medizinbeutel zu mehr Kraft gelangen.

Wenn Ihr auf Visionssuche geht, könnt Ihr Euren Medizinbeutel beim Gebet festhalten, und es wird Euch helfen, Eure Energie zu sammeln und stark zu sein.

Der Medizinbeutel kann ein Teil dessen werden, was wir unter der Bezeichnung Medizinbündel kennen. Das Bündel kann in Leder oder Tuch gehüllt werden und kann, neben dem Medizinbeutel oder den Beuteln, Eure Pfeife enthalten, wenn Ihr eine habt und es so wünscht, und darüber hinaus alle Gegenstände, die Euch wichtig erscheinen, um gute Medizin zu bewirken. Es ist eine Frage der persönlichen Auswahl; ich habe eine Pfeife in meinem heiligsten Bündel, aber ich habe andere Pfeifen, die nicht darin enthalten sind. Ihr könnt Euer Salbei, Süßgras und Eure Räucherschale in das Medizinbündel legen, vielleicht auch eine kleine Bärenfigur, einen Frosch oder einen Kristall ... alle Dinge, von denen eine Kraft für Euch ausgeht, die Ihr für Eure Gebete benutzt. Ich kenne viele Menschen, die heutzutage kleine Koffer oder Taschen als Medizinbündel benutzen. Sie sind für ihre Arbeit viel auf Reisen und haben das Gefühl, daß ihre Medizingegenstände sicherer in einem festen Koffer aufgehoben sind als in einem weichen Beutel.

Der Medizinbeutel wird nur selten vor den Augen anderer Menschen geöffnet ... es sei denn Ihr seid der Meinung, Ihr habt einen tiefen Grund, ihn zu öffnen und mit anderen zu teilen. Das Bündel kann beispielsweise bei Zeremonien geöffnet werden. Wir öffnen das Medizinbündel des Bären-Stammes, wenn neue Stammesmitglieder ihre Gelübde ablegen. Es ist nicht gut, das Bündel ohne tieferen Grund zu zeigen. Wenn Ihr das tut, könntet Ihr die Kraft Eurer Medizingegenstände vergeuden.

Ich habe heute ein Otterfellbündel, das unter meinen Leuten hochgeachtete Medizin ist. Man erhält es, wenn man eine bestimmte Stufe der Kraft erreicht hat. Weil dieses Bündel sehr heilig ist und weil ihm große Kraft innewohnt, benutze ich es nur, wenn ich das Gefühl habe, daß es in diesem Augenblick richtig ist.

Das Medizinbündel kann auf verschiedene Weise benutzt werden. Es kann zum Heilen dienen und bei der Visionssuche, und es kann auch zur Verteidigung angewandt werden. Ich habe Euch an früherer Stelle von dem Mann erzählt, der sich über die Midewiwin-Medizinmänner lustig machte, worauf einer von ihnen mit seinem Medizinbündel auf den Eindringling deutete und auf ihn *schoß*. Der Mann war augenblicklich gelähmt, bis er sich entschuldigte. Darauf wurde er geheilt.

Wenn die alten Medizinmänner der Midewiwin ihre Tänze vollzogen, dann trugen sie ihre zeremoniellen Otterfellbündel bei sich. Sie tanzten oder beteten im Kreis, und von Zeit zu Zeit deuteten sie mit ihren Bündeln aufeinander. Ihre Kraft war so mächtig, daß ein Teilnehmer, dessen Medizin gerade nicht stark genug war, auf der Stelle im Kreis zusammenbrach. Der Medizinmann, der mit dem Bündel gedeutet hatte, mußte den anderen dann heilen.

Wenn ein Mensch seine eigene Medizinkraft entwickelt, dann liegt es an ihm, mit seinen Medizingegenständen das zu tun, was er im Herzen für richtig hält. Manchmal werden Pfeifen und Medizinbeutel weitergegeben, wenn ihre Besitzer sterben; in manchen Fällen werden sie auch mit ihnen oder an anderer Stelle begraben. Wer seine Medizin ausübt, kann sogar Gegenstände aus seinem Medizinbeutel verschenken. Ich habe schon erlebt, daß Menschen ihre Beutel öffneten und mir Dinge schenkten, die sie schon sehr lange Zeit bei sich trugen, weil sie das starke Gefühl hatten, es zu wollen. Das sind dann oft die Pfänder, von denen ich bereits erzählt habe, und sie sind mir nicht immer von Indianern anvertraut worden. Tom Brown, jr., der Autor von THE TRACKER, gab mir vor einiger Zeit einen Medizingegenstand, den er seit seiner Kindheit bei sich getragen hatte. Das Geschenk hat eine sehr starke Ausstrahlung.

Kraftgegenstände haben, wie ich schon sagte, sogar die Fähigkeit, bestimmte Geistkräfte herbeizurufen, aber man muß genau wissen, wie man sie rufen muß. Darum sagen wir, daß diese Gegenstände, wenn sie in Museumsvitrinen liegen, schlafen. Die Kraft kommt nicht aus ihnen, solange man nicht die Macht *über* sie ergreift. Wenn mich beispielsweise eine Person bittet, einen Segen über ihre Pfeife zu sprechen, dann bewirkt der Segen, daß sie mit der Kraft der Pfeife etwas bewirken kann. Eine Pfeife ist ein schöner Kunstgegenstand, aber erst wenn sie durch eine Medizinperson erweckt wird, ist sie ein Gegenstand, dem Kraft innewohnt. Also verleihe ich dem Menschen, der mich um einen Segen für seine Pfeife bittet, Kraft, indem ich seinem Wunsch nachkomme. Wenn dieser Mensch aber nicht weiß, wie er sich in diese Kraft einzufügen hat, wird sie ihm wenig nützen. Manchmal rate ich darum einem Menschen, noch ein wenig zu warten, und erkläre ihm, daß ich nicht das Gefühl habe, er sei so weit, daß ich eine Pfeife für ihn erwecken könnte.

Wenn ein Gegenstand zum Zwecke der Medizinausübung zu Euch gelangt, müßt Ihr die Macht darüber annehmen; Ihr müßt bestimmte Gebete sprechen und Riten ausführen, bevor er zu Eurer Verfügung steht. Bevor Ihr das getan habt, kann er die Energie, mit der Ihr etwas bewirken wollt, zunichte machen, er kann Euch sogar ernsthaft krank machen.

Vor einiger Zeit gab mir jemand einen Gegenstand, über den ich die Macht noch nicht übernommen habe. Es ist ein Stein, den der Schenker auf einer Ägyptenreise aus einer Pyramide herausgebrochen hat. Er gab ihn mir nach einem meiner Seminare, und ich dankte ihm und steckte ihn in meine Hemdtasche. Gleich darauf begann ich mich sehr schlecht zu fühlen. Ich erlitt einen Schwächeanfall, bekam furchtbare Kopfschmerzen und hatte das Gefühl, ich würde gleich ohnmächtig werden. Vorher war alles normal gewesen, also nahm ich den Stein aus meiner Tasche und legte ihn nach oben in mein Zimmer, und augenblicklich ging es mir wieder gut. Später am Abend stellte ich den Stein noch einmal auf die Probe; ich steckte ihn wieder in meine Tasche, und gleich ging es mir wieder schlecht. Seither bewahre ich ihn in meinem Zimmer auf; ich habe noch keine Macht über ihn übernommen; aber wenn ich es tue, so bin ich überzeugt, daß ich in der Lage sein werde, mit den Geistern, in denen die Kräfte der Pyramide sind, zu sprechen. Seid sehr vorsichtig bei der Annahme von Medizingegenständen. Wenn ein solcher Gegenstand schlechte Gefühle in Euch auslöst, dann legt ihn beiseite. Einigen Gegenständen wohnt eine Energie inne, die sich nachteilig für bestimmte Menschen auswirken kann.

Ich bin in der Vergangenheit manchmal an Kraftorte geraten, deren Kraft ich auf außerordentlich negative Weise spürte. Und auch Medizingegenstände lösten manchmal ganz negative Gefühle bei mir aus. Sie können uns manchmal tatsächlich große Schmerzen bereiten, und wir müssen uns sehr eingehend mit ihnen befassen, um herauszufinden, wo das Problem liegen könnte. Ein bestimmter Gegenstand könnte zum Beispiel einer Medizinperson gehört haben, deren Leben ein gewaltsames Ende fand, und er muß von dieser negativen Energie gereinigt werden, bevor wir damit arbeiten können.

Eine der Pfeifen, die ich besitze, gehörte Yellow Hand, einem Medizinmann der Cheyenne. Yellow Hand wurde draußen in der Prärie von Buffalo Bill ermordet, und als ich begann, die Pfeife zu benutzen, mußte ich zuvor bestimmte Gebete sprechen, um Yellow Hands Geist zu würdigen. Ich mußte darum bitten, daß die schlechte Energie von der Pfeife genommen wurde, bevor ich damit arbeiten konnte.

Diese Pfeife war ein Geschenk von einem anderen Medizinmann. Sie hatte sich lange Zeit in seinem Besitz befunden, bis er mir begegnete, und der Geist ihm sagte, daß ich die Person sei, der die Pfeife gehören sollte. Diese Pfeife ist ein sehr mächtiges Werkzeug für mich geworden.

Als ich zum zweiten World Symposium on Humanity nach Toronto fuhr, fand in der Nähe ein indianisches Vereinigungstreffen statt, zu dem ich eingeladen wurde. Ich begegnete Wallace Black Elk und unterhielt mich mit ihm, dann rauchte ich die Pfeife mit ihm und einigen anderen Medizinmännern von verschiedenen Stämmen. Nach der Pfeifenzeremonie erklärte mir Wallace, daß er die Kraft der Pfeife als sehr stark empfand, und daß sie besonders dazu benutzt werden konnte, Einigkeit zu bewirken und mit den Elementen zu arbeiten.

Sein Eindruck erwies sich beinahe umgehend als richtig. Zu einem bestimmten Zeitpunkt während des Symposiums brach ein Streit unter den Teilnehmern aus. Einer der Veranstalter des Symposiums bat mich, die Situation zum Guten zu wenden. Ich sprach eine Weile mit den Leuten, und dann bot ich meine Pfeife an. Augenblicklich fand der Streit ein Ende, und das Symposium konnte in Eintracht weitergeführt werden.

Einige Zeit später erhielt ich eine Einladung zu einem Seminar auf der Gabriola-Insel in der Nähe von Vancouver. Dort leitete ich eine Pfeifenzeremonie, und als ich die Kräfte der vier Himmelsrichtungen anrief, stürzten eine Frau, die im Osten des Kreises stand, und ein Mann, der im Westen stand, zu Boden und sahen den Hüter der Himmelsrichtung auf deren Seite sie gestanden hatten.

Das gleiche ereignete sich, als ich während einer Zeremonie, die ich auf Da Free Johns Land in Nordkalifornien durchführte, ein Pfeifenopfer brachte. Als ich die Geisthüter der vier Richtungen anrief, brachen zwei Männer im Kreis zusammen. Der eine befand sich auf der Nord-, der andere auf der Südseite. Beide sahen die Geisthüter ihrer jeweiligen Himmelsrichtung.

In Boston brachte ich während eines Seminars ein Pfeifenopfer, und die Donnerwesen entluden sich krachend über uns. Einige Zeit später sprach ich über Küchenschaben und darüber, daß sie Erdbeben voraussagen konnten. Gerade als ich die Diskussion um ihre Fähigkeiten beendete, kamen die beiden größten Exemplare, die ich je gesehen hatte, aus zwei entgegengesetzten Winkeln des Raumes gekrochen und marschierten geradewegs vor meine Füße. Mein Freund Slow Turtle von den Wampanoag war anwesend, und er machte sich einen Spaß daraus, den Leuten zu erzählen, daß ich nicht nur die Donnerwesen, sondern auch die Küchenschaben herbeirufen könnte.

Ich besitze auch einen Medizinstab, der einem sehr mächtigen Medizinmann eines östlichen Stammes gehört hat. Ich bekam ihn von irgend jemandem in Florida, und als ich ihn zum erstenmal sah, erkannte ich ihn auf der Stelle. Er hat an einem Ende einen hölzernen, geschnitzten Kopf, aus dem ein einziges Horn herausragt. Der Kopf symbolisiert den Geisthüter, mit dem dieser Medizinmann arbeitete, und das Horn symbolisiert seine Kraft.

Dem Stab wohnt außergewöhnlich starke Medizin inne, und ich benötigte ihn als ein Verbindungsglied zu einigen der Völker im Osten, die meine Arbeit und die Tatsache, daß ich nichtindianische Menschen lehre, nicht verstanden. Also übernahm ich die Macht darüber und bediente mich seiner Kraft, und nun habe ich zu den meisten dieser Stämme eine gute Beziehung. Es gibt immer noch einige, die mit meiner Lehrauffassung nicht einverstanden sind, aber ich akzeptiere das und rühre nicht daran.

Ich weiß nicht, auf welche Weise der Stab die Hände seines ursprünglichen Besitzers verlassen hat; vielleicht verschenkte ihn seine Familie, als er starb, weil sie seinen wirklichen Wert nicht begriff. Er landete jedenfalls in einem Antiquitätenladen, und als er mir gebracht wurde, wußte ich, worum es sich handelte, weil ich schon früher ähnliche Stäbe gesehen hatte, allerdings äußerst selten.

Wenn ich ihn meinen Schülern zeige, dann halte ich die Hand vor das geschnitzte Gesicht, denn auf diese Weise übernahm ich anfänglich die Macht darüber. Auf diese Weise, so erkläre ich es meinen Zuhörern, kann er begreifen, daß ich mit ihm arbeiten will, und er unterstützt mich in meiner Medizin und auf meinem Pfad. Das ist einer der Wege, mit den Geistkräften zu arbeiten, die uns der Schöpfer in die Hand gegeben hat.

Wir benutzen einen Medizinstab auf unterschiedliche Weise; manchmal tragen wir ihn nur bei uns, um unsere Kraft zu entwickeln. Ich benutze diesen besonderen Stab, wenn ich Hilfe brauche und wenn ich ein Gebet sprechen will; dann bitte ich den Geist des Stabes, zu kommen und mir seine Kraft zu bringen, so daß ich damit arbeiten kann und diese Kraft als Brücke in andere Dimensionen dient.

Im Sommer 1982, dem Jahr unseres ersten Lehrlingsprogramms, nahm ich eines Abends einige meiner Schüler mit auf den Berggipfel, wo ich ihnen von dem Medizinstab erzählte und ihn ihnen zeigte, indem ich die ganze Zeit sein Gesicht mit der Hand bedeckte. Wir sprachen sehr lange darüber. Dann nahm ich die Hand vom Gesicht des Stabes, hielt ihn hoch und sprach ein Gebet. Meine Worte waren:

»Schöpfer, ich bitte darum, daß die uralte Kraft, die unser Volk jahrtausendelang begleitet hat, die Kraft, mit der wir arbeiten, die Wind und Stürme herbeiruft, die Kraft, die seit Tausenden von Jahren in unserem Land wohnt ... ich bitte darum, daß diese Kraft, die uns befähigt, in die Dimensionen aller anderen Pfade und Welten hinüberzugreifen, kommen möge. Ich bitte darum, daß mein Volk hört und durch das Wissen, das uns verliehen wird, sich ausdehnt. Darum bitte ich dich, Schöpfer. Darum bitte ich dich. Ich danke dir.«

Mit diesen Worten schloß ich die Augen und senkte den Kopf. Wir waren ungefähr dreißig Menschen, die im Kreis auf dem Boden saßen. Bis zu meinem Gebet war der Abend windstill und ruhig gewesen; danach jedoch kam Wind auf und wurde immer stärker, bis ich zu befürchten begann, daß er die Tipis, die ganz in der Nähe standen, fortreißen würde. Dann sagte ich: »Ho! Es ist gut.« Der Wind legte sich wieder, und meine Schüler verstanden das, was ich ihnen sagen wollte, sehr viel deutlicher, als wenn ich es ihnen nur mit Worten erklärt hätte. Während der nächsten drei oder vier Tage kamen immer wieder plötzliche Windböen auf, und wir hatten ein paar Regenschauer und kühleres Wetter. Auf diese Weise wirkt Medizinkraft.

Ich will Euch jetzt einiges über Adlerfedern mitteilen, auch wenn dieses Wissen Euch im Augenblick nichts nützt, weil es nach dem Gesetz der Vereinigten Staaten ausschließlich indianischen Medizinleuten gestattet ist, Adlerfedern zu besitzen. Was ich Euch hier erzähle, ist also nur für Euer Wissen, nicht aber zur Nachahmung bestimmt.

Der Adler ist beim indianischen Volk der am höchsten verehrte Vogel, weil es der Adler ist, der die Kraft hat, aus der größten Entfernung zu sehen. Außerdem fliegt der Adler höher als jeder andere Vogel, und man hat daher stets von ihm geglaubt, daß er die Kraft hat, in das Geistreich hinaufzugelangen.

In vielen zeremoniellen Handlungen verwenden wir die Flug- und Schwanzfedern des Adlers. Manchmal benutzen wir einen ganzen Flügel als Fächer, und Federn von der Brust des Adlers dienen uns als Gebetsfedern und andere zeremonielle Gegenstände. Die Federn aus dem Bereich der Brust und des Halses nennen wir Atemfedern; sie sind flauschig und bewegen sich im leisesten Luftzug, und darum sagen wir, daß sie den Atem des Lebens, die Kraft aller Dinge, symbolisieren.

Wenn wir Federn in Zeremonien verwenden, dann versuchen wir, die Kraft und Energie aus ihnen zu ziehen, die aus dem Geistreich und durch die Mutter Erde kommt. Wenn ich einen Fächer oder eine einzelne Feder in einer Räucherzeremonie verwende (und das trifft auf viele Federn neben denen des Adlers zu), dann benutze ich diesen Gegenstand, um positive Energie in das Herz und den Geist eines Menschen zu leiten. Bei anderen Gelegenheiten benutze ich die Feder als ein Werkzeug, um negative Energien aus einem Menschen herauszuziehen.

Wenn ich einen Menschen in einer Zeremonie heilen will, dann tue ich das manchmal, indem ich ihm die Hand auflege. Manchmal aber, wenn ein Mensch sehr krank ist oder einige wirklich sehr negative Energien beherbergt, berühre ich ihn stattdessen mit einer Feder. Die Feder zieht die schlechten Dinge heraus, und danach kann ich mit der Person meine Gebete sprechen. Die Feder kann auch ein Mittler sein, der die Kraft, die ich in eine Person hineinlenke, verstärkt.

Die Feder wird zum Kraftgegenstand, wenn sie von einer Medizinperson geweiht wird. Neben den Adlerfedern gelten die des Habicht als besonders heilig, weil auch dieser Vogel als Botenwesen zum Geistreich gilt. Auch Eulenfedern genießen bei den meisten indianischen Völkern hohes Ansehen, obwohl einige Stämme sie nicht verwenden, weil sie glauben, daß die Eule der Bote des Todes ist. Im allgemeinen werden jedoch die

Federn aller Vögel hoch geachtet und als Kraftgegenstände für würdig befunden, weil die Vögel Verbindungsglieder zwischen der Erde und dem Geistreich sein können.

Heute ist es den meisten Menschen verboten, Adlerfedern zu besitzen, weil die meisten Adlerarten heute zu den bedrohten Tierarten zählen. Bevor 1972 das Gesetz zum Schutz der bedrohten Adlerarten im Kongreß verabschiedet wurde, heuerten viele Schafzüchter zum Schutz ihrer Herden Prämienjäger an, die die Adler von Flugzeugen aus abschlachteten. Wilderer und Prämienjäger gemeinsam vernichteten die Adlerbestände fast völlig. Es ist eine uralte Geschichte; aus mangelndem Respekt vor den wildlebenden Tieren ist das Artengleichgewicht sehr ins Wanken geraten. Um heute in den Besitz von Adlerfedern zu gelangen, muß man eine Genehmigung der Regierung haben, ohne die ein Bußgeld von zehntausend Dollars oder Gefängnisstrafe für ihren Besitz droht. Leider ist dieses Gesetz manchmal dazu mißbraucht worden, Menschen zu verfolgen, die sich ernsthaft bemühten, der indianischen Lebensweise zu folgen.

Es gibt noch andere Kraftgegenstände, die ich benutze. Ich habe eine sehr große Grizzlyklaue, die ich an einem Band um den Hals trug; auch sie war ein starker Medizingegenstand. Ich verwendete sie in Zeremonien und auch für irdischere Zwecke, wie es manche Leute vielleicht ausdrücken würden. Wenn ich Hilfe beim Spiel braucht, so berührte ich sie beispielsweise, und gewöhnlich hatte ich Erfolg damit.

Das Halsband war ein Geschenk eines befreundeten Medizinmannes. Auf der einen Seite der Klaue befinden sich vier silberne Schlangen, die meine Kraft symbolisieren, zu meinen Brüdern, den Donnerwesen zu beten, sie um Regen zu bitten, wenn wir ihn brauchen. Auf der anderen Seite ist ein Türkis in Form einer Klapperschlange eingelassen, und sie symbolisiert die Kraft meines Bruders, der Klapperschlange, meine Gebete um Regen zu den Geistkräften zu tragen. Manchmal führen wir eine Zeremonie durch, in der ich der Klapperschlange danke, und innerhalb von vier Tagen haben wir dann Regen.

Die Medizin der Federn und anderer Kraftgegenstände umfaßt die heiligen Rituale, die wir seit Tausenden von Jahren ausüben. Indem ein Mensch lernt, mit seiner eigenen Medizinkraft zu arbeiten, die Zeremonien durchzuführen und neue zu schaffen, fängt er an, zu spüren, wie die Energie in ihn eindringt. Er lernt, die Kräfte und die Geister herbeizurufen. Er beginnt zu *fühlen*; das ist etwas, das ich nicht oft genug betonen kann. Der Vorgang besteht nicht darin, daß man etwas *denkt*; er ist etwas, das man fühlt. Das zu lernen, ist ein außerordentlich wichtiger Schritt auf dem Weg zur Kraft.

NEUNZEHNTES KAPITEL

Liebe und Naturkreisläufe

Das indianische Volk hat zu allen Zeiten die Natur beobachtet; sie war sein Drehbuch für das Leben. Charlie Russell, der große Künstler aus dem Westen mit der grenzenlosen Liebe zum indianischen Volk, hat einmal ein Gedicht geschrieben, das 1957 von Harold McCracken in THE CHARLES M. RUSSELL BOOK veröffentlicht wurde. Es lautet:

WENN SPUREN KRIEG ODER FLEISCH BEDEUTEN

Die Natur hat ihrem Kind
Das Lesen, Schreiben, Buchstabieren beigebracht,
Und ihr Buch vor Augen,
Liest es seine Lektion sehr gut.
Jeder Tag ist eine einzige Seite,
Umgeblättert von der Sonne, seinem Gott.
Jedes Jahr hat ein Kapitel, das die Natur gelehrt hat,
Von ihrem Kind gelesen und gelernt.
Ein Zweig geknickt, ein Stein gedreht,
Von eiligen Füßen gestört;
Sein wildes Auge hat alles aufgenommen,
Denn Spuren bedeuten Krieg oder Fleisch.

Die Natur birgt seine Bibel,
Die Seiten weit geöffnet,
Es zweifelt nicht an ihren Wundern,
'S ist vollbracht, es ist's zufrieden.
Es liebt sein Mutterland,
In dem alle ihre Geschöpfe wandern,
Doch ihn nennt man einen Heiden,
Obwohl er stets bei Gott gelebt hat.

Die Indianer haben nicht nur die Kreisläufe der Natur beobachtet; sie haben auch immer verstanden, daß es die Verschmelzung von männlichen und weiblichen Energien ist, die neues Leben hervorbringt. Sie betrachten die Sexualität als einen natürlichen Bestandteil des Lebens. In vielen indianischen Kulturen wird die körperliche Liebe als *Energie teilen* oder *Verschmelzung der Energien* bezeichnet.

Die Einführungszeremonie vieler Stämme findet in der Zeit des Geisthüters Waboose, zur Wintersonnenwende statt. In dieser Zeit ehren wir die Verschmelzung der männlichen und der weiblichen Energien, weil es die Vereinigung von Vater Sonne und Mutter Erde im Frühjahr ist, die neues Leben hervorbringt. Indem die Indianer diese Vereinigung von Sonne und Erde feiern, würdigen sie den Vorgang der Sexualität unter den Menschen auf einer symbolischen Ebene.

Wir sind uns immer der Tatsache bewußt, daß *zwei dazu gehören*, der männliche und der weibliche Teil, um Leben zu schaffen. Dieses Bewußtsein ist es, das verhindert, daß wir allzu hochmütig werden und glauben, wir würden keinen anderen Menschen im Leben brauchen. Unabhängigkeit ist eine gute Sache, aber nicht bis auf die Spitze des Hochmuts oder des Aussterbens getrieben.

Gleichzeitig mit der Verehrung von Vater Sonne und Mutter Erde würdigen die Indianer auch den männlichen und den weiblichen Regen, den heftigen und den leichten Regen. In den Ritualzeichnungen des Südwestens, den *Yei*-Teppichen der Navajo, sind männliche und weibliche Geister vertreten. Einige

Bilder zeigen männliche und weibliche Gottheiten, deren Köpfe unterschiedlich geformt sind.

Die Ehrung der männlichen und weiblichen Energien ist ein Thema, das sich durch alle unsere Zeremonien zieht. Als erstes haben wir die Erderneuerungszeremonie, dann folgt eine Zeremonie zu Ehren der Zeit des Pflanzens im Frühjahr. Zu dieser Zeit ehren wir die Fruchtbarkeit der Frauen und ihre Kraft, neues Leben hervorzubringen. Wenn wir unsere Gärten bestellen, legen wir darin einen rituellen Kreis an, und unsere Schwestern gehen hinaus und segnen das Land. Nach altem Brauch legten die Frauen ihre Kleider ab und schritten nackt über das ganze Gelände des Gartens. Dabei zogen sie ihre Kleider über den Boden hinter sich her.

Ich frage mich oft, wenn ich die Geschichte von Lady Godiva höre, die nackt durch die Straßen von Coventry in England ritt, ob sie nicht in irgendeiner Weise einigen unserer indianischen Riten verbunden war.

Wenn wir den Garten bepflanzt haben, folgt als nächstes im Zeremonienzyklus die Erntezeit, und die Erntezeremonien haben die Bedeutung von *Danksagungs*-Ritualen.

In der Erntezeit sind auch die Samen von Bedeutung für uns, denn sie bilden das Verbindungsglied zu einem weiteren Kreislauf der Erneuerung. Die Pueblo-Indianer und viele andere Völker bewahren die *heiligen Samenkörner.* Bei vielen Stämmen liegt die Verantwortung für die Pflege der Samenkörner bei den Frauen, und das ist in sich eine Anerkennung ihrer Verbundenheit mit dem Schöpfer, indem er durch sie neues Leben schafft.

Nach alter Tradition arbeiteten Männer und Frauen Seite an Seite in den Gemüse- und Obstgärten, denn auf diese Weise vereinigten sie ihre Energien und brachten die Früchte und das Gemüse zum Gedeihen.

Das indianische Volk ist der Überzeugung, daß alles auf der Erde von Leben erfüllt ist – Pflanzen, Bäume, Tiere, Insekten, Minerale und Wasser. Wir selbst sind ebenfalls Teil dieser Lebenskette, und da es das Zusammenspiel der Kraft *aller* Energien in der Kette des Universums ist, das für Gesundheit und Wachstum aller Dinge sorgt, glauben wir, daß wir die heilige Pflicht haben, so natürlich wie möglich am Gewebe der Kraft teilzuhaben.

Wenn man die Harmonie der Kreisläufe betrachtet, sind wir wie das Gras. Das Gras des zu Ende gehenden Jahres stirbt und vermischt sich mit der Erde, und aus seinen Nährstoffen geht neues Leben hervor. Auf dieselbe Weise werden wir nach unserem Tod ein Teil der Erde, und der Zerfall unseres Fleisches bringt noch mehr neues Leben hervor. Vielleicht wächst eine Kiefer daraus, vielleicht auch etwas anderes, aber stets setzt sich der Kreislauf fort, und wir sind uns dessen bewußt.

Viele Nichtindianer können dagegen in diesem zyklischen Vorgang nichts Schönes entdecken; sie stellen sich vor, daß ihr Körper ein Teil des Erdbodens wird, und sie schaudern. Sie geben ein Vermögen für Grabstätten und die aufwendigsten luft- und wasserdichten Behälter aus, um ihren Körper vor den natürlichen Elementen zu schützen. Sie verweigern ihre Aufgabe im Plan des Universums, obwohl die Mutter Erde sie doch schließlich ohnehin zu sich zurückholt, denn sie braucht sie, um zu leben und zu wachsen.

Wir Indianer glauben, daß die stärkste Erfüllung darin liegt, unsere Energien miteinander zu teilen. Wie ein reifes Samenkorn können wir nicht an unseren Halmen hängenbleiben und vertrocknen; wir müssen hinausgehen in die Welt und irgendwie am Geschehen teilhaben. Der *Austausch von Energie* kann in der geschlechtlichen Liebe, ebenso wie in vielen anderen Formen, stattfinden. Auch als Heiler teilen wir unsere Energie mit anderen, und die Kraft, die uns hilft, Medizin auszuüben, ist dieselbe Kraft wie die sexuelle Energie. Es hängt davon ab, wodurch man diese Kraft lenkt.

Auf unserem Körper gibt es einen heiligen Kreis, der Herz, Lunge und die Bereiche, die der Vermehrung dienen, umfaßt. Die meisten Energien, die für das Überleben der Menschheit unerläßlich sind, befinden sich innerhalb dieses Kreises. In dem Kreis liegt die männliche/weibliche Energie, und Männer wie Frauen vereinigen beide Energien in sich. Wir sind der Überzeugung, daß jeder Mensch in sich männliche und weibliche Teile trägt.

Will man als Heiler mit der Energie im heiligen Kreis arbeiten, so kann man mit den Händen über den eigenen Körper streichen und spüren, wie die Energie im Innern nach oben drängt. Ihr könnt die Energie von den Geschlechtsteilen nach oben lenken, zum Bauch hin, zur Brust und zum Hals. Eure Muskeln lockern sich, und Ihr entspannt. Ihr könnt den Vorgang damit beginnen, daß Ihr die Hände auf die Erde legt und ihn beschließen, indem Ihr den Kopf auf die Erde drückt. Saugt die Energie von der Mutter Erde in Euch auf und macht Euren Kopf frei. Auf diese Weise könnt Ihr intellektuelle Sperren ausschalten, so daß Ihr fähig seid, alles aus tiefstem Herzen zu fühlen.

Wenn Ihr die Energie erst in Euch selbst aufgebaut habt, könnt Ihr sie auf andere Menschen übertragen. Ihr könnt sie zum Heilen und zum Lieben benutzen. Es macht kaum einen Unterschied, der Vorgang ist derselbe.

Die Geschlechtszentren können also als Reservoir für die natürlichen Lebenskräfte dienen, und diese Kraft kann auch umgewandelt werden und in anderen Bereichen Anwendung finden. Wenn Zigeuner eine Heilung vornehmen, machen sie magnetische Striche auf dem Körper, sie tun also dasselbe, wovon ich spreche. Vor einer Heilungszeremonie kann man beobachten, daß der Zigeunerheiler seinen ganzen Körper abreibt, um so die Lebensenergie aufzunehmen, die er benutzen und übertragen muß. Um den Energiefluß noch zu verstärken, bearbeiten sich bei den Zigeunern männliche und weibliche Heiler gegenseitig.

Wenn das Energiefeld sehr gering ist, kann man den Heilungsprozeß einleiten, indem man einen Baum umarmt; ich tue das häufig. Bäume leiten die Energie zwischen Himmel und Erde. Wenn man einen Baum umarmt, spürt man die Energie deutlich, und sie kann wie eine Bluttransfusion wirken. Ein Teil dessen, was man spürt, rührt vom Saft der Pflanze her, dem Lebensblut, das durch den Baum zirkuliert. Auf diese und andere Weise kann man sich in das Netz der Lebensenergie, die in aller Schöpfung enthalten ist, einschalten, um sich zu stärken und seine Kräfte zu beleben. Einmal, als ich mich in Deutschland aufhielt, fühlte ich mich nach zwei Wochen völlig erschöpft. Ich hatte eine Stadt nach der anderen besucht und mit einer großen Zahl von Leuten gesprochen. Es waren großartige Menschen, aber ich war müde geworden. Ich befand mich gerade in Stuttgart, als ich den Leuten, mit denen ich zusammen war, sagte, ich müßte mich für ein paar Stunden zurückziehen. Ich sagte: »Ich möchte, daß ihr mich in den Schwarzwald bringt. Ich muß hinausgehen und meine Kraft neu beleben.« Sie kamen meinem Wunsch nach. Wir fuhren einen Nachmittag lang hinauf, und ich wanderte eine Weile herum. Dann legte ich die Arme um eine herrliche Tanne und verharrte so. Ich spürte, wie mich die Energie der Lebenskraft durchströmte. Diesen Baum zu umarmen, war wie eine Bluttransfusion.

Im Leben ist das die Energie, die uns aufrecht hält. Wenn ein Mann und eine Frau sich begegnen, und sie umarmen sich, dann können sie den Energiestrom spüren, das Zusammenspiel männlicher und weiblicher Energien, in diesem Augenblick erwachen sie zum Leben. Sexuelle Energie ist etwas, worauf sich die meisten Menschen beziehen können, wenn ich von den natürlichen Kreisläufen spreche, weil sie sie zu irgendeinem Zeitpunkt einmal erfahren haben. Sie haben dann keine Schwierigkeiten, zu verstehen, was ich meine, wenn ich ihnen sage, daß sie lernen müssen, zu fühlen. Wenn man diese Energie in irgendeinem Bereich, von irgendeinem lebendigen Mitglied der Schöpfung in sich aufnehmen kann, ist das wie ein Vitaminstoß; man fühlt sich belebt und wie elektrisiert und sagt: »He, vor ein paar Minuten war ich noch so müde, und jetzt fühle ich mich großartig! Ist das nicht herrlich?«

Sexuelle Energie ist dieselbe Kraft, die jeder Schöpfung auf Erden innewohnt, aber in der westlichen Gesellschaft stecken wir diese Energie in kleine Schubfächer, wie alles andere, womit wir zu tun haben. Schließlich kann man seinen ›Job‹

nicht zur Zufriedenheit erledigen, man kann nicht als Teil des Chromtraumes funktionieren, wenn man umherzieht und ständig die Lebensenergien spürt. Also teilt man das Leben in lauter kleine Fächer auf und sagt: »Das tue ich, um meinen Lebensunterhalt zu verdienen, das tue ich zur Erholung und dies tue ich sonntags« und so weiter.

Auch die sexuelle Energie hat eine eigene kleine Schachtel im Regal der Gesellschaft der Weißen. Sie befindet sich im Schrankfach des Bewußtseins und des Herzens, aber die Leute halten sie zurück. Sie sagen: »Nein, denk jetzt bloß nicht daran. Tu jetzt nichts dergleichen«, weil sie überzeugt sind, daß sie die Erlaubnis der Gesellschaft brauchen, um mit dieser Art von Energie zu arbeiten. Die Gesellschaft erteilt die Erlaubnis zur Benutzung der sexuellen Energie aber nur denjenigen, die im Besitz einer Heiratsurkunde sind und in der Hoffnung, daß sie sich ihrer nur bedienen, um Nachkommen zu zeugen, nicht aber, um Spaß zu haben und das Leben in seiner Vollständigkeit zu genießen. Indem sie diesen Vorstellungen gehorchen, verschenken auch viele Menschen ihre Kraft.

Die Indianer trennen die Dinge nicht in dieser Weise voneinander; jedes Gefühl, jede Schattierung des Lebens ist ein Teil des Ganzen, und die Energien unserer Lebenskraft finden starken Eingang in unsere Religion.

Die Religion der Weißen wird von vielen Indianern als ›Sonntagsreligion‹ bezeichnet, weil das der einzige Tag in der Woche ist, an dem die Leute die kleine Schachtel mit der Aufschrift *Religion* öffnen. Zu allen übrigen Zeiten scheinen die Weißen nicht viele Gedanken an die Religion zu verschwenden, weil sie nicht auf dem Zeitplan steht, und darum sind ihre Kirchen häufig verschlossen und verriegelt. Den Indianern steht die Natur stets als ihr Dom zur Verfügung.

Die Einstellung der Naturvölker ist, nicht nur auf diesem Kontinent, sondern in der ganzen Welt, offensichtlich sehr anders. In Afrika, in Polynesien, überall auf der Welt, werden die Geschlechtsteile von Statuen und in anderen Kunstformen als Symbole der Fruchtbarkeit dargestellt. Sie finden Anerkennung und werden verehrt, und an vielen Standbildern sind die Geschlechtsorgane stark vergrößert, um ihre Bedeutung im Webmuster des Lebens zu betonen. Vor einiger Zeit habe ich in Mexiko eine kleine Statue gekauft, die einen Mann und eine Frau darstellte. Sie stammte von mexikanischen Indianern, und der Mann war mit einem großen erigierten Penis dargestellt. Der Bauch der Frau war aufgebläht, vielleicht weil sie ein Kind trug, und es waren vier Ringe darum gezogen. Sie symbolisieren die Kraft, die die Frau aus ihrem Schoß bezieht. Es machte uns großen Spaß, die Figürchen herumzuzeigen und zu sehen, auf wie viele Arten sie zusammenzufügen waren. Schließlich schenkten wir sie einem anderen Medizinmann, der sich sehr geehrt fühlte angesichts dieses heiligen Geschenkes.

Bei den Naturvölkern gibt es vielerlei Geschichten, in denen sehr offen von der Sexualität die Rede ist und darüber, wie wir entstanden sind. In vielen Schöpfungslegenden der Eingeborenen wird berichtet, daß die Frauen die ersten Menschen waren, die erschaffen wurden und daß sie aufgrund ihrer Fähigkeit, Leben hervorzubringen, vollkommene Menschen sind. In der Schöpfungslegende eines kanadischen Stammes heißt es, daß die erste Frau, Kupferfrau, den ersten Mann aus ihrem Körperschleim heranzog, den sie in immer größere Muschelschalen legte. In meinem Volk gibt es Geschichten über den ersten Mann, der sowohl der Schöpfer der Welt als auch ein Narr ist, denn er hat einen zehn Meter langen Penis, der immer kürzer wird, weil er nicht genau weiß, was er damit anfangen soll; also tut er ständig das Falsche damit und verliert jedesmal einen Teil davon.

In der eigentlichen Schöpfungslegende meines Volkes wird von einer Himmelsfrau erzählt, die die Geschehnisse auf der Erde beobachtet, wie manche Menschen heutzutage fernsehen. Weil die Menschen aber nicht nach der Vorstellung des Schöpfers leben, wird eines Tages die ganze Erde überschwemmt, und es bleiben nur noch einige hohe Berge und ein paar Tiere übrig. Der Himmelsfrau und den Tieren fehlen die Menschen auf der Erde. Die Himmelsfrau fühlt sich einsam und bittet darum, daß ihre Einsamkeit ein Ende finden möge. Ein Geistmann erscheint ihr, und sie wird schwanger. Sie gebiert zwei Söhne – von denen einer nur Geist, der andere nur Materie ist –, und weil sie so entgegengesetzt sind, hassen sie sich und bekämpfen einander, bis beide vernichtet sind.

Wieder betet die Geistfrau, und ein anderer Geist kommt zu ihr. Als sie schwanger wird, beschließen die Tiere, daß sie sie einladen wollen, bei ihnen auf der Erde zu leben. Sie hoffen, daß die Kinder, wenn sie genügend Raum haben zum Toben und Spielen, sich nicht gegenseitig vernichten werden. Aber es gibt keinen Ort, an dem sie leben könnten. Da kommt eine riesige Meeresschildkröte und bietet ihnen ihren Panzer als Heim an. Die Himmelsfrau steigt herab, streut ein wenig Erde auf den Rücken der Schildkröte und bläst ihren Atem hinein. Die Erde bedeckt den ganzen Rücken der Schildkröte, und sie kann ins Meer zurückkehren. Zur Erinnerung für dieses Opfer hat mein Volk diesem Kontinent den Namen Schildkröteninsel gegeben. Endlich gebiert die Geistfrau ihre Kinder, und es sind Wesen, die aus Geist und Materie gleichermaßen bestehen. Dennoch sind sie unterschiedlich, denn das eine ist männlich, das andere weiblich. So kämpfen sie zwar manchmal miteinander, aber sie vernichten sich nicht, sondern sehnen sich stets nach der Vereinigung.

Bevor sie vom ›Fortschritt‹ ereilt wurden, hatten die meisten Naturvölker sehr viel mehr Spaß an der körperlichen Liebe als die Menschen heutzutage. Sie fanden sie ganz natürlich und schön und manchmal auch lustig. Manche Stämme haben Zeremonien, in denen männliche Clowns mit riesigen Penisnachbildungen hervorbrechen und die Frauen einfangen. Bei anderen Stämmen gibt es Zeremonien, in denen die Leute in die Büsche davonschlüpfen, und niemand stört sich daran. Früher herrschte bei einigen Stämmen der Brauch, daß ein Junge, wenn er in die Pubertät kam, eine gewisse Zeitspanne bei einer älteren Frau lebte, die ihn in die geschlechtliche Liebe einführte und ihm zeigte, wie er einer Frau Freude bereiten konnte. Die Mädchen in diesen Stämmen wurden bei ihren

Eintritt in die Pubertät wiederum von einem älteren Mann eingeführt.

Diese Zeremonien und Praktiken förderten nicht etwa die Promiskuität, sondern zeigten den Menschen, wie sie glücklich leben konnten. Sie lernten, die Gesamtheit ihrer Lebensenergien zu spüren, zu vermischen, loszulassen und zu erneuern. Bei uns kannte man nicht die zwiespältige Einstellung zur Sexualität als etwas, das entweder *heilig* oder *schmutzig* ist.

Leider wurde in der Geschichte die Sexualität in der Gesellschaft der Weißen sehr stark unterdrückt. Zu der Zeit, als in Europa die Kirche das Leben der Menschen und ihre Philosophie bestimmte, sahen die Kirchenführer, daß die Menschen, die auf dem Land lebten, zu bestimmten Zeiten des Jahres ihre Zeremonien durchführten, genau wie die Naturvölker es tun. Sie hatten ihre festgelegten Rituale, die Aussaat und Ernte begleiteten, und sie erkannten dieselben männlichen und weiblichen Kräfte an.

Die Kirche sah sich dies an und sagte: »Wenn sie die Kraft haben, diese Zeremonien durchzuführen und das Wachstum der Dinge zu fördern, wozu brauchen sie uns dann? Wir sollten dem Treiben lieber ein Ende bereiten. Wenn die Leute diese Kraft haben, dann werden sie kein Geld in unsere Klingelbeutel werfen.«

Also versuchten sie, dem Ganzen ein Ende zu bereiten. Die Menschen hatten damals ihre eigene Kraft, und das war eine echte Bedrohung für die Macht der Kirche. Ich habe Euch von den Felsenzeichnungen erzählt, die ich überall auf unserem Kontinent studiert habe; in Europa kann man dieselben Felsenschriften und Bilder finden, auf denen Schamanen in Hirschleder und Tierfellen dargestellt sind. Die Geschichten, die diese Felsenzeichnungen enthüllen, zeigen deutlich, daß die Völker Europas sich nicht von anderen Naturvölkern unterschieden, bevor das Christentum die Herrschaft antrat. Manche Leute nennen die Veränderungen, die stattfanden, ›Fortschritt‹ und glauben, das sei eine großartige Sache. Wenn es so wäre, würde die Erde heute nicht ein so großes Maß an Heilung benötigen.

Der Fortschritt hat sie in vielen Fällen mit Wunden bedeckt und ihr Gifte eingeflößt, die sie aus dem Gleichgewicht gebracht haben, und er hat ihren Kindern dieselben Wunden zugefügt und sie mit denselben Stoffen vergiftet.

Die Menschen auf dem Land, die weiterhin ihren Bräuchen huldigten, wurden als Heiden bezeichnet, ein Name, der eigentlich die Bedeutung *Landbewohner* hat, aber irgendwo zwischen *Hinterwäldler* und *Teufelsanbeter* angesiedelt wurde. Die Heiden wurden als Menschen betrachtet, die nicht viel wußten, aber eine große Gefahr für die ›Zivilisation‹ bildeten. Die Menschen, die in Städten leben, sind, seit Bestehen der Städte, schon immer für klüger gehalten worden als die Landbewohner. Man sieht, wie gut diese Auffassung in das naturfeindliche System paßt.

Die Zeremonien, von denen wir gesprochen haben, wurden also von der Kirche für widerrechtlich erklärt, und die Menschen, die sie ausübten – es heißt, daß es annähernd neun Millionen waren –, wurden wegen ihres Glaubens umgebracht. Die Kirche nahm den Menschen buchstäblich die Kraft fort. Sie ließ nicht mehr zu, daß sie zum Berg gingen und ihre Gebete auf die Weise sprachen, von der sie fühlten, daß es die richtige für sie war. Sie erlaubte ihnen nicht mehr, ihre Zeremonien auszuüben, die die Lebenskraft verstärkten, die aller Schöpfung innewohnt.

Als die Puritaner nach Nordamerika kamen, taten sie den dortigen Ureinwohnern dasselbe an. Sie verloren völlig den Kopf, als sie die *Indianer* sahen und nannten sie halbnackte Wilde. Sie versuchten, ihnen entweder ihre eigene Ordnung aufzuzwingen oder brachten sie um ..., was ihnen zum jeweiligen Zeitpunkt gerade günstiger erschien.

Die Indianer taten nur das, was ihnen auf natürliche Weise eingegeben wurde, aber als die Priester kamen und, beispielsweise an der kalifornischen Küste, die indianischen Frauen sahen, die ihre Brüste dem Sonnenschein zum Gruß entgegenhielten, waren sie entsetzt. Diese Frauen trugen nichts als Grasröcke, und die Priester sagten: »O mein Gott, diese Menschen sind schreckliche Geschöpfe! Sie sind Sünder!«

Aber wo war denn die Sünde? Sie mußte wohl in den Köpfen der Priester wohnen, denn die Nacktheit, mit der die Indianer schon seit Tausenden von Jahren gelebt hatten, war ganz sicher nicht beleidigend für ihr eigenes Schamgefühl. Ich sage den Leuten immer, daß die Priester die Sünde in der einen Hand trugen, während sie in der anderen die *Bibel* mitbrachten.

Naturvölker in aller Welt empfanden niemals Scham angesichts ihres Körpers oder anderer natürlicher Dinge. Der Schöpfer hatte ihnen den Körper gegeben, und sie wußten, daß es nicht falsch sein konnte, einen Teil der Schönheit seiner Schöpfung zu zeigen.

In Nordamerika lagen die Dinge schließlich so, daß die Bestrebung, die indianische Religion auszumerzen, mit vielen praktischen Bedürfnissen der weißen Siedler zusammenfiel, so daß die Einführung des Reservationssystems nur allzu wünschenswert erschien. Zum einen hatten die Reservate die offensichtliche Funktion, die Indianer vom größten Teil des Landes fernzuhalten, so daß es *entwickelt* werden konnte, zum anderen dienten die Reservate als die kleinen Schubfächer, in denen die religiöse Anpassung leichter vollzogen werden konnte. Als es der Regierung endlich gelungen war, die amerikanischen Ureinwohner auf die Reservate zu beschränken, war es wesentlich leichter, ihre religiösen Bräuche zu überwachen und zu bestimmen, welche Stammesgruppe am besten zu welcher christlichen Glaubensrichtung paßte. Die Weißen hatten damals ein Missionsministerium in New York eingerichtet, und diese Behörde teilte die Reservate auf und bestimmte: »Dieses Reservat wird baptistisch, jenes presbyterianisch, das nächste wiederum katholisch.« So wurden den Indianern in den verschiedenen Reservaten unterschiedliche christliche Glaubensrichtungen zugewiesen, und auf diese Weise sollten sie, so wurde argumentiert, schon bald *zivilisiert* werden.

Denn diese Indianer hatten nicht den rechten Glauben, und sie trugen nicht die richtige Kleidung, und auf diese Weise stellten sie eine Gefahr für die herrschende Gesellschaft dar.

Die indianischen Religionen gründeten sich, wie die heidnischen in Europa, auf die persönliche Kraft des einzelnen Menschen.

Außerdem zeugte es nicht von gutem Geschäftssinn, die Indianer halb nackt herumlaufen zu lassen, denn der Kerl im Lendentuch würde einen schlechten Kunden für die Kleiderindustrie abgeben.

Schließlich erreichte die Entwicklung einen Punkt, an der die Religionen des indianischen Volkes nur noch heimlich ausgeübt wurden. Erst mit dem 1978 verabschiedeten ›Indian Religious Freedom Act‹, in dem dem indianischen Volk Religionsfreiheit zugesichert wurde, erhielten die Menschen, die diesen Kontinent bewohnten, seitdem der Schöpfer sie dorthin gebracht hatte, wieder das Recht, ihre Religionen auszuüben, die traditionellen Zeremonien einer rechtmäßigen Stammeskultur durchzuführen.

Die indianische Philosophie geht, wie ich schon sagte, von der Überzeugung aus, daß alle Dinge Teil eines Gesamtdaseins sind, Teil der Lebenskreisläufe, über die ich gesprochen habe. Die männlichen/weiblichen Energien, die wir in uns spüren und die wir mit anderen teilen, sind uns sehr heilig. Überall im Südwesten in Südamerika wächst ein neuerwachtes Interesse an den alten Medizinbräuchen der Indianer. In Mexiko sprechen die Heiler von *kipura*, und das bedeutet wörtlich die Lebenskraft und ist dasselbe Wort, mit dem sie die *sexuelle Energie* bezeichnen.

Wenn ein Mensch in Harmonie lebt, und er versteht, daß sich die Erde in einem beständigen Vorgang der Erschaffung befindet, wird er sich der Lebenskraft in ihm und in anderen ohne Zögern bedienen.

Wenn die Menschen zu einem Medizinmann kommen, erwarten sie, einem enthaltsam lebenden Menschen zu begegnen, einem Heiligen, der unberührbar ist, und sind dann enttäuscht oder grinsen belustigt, wenn sie feststellen, daß uns der Sex ebensogut gefällt wie jedem anderen. Manchmal werden wir als Gauner oder Halunken bezeichnet, aber das sind wir nicht, wir freuen uns lediglich des Lebens und der sexuellen Energie, die ein Teil davon ist.

Manchmal erwähne ich den nichtindianischen Ausdruck *›wie es die Vögel und die Bienen machen‹*, weil die Bienen ein wirklich gutes Beispiel dafür sind, wie Lebenskraft in sexuelle Energie umgewandelt wird. Die Bienen ruhen niemals; sie fliegen eine Blüte nach der anderen an, und was sie tun, ist ein Teil des stets sich wiederholenden Neuerschaffens. Bienen müssen die sexhungrigsten kleinen Kerlchen in der Natur sein, und manchmal, wenn ich mir einen Scherz machen will, sage ich, daß ich, wenn ich einmal wiedergeboren werde, vielleicht das Glück habe, als Biene auf die Welt zu kommen.

Ich habe meine Energie mit vielen Frauen geteilt; so soll es für mich sein. Ich glaube, daß der Große Geist Frauen und Männer so geschaffen hat, wie sie sind, damit sie sich einander zuwenden und aneinander Freude haben können. Außerdem glaube ich, daß das, was sich zwischen zwei Menschen abspielt, nur diese beiden angeht, und daß es ein Geschenk ist, das man freudig annehmen muß. Das heißt nicht, daß ich an Orgien teilnehme oder dieses Verhalten irgend jemandem rate. Wenn Leute zum Vision Mountain kommen und mich über unser Sexualverhalten befragen, dann sage ich ihnen gewöhnlich, daß sie alles tun können, was sie für richtig halten. »Solange ihr mich und Shasta, meinen Medizinhund, in Ruhe laßt«, füge ich dann im Scherz hinzu.

Wenn die Wahrheit bekannt wäre, würden wir erfahren, daß die meisten Menschen, denen Kraft gegeben war – von den Heiligen bis zu den Gurus – die Energie gerne in vollem Maße teilten. Der einzige Unterschied zwischen ihnen und den Medizinleuten der Indianer ist der, daß sie ihre Handlungsweise nicht eingestehen.

Vor nicht allzu langer Zeit hat jemand einen Artikel für *Many Smokes* geschrieben, in dem er sich über den indianischen Brauch ausließ, vorherzusagen, welche Kinder zu Medizinleuten heranwachsen würden. Bei manchen Völkern wurden die Kinder beobachtet, und man entschied anhand ihres früh ausgeprägten Sexualtriebes, welche von ihnen später einmal starke Medizin entwickeln würden. Man glaubte, daß die jungen Leute, die ein hohes Maß an natürlicher sexueller Energie hatten, heranwachsen und diese Energie in Medizin umwandeln würden. Das galt nicht nur für die Medizin*männer*, sondern ebenso für die Medizin*frauen*.

In den Naturvölkern findet man oftmals Menschen, die bereits hochbetagt, aber immer noch sexuell aktiv sind. Nach den Regeln der herrschenden Gesellschaft gilt das als unnormal. Für uns ist es nicht unnormal, denn niemand sagt uns, daß der Sexualtrieb mit fünfzig oder sechzig Jahren oder wann auch immer erlischt. Wir brauchen eine solche Art von Beeinflussung nicht, denn wir sind nicht, wie so viele andere, durch ein solches falsch verstandenes Anstandsgefühl in unserer Bewegungsfreiheit eingeschränkt.

Es gibt zahllose Anekdoten über Menschen, die alte Medizinmänner aufsuchen und überrascht sind, sie in der Blüte ihrer sexuellen Kraft vorzufinden. Vor gar nicht langer Zeit hörte ich eine Geschichte über einen großen Medizinmann von den Prärie-Indianern. Er war zu der Zeit, als sich die Episode ereignete, ungefähr achtzig. Ich traf eine Frau, die ihn aufgesucht hatte, und ich fragte sie, wie der Besuch verlaufen sei.

»Oh«, antwortete sie, »der alte Mann hat mich vier Tage lang um den Tisch gescheucht.«

Das kann einen Indianer nicht sehr verwundern, wenn es auch die Dame, die mir die Geschichte erzählte, ganz gewiß erstaunte. Die Energie dieses heiligen Mannes war einfach bis zum letzten Augenblick lebendig. Ist das nicht ein herrliches Geschenk?

Ich habe von einem anderen Mann gehört, der vor einigen Jahren an einer Konferenz teilnahm. Er war über hundert Jahre alt, und eines Nachts verschwand er plötzlich, so daß einige Leute sich Sorgen machten, was ihm wohl zugestoßen sein mochte. Keiner wußte Bescheid. Doch am nächsten Morgen tauchte er mit einer jungen Dame am Arm in der Versammlung auf. Ein breites Lächeln überzog sein Gesicht, und die Welt war für ihn in Ordnung. Es stellte sich heraus, daß er sich lediglich eine Nacht lang entfernt hatte, um etwas von seiner Energie zu teilen.

Einmal habe ich eine Geschichte über einen Bruder aus dem Süden gehört, der an einer Zeremonie teilnahm, in deren Verlauf die Leute aufgefordert wurden, ihre Liebesabenteuer zu erzählen. Er berichtete über seine Erlebnisse mit einigen Frauen, und Anwesende, die ihn kannten, merkten, daß er eine ganze Reihe ausließ. Darauf angesprochen, erwiderte er, daß, würde er alle Frauen erwähnen, die er gekannt hatte, die Sonne aufgehen, wieder untergehen und erneut aufgehen würde, bevor er seine Geschichte beendet hätte.

Einmal während eines Treffens, das ich besuchte, ging eine Freundin unseres Stammes mit einem alten Großvater hinaus, um etwas über die Geschichte seines Stammes von ihm zu erfahren. Beim Hinausgehen sagte der Enkel des Mannes: »Passen Sie auf Großvater auf.« Da der Mann hoch in den Achtzigern war, versicherte sie dem Enkel, sie würde aufpassen, daß er nicht die Treppe hinunterstürzte oder über irgend etwas fiel. Der Enkel grinste vor sich hin.

Als ich ihr das nächste Mal begegnete, erzählte sie mir, daß Großvater bei bester Gesundheit sei und daß die einzige Gefahr, die ihm drohe, darin bestehe, daß er so aktiv sei, daß er aus dem Bett fallen könnte.

Der Bärenstamm war stets bekannt für seine Bärenumarmungen. Wir finden, daß es den Menschen guttut, Körperkontakt miteinander aufzunehmen. Mittlerweile kommen selbst die Wissenschaftler dahinter. Vor einigen Jahren hieß es in einer Studie, daß der Mensch, um gesund zu bleiben, acht Umarmungen am Tag braucht. Aber es gibt sehr viele Menschen, die eine so verkrampfte Beziehung zum Sex haben, daß sie froh sind, wenn sie einmal im Monat umarmt werden.

Einmal sprachen Wabun und ich auf einer großen Konferenz in Vancouver, und wir beendeten unseren Vortrag mit der Aufforderung an die Zuhörer, ein paar Bärenumarmungen auszuteilen. Eine Frau um die Sechzig kam zu mir und bat mich um eine Umarmung. Ich erfüllte ihr die Bitte gern. Ich unterhielt mich eine Weile mit ihr und strich ihr übers Haar, und plötzlich strömten ihr Tränen über die Wangen.

»Danke, Sun Bear«, sagte sie. »Das ist die erste zärtliche Berührung, die ich seit zwanzig Jahren erlebt habe.«

Wieviele gute Menschen gibt es, gleich dieser Frau, die von einer Gesellschaft, die Angst hat vor der Liebe und dem Kreislauf der Natur, ihrer vollen Gesundheit und ihres Glücks beraubt werden?

ZWANZIGSTES KAPITEL
Heute und morgen

Ich bin der Meinung, daß der Leser dieses Buch mit der festen Vorstellung aus der Hand legen sollte, warum meine Vision und die Bear Tribe-Medizingesellschaft außerordentlich wirklich ist und warum ich mich in den vergangenen Jahren so stark gedrängt fühlte, meine Geschichte zum gegenwärtigen Zeitpunkt zu erzählen.

Es geschehen heutzutage viele Dinge, die in mir die Überzeugung wachsen lassen, daß ich die teilweise Erfüllung meiner Vision erlebe, und das macht aus mir einen glücklichen Menschen. Es ist eine Sache, den eigenen Pfad der Kraft zu erkennen – was an sich schon ein Segen ist –, und eine andere Sache, die Wanderung auf der guten roten Straße fortzusetzen. Ich bin sehr dankbar, daß der Große Geist mir die Möglichkeit gegeben hat, meine Vision ständig zu erneuern.

Meine Vision hat sich im Laufe der Zeit entfaltet. Als sie mich zum erstenmal erreichte, enthielt sie nicht einen umfassenden Lebensplan, sondern sie stellte einen Anfang dar. Zu verschiedenen Zeitpunkten in meinem Leben konnte ich auf den Berg hinaufgehen und den Schöpfer fragen: »Wohin soll ich mich von hier aus wenden?« Und der Große Geist hat mir stets geantwortet. Selbst die Bedeutung meines Namens *Ghee-*

zis Mokwa (Sun Bear) hat sich mir im Verlauf meiner Reise immer deutlicher offenbart.

Am Anfang stand die Vision von dem Bären und den bunten Kugeln, als ich vier Jahre alt war. Später füllten andere Visionen, andere Erlebnisse viele leere Felder für mich aus. Vor einigen Jahren hielt ich mich in Neah Bay, Washington, auf, wo ich dem Makah-Stamm einen Besuch abstattete. Ein junger Mann, mit dem ich schon vorher zusammengearbeitet hatte, lud mich ein, zu kommen und zu den Leuten von dem neuen Programm zur Bekämpfung des Alkoholismus zu sprechen, das sie gerade ins Leben riefen. »Wenn du kommst«, sagte er zu mir, »dann bring deinen Büffelschädel mit.«

Ich wußte nicht einmal, woher ihm bekannt war, daß ich einen Büffelschädel besaß, aber er wußte es, und ich kam seiner Bitte nach. Am Ende machte ich ihn ihrem Medizinmann zum Geschenk, und als ich das tat, schossen ihm die Tränen in die Augen und liefen ihm die Wangen hinunter, und er sagte: »Vier Jahre lang habe ich darum gebetet, daß du kommst und mir die Kraft des Büffels bringst.« Er stopfte Süßgras und Salbei in die Augenhöhlen des Schädels, und es war ein sehr beeindruckendes Erlebnis. Er sagte: »Jetzt hat sich meine Vision erfüllt. Der Büffel und der Wal sind vereint worden.« Diese Vision war in seinem Volk an der Nordwestküste seit langer Zeit bekannt.

Nachdem wir diese gute Medizin ausgetauscht hatten, teilten er und seine Leute einiges von ihrer Bären-Medizin mit mir.

Einer von ihnen erklärte mir:

»Ich wußte, daß du mit deinen Lehren eines Tages zu uns kommen würdest, und ich sage dir auch, warum. Ich möchte dir eine Geschichte unseres Volkes mitteilen.

Nicht weit von hier gibt es eine Wiese, und vor vielen Jahren spielten einmal zwei Kinder darauf. Während sie in ihr Spiel vertieft waren, kam ein Mann daher, und er war nackt. Nach einer Weile legte er sich nieder und wälzte sich auf dem Boden hin und her, und er verwandelte sich in einen Bären. Eine Zeitlang ging er in dieser Gestalt umher, dann legte er sich wieder nieder, wälzte sich hin und her und verwandelte sich in einen Menschen zurück.

Die Kinder näherten sich ihm, um zu sehen, was er tat, und er sagte zu ihnen: »Jetzt kennt ihr mein Geheimnis. Ich habe die Macht, mich in einen Bären zu verwandeln, weil ich ein Naturgeschöpf bin und weil ich von der Sonne her komme.«

Sie erklärten, sie hätten mir diese Geschichte wegen meines Namens, wegen der Lehren, die ich vermittelte, und wegen der guten Medizin, die wir geteilt hatten, erzählt. Sehr häufig geschieht etwas derartiges – wie das eine Mal, als ich mich in Deutschland aufhielt und der Mann mir erklärte, er hätte mich aufgrund uralter Prophezeiungen erwartet. Die Menschen erzählen mir ihre Legenden und sagen, sie hätten erwartet, daß ich komme. Sie betrachten mich wegen der Weise, in der ich meine Lehren vermittle und wie ich arbeite, als Naturgeist, als Mann der Natur.

Am darauffolgenden Tag nahm mich der Medizinmann der Makah mit auf einen Spaziergang durch das Reservat, und er zeigte mir eine Medizinpflanze, die am Ufer eines Baches wuchs, und sagte: »Wenn du eine Heilung vornehmen willst, dann nimm diese Pflanze und iß sie, dann wasch dich im Wasser des Baches. Darauf wirst du in der Lage sein, starke Zeremonien durchzuführen. Es ist eine geheime Medizin«, beschloß er seine Erklärung, »und sie ist nur für Bären-Medizinmänner bestimmt.«

Es war eine große Ehre für mich, daß er dieses Wissen mit mir teilte.

Bei den Chippewa-Ojibway gibt es die sogenannten Schriften der Wanderung, und in diesen Schriften ist die Rede von der Reise in die vier Welten der Chippewa ... jede dieser Welten hat ein Ende gefunden und ist mit der nächsten durch eine Zeit der Reinigung verbunden. Wir haben bereits drei dieser Welten durchwandert, und die letzte wird durch die gegenwärtige Zeit der Reinigung eingeleitet.

Die Schriften der Wanderung zeigen, daß der Bär auf diesem Kontinent als heiliges Tier verehrt wird. Sowohl in den Schriften, als auch in manchen Zeremonien, die wir durchführen, symbolisiert der Bär den Großen Geist. Der Bären-Geist wirkt für den Großen Geist und alle Schöpfung. Nach den Schriften öffnet oder durchbohrt der Bär den Vorhang zu der jeweils neuen Welt mit seiner Zunge, und erst seitdem ich das tue, was ich heute tue, habe ich die volle Bedeutung dieses Bildes begriffen. Ich bin überzeugt, daß ich genau das tue, was in den Schriften steht: Ich durchbohre den Vorhang zur nächsten Welt, die nach der Reinigung kommen wird, mit meiner Zunge, indem ich den Menschen mein Wissen mitteile, sie vor den bevorstehenden Veränderungen warne und ihnen sage, wie sie diese Entwicklung überleben können. Es ist Bären-Medizin, Bären-*Wissen*, mit dem ich auf meinem Pfad der Kraft arbeite, und dieser Pfad war stets organisch, er hat sich immer wieder verändert und ausgeweitet.

Ich glaube, daß mein Onkel Bo Doge genau wußte, was er tat, als er mir vor nunmehr fast fünfzig Jahren den Namen Sun Bear gab.

Ich bin überzeut, daß jetzt die Zeit für den PFAD DER KRAFT gekommen ist, weil wir uns, wie ich schon früher in diesem Buch sagte, gegenwärtig bereits zehn Jahre in der Zeit der Reinigung befinden. Die Veränderungen auf der Erde, die so lange vorhergesagt waren, werden Wirklichkeit. Vulkanausbrüche, Erdbeben, Überschwemmungen, Dürrekatastrophen ... all diese Erscheinungen haben neue und aktive Muster entwikkelt.

Während meiner Reisen durch das Land in den letzten paar Jahren konnte ich mit vielen Menschen von überall her sprechen, und immer wieder wurde die Unterhaltung auf das merkwürdige Wetter gelenkt, das es in irgendeinem bestimmten Gebiet gegeben hatte. Gegenden, die gewöhnlich feucht waren, litten unter der Trockenheit, und umgekehrt. An manchen Tagen herrschte eine Temperatur von 70° F, am nächsten waren es nur noch 20° F. Die Menschen fragen sich, was vor sich geht. Es sind die Veränderungen auf der Erde, die überall stattfinden.

Viele meiner Visionen befähigen mich, die Veränderungen, die mit der Mutter Erde vor sich gehen, vorherzusehen. Vor Jahren sah ich, daß die Erde zu einem Stillstand kommen würde... darüber habe ich an früherer Stelle gesprochen... daß es in einem Gebiet zu feucht und in einem anderen zu trocken sein würde, daß die Menschen, um zu überleben, sehr genau auf die Weiterentwicklung achten und mit allem, das sich um sie herum ereignet, in enger Verbindung stehen müssen.

Unsere Arbeit in dieser Zeit der Reinigung besteht darin, daß wir den Leuten, die bereit sind, sich zu öffnen, zeigen, auf welche Weise sie überleben können. Ich nenne unseren Berg gerne die Schule der Erde; in gewissem Sinne ist er ein lebendiger Klassenraum. Wir berichten unseren Schülern nicht nur von den schwerwiegenden Veränderungen der Zukunft, sondern wir zeigen ihnen, wie sie den Rest der Geschichte von den Naturgewalten, den Geräuschen der Erde und dem Verhalten der Tiere erfahren können.

Medizinleute wissen gewöhnlich um eine Naturkatastrophe, bevor sie eintritt. 1980 wußten wir hier oben, daß der Mt. Saint Helens im Begriff stand, auszubrechen, noch bevor irgendein wissenschaftliches Institut etwas darüber hatte verlauten lassen. Im Sommer 1982 gab es ein paar Tage, an denen Wabun unter großem psychischem Unbehagen litt. Sie sagte zu einigen anderen: »Ich glaube, Saint Helens bereitet sich darauf vor, sich wieder Gehör zu verschaffen ... ich kenne das Gefühl.« Ungefähr zur selben Zeit stieg ich den Berg hinauf, und ich spürte winzige Erschütterungen unter meinen Füßen, während einige Freunde hier bei Nacht leichte Schwefeldämpfe rochen, die aus dem Berg hervorquollen.

Wenige Tage später wurde der Mt. Saint Helens aktiv; ihre Kuppel wölbte sich hoch auf, und in ihrem Innern grollte es, Wabun hatte also recht gehabt. Es fand kein gewaltiger Ausbruch statt, aber selbst hier am Vision Mountain, mehr als dreihundert Meilen von der Kleinen Schwester entfernt, konnten wir die Geräusche, die Zeichen und das Gefühl wahrnehmen. Wir wußten, daß diesmal keine wirkliche Gefahr bestand, und auch dieser Teil unserer Gefühle trog uns nicht.

In meiner Medizin habe ich gesehen, daß die Menschen, die die Reinigung überleben werden, sich in kleinen Gruppen zusammenfinden; sie werden in enger Verbundenheit mit der Erde in Liebe und Harmonie zusammenleben. Es werden Indianer und Nichtindianer unter ihnen sein, denn meine Vision hat mir gesagt, daß wir alle Menschenwesen sind, die auf derselben Mutter Erde leben, und daß wir uns, um überleben zu können, von allen rassistischen Vorurteilen und allem Hochmut befreien müssen, denn wir sind alle Teil derselben kosmischen Schöpfung.

Ich glaube, daß die Medizinhöhlen am Vision Mountain sich in der Zeit der Reinigung vielleicht für uns öffnen werden. Sie wurden vor Jahrhunderten von den Medizinleuten hier verborgen und verschlossen, damit das heilige Wissen im Innern des Berges vor den Übergriffen der Zivilisation geschützt war. Aufgrund einiger Visionssuchen, die hier auf dem Berg stattgefunden haben und aufgrund gewisser Informationen, die dabei zutage kamen, glaube ich den Standort eines der Haupteingänge in den Vision Mountain zu kennen. Wenn ich also fühle, daß der richtige Zeitpunkt gekommen ist, werde ich in der Lage sein, die Zeremonien zur Öffnung der Medizinhöhlen durchzuführen, und dann können wir mit den Kräften im Innern des Berges arbeiten.

Die Veröffentlichung des Buches DER PFAD DER KRAFT wird den Leuten Gelegenheit geben, mir über die Schulter zu schauen, zu sehen, wie ich mein Leben gelebt und meine Lektion vom Großen Geist gelernt habe. Ich habe versucht, sowohl mein Wissen als auch die Geschichte meines Lebensweges hier einfließen zu lassen. Ich möchte, daß die Menschen in der Lage sind, mich zu verstehen, daß sie wie ich einen Zustand der Harmonie erlangen, denn auf diese Weise werden wir wahre Brüder und Schwestern werden können. Es gibt gegenwärtig viel Arbeit auf der Mutter Erde, die wir gemeinsam verrichten können.

Darüber hinaus wird dieses Buch anderen zeigen, daß sie ebenfalls Visionen haben und ihnen folgen können. Es ist großartig, zu sehen, daß die eigene Vision greifbare Wirklichkeit wird. So viele Menschen hatten schon Visionen und Träume und haben niemals darüber gesprochen, geschweige denn sie erfüllt. Der Grund dafür ist meiner Überzeugung nach die Tatsache, daß sie sich selbst gefangenhalten. Sie haben ihre Kraft vergeudet.

Und ich wollte, daß das Buch zum gegenwärtigen Zeitpunkt erscheint, weil es vielen Menschen an vielen Orten begreiflich machen wird, was sich zur Zeit auf der Mutter Erde abspielt und was noch auf sie zukommen wird. Es ist wichtig, daß die Menschen wissen, daß es viele andere gibt, die auf positive Weise mit den Kräften der Natur umgehen.

Einer der Gründe, warum mich mein Lehrlingsprogramm mit solcher Genugtuung erfüllt, ist die Tatsache, daß durch dieses Programm das, was geschieht, bekanntgemacht wird und die Menschen die notwendigen Werkzeuge erhalten, um in allen Bereichen zu überleben. Das Wissen, wie man einen Garten anlegt, reicht nicht aus, wenn man nicht weiß, wo der Regen fällt. Es ist eine Art Kettenreaktion. Es ist nicht genug, die Elementarkräfte zu erkennen, wenn man nicht weiß, wie man sie dazu bringen kann, zu reagieren. Man muß wissen, welche Zeremonien man durchführen muß, damit die richtigen Dinge eintreten. Wenn man Regen braucht, wenn man ihn für das Getreide braucht, dann muß man wissen, wie man eine Zeremonie für diesen Regen machen kann. Wenn man Wind braucht oder Sonnenschein, dann muß man wissen, was man dafür zu tun hat.

All das erfordert harte Arbeit und sehr viele Gebete. Ihr müßt erkennen, daß das Erlangen der Harmonie eine heilige Partnerschaft voraussetzt und daß jeder seinen Teil dazu beitragen muß. Es kann sein, daß Ihr hinausgeht und Eure Pfeife raucht oder zum Wohl der Mutter Erde tanzt oder singt und es reicht einfach nicht. Ihr müßt das, was Ihr tut, im Herzen fühlen; Ihr müßt *wissen*, daß das, was Ihr tut, richtig ist; und

Ihr müßt bereit sein, für die Ergebnisse zu arbeiten. Vielleicht müßt Ihr die Pfeife dreimal oder viermal am Tag rauchen und in einem fort beten, bevor Ihr eine Antwort von den Kräften und dem Großen Geist erhaltet. Manchmal ist es vielleicht notwendig, daß Ihr zuerst fastet oder eine Schwitzzeremonie durchführt. Mein Glaube beinhaltet harte Arbeit, er bedeutet nicht, daß ich um etwas bitte und mich dann zurücklehne und darauf warte, daß meine Bitte erfüllt wird.

Wenn Ihr Eure Gebete nicht sprecht, wenn Ihr die Verantwortung für Euren Teil der Partnerschaft in der Heilung der Mutter Erde nicht übernehmt, dann werdet Ihr nicht wissen, wohin Ihr Euch wenden und was Ihr tun sollt, wenn es wirklich ernst wird. Ihr werdet keine Nahrung für Eure Familien haben, kein Holz, um Euch zu wärmen, und keine Kleider, um Euch zu schützen. Wenn alles zusammenbricht, wird es keine Stromgesellschaften, keine Restaurants und keine Kleiderläden mehr geben.

Wir verbreiten nun schon seit vielen Jahren am Vision Mountain dieselbe Botschaft. Ich glaube, die Zeiten haben die Botschaft schließlich eingeholt, und gleichzeitig sind unsere Kommunikationsmethoden sehr viel wirksamer geworden. Wir haben uns zu einer funktionsfähigen Alternative zur herrschenden Gesellschaft entwickelt, und aus dieser Tatsache beziehen wir unsere Kraft.

Eine wachsende Zahl von Menschen kommt zu uns, um zu lernen. Der Stamm ist, besonders in den letzten drei oder vier Jahren, in jeder Hinsicht atemberaubend schnell größer geworden, und auch aus diesem Grund ist klar geworden, daß ein Buch über mein Leben für viele suchende Menschen eine wertvolle Hilfe sein wurde.

Wir haben im Bären-Stamm gelernt, flexibel, geduldig und vielseitig zu sein. Wenn Menschen kommen, um sich uns anzuschließen, hören wir uns die Dinge an, die sie beizutragen habe. Shawnodese, der inzwischen mein Unterhäuptling und der Leiter des Lehrlingsprogramms ist, kam 1979 mit Erfahrungen aus nahezu jeder erdenklichen New-Age-Philosophie zu uns. Er hatte einige fortschrittliche Ideen, die uns in vieler Hinsicht geholfen haben. Beispielsweise hatte ich, obwohl zu manchen Zeitpunkten meines Lebens gezwungen als *Unternehmer* zu arbeiten (indem ich Grundstücke oder Männerbekleidung verkaufte), um zu überleben, einige Bedenken, daß Geld den Charakter verdarb. Ich hatte das Gefühl, daß Geld irgendwie etwas Schlechtes war. Shawnodese hatte die Vorstellung, daß Geld nichts anderes war als Energie, daß lediglich zählte, wie man es verwendete. Er übernahm eine Zeitlang die Buchführung und begann, auf alles, das mit Geld zu tun hatte, seine schriftliche Zustimmung zu geben. Und er erklärte uns seine Einstellung so oft, daß wir schließlich auf ihn zu hören begannen. Seither ist das Geld im Bären-Stamm rege in beiden Richtungen geflossen, und wir haben keine Angst mehr vor dem Geld, sondern benutzen es vielmehr, um Dinge zu tun und aufzubauen, an die wir glauben.

Im Laufe der Jahre hat sich auch die Herkunftsvielfalt der Menschen, die zu uns kommen, um zu lernen und mit uns zu leben, erweitert. Mittlerweile kommen neben denjenigen, die einen großen Teil ihres Lebens darauf verwandt haben, Fragen zu stellen und zu suchen, auch Ärzte, Rechtsanwälte und ehemalige Militärangehörige. Der sich ausweitende Kreis von Menschen zeigt uns, daß unsere Botschaft sich über diejenigen, die im Geist der ›Sechziger‹ leben, hinaus verbreitet, und wir glauben, daß darin ein wichtiger Schritt liegt. In der ersten Zeit kamen viele zu uns, die auf der Suche nach einem vorgefertigten Utopia waren. Heute sind es Leute, die bereit sind, an seiner Entstehung mitzuwirken.

Wir halten hier nicht für jedermann die richtigen Antworten bereit, in dem Sinne, daß wir ihm sagen könnten, wie er sein Leben zu leben hat; die Menschen brauchen viel mehr Unabhängigkeit. Sie müssen in der Lage sein, uns ebenfalls einiges beizubringen. Wir waren niemals eine Gemeinschaft, die ihren Mitgliedern sagt, wann sie aufzustehen haben, welche Übungen sie machen müssen, welche Nahrung zu sich nehmen, mit wem sich in Liebe verbinden und wer ihr richtiger Ehepartner ist. Auf dem Trip befinden wir uns nicht. Wir haben stets die indianische Denkweise befolgt, nach der jeder Einzelne hinausgehen und selbst mit dem Schöpfer sprechen muß. Und während die Menschen mit ihm sprechen und auf ihn hören, müssen sie stets daran denken: »Wie kann ich meinem Volk und der Mutter Erde am wirkungsvollsten helfen?«

Wir legen den Menschen auch keine Zügel an. Einige andere Organisationen überwachen alle diejenigen, die je zu ihnen gekommen sind, sehr genau. Wir lassen die Medizin des Stammes auf die Menschen wirken und hoffen, daß die Samen, die wir pflanzen, an viele Orte getragen werden und in der Weise, die jedem einzelnen Samenkorn angemessen ist, wachsen.

Der schönste Name, den Leute mir und Wabun gegeben haben, ist *Samenpflanzer.* Es ist irgendwie so, als würde man einen Garten bestellen. Manchmal führen wir Zeremonien durch, um das Auspflanzen von geistigen Samen in unsere Brüder und Schwestern zu feiern, und wir sehen, daß die Ernte immer reicher wird.

Viele Menschen kommen mit der Überzeugung zu uns, daß wir ihnen die ›Grundregeln‹ des erfolgreichen Betens beibringen werden. Es gibt Medizinleute, die Euch erzählen werden, daß es den Schöpfer beleidigt, wenn Ihr ein Opfer in der falschen Weise darbietet, wenn Ihr beispielsweise ein Krümelchen Kinnik-Kinnik zu Boden fallen laßt, während Ihr Eure Pfeife stopft, und daß Ihr damit das Recht, zu beten, verspielt. Wir glauben nicht, daß das richtig ist, denn das würde bedeuten, daß der Große Geist rachsüchtig wäre und Euch ständig auf die Probe stellt, und ich bin der Überzeugung, daß er wesentlich großherziger und wohltätiger ist. Wenn Ihr ein Gebet sprecht, ist es wichtig, daß Ihr es mit aufrichtigem Herzen tut. Viel wichtiger als die Worte sind die richtigen Gefühle. Ich glaube nicht an fertige Gebete, die man bei Bedarf aus dem Regal nehmen kann. Je mehr Kraft man in ein Gebet hineinlegt, umso mehr wird man daraus bekommen. Das gleiche gilt für die Gesänge, die Tänze und die Zeremonien.

Der Bären-Stamm und Vision Mountain waren stets Orte der Reinigung und der Heilung für die Menschen; manche Leute werden zuerst krank, wenn sie zu uns kommen ... nichts Ernstes ... eine Erkältung vielleicht, die ein paar Tage andauert, und auch das ist Teil der Reinigung ihres Systems. Danach fühlen sie sich gewöhnlich so gut wie schon sehr lange nicht mehr, und viele von ihnen berichten uns dieselbe Erfahrung. Die emotionale und geistige Reinigung, die sich hier vollzieht, geht auf dieselbe Weise vor sich wie die physische. Selbst Menschen, die uns verlassen haben, weil sie mit unseren Vorstellungen nicht allzu gut zurechtkamen, die vielleicht gegangen sind, weil dieser Ort spontan ein unangenehmes Gefühl in ihnen ausgelöst hat, schreiben uns später oft, um uns zu berichten, wieviel Einblick in sich selbst sie aus ihrem Aufenthalt bei uns gewonnen haben.

Ich glaube, wir haben hier am Vision Mountain einen sicheren Ort geschaffen, der es den Menschen ermöglicht, etwas über sich selbst, ihre Beziehung zur Mutter Erde und zum Schöpfer und darüber, wie das alles mit ihrem täglichen Leben zusammenhängt, zu lernen. Wenn die Leute dann den Berg verlassen, nehmen sie dieses Wissen überallhin mit, und ich glaube, viele Menschen kehren nach Hause zurück und kommen mit ihren Lebensumständen besser zurecht, haben ein größeres Vertrauen in ihre Instinkte, als es der Fall war, bevor sie zu uns gekommen waren.

Ich glaube, es ist wichtig für die Leute, mit der Erkenntnis zurückzukehren, daß sie nicht verrückt sind, weil sie vielleicht mit Tieren sprechen oder ihren Pflanzen oder sogar mit Steinen und sie eine Antwort aus diesen anderen Daseinsbereichen erhalten. Ich weiß, daß viele Menschen draußen sehr ängstlich darauf bedacht sind, daß niemand erfährt, was sie tun, wenn sie sich mit den Elementarkräften unterhalten. Die Kommunikation mit Tieren, mit den Geistkräften entsteht ganz natürlich in ihnen, aber sie haben das Gefühl, daß es nicht richtig ist in einer Welt, in der die Rationalität als der Schlüssel zu einem produktiven Leben betrachtet wird. Viele Leute, die zum Vision Mountain kommen, haben *tatsächlich* Botschaften aus den anderen Wesensreichen, von den Elementarkräften, empfangen, und sie wollen furchtbar gerne glauben, daß das, was sie erlebt haben, Wirklichkeit ist; doch ihr rationaler Verstand nagt an ihnen und sagt ihnen unaufhörlich, daß sie sicher im Begriff sind, verrückt zu werden. Diese Leute machen mit, und manchmal passiert es einem, daß er völlig hingerissen ist, weil er in einer Vision eine Falkenfeder auf dem Boden erblickt hat und sie später an genau der Stelle, an der er sie gesehen hat, tatsächlich findet. Ein anderer bittet vielleicht um ein Zeichen vom Wind, und der Wind kommt wirklich und spricht zu ihm.

Andere Menschen reagieren auf die Geräusche der Erde, selbst an einem so lärmerfüllten Ort wie New York ... ein Baum knarrt im Central Park, oder ein Tannenzapfen fällt zu Boden, und sie sagen ›Hallo‹ zu ihm. Das ist eine vollkommen natürliche Sache. Dennoch empfinden einige dieser Menschen im Herzen Freude und Schrecken gleichermaßen. Sie spüren, daß sie einen *Beweis* für die Existenz Gottes gefunden haben, aber die Gesellschaft, in der sie leben, gibt sich alle Mühe, diesen Beweis zu vernichten. Sie leben in einer Welt von Ungläubigen, und wenn sie in dieser Richtung festgelegt sind wie die meisten Menschen, dann strengen sie sich nach einem starken Erlebnis der Kommunikation mit dem Geistreich außerordentlich an, um sich selbst davon zu überzeugen, daß es nicht wirklich geschehen ist ... oder daß ihr Erlebnis irgendeinem merkwürdigen Zufall zuzuschreiben war ... oder daß es eine *vernünftige* Erklärung dafür geben muß.

Ich glaube, daß viele dieser Menschen in einem Zustand unbehaglicher Verwirrung verharren; für das, was sie erleben, erhalten sie in der herrschenden Gesellschaft keine Unterstützung, und aus diesem Grund geschieht es manchmal, daß sie in eine Nervenklinik gebracht und als schizophren abgestempelt werden. Wir hatten eine Reihe von Leuten hier, die diese schlimme Erfahrung gemacht haben. Aber sie waren kein bißchen verrückt, wißt Ihr; es waren einfach visionsbegabte Menschen, aber da die Gesellschaft, in der sie lebten, ihre Visionen nicht annehmen konnte, sperrte sie sie ein. In der indianischen Kultur wurden visionsbegabte Menschen stets in besonderem Maße verehrt.

Im Bären-Stamm geben wir diesen Menschen die Möglichkeit, an die Wirklichkeit ihrer starken Erlebnisse zu glauben. Wir verlangen nicht von ihnen, daß sie ihre Individualität verbergen. Wabun und ich sagen während unserer Vorträge oft und gerne, daß es draußen in der Welt eine Unzahl von Menschen gibt, die heimlich Bäume umarmen, daß sie aber Angst davor haben, es einander einzugestehen, und hier ermutigen wir die Leute, es zu tun. Wahrscheinlich haben uns darum viele Besucher gesagt, daß es für sie war, als würden sie nach Hause kommen, als sie zum Vision Mountain kamen ... denn hier umarmen wir *alle* dic Bäume und sprechen mit den Wolken am Himmel. Das ist unsere Lebenseinstellung.

Es ist ein schönes Gefühl, zu wissen, daß wir den Menschen auf diese Weise helfen können, daß sie mit unserer Hilfe verstehen, daß mit ihnen alles in Ordnung ist und daß sie, in vielen Fällen, einfach in der Lage sind, die Dinge auf tiefere Weise zu betrachten, als es in der Gesellschaft anerkannt wird. Ich glaube, sowohl in bezug auf meine Vision als auch in bezug auf ein Leben in Harmonie ist es wichtig, daß Menschen, die draußen in der Welt leben und solche Erfahrungen machen, wissen, daß sie nicht allein damit sind und daß sie nicht nur ganz gesund, sondern wahrscheinlich in besserer Verfassung sind als die meisten Menschen um sie herum.

Ich möchte an dieser Stelle die Tatsache würdigen, daß der Bären-Stamm heute geprägt ist von einem reichen Schatz an Beiträgen aller jener Menschen, die im Laufe der Jahre zu uns gekommen sind. Wir betrachten die Leute, die nicht mehr bei uns sind, nicht als eine Selbstverständlichkeit; jeder von ihnen hat nach meiner Überzeugung einen Teil von sich gegeben und dazu beigetragen, das aufzubauen, was wir heute haben, und ich spreche nicht von einem kleinen Häuflein von Menschen.

Ich würde sagen, daß in den vergangenen fünf Jahren alljährlich etwa zweihundert Besucher hierher gekommen sind, und es waren noch wesentlich mehr, die an unseren Seminaren und Veranstaltungen teilgenommen haben. Alle diese Menschen haben etwas von uns gelernt, und sie haben uns ihrerseits alle etwas zurückgegeben, gleichgültig, wie klein oder wie groß oder wie leicht faßbar ihr Beitrag gewesen sein mag. Und so arbeiten wir im Bären-Stamm heute, obwohl wir eine verhältnismäßig kleine Gruppe sind, mit dem Wissen und der Erfahrung vieler anderer.

Wir sind an einem Punkt angelangt, an dem es im ganzen Land mindestens ein halbes Dutzend mit uns verbundener Gruppen gibt und mindestens tausend Anhänger des Stammes, die uns in der einen oder anderen Weise unterstützen. Diese Menschen geben uns ihre positive Energie, sie schenken uns ihre Zeit und helfen uns, einen großen Teil der Arbeit zu bewältigen, die erforderlich ist, um unsere Programme so erfolgreich zu machen, wie sie es sind.

Seit 1978 haben wir alljährlich zu mindestens zehntausend Menschen direkt gesprochen und zu viel mehr noch durch die Medienübertragungen unserer Programme. Die Bear Tribe-Medizingesellschaft ist heute ein weitreichendes Netzwerk, das alle Menschen umfaßt, die uns am Vision Mountain besucht oder an unseren Seminaren, Vorträgen oder Medizinradtreffen teilgenommen haben und die die Kraft und Energie unserer Vision wirklich spüren. Das Netzwerk ist gegenwärtig international. Eine Frau erzählte uns kürzlich, daß sie sich mit einer Freundin, die gerade aus Deutschland gekommen war, über den Bären-Stamm unterhalten hätte; diese Freundin hatte ihr gesagt, daß sie in Deutschland viel über den Bären-Stamm und die Arbeit, die wir 1981 dort getan haben, gehört hätte.

Auch erfüllt es mich mit Genugtuung, daß ich den Kopf hingehalten habe und immer noch hinhalte, indem ich mit nichtindianischen Menschen arbeite, während doch einige meiner indianischen Brüder und Schwestern immer noch in ihrem eigenen Rassismus gefangen sind. Es macht mich traurig, zu sehen, daß Menschen, die sich zum Überleben der Erde zu einer starken Front zusammenschließen müßten, ihre Zeit und Energie daran verschwenden, sich gegenseitig zu bekämpfen und zu kritisieren. Ich folge dem Pfad des Regenbogens und habe Achtung vor allen Lehrern und Medizinleuten. Ich lehne Rassismus und Separatismus ab, ob er nun von indianischen oder nichtindianischen Menschen betrieben wird.

Wenn die Indianer nicht gewillt sind, den Nichtindianern unsere Lebensweise zu zeigen, wie sollen sie dann daraus lernen?

Heute gibt es mehr Menschen unter meinem Volk, die meinen Pfad und die Arbeit, die ich leiste, anerkennen, wenn es auch immer noch Widerspruch aus den Reihen der eher militanten Gruppen im Land gibt.

Während unseres Medizinradtreffens im Bay-Gebiet im Jahre 1982 kamen am letzten Tag Mitglieder einer militanten Gruppe und baten um die Erlaubnis zu sprechen. Wir kamen ihrer Bitte nach. Sie mißbrauchten das Rederecht, indem sie versuchten, Menschen, die sich bemühten zu lernen, Schuldgefühle zu vermitteln. Dennoch waren wir der Meinung, daß sie Gelegenheit haben sollten, ihre Rede zu Ende zu führen, und als einige verärgerte Zuschauer zu protestieren begannen, stieg Wabun, die die Zeremonien der Treffen leitet, auf die Bühne und forderte die Leute auf, der Sprecherin dieselbe Achtung entgegenzubringen wie den anderen Rednern.

Als die Frau ihre Ansprache beendet hatte, war offensichtlich, daß das, was sie gesagt hatte, einige Teilnehmer traurig oder wütend gemacht hatte. Bear Heart trat auf die Bühne hinaus und sagte Dinge, die den Leuten die Kraft gab, weiterzumachen. Dennoch wollte die Traurigkeit und eine gewisse Spannung nicht weichen, weil einige Mitglieder der militanten Gruppe sich im Schreien zu übertrumpfen suchten, während sie mir Fragen stellten.

Wabun stellte sich wieder auf die Bühne und sprach mit der Überzeugung des Herzens über das, was geschehen war. Sie drängte die Leute, nicht zuzulassen, daß diese Menschen die guten Gefühle, die wir miteinander erlebt hatten, zunichte machten, und forderte sie auf, stattdessen zum Medizinrad hinüberzukommen und die Schlußzeremonie in Liebe, Glauben und Vertrauen weiterzuführen. Die meisten Teilnehmer folgten ihrer Aufforderung, und es war eine sehr starke Zeremonie für sie und für die Erde.

Der Zwischenfall erfüllte mich mit Traurigkeit, denn er war durch offenkundigen Rassismus hervorgerufen worden. Mein Volk muß seine Angst und seine Bitterkeit abwerfen, ebenso wie Euer Volk seinen Hochmut abstreifen und zur Achtung vor der Mutter Erde zurückkehren muß. Jeder, der versucht, die Menschen voneinander zu trennen, versucht auch, sie ihrer Kraft zu berauben.

Kurz nach diesem Ereignis erhielten wir einen Brief von Steven Foster und Meredith Little, den Gründern der Rites of Passage und der School of Lost Borders. Er erfüllte uns mit Freude, und ich möchte ihn an dieser Stelle für Euch aufschreiben:

»Unsere Teilnahme am kürzlich stattgefundenen Medizinradtreffen in Nordkalifornien hat uns bewegt, diesen Brief zu schreiben. Menschen aller Altersstufen und Herkunft kamen, tausend an der Zahl, in Frieden und Harmonie zusammen, um unsere Liebe zur Großmutter Erde zu feiern. Wir möchten das große Herz Sun Bears und die Schönheit seiner Vision würdigen.

Sun Bears Treffen können als Zeichen betrachtet werden, als Vorbote dessen, was geschehen wird. Er zeigt uns einen ›Weg‹, dem jeder, der recht bei Verstand ist, zustimmen kann. Er bietet Generationen von Familien die Gelegenheit, zusammenzukommen, Alten, geehrt zu werden, Müttern und Vätern, ihre Elternschaft zu feiern, den Kranken im Geiste, Heilung zu finden, Kindern, Segen zu empfangen, Liebenden, einander zu finden, und allen Kindern der Erde, ihre Herzen zu erheben und mit neuem Leben erfüllt zu werden. Indem die Menschen unserer modernen Zeit beharrlich neue Wege suchen, um alte Wunden zu heilen, werden in den Jahren, die vor uns liegen, immer mehr zu den Medizinradtreffen kommen.

Trotz der Vielfalt der kulturellen und ethnischen Herkunft, die bei einem Treffen zu beobachten ist, kommt es zu bemerkenswert wenigen ›Zwischenfällen‹. Die alles durchdringende Atmosphäre der Verständigungsbereitschaft ist zum größten Teil auf die Tatsache zurückzuführen, daß Sun Bear bereit ist, alle zu akzeptieren und seine Vision zu teilen. Anders als viele moderne Berühmtheiten, steht er nicht ständig im Mittelpunkt des Geschehens. Diejenigen, mit denen er sich ins Rampenlicht teilt, gewinnen daraus unterschiedslos Kraft.

Zweifellos wird es Zeiten geben, in denen sich unterschiedliche Kulturen gegenüberstehen. Oft ist großer Schmerz damit verbunden, wenn man von den persönlich gepflegten Lebensformen und Überzeugungen abläßt. Sun Bears, Wabuns und Shawnodeses Art, mit diesem Schmerz umzugehen, gibt uns einen Hinweis auf die Kraft ihrer Herzen. Sie erkennen bereitwillig die Einzigartigkeit der Art eines jeden Menschen an, unabhängig von seinem kulturellen Erbe und seiner religiösen Überzeugung. Das Wesen von Sun Bears Vision ist wahrhaftig allumfassend. Sie wirkt im Einklang mit den kosmischen Gesetzen der LIEBE – die eine andere Bezeichnung für den Großen Geist ist.

Wir ziehen es vor, optimistisch zu sein. Mit Hilfe der Liebe, die durch uns alle wirkt, werden der Großmutter Erde große Schmerzen erspart werden, und die Menschheit wird nicht ausgelöscht werden. Dies wird vollbracht werden durch die Bemühungen von großherzigen Männern und Frauen, die ihre Vision auf Erden den Augen der Menschen öffnen. Wir danken Sun Bear und dem Bear Tribe, daß sie uns ihre Vision öffnen. Wir werden Mut schöpfen aus Eurem Beispiel, und wir werden zu unseren Leuten hingehen und ihnen weitergeben, was wir gelernt haben.«

Wenn indianische Brüder und Schwestern zu unseren Medizinradtreffen kommen, um ihr Wissen weiterzugeben, dann sagen sie uns hinterher oft, daß sie froh darüber sind, daß durch das Wirken des Bären-Stammes alle Rassen zusammengeführt werden. Es ist unsere Art der Anpassung, die da stattfindet; wir versuchen, sie in das natürliche Reich der Menschheit zurückzuführen und darin einander anzugleichen, und ich sehe, daß es funktioniert. Es ist Teil des Bestrebens, die Vision des Medizinrads zur Mutter Erde zurückzubringen, und die Indianer, die heute mit uns zusammenarbeiten, betrachten diese Vision mit Zuversicht, da sie erkannt haben, welche entscheidende Bedeutung sie heutzutage bekommen hat. Das Medizinrad hilft meinen Brüdern und Schwestern, zu erkennen, daß das Leben ein Kreis ist und daß man nichts auf der Erde geringschätzen darf ... daß alles ein Teil des Lebensgefüges ist und daß, wenn ein Teil davon zerstört ist, alles andere in Mitleidenschaft gezogen wird.

Bei den Treffen am Vision Mountain vermitteln wir den Menschen ein gutes Gefühl für die Zeremonie, und ich halte das für wichtig, weil ich glaube, daß die Zeremonie einer der wirksamsten Wege ist, wie wir Menschen den anderen Daseinsbereichen ein wenig von der Energie, die wir ständig von ihnen erhalten, zurückgeben können. Es ist ein schönes Gefühl, zu erfahren, daß Menschen, die Vorträge von uns gehört haben, einige Monate später berichten, daß sie ihre eigenen Vollmondzeremonien, Medizinradzeremonien oder Zeremonien zum Wechsel der Jahreszeiten durchgeführt haben. Oft schreiben sie uns oder lassen es uns auf andere Weise wissen, daß wir ihnen geholfen haben, diesen Pfad zu beschreiten. Beispielsweise gibt es in Seattle, Washington, eine Frau, mit der wir im Lauf der Jahre häufig gearbeitet haben, die nun einen Frauen-Mondkreis ins Leben gerufen hat, der sich einmal monatlich trifft, und es ist eine sehr starke Erfahrung.

Wir wissen vermutlich nicht einmal genau, wie weit sich die Wirkung unserer Lehre verbreitet hat, aber wir hören immer wieder davon. Seit der Erstveröffentlichung von THE MEDICINE WHEEL sind Jahre vergangen, und dennoch vergeht keine Woche, in der wir nicht Briefe von Menschen erhalten, die es gerade entdeckt haben und uns sagen, daß es ihnen geholfen hat, ihren eigenen Pfad der Kraft zu beschreiten.

Wir wissen auch, daß von den ersten zweihundert Leuten, die mit dem Bärenstamm zusammen waren, viele ihre eigenen Landgemeinden und Gemeinschaften gebildet haben, und daß einige von ihnen das, was sie tun, darauf begründen, was sie am Medizinfelsen und in anderen frühen Basislagern gelernt haben. Sie tun es vielleicht nicht in derselben Weise wie wir oder nicht in ebenso großem Umfang, aber meine Vision hat sie dennoch berührt, und sie haben die Vision auf diese oder jene Weise am Leben erhalten.

Manchmal hat es uns wirklich erstaunt, daß so viele Menschen von unserer Bemühung, die Mutter Erde zu heilen, berührt waren. Es liegt daran, daß die Wahrheit, die unserer Arbeit zugrunde liegt, Allgemeingültigkeit hat und daß sie vom Schöpfer selbst kommt.

Der Bären-Stamm gleicht dem Bären, einem der wenigen Tiere, die sich selbst heilen können, und ebenso verhält es sich mit Vision Mountain. Als wir hier ankamen, lebten auf dem Berg eine Reihe von Menschen, von denen viele nicht in Harmonie mit dem Land lebten. Der Berg hat diese Menschen entweder gelehrt, im Gleichgewicht zu wandeln, oder er hat sie auf die eine oder andere Weise aufgefordert, zu gehen. Die meisten Menschen, die keine Achtung vor dem Land hatten, sind vom Vision Mountain fortgezogen, und als das Land zum Verkauf stand, haben es die Leute erworben, die im Einklang sind mit dem, was wir tun. Daher haben wir das Gefühl, daß der Berg unter besonderem Schutz steht.

Vor kurzer Zeit hat Shawnodese erzählt, daß er mehr Schlangenarten auf Vision Mountain gesehen hat als je zuvor in seinem Leben, und einige der Tiere, die jetzt hier auftauchen, würde man in dieser Gegend nicht erwarten, wie beispielsweise den Vielfraß, den ein Schüler kürzlich gesehen hat, als er sich auf Visionssuche befand. Ich habe noch nie gehört, daß in diesem Teil des Landes ein Vielfraß gesehen worden wäre, und es ist von großer Bedeutung für uns, denn der Vielfraß wurde bei den Indianern ›kleiner Bär‹ genannt. Er ist sehr scheu und friedlich und belästigt keinen Menschen, aber wenn jemand in sein Revier eindringt, so nimmt er es sogar mit einem Grizzlybären auf. In diesem Jahr haben wir auch mehr Rotwild auf dem Berg beobachtet, und im Sommer ziehen die Rotfalken, manchmal sechs bis acht gleichzeitig, ihre Kreise und rufen einander ihre Lieder zu. Es ist wunderschön.

Im Sommer 1982 tauchte eine der Klapperschlangen, die ich an früherer Stelle erwähnte, auf dem Berg auf. Sie war hervorgekommen und sonnte sich in der Nähe einer Gruppe von Lehrlingen. Wir sprachen unsere Gebete und vollzogen unsere Opferrituale, dann erklärten wir unserem Bruder, daß wir ihn liebten, daß er sich aber ein Stückchen weiter in die Wälder zurückziehen müsse, um den Seelenfrieden der Leute nicht zu stören.

Shawnodese nahm einen langen, gegabelten Stock und drückte die Klapperschlange damit sanft auf den Boden; dann nahm er die Schlange mit beiden Händen, eine Hand fest hinter dem Diamantkopf, die andere um die Körpermitte und steckte sie in einen Sack, in dem er sie zu einer abgelegenen Stelle auf dem Berg tragen konnte.

Während Shawnodese die Schlange in den Händen hielt, summte eine Wespe um ihn herum und stach ihn schließlich ins Handgelenk. Er zuckte mit keiner Wimper; er ließ die Schlange nicht los, um nach der Wespe zu schlagen oder sich den Arm zu reiben. Das ist wahre Konzentration; er war ganz in seiner Kraft und auf sein Ziel ausgerichtet.

Manchmal ist das Leben wie diese Klapperschlange und die Wespe. Man läßt sich durch Kleinigkeiten in Schwierigkeiten bringen, während man doch die Kraft des ganzen Universums in Händen hält.

Die Schlange wurde in den Sack gesteckt, und sie lebt jetzt irgendwo in unserer Nähe auf dem Berg. Wir sind der Überzeugung, daß wir in Harmonie mit ihr leben.

Wenn ich glaube, meinen Lesern an dieser Stelle einen Rat geben zu können, dann ist es folgender: *Vergeudet nicht Eure Kraft oder verschwendet sie an der falschen Stelle. Laßt Euch von den kleinen Dornen, die Euch täglich pieksen, nicht allzusehr ablenken. Denkt daran, welches Eure Bestimmung ist. Vergeßt nicht, daß die Kraft des Schöpfers in Euch wohnen kann, und daß es Euch gefallen wird, und daß sie in Euch wirken wird.*

Während der Zeit der Reinigung wird diese Kraft jedoch, ebenso wie Bruder Klapperschlange, furchteinflößend sein und sie kann sich gegen Euch richten. Die Lage, in der sich Shawnodese an jenem Sommernachmittag befand, verdeutlicht, was ich meine: Das Leben wird viele Entscheidungen fordern. Und Ihr müßt wissen, welche Ihr zu treffen habt.

Dieses Buch und unsere gesamte Arbeit ist die Botschaft von einer anderen Art, die Welt und die Schöpfung des Großen Geistes zu betrachten, eine Art der Betrachtung, die sich jedem, der sich dafür entscheidet, erschließt. Auf dem Vision Mountain sehen wir in Bruder Klapperschlange etwas Gutes; ebenso sehen wir in der Kraft der Reinigung etwas sehr Gutes. An einer früheren Stelle habe ich Euch erzählt, wie ich einmal von einer Klapperschlange gebissen wurde und ihre Kraft spürte, die mich durchströmte. Ich empfehle dieses Erlebnis zwar niemandem zur Nachahmung, aber für mich war es eine sehr wertvolle Erfahrung. Ich habe Euch auch von dem Geschenk des Regenmachens erzählt, das Bruder Klapperschlange mir gegeben hat.

Man kann die Kraft der Klapperschlange als etwas Schlechtes betrachten, das ist die allgemein verbreitete Ansicht. Aus diesem Grund werden so viele herrliche Schlangen erschossen, sobald sie sich sehen lassen. Doch für mich ist es ein großartiger Segen, die Kraft des Schöpfers in Händen zu halten. Es ist keineswegs ein alltägliches Ereignis, sondern im Gegenteil ein höchst seltenes. Es ist ein Geschenk des Großen Geistes wie alles Leben, wenn man es versteht, sich in seine Kraft und seine Liebe einzubringen.

Nachwort

In den zweieinhalb Jahren seit der Erstveröffentlichung von THE PATH OF POWER hat die Mutter Erde viele Veränderungen erfahren. Jeden Tag, wenn ich die Zeitung lese, entdecke ich mehr Geschichten, die ein Beweis dafür sind, daß wir uns in der Zeit der Veränderungen befinden. Mittlerweile sind die veränderten klimatischen Bedingungen – ›unzeitgemäße‹ Kälte- oder Hitzeperioden, sintflutartige Regenfälle, Trockenzeiten – für jeden erkennbar geworden, der die Augen offenhält und bereit ist, zu sehen. Ebenfalls augenfällig ist die Zunahme der Erdbebentätigkeit und der Vulkanausbrüche. Der Halleysche Komet ist vorübergezogen, und einige langjährig regierende Häupter sind verschwunden. Während die Regierung auf der Suche nach einem ›sicheren‹ Aufbewahrungsort für ihre immer größer werdende Menge an radioaktivem Abfall ist, nimmt die Verstrahlung der Atmosphäre ständig zu. Die Luft verschlechtert sich zunehmend, und diese Verschlechterung scheint sich in wachsendem Maße auf alle Lebensformen auszuwirken.

Die Menschen ziehen sich ständig neue Grippearten und andere Krankheiten zu. Die Ärzte scheinen laufend neuartige Erkrankungen zu ›entdecken‹. Die Bauern haben keine Arbeit mehr, und immer mehr Menschen werden obdachlos und müssen Hunger leiden.

All das kann von Menschen, die nicht erkennen, was wirklich geschieht, als merkwürdig und niederdrückend empfunden werden. Es ist die Zeit der Reinigung der Erde, und es wird eine schwierige Zeit sein für diejenigen, die physisch, geistig und emotional nicht darauf vorbereitet sind. Ob die Veränderungen der Erde rasch kommen oder sich über eine lange Zeitperiode hinweg vollziehen, hängt teilweise vom Bewußtsein derer ab, die gegenwärtig auf der Erde leben. Je mehr Menschen es sind, die in Harmonie mit der heiligen Kraft, dem Großen Mysterium leben, das in allen Dingen und um sie ist, umso leichter wird diese Zeit der Veränderungen für die Erde und für all ihre Kinder sein.

In diesem Wissen hat sich meine Arbeit und die Arbeit des Bären-Stammes noch rascher weiterentfaltet als zuvor. Ich habe den größten Teil der vergangenen zweieinhalb Jahre ›unterwegs‹ verbracht und zu vielen Menschen gesprochen, die meine Botschaft hören wollten. Ich bin froh, daß ich mich, wo immer ich auch bin, zu Hause fühle, denn sonst wäre diese Zeit vielleicht sehr schwer für mich gewesen. Ich habe in jedem Jahr einen Monat oder mehr in Europa zugebracht und war in Hawaii und Mexiko, um mit den dort lebenden Indianern zu arbeiten.

Unser Mitarbeiternetz hat sich mit großer Schnelligkeit ausgeweitet und ist jetzt als Medizinrad-Netzwerk bekannt. Das Ziel des Netzwerkes ist es, Menschen mit ähnlichen Visionen die Möglichkeit zu bieten, ihre Gefühle zu teilen und ihre Aufgaben zu erfüllen. Beispielsweise haben uns viele Leute erzählt, daß sie Land besitzen, aber nicht nutzen. Wir suchen dann verantwortungsbewußte Menschen und Gruppen, die auf diesem Land leben und es bearbeiten können. Die Möglichkeiten des Netzwerkes sind unbegrenzt. Um die Menschen über all diese Möglichkeiten zu informieren, haben wir *Many Smokes* in *Wildfire*, die Zeitschrift des Medizinrad-Netzwerkes, umgeändert.

Ich sehe in vielen Visionen, was dieses Netzwerk alles leisten kann. Unter anderem gehört dazu die Organisation eines Nachernte-Netzwerkes. Ich weiß, daß das funktioniert, denn der Stamm hat es in der Vergangenheit manchmal praktiziert. Es gibt im Land zahlreiche Obstgärten, die nicht abgeerntet werden, und auf den Feldern bleiben viele Früchte zurück, wenn die Maschinen ihre Arbeit beendet haben. Mir gefällt die Vorstellung, daß überall auf der Welt die Menschen in diese Gärten und auf diese Felder gehen und sie abernten, um die Erträge dann an die Bedürftigen zu verteilen, denn es ist doch töricht, daß Nahrungsmittel verderben, wenn so viele Menschen Hunger leiden.

Ein weiteres Projekt, das ich ins Auge gefaßt habe, nenne ich ›Saatgut zum Überleben‹. Dazu würden wir natürliches, nichthybrides Saatgut sammeln und Samenspenden von Firmen organisieren und an die Leute verteilen, so daß sie ihre eigenen Gärten anlegen und auf diese Weise versorgungsunabhängiger werden und der Erde näherkommen könnten.

Ich würde es auch gerne sehen, wenn ein paar Leute vom Medizinrad-Netzwerk lebende Weihnachtsbaumkulturen anlegen würden, damit die Weihnachtszeit der Erde etwas hinzufügen, nicht ihr etwas fortnehmen würde. Man stelle sich nur vor, wieviel mehr Nadelgehölze es gäbe, wenn jeder alljährlich seinen Weihnachtsbaum einpflanzen würde.

Außerdem suche ich nach neuen Wegen, das Heimgewerbe, sowohl in den Reservaten wie auch außerhalb, zu fördern und die auf diese Weise produzierten Waren zu verkaufen. Mir gefallen Gewerbezweige, die mit der Erde arbeiten, und die es den Menschen gestatten, in enger Verbundenheit mit dem Land zu leben. Es fördert die Unabhängigkeit von Versorgungssystemen, und je unabhängiger man ist, umso größer ist die Chance, die man in der Zeit der Veränderungen der Erde hat.

Das Herz des Medizinrad-Netzwerkes bilden die mehr als 200 Lehrlinge, die ich mittlerweile habe. Wir hatten eine ganze Anzahl von Auswahlprogrammen auf dem Vision Mountain und an anderen Orten. Sogar in England und Deutschland führten wir 1985 ein Auswahlprogramm durch. Die Veranstaltungen wurden von vielen großartigen Menschen besucht, und einige von ihnen haben ihre Lehre weitergeführt.

Im Laufe der Zeit haben wir notwendige Veränderungen an dem Programm vorgenommen, um es zu verbessern. Heute halten wir es so, daß das Lehrlingsauswahlprogramm jedem offensteht, der über achtzehn Jahre alt und ehrlich interessiert ist an einer Lehre bei mir und dem Bären-Stamm. Ich gebe niemandem eine Garantie, daß er nach dem Durchlaufen des Auswahlprogramms als Lehrling übernommen wird. Ich lege Wert darauf, daß die Menschen begreifen, daß wir keine Schule unterhalten, die Medizinleute ausbildet.

Ich wünsche mir, daß meine aktiven Lehrlinge Menschen mit starker Motivation, Ausgeglichenheit, fundiertem Wissen und dem Wunsch, in allen Bereichen zu wachsen, sind. Sie müssen anpassungsfähig sein und bereit, von einer Vielzahl verschiedener Lehrer und Situationen zu lernen, sie sollen in enger Verbindung mit ihrer Umwelt stehen und in Harmonie sein mit mir, mit meiner Vision und den anderen Mitgliedern des Stammes. Und sie sollen ihre Erfüllung darin sehen, den Menschen und der Erde auf praktische, positive und konstruktive Weise zu dienen.

Diejenigen, die in das Programm aufgenommen werden, nehmen im Laufe von sieben Jahren an mindestens vier weiteren Programmen am Vision Mountain teil, und sie müssen mich auf mindestens zwei spirituellen Reisen begleiten, während derer sie von anderen indianischen Lehrern lernen.

Die Lehrlinge erhalten in zweimonatigem Abstand Rundbriefe, in denen sie über die Arbeit des Bear Tribe, des Medizinrad-Netzwerkes und anderer Lehrlinge informiert werden. Ich bin sehr stolz auf diejenigen Lehrlinge, die in ihrer Gegend eigene Gruppen gegründet haben und Pfeifen-, Mond- und andere Zeremonien für Menschen in ihrer Umgebung leiten, und ich danke denen, die geholfen haben, Vorträge, Workshops und Medizinradtreffen und andere Veranstaltungen zu organisieren. Diese Menschen bewahrheiten sich als die Lichter, die ich in der Vision gesehen habe, aufgrund derer ich das Lehrlingsprogramm ins Leben gerufen habe.

Jede Person, die die Lehrlingszeit durchlaufen hat, sollte am Ende entweder ein tätiger Heiler, ein Lehrer und Vortragender, der Mittelpunkt einer Gemeinschaft, die mit dem Stamm zusammenarbeitet oder der Organisator eines mit uns verbundenen Unternehmens sein. Für jeden der vier Wege, die ein Lehrling für sich wählen kann, gibt es unterschiedliche Lehrprogramme. Im Verlauf der Lehrzeit unterziehen wir die Programme allen notwendigen Veränderungen, die erforderlich sind, damit die Lehrlinge auf die Welt, wie sie heute ist oder in der Zukunft vielleicht sein wird, vorbereitet sind.

In den vergangenen Jahren waren es so viele Menschen, die uns in Spokane besuchen wollten, daß wir zwei Programme entwickelt haben, die ihnen diesen Besuch ermöglichen. Das eine ist unser Besucher-Programm, das sich zum Ziel gesetzt hat, den Teilnehmern ein besseres Lebensgefühl, Ausgeglichenheit und ein umfassenderes Verständnis und die aktive Verbindung mit ihrer Umwelt zu vermitteln. Unter der Anleitung von Stammesmitgliedern haben die Gäste Gelegenheit, sich in allen Bereichen des Stammeslebens, vom Kochen, über das Ziegenmelken bis zu Projektvorbereitungen im Büro, zu beteiligen. Für diejenigen, die über eine längere Zeitspanne hinweg mit uns leben und arbeiten möchten, gibt es das Internen-Programm, an dem jeder nach Beendigung des Besucher-Programms teilnehmen kann. Es umfaßt eine Zeitspanne von drei oder sechs Monaten, die der Teilnehmer in einem bestimmten Bereich der Stammesarbeit absolviert. In dieser Zeit ermutigen wir die Teilnehmer, mit Hilfe des Stammes und außenstehender Heiler und Berater, die auch von Stammesmitgliedern konsultiert werden, ihre geistige, physische, emotionale und spirituelle Gesundheit zu verbessern. Menschen, die sich dem Stamm anschließen oder mit ihm verbundene Gemeinschaften gründen wollen, müssen zuerst an diesen Programmen teilnehmen.

Während der Zeit unserer Reisen und im Laufe der Arbeit, die wir unterwegs und am Vision Mountain geleistet haben, sind einige Veränderungen im Bären-Stamm vonstatten gegangen. Wir sind zu der Erkenntnis gekommen, daß der Bau eines größeren Zentrums am Vision Mountain vielleicht die dort wirkenden Energien ebenso wie das ökologische Gleichgewicht des Berges stören würde. In der Zeit, seitdem wir uns hier befinden, konnten wir beobachten, daß sich Vision Mountain selbst geheilt hat, und wir möchten sicherstellen, daß sich dieser Prozeß der Heilung fortsetzt. Wir wissen auch, daß der Berg ein Ort ist, an den sich die Menschen auf der Suche nach Heilung begeben können, und wir sehen in dem, was wir hier aufgebaut haben, einen Zufluchtsort der Heilung und eine Stätte, die die Menschen aufsuchen, um Zeremonien abzuhalten und Visionssuchen durchzuführen.

Aufgrund dieser Erkenntnis und des steten Wachstums des Stammes haben wir Anfang 1984 eine alte Kirche in Spokane gekauft, die uns jetzt als Gemeinschafts-Zentrum dient und von dem aus die meisten geschäftlichen Aktivitäten des Stammes gelenkt werden.

Seit 1984 halten die Mitglieder der Bear Tribe-Gesellschaft einmal jährlich eine gemeinsame Einkehr. Das ist eine Zeit der Erholung, in der wir uns aneinander freuen, den Fortschritt betrachten, den wir im vergangenen Jahr gemacht haben, und uns die Ziele vor Augen halten, die wir in der Zukunft erfüllen wollen. Durch diese Zeiten der Einkehr und die Arbeitsweise, von der ich gesprochen habe, sind die Mitglieder der Gemeinschaft zu der Erkenntnis gekommen, daß der Bear Tribe vieles ist: eine Lehreinrichtung, in deren Rahmen die meisten der Stammesmitglieder anderen vermitteln, was sie gelernt haben (wie ich es in meiner ersten Vision des Stammes gesehen habe), eine zielgerichtete Gemeinschaft, die den Menschen Mut machen möchte, so stark und gesund wie nur möglich zu sein, und gleichzeitig bestrebt ist, ein Beispiel dafür zu geben, was positives Gemeinschaftsleben bedeuten kann, eine Umweltgruppe, die sich bemüht, den Menschen zu zeigen, wie sie mit der Erde und allen ihren Geschöpfen auf gesunde und hilfreiche Weise umgehen können, eine spirituelle Organisation, die eine fundierte Spiritualität lebt, eine wohltätige Gemeinschaft, die die Selbständigkeit und Unabhängigkeit der Menschen fördert, und ein vielschichtiges Geschäftsunternehmen, das sich bemüht, seine Geschäfte mit den Menschen und der Welt gewissenhaft und human zu betreiben.

Ich glaube, wie ich schon sagte, nicht daran, daß unsere

Gemeinschaften an einem Ort sehr groß werden. Vielmehr sehe ich das Wachstum der Gemeinschaft in mit uns verbundenen Gruppen und Kreisen, die wieder mit anderen Kreisen in Verbindung stehen. In den zweieinhalb Jahren seit der Erstveröffentlichung dieses Buches ist die Zahl meiner Lehrlinge von ungefähr achtzig auf über zweihundert angestiegen. Viele von ihnen scharen um sich die Kreise, mit denen wir in Verbindung treten. Einige kommen auch nach Spokane und unterstützen uns in unserer Arbeit hier.

Während sich uns so viele großartige Menschen angeschlossen haben, sowohl in Spokane selbst als auch als Mitarbeiter des Netzwerkes, ist einer meiner lieben Freunde nicht mehr bei mir. Shasta, mein Medizinhund, ist Ende 1985 in die Geistwelt übergegangen. Sein Körper ruht nun auf der Anhöhe, die den Teich auf Vision Mountain überblickt, während sein Geist sich mit dem Schöpfer emporschwingt.